国家权力、平台企业数字权力和用户权利三者之间的复杂关系是全新的历史命题，以ChatGPT为标志的人工智能的发展将加剧解决这一命题的复杂性和艰巨性，重构社会法体系将成为解决数字时代新问题、推进人类社会文明进程的法治良方。

数字时代的社会法

佟丽华 著

中国法制出版社
CHINA LEGAL PUBLISHING HOUSE

前 言

INTRODUCTION

2022年10月，中国共产党召开了具有伟大历史意义的第二十次全国代表大会，笔者收看习近平总书记代表党中央所作的报告，学习二十大报告为中国未来发展所确立的宏伟蓝图，心潮澎湃。2012年参加党的第十八次全国代表大会的很多场景还历历在目，在那次继往开来的会议上，笔者向大会提交了长达万字的《当前依法治国面临的挑战及改革建议》。2014年笔者有幸作为律师界党代表列席了党的十八届四中全会，笔者所提出的在全国人大“增加有法治实践经验的专职常委比例”建议被写入全会决定。党的二十大开启了实现第二个百年奋斗目标、以中国式现代化全面推进中华民族伟大复兴的新征程。任何实现伟大目标的征程都不会是一帆风顺的。如何全面贯彻二十大报告精神，如何实现二十大报告确立的宏伟蓝图？这不仅需要我们脚踏实地、锐意进取，更需要勇于聚焦问题，解放思想，不断实现理论创新，提出真正解决问题的新思路新方法。

当今世界正在经历着百年未有的历史巨变，其中一个重大变化是人类社会已经从工业时代进入数字时代。元宇宙以及当前社会高度关注的ChatGPT标志着数字时代正在以超过我们想象的程度快速发展。党的二十大报告强调要建设“数字中国”，同时深刻指出当前时代的复杂性：“当前，世界之变、时代之变、历史之变正以前所未有的方式展开……世界又一次站在历史的十字路口，何去何从取决于各国人民的抉择。”[①]如何敏锐地发现数字时代的机遇和挑战，如何构建文明、法治的数字中国，将深刻影响中国以及人类社会未来发展的进程。从全球治理的视角来看，相对数字领域的快速发展，法学界、司法界的研究是滞后的，相关立法、司法以及政府的监管更是滞后的。一个不容忽视的现实是：数字时代，绝大多数人成为平台企业的用户，时刻受到平台企业所拥有的数字权力的影响和管理，但人们对数字权力、平台企业用户权利的问题还缺乏基本的研究。如何推动数字时代平台企业的健康发展？如何保障数字时代我们每个人的权利？如何促进数字时代人类社会的健康发展？中国应该如何确立数字时代的治理战略、发展与数字时代相适应的法治体系？这些都是我们在开启中国式现代化进程中必须面临的现实问题，希望这本书为我们理解这个全新时代的治理带来新的认识以及思路。

数字时代是继工业时代以来人类历史上一次全新的时代变迁，这再次引发了生产方式的革命性变化以及生产力的巨大提升。在为数字经济的发展欢欣鼓舞的同时，人类开始面临更多复杂的挑战、风险甚至灾难，现实世界与虚拟世界相互交织、工业时代与数字时代的问题相互叠加、人类与高度智能的数字人共存，人类社会是否

---

① 《高举中国特色社会主义伟大旗帜　为全面建设社会主义现代化国家而团结奋斗》，中国共产党第二十次全国代表大会报告，2022年10月16日。

会进入一种数字权力不受约束、传统社会秩序不断拆解、与数字时代相适应的社会秩序难以建立的局面？以致有人提出人类要么走向星际文明、要么沉迷在虚拟世界的发展方向。本书直面数字时代人类社会面临的全新课题，回顾了人类追求法治文明的艰难进程，提出了应对数字时代各种挑战的不二法门就是法治，指出了党的二十大报告对解决数字时代全球治理问题所确立的战略思路，希望以全新的社会法思想、话语和治理体系，为人类社会在数字时代的全球治理贡献中国智慧。

这本书在研究数字时代平台企业发展特征基础上，提出数字权力的概念。数字时代一个颠覆性的变化就是数字权力的崛起。根据福布斯2022年5月公布的数据，仅仅美国的谷歌、亚马逊、脸书、苹果和微软（合称“GAFAM”）5家大型平台企业的市值就超过8.2万亿美元，[①]超过意大利、加拿大、韩国、俄罗斯四个大国2021年GDP的总和。不仅国家拥有数字权力，大型平台企业凭借资本和技术，摄取了部分国家政治权力和公民权利，也拥有了强大的数字权力，深刻地改变了权力结构。大型平台企业利用数字权力，正在深刻影响甚至颠覆着传统的政治运作、经济发展、社会治理以及人们工作与生活的模式。本书分析了全球平台企业发展的情况、数字权力的形成、平台企业数字权力与国家权力的区别和联系，提出了国家如何制定平台企业发展战略、如何规制平台企业数字权力的建议。

---

① See Andrea Murphy and Isabel Contreras, *Forbes Global 2000 List 2022: The Top 200*, Forbes, https://www.forbes.com/sites/forbesstaff/2022/05/12/forbes-global-2000-list-2022-the-top-200/?sh=1965e8ca3290, last visited on 29 October, 2022.

如何发展和完善数字时代的法治？如何保障数字经济以及数字时代的国家治理在法治轨道上运行？这本书基于中国特色社会主义法治的体系，重构了数字时代社会法的内涵。本书认为受到时代、国家政治体制、专家视角等多种因素的影响，社会法在绝大多数国家都并未发展起来。党的二十大报告强调了法治在国家治理中的重大意义，明确提出："全面依法治国是国家治理的一场深刻革命，关系党执政兴国，关系人民幸福安康，关系党和国家长治久安。必须更好发挥法治固根本、稳预期、利长远的保障作用，在法治轨道上全面建设社会主义现代化国家。"如何构建数字时代的法治体系，对世界各国来说都是一个新的挑战。全国人大将社会法确立为中国特色社会主义法律体系的一个重要部门，拓展了社会法的领域，凸显了社会法的意义。本书参考全国人大对社会法的分类，提出数字时代的社会法至少要包括保护用户权利的法律、保护劳动者权利的法律、保护未成年人等特定群体权益的法律、社会保障的法律、环境保护的法律、公益慈善的法律、公益法以及企业社会责任的法律等八个方面的内容。本书特别提出，平台企业的数字权力介于国家政治权力与公民和企业权利之间，社会法也介于传统公法和私法之间，两者都介于公权和私权之间。所以从权力结构而言，在数字时代，社会法应该发展成为规制平台企业数字权力的重要法治力量。

本书提出了数字时代用户权利这一新课题。党的二十大报告再次强调了以人民为中心的发展思想，在数字时代，如何维护用户权利应该成为新时代以人民为中心的发展思想的重要内容。本书提出将用户权利作为数字时代社会法基础内容的思想。截至2021年12月，全球上网人口达到49亿，大约占全球人口的63%；[①]我国网民规模超过10亿，互联网普及率达73%。[②]我们每天使用微信、百度等平台的产品或服务，都是平台企业的用户。平台企业不仅实际占有、使用、收益着我们的数据，还有效掌控了我们的隐私和个人信息，通过综合画像等技术方法全面了解我们的性格、身体状况、兴趣爱好等特征，更通过算法推荐深刻影响着我们每个人的行为甚至思想、价值观念。不同时代人民利益有着不同的重点和表现方式，传统工业时代消费者权益保护的理论和制度已经不能有效解决数字时代用户权利保护的新问题，数字时代社会法发展的一个重点领域应该是用户权利的保障。本书分析了用户与消费者的区别，重点研究了用户应该享有的九项权利，提出了制定《用户权利保护法》等多项保障用户权利的具体建议。

法治正义的关键在于如何保障在社会中处于相对弱势境地人群的权益，这本书创新发展了数字时代传统社会法的一些重点内容。例如，作为社会法根基的劳动者权益保障问题，在数字时代演化出复杂的新就业形态，如何保障新就业形态劳动者的权益？再如，数字时代的未成年人保护面临更加复杂的局面，很多线下问题转移到线上；以儿童为对象的色情制品凭借互联网得到快速传播；在虚拟空间不仅存在大量性引诱风险，也发生着并不直接进行身体接触的猥亵行为；未成年人沉迷网络尤其是网络游戏的问题将更加严峻。

---

① 《2022移动互联网蓝皮书：2021年底全球“网民”数量达到49亿》，载人民网2022年6月29日，http://finance.people.com.cn/GB/nl/2022/0629/c1004-32460894.html。

② 参见中国互联网络信息中心：《第49次中国互联网络发展状况统计报告》，载中国互联网络信息中心网2022年2月25日，http://www.cnnic.net.cn/n4/2022/0401/c88-1131.html。

如何保障数字时代的未成年人权益？又如，如何发展数字时代的公益慈善？我国公开募捐的法律制度是否符合数字时代的特点？党的二十大报告对保护新就业形态劳动者、妇女儿童权益提出了明确要求，特别强调了要发展公益慈善事业，报告指出："完善劳动者权益保障制度，加强灵活就业和新就业形态劳动者权益保障。""坚持男女平等基本国策，保障妇女儿童合法权益。""引导、支持有意愿、有能力的企业、社会组织和个人积极参与公益慈善事业。"站在一个新的历史起点，如何更好地落实党的二十大报告提出的上述要求？这本书通过数字时代的劳动者权益保护、未成年人保护、公益慈善三章，全面研究了数字时代我国在相关领域的最新发展、面临的问题并提出了解决问题的具体建议，希望为促进数字时代我国相关事业的发展提供新的思路。

数字时代一大特点就是大型平台企业拥有巨大的数字权力，与之相对应的用户则处于高度分散状态，每个用户被侵蚀的权利都是微小的。即使用户权利受到较为严重的侵害，单个用户维护权利的成本也是巨大的。相比维护权利所需要付出的巨大代价以及可能的维权成果，绝大多数用户都会选择放弃。这种局面更加助推了平台企业权力的集中，从而形成高度集中的数字权力与高度分散的用户之间的不对称关系。在法治轨道上如何维护用户的权利？党的二十大报告特别提出要"完善公益诉讼制度"，凸显了公益诉讼制度在我国法治体系中的重大意义。本书介绍了专家学者对公益法及公益诉讼的观点，分析了公益法及公益诉讼发展的历史脉络，研究了当前制约我国公益诉讼发展的一些重点问题，提出了在数字时代大力发展检察机关与社会组织共同参与、紧密配合的中国特色公益诉讼制度的诸多建议。

本书从参与全球治理的战略视角，阐释了大力发展数字时代的社会法对中国的特殊意义。尽管很多年前西方国家专家学者就认识到定义广泛的社会法对解决资本主义民主政治结构性问题的重大意义，但资本主义制度问题的根源恰恰就在于资本对于法律制度以及法律体系发展的深刻影响，所以在这些国家，体系健全、内容广泛、影响深刻的社会法很难发展起来。我国是社会主义制度，人民当家作主是社会主义民主政治的本质特征，中国特色社会主义制度坚持以人民为中心、全心全意为人民服务、以维护和实现最广大人民群众的根本利益为宗旨。中国特色社会主义民主政治的本质特征决定了中国法律的根本特征是要保障人民尤其是那些处于相对弱势境地人群的福祉。这种政治制度决定了我国能够发展出引领全球发展的社会法体系。资本主义法律体系和社会主义法律体系都需要现代科学的民事法律，但体系健全的社会法将成为社会主义法律体系最显著的标志之一。中国发展和完善社会法不仅对健全和完善我国社会主义法律体系、建设中国特色社会主义法治、有效解决我国数字时代带来的种种问题具有特别重大的意义，也将为人类社会探索社会制度、推进法治变革、构建与数字时代相适应的治理方式作出重大贡献。

数字时代的一大特征就是平台企业突破了国家领土的界限，成为影响全球治理的重要力量，所以相关研究必须深入分析各国情况，进行比较研究。党的二十大报告明确提出："我们要拓展世界眼光，深刻洞察人类发展进步潮流，积极回应各国人民普遍关切，为解决人类面临的共同问题作出贡献，以海纳百川的宽阔胸襟借鉴吸收人类一切优秀文明成果，推动建设更加美好的世界。"本书对比分析了美国、欧洲与中国治理平台企业的背景及思路差异：在美国，1996年的《通信规范法》不仅豁免了平台企业的很多责任，还明确赋予了平台企业管理的权限，这助推了美国平台企业的发展。2018年其通过的《澄清海外合法使用数据法案》意图强化美国利用平台企业治理全球事务的特权。尽管现在美国各界越来越意识到平台企业数字权力对国家政权及社会的负面影响，但总的来说相关制度还是对平台企业采取了放任的态度。就欧洲而言，由于欧洲本土并未发展出有重大影响的平台企业，所以欧洲不断通过立法在强化管理和规范。相较之下，中国的大型平台企业与美国大型平台企业存在明显差距，但又远远超越欧洲，所以国家采取了发展与规范并重的战略。本书建议从参与全球治理的战略高度支持中国平台企业发展的同时依法予以规范。本书简单介绍了英美国家法治发展的历史，介绍了美国、欧洲等国家在新就业形态劳动者保护、未成年人保护等方面的具体法律制度，介绍了公益法以及公益诉讼在美国产生及发展的历史背景、作用以及局限，提出了我国改革和完善相关制度的具体建议。这种比较研究不仅能够帮助中国，也能帮助其他国家更好确立数字时代法治发展的战略思路、立法方向以及具体制度，从而更好提升数字时代人类社会的治理能力。

当前不仅各个国家都存在不同的问题和挑战，人类社会也面临很多共性的问题和挑战。数字领域的快速发展加剧了不同国家以及全球治理的复杂性。数字是一种新的工具，数字权力是一种新的力量。如何应用好这种新的工具和力量，使其更好造福人类社会的发展，需要各个国家以及相关平台企业摒弃狭隘的零和博弈思维，开展更多富有成效的合作。党的二十大报告提出："构建人类命运共同体是世界各国人民前途所在。万物并育而不相害，道并行而不相悖。只有各国行天下之大道，和睦相处、合作共赢，繁荣才能持久，安全才有保障。”我们期待各个国家、各个大型平台企业不断凝聚构建人类命运共同体的共识，勇于承担责任，共同推进数字时代人类社会的健康发展。

这本书背后体现着笔者一直以来对法治正义的理解和追求。笔者从小成长在贫困的农村，深刻认识到在社会中处于相对弱势境地的人权利受到侵害时法治的重要意义。笔者从1998年开始关注公益法律服务，1999年、2005年先后创建了北京青少年法律援助与研究中心和北京致诚农民工法律援助与研究中心。二十多年间上百万人从笔者所推动的公益法律服务中直接受益，仅农民工法援中心直接办理的农民工法律援助案件就将近1.3万件，为超过1.8万农民工挽回损失3亿多元。笔者在全国律师协会推动成立了未成年人保护专业委员会和法律援助专门委员会（现更名为公益法律服务与社会责任专门委员会），推动全国大量律师参与到未成年人保护和农民工法律援助这项事业中来，很多律师成为这些公益法律服务领域的领军人物。笔者参与过上百部法律法规政策的起草或者讨论，特别是2004年、2018年两次受委托起草《未成年人保护法》修订专家建议稿，很多意见转化为国家的法律政策。笔者二十多年接受《今日说法》《焦点访谈》《新闻调查》《东方时空》等栏目以及新华社等媒体大量访谈，向社会传播法治正义的声音。笔者所创建的两家中心在2011年获得联合国经社理事会的特别咨商地位，我们积极参与联合国相关议程，探索设立以发展中国家儿童保护组织为主的“全球儿童保护伙伴计划”。这本书基于笔者二十多年的经验和思考，希望为中国在全新的数字时代如何开展公益法律服务、建设中国特色社会法体系提供新的思路。追寻法治正义的路上充满坎坷，数字时代的公益法律服务存在很多未知，但思考探究的过程给人希望，感受正义实现的过程让人鼓舞，这就是人生的意义所在。

必须承认的是，本书还存在着明显的不足。一是受到知识结构和经验的制约，本书并未对数字时代的社会保障、环境保护以及老年人、残障人等特定群体权益保护相关法律问题进行研究。二是就写作背景而言，人类社会还处于数字时代的初期，很多问题还在快速发展及解决的过程中，笔者在成书的当下对有些问题的认识还有局限性，有些建议还不够具体。三是受到个人能力及精力的限制，对意识到的很多问题还没有能够进行更加深入的研究，对国内外有些制度的理解还需要不断深化。另外，由于本书研究的重点是社会法，所以对其他相关问题并未展开研究。数字时代引发的是权力结构的变化以及整个法学思想、法律体系、司法制度的全面变革，也就是说不仅需要社会法的完善和变革，还需要行政法、经济法以及刑事法律等相关法律领域的变革。比如，政府及司法机关应用数字权力的边界在哪里？应该如何规制？针对跨国的平台企业以及跨境电商，如何建立质量监管、税收等法律制度？传统国家法律已经为约束国家权力的腐败规定了相关秩序，但如何约束平台企业数字权力的腐败？这些都是数字时代国家法治面临的新课题。本书提出了很多新的思考和问题，关注了大量具体制度的设计，但还有很多问题没有涉及，欢迎更多专家学者能够站在数字时代这一新的历史发展阶段，对数字时代的法治问题开展更加深入的研究，共同为人类社会的健康发展作出贡献。

目 录

CONTENTS

第七章
数字时代的公益诉讼 / 379

导 言

对人类社会进入数字时代的思考

元宇宙以及ChatGPT标志着数字时代正向一个更加未知的纵深程度发展。当今中国已走在了数字时代的前列，如何避免西方主导工业时代全球治理中出现的种种问题，如何从中华优秀传统文化中汲取智慧，如何为数字时代全球治理贡献中国方案，将是人类社会面临的时代之问。

人类经历了漫长的农业时代，两百多年的工业时代，正在快速迈入数字时代。元宇宙以及当前社会高度关注的ChatGPT标志着数字时代正在以超过我们想象的程度快速发展。要看到的残酷现实是，工业时代出现的地区冲突、种族歧视、环境污染、物种灭绝等种种问题并未得到解决，很多问题日益严峻。美国前总统特朗普曾经认为气候变暖是个谎言，他的观点代表了很多人。但全球气候变暖正在给人类带来很多灾难。数字时代还会有哪些新的风险和灾难？数字时代并不意味着工业时代的问题消失了，也并未看到数字时代解决工业时代问题的能力提高了。相反，数字时代意味着虚拟世界的诞生，虚拟世界的虚幻生活将麻痹人类的神经，人类将更加忽视现实世界的种种问题甚至灾难。ChatGPT所展现的能力标志着人工智能将对经济、社会、教育以及国家和全球治理方式带来革命性的变化。所以要看到的是，在数字时代，将呈现工业时代和数字时代问题叠加的局面，人类社会将面临更复杂的挑战甚至灾难。如何解决新时代人类社会面临的种种问题？这是人类社会当前必须研究和思考的。

1. 人类以极快速度迈入了数字时代

尽管1969年美国国防部组建军事网络往往被认为标志着互联网时代的

开启[①]，但早期的互联网功能较为单一，用户只能浏览和读取网站信息，连接网络的也是相对固定的计算机。所以20世纪后半期只能说为数字时代提供了基础的理论和技术的准备，21世纪才真正开启了数字时代。

神州数码控股有限公司董事长郭为在2022年6月出版了《数字化的力量》一书，他认为2007年1月苹果公司推出iPhone是人类进入数字时代的标志性事件。这款手机整合了iPod和手机功能，带来了智能终端的革命性变化，数字开始越来越多地把人、社会和虚拟的网络连接起来。“iPhone开启了数字消费时代。iPhone带来了智能手机的快速发展和广泛应用”。[②]智能手机的快速发展带来了三个重大变化，在某种程度上这也代表了数字时代的三个显著特征：一是数据的价值越来越得到体现，数据不仅可以便捷地传输，而且可以被有效地开发利用。二是参与的人数显著提高。2000年全球互联网用户为3.66亿，[③]2022年6月29日人民网研究院发布的《中国移动互联网发展报告（2022）》显示，2021年年底，全球上网人口达到49亿，大约占全球人口的63%。[④]20年间全球互联网用户增加12倍，超过60%的人开始使用网络。数字开始深刻地影响大多数人。三是平台企业快速发展起来。苹果原来还只是一个产品，“2008年7月10日，乔布斯带着App Store与公众见面，当时现场并没有太多的掌声与欢呼声”。[⑤]但其现在已经发展成为一个拥有几百万款应用、用户超过10亿的巨大平台。脸书创建于2004年，到2015年8月单日用户

---

① 参见胡德良编译、本·塔诺夫：《互联网是如何发明的？》，载《世界科学》2016年第10期。

② 郭为：《数字化的力量》，机械工业出版社2022年版，第6页。

③ 郭为：《数字化的力量》，机械工业出版社2022年版，第16页。

④ 参见《2022移动互联网蓝皮书：2021年底全球“网民”数量达到49亿》，载人民网2022年06月29日，http://finance.people.com.cn/n1/2022/0629/c1004-32460894.html。

⑤ 郭为：《数字化的力量》，机械工业出版社2022年版，第61页。

突破10亿。①这一时期我国的阿里巴巴、腾讯、百度等平台企业也快速发展起来。平台企业成为数字时代一个标志性的现象。

数字时代带来了经济社会发展方式的重大变化。2022年7月工业和信息化部相关负责人在全球数字经济大会上介绍，据测算，从2012年至2021年，我国数字经济规模从11万亿元增长到超45万亿元，数字经济占国内生产总值比重由21.6%提升至39.8%。②郭为在《数字化的力量》一书中全面畅想了数字时代给人类社会带来的改变，“利用数字技术构建的数据关系，将颠覆我们的认知，基于这些数据而产生的数据资产，也为我们实现业务的重构创造了条件。……在数字经济时代，企业要么数字化，要么被数字化”③。2022年11月30日，美国人工智能研究公司OpenAI推出了ChatGPT。④这标志着人类开发的人工智能达到了一种新的高度，这种人工智能在深度学习能力、思考力或算力等方面甚至远远超过人类，从而引发了国际社会的高度关注。清华大学新闻学院元宇宙文化实验室主任沈阳向记者表示，“目前AI正处于从弱人工智能向强人工智能过渡阶段，预计5到10年时间，ChatGPT将在很多领域达到硕士水平”。⑤微软联合创始人比尔·盖茨在接受德国媒体采访时指出，像ChatGPT这样的新程序将通过帮助开收据或写邮件来提高许多办公室工作的效率。这将改变我们的世

① See Jackie Wattles, *Facebook hits one billion users in a single day*, CNNMoney(Aug.28,2015), https://money.cnn.com/2015/08/27/technology/facebook-one-billion-users-single-day/index.html.

② 《我国数字经济规模超45万亿元（新数据新看点）》，载人民资讯百家号，https://baijiahao.baidu.com/s?id=1737271312498095991&wfr=spider&for=pc。

③ 郭为：《数字化的力量》，机械工业出版社2022年版，自序第21页。

④ See Introducing ChatGPT: OpenAI (Nov.30, 2022), https://openai.com/blog/chatgpt.

⑤ 《ChatGPT引燃新一轮AI革命 业内呼吁正视差距夯实基础》，载中国新闻网2023年2月10日，https://www.chinanews.com/cj/2023/02-10/9950936.shtml。

界。[①]数字时代确实正在以势不可当的磅礴之势到来，其不仅将对国家以及企业经济的发展模式带来颠覆性的影响，更将对全球以及国家治理方式和人们的生活方式带来根本性的改变。这是我们每个人都无法回避的。

数字时代一个新的挑战是数字权力的崛起，不仅国家掌握了数字权力，大型平台企业也掌控了巨大的数字权力。伴随数字权力的崛起，各种消极问题也日益显现：平台企业事实上占有和使用着数据，在不同程度上垄断着数字时代的财富；平台企业占有了用户的各种信息，依靠算法可以对用户进行画像，在某种程度上影响甚至控制着用户的思想和行为；暴力、仇恨、低俗和虚假信息泛滥，在刺激人们情绪的同时也强化了人们对社交平台的依赖，生活在“信息茧房”中的人们更加极端；各种新的用工模式花样百出，劳动者的权益面临新的挑战；越来越多的人尤其是很多未成年人沉迷网络，特别是沉迷网络游戏，严重损害了这些人的身心健康；更多的人出现心理疾病，自杀自伤的情况更为严重。其实笔者还担心的是，各国政府如何使用数字权力？如何构建数字时代各国政府应用数字权力的规则？这将是更加复杂的问题。

元宇宙将代表数字时代步入一个更高的程度。2021年脸书公司宣布，其将公司名称改为“Meta”，这标志着数字时代正向一个更加未知的纵深程度发展。当前很多大型网络平台企业都在布局元宇宙，从经济的角度而言，这必将是一个新的风口。小米公司创始人雷军曾经讲过一句被广泛引用的话，“站在风口上，猪都可以飞起来”。[②]伴随着“猪都能飞起来”的

---

① See Microsoft co-founder Bill Gates: ChatGPT 'will change our world', Reuters (Feb.10, 2023), https://www.reuters.com/technology/microsoft-co-founder-bill-gates-chatgpt-will-change-our-world-2023-02-10/.

② 参见《雷军名言：在风口上，猪也能飞起来！其实后面还有更重要的一句》，载新媒科技评论百家号2018年7月23日，https://baijiahao.baidu.com/s?id=1606787079263532078&wfr=spider&for=pc。

火爆，资本一定会更加密集地聚集在元宇宙领域。郭为先生介绍了他理解的元宇宙世界：“元宇宙并不是一个简单的虚拟世界，它将网络、硬件终端和用户囊括进一个永续的、广覆盖的虚拟现实系统之中，这个系统中既有现实世界的数字化复制物，也有虚拟世界的创造物。它将现实世界的运行逻辑引入了数字世界，使人类能以更原始和更高维的感受与数字世界交互。……从本质上来说，元宇宙是能承接人类的情感需求，并且构建自由市场的数字世界。在元宇宙中，个体在互动中形成新的社会关系，进行社交、分享、认同、共情等社会和感情的连接，遵循交易自主、主权明晰、契约自由等经济规律。”①

郭为先生想象中的元宇宙是美好的，但未来的元宇宙真的能够如此美好吗？人依然将是元宇宙中最有价值的要素。没有人的参与，元宇宙将是无源之水，形同沙漠。重大的区别是，元宇宙中不仅有现实中人的参与，有数字化的人和物，也有新创造的完全虚拟的人和物。这种真实的、数字化的、虚拟创造的人和物共同参与的数字世界，要遵循怎样的规则呢？谁来制定元宇宙世界的规则呢？郭为先生认为会将“现实世界的运行逻辑引入数字世界”，但首先从全球治理的视角看，现实世界就缺乏广泛认同的运行逻辑，国际法并不发达，要将哪个国家“现实世界的运行逻辑”引入数字世界呢？其次，在现实世界，法治往往是滞后的，当前人类社会已经快速迈入数字时代，但法治并未有效跟上数字时代发展的步伐。应对数字时代现实世界中的种种挑战，法治已经明显力不从心。那面对更加复杂的融合了半真半假、真真假假人和物的虚拟世界，针对现实世界与虚拟世界虚实映射的紧密关系，必将产生复杂的各种新的权利义务关系，那谁来制定规则规范这些关系呢？是主宰现实世界的国家还是主宰虚拟世界的平台

① 郭为：《数字化的力量》，机械工业出版社2022年版，第11–12页。

企业？新的时代充满让人憧憬的新奇，但也不可回避地存在广泛的风险甚至灾难。那时的人们可能不得不时常要问自己一个看似哲学的现实问题，“我是谁？我是我吗？我从哪里来，要到哪里去？”

2020年刘慈欣发表的短篇小说《不能共存的节日》中，一位工程师说：“未来的虚拟世界确实是天堂，在那里面每个人确实是上帝，其美妙是任何想象都难以企及的。我只想象一下那时的现实世界。开始，现实中的人会越来越少，虚拟天堂那么好，谁还愿意待在苦逼的现实中，都争相上载自己。地球渐渐变成人烟稀少的地方，最后，现实中一个人都没有了，世界回到人类出现前的样子，森林和植被覆盖着一切，大群的野生动物在自由地漫游和飞翔……只是在某个大陆的某个角落，有一个深深的地下室，其中运行着一台大电脑，电脑中生活着几百亿虚拟人类。”①

如果说我们已经见证了数字时代对人类社会负面影响的开端，或许真正可怕的将是元宇宙时代的到来。当前已经出现越来越多人沉迷网络尤其是沉迷网络游戏的问题，到了元宇宙时代，不可避免，将有更多人沉迷在无所不能、更加充满诱惑的虚拟空间。如果说打开潘多拉盒子是向现实世界释放了种种罪恶，人们还生活在真实的世界，那么元宇宙本身或许就是潘多拉盒子，种种罪恶不用向外释放，只要隐藏在那封闭的虚拟世界，就可以对沉溺其中的人类，腐蚀心灵、摧垮意志、消耗精神。所以关键的问题是，工业时代人类还生活在真实的世界，还有现实人的生活，还能感知环境的破坏与人类的苦难。但是，到了元宇宙的时代，人类要生活在一个被逐渐奴役的虚拟世界，人类逐渐脱离了自然，人类更多在虚拟世界体验快乐与悲伤，完全可以无视现实世界环境的破坏与人类面临的种种风险。

在工业时代，由于资源是相对有限的，为了满足不同国家、不同人群

---

① 刘慈欣：《第九晚：不能共存的节日》，载微信公众号“不存在”，2021年1月29日。

不同程度的各种需要，国家之间存在激烈的竞争甚至战争。最终的结果不仅是斗争的加剧，也直接导致对环境和地球的疯狂掠夺，于是人类生活的环境被破坏，地球更加脆弱。到了数字时代，在资源依然非常有限的情况下，人类开始创造出虚拟的产品。在虚拟世界中的各种产品可以最大限度地满足最广大人群的各种需要。不论你希望成为天下无敌的英雄还是帝国的皇帝，在虚拟世界中都可以兵不血刃地轻松实现。这看似是在人类社会拥有有限资源的情况下，最大限度地满足了最广大人群的各种需要，人类社会似乎进入了一种高度文明的新时代。但必须看到的是，有限的资源依然掌握在一小部分人手中。尽管在脸书的元宇宙中，可以满足成千上万人成为帝王的需要，但真正的帝王只有扎克伯格，他才是这个虚拟世界的真正主宰。这种虚拟满足带来的最大问题是，人类会越来越沉迷于虚拟世界中对各种需要的满足，不仅将消耗在现实世界学习工作的意志，也将在虚拟满足中快速消耗人的精、气、神，导致人的各种机能衰落，最后让人类在迷失中走向衰落。所以数字时代的副产品将使人变得更加脆弱。从问题叠加的角度来看，在人类社会进入数字时代后，资本更加垄断，资源更加稀缺，地球变得更加脆弱，人类自身也变得更加脆弱，人类社会将会进入一个更加复杂严峻的时代。

刘慈欣在多篇文章中介绍了其对元宇宙时代的警醒，他说："人类的未来，要么是走向星际文明，要么就是常年沉迷在VR的虚拟世界中。如果人类在走向太空文明以前就实现了高度逼真的VR世界，这将是一场灾难。……虽然可以在两个世界都有一份大脑拷贝，但是无形世界的生活如同毒品一样，一旦经历过那生活，谁也无法再回到有形世界，我们充满烦恼的世界对于他们如同地狱一般"[①]。刘慈欣提出了元宇宙的风险，也指出

① 邢思远：《刘慈欣怒批元宇宙》，载微信公众号"字母榜"，2021年11月10日。

了人类未来的两个方向。但笔者想说，人类的未来不仅有两个方向，还应该有第三个方向，那就是在元宇宙的虚拟世界和星际文明之外，可以返璞归真，回到与环境亲密相处的地球世界，去探索人类自身以及人类与宇宙关系的种种奥秘，去解决当前人类社会发展面临的种种灾难，去培育和发展人类社会真正的文明，去让我们人类与环境相处得更加和谐。

2. 对人类文明的思考

人类在经历了漫长的农业时代以后进入工业时代，1980年阿尔文·托夫勒出版的《第三次浪潮》[①]将人类社会的进程划分为农业文明、工业文明和信息文明三个阶段。郭为在《数字化的力量》一书中说："工业文明是一种极富活力和创造力的文明，工业时代虽然只有短短的两三百年，却奇迹般地改变了世界，为人类社会带来了经济的增长、制度的完善、生活方式的改善，以及科学技术的进步。"[②]但这种对文明的理解还是过于简单。在工业时代，尽管科技取得了突飞猛进的变革，生产力得到了前所未有的提高，人类生活方式也发生了翻天覆地的变化，但也要看到的是，人类自身也变得更加贪婪：不仅人类彼此之间的掠夺、剥削、奴役、杀害变得更加残忍，人类对自然环境也就是我们生活的地球造成了前所未有的损害，人类对同样生活在这个星球上的其他生物也带来了前所未有的伤害。可怕的是，我们生活的环境日益脆弱，我们生活的地球面临着更多的风险。综合考虑这些因素，工业时代是人类新的文明吗？迈入数字时代，这至少是需要重新反思和讨论的问题。

① ［美］阿尔文·托夫勒：《第三次浪潮》，朱志焱等译，新华出版社1996年版。

② 郭为：《数字化的力量》，机械工业出版社2022年版，第11页。

笔者认为，不论农业时代、工业时代还是数字时代，都不应简单将其描述为一种文明。因为不论在任何时代，都存在着残酷的剥削与杀戮。所谓“时代”，不过是对历史特征和节点的归纳，都将其冠以文明的标签，显然忽视了文明本身的含义。笔者认为，所谓人类的文明，是相对人类作为动物的本性而言。听从自身的动物本性，人类的欲望似乎永无止境，为了满足自身的欲望以强凌弱甚至不择手段。所以，人类的文明是对动物本性的一种约束和修正，是对欲望的放纵形成一种约束。可以说，人类的文明，不是贪婪和野蛮，不是高楼大厦，不是物质的极大丰富，不是科技的高度发达，而是对人性欲望的反思和约束，是人彼此之间的尊重和宽容，是对我们生存环境的珍惜和呵护，是对人类未来发展的信念与负责任。

人的需要成为推动人类社会发展的原始动力。从人类社会发展的进程来看，马斯洛的需要分层理论虽然具有一定的普遍意义，但人的需要往往是复杂的。在人的需要中，既有贪婪也有野蛮。这种贪婪体现在人对某项需求以及总的需求可能是永无止境的。即使最基本的生理需求，很多人也总能花样翻新地找到新的目标，所以古往今来很多人为了攫取无限的财富、追求更高的地位而不惜连年征战、大肆杀戮。这种野蛮体现在为了满足自身的需要而去欺凌、羞辱他人。小到发生在校园中的学生欺凌，大到种族的歧视以及国家的霸权，我们总能看到为了满足一部分人贪婪的需要而要去伤害其他人的现象发生。人的需要推动了人类社会的发展，但人需要的复杂性也引发了人类社会的种种斗争甚至灾难。

在任何时代，总有一些先贤能够怀有悲天悯人的情怀，希望以文明去约束人性中的贪婪和野蛮。柏拉图在理想国中描述了只有道德高尚的智者才能治理国家；苏格拉底早就预见物极必反，不论国家还是个人，过度的自由看起来都会转化为奴役，最极端的独裁源于极端形式的自由。但总体来说，中国传统文化更强调对人性的自我约束。中国传统文化尊崇自然规律，强调道法自然，天人合一，不要做“伤天害理”的事情，天地相合，以降甘露；强调修身齐家治国平天下，修身齐家是治国平天下的基础，人要加强自我修养；强调德不配位，必有灾殃，君子爱财要取之有道；强调仁爱，圣人无常心，以百姓心为心，要关心爱护别人；强调视素抱朴，少私寡欲，甚爱必大费，多藏必厚亡。近代以来，这种修身养性的文明屡屡受到各种批判，人性得到所谓的解放，人的欲望得到最大限度满足。笔者看来，这在本质上是动物本性得到放纵后人类文明的衰落。人类社会看似更加丰富多彩，但也铸就了人类自身的堕落、痛苦以及迷茫。二十世纪我国文学大师林语堂在《中国印度之智慧》的序言中就指出：“思想世界肯定正在走向碎片，因为我们的传统价值观不见了。”“我举双手赞成物质进步。我的本意是说科学物质主义作为一种方法，一种技巧，一种视角，已经毫无希望地使欧洲的文学陷入了瘫痪状态，使它陷入了完全的嘈杂与混乱之中。”①

所以，在分析人的需要是推动社会发展动力这一命题时，就必须问到一个根本的问题：那就是考虑哪个人或者哪些人的需要？在一个很长的历史时期，国家存在的最大意义是要满足一小部分奴隶主或贵族的需要。一小部分统治阶级与绝大多数被统治的奴隶或平民之间的需要存在明显的矛盾，这种矛盾冲突导致了社会的动荡和政权的更迭。现代资产阶级革命并未从根本上解决这个问题，一小部分掌握了巨大财富的人成为新的统治阶级。马克思主义从绝大多数普通人民群众的立场出发，希望建立一种反映最大多数人根本利益的政治制度。这种政治制度与传统政治制度的根本区别就是要反映最大多数人的需要，让国家制度服务于最大多数人的利益。从人类社会发展的角度，这种满足最广大人民群众根本利益的制度才是一

---

① 林语堂：《中国印度之智慧》，杨平译，陕西师范大学出版社2006年版，第1-5页。

种文明的制度。

科技的进步并不意味着文明。人类社会发展的动力是人的需要，但人类社会进步的动力在于文明。人需要的复杂性以及永无止境促进了社会的发展，推动了各种新型工具的应用、科技的发展以及生产力的提高，但也带来了人类自身的衰退、人类之间斗争与奴役的加强和地球环境的破坏。从国家政治制度的演变来看，并不是所有制度都能称得上是一种文明。只有那些反映了绝大多数人根本利益的政治制度，才是一种真正文明的制度。文明的制度不是要反映或者维护一小部分统治阶级贪婪或者野蛮的需要，而是要反映并维护最广大人民群众的普遍需要。所以，不论任何时代或者任何制度，文明是人类区别于动物一种特别的能力，体现在对于贪婪和野蛮这种动物本性的约束，体现在对于宽容、尊重、友爱这种精神层面更高的追求。正是这种文明，体现了人类与很多其他物种的区别，使人类成为地球乃至宇宙中一种神奇的生命，推动了人类历史的不断进步。

3. 人类追求法治文明的艰难进程

如果文明只是靠圣贤的思想来传播，那在大多数普通人看来，文明就往往是虚伪的。在笔者看来，《道德经》讲述了治国安邦的道理，也就是统治者要遵循道，统治者要意识到自己的榜样作用。“道常无为，而无不为。侯王若能守之，万物将自化。”[①]但如果有权有势的人穷奢极欲，将修身养性的思想当成一种愚民的工具，只许州官放火，不许百姓点灯，那文明就会黯然失色。所以在古今中外漫长的历史长河中，文明被以各种名义滥用，逐渐失去了其价值引领的作用。

---

① （东周）老子：《道德经》，麦田、刘斌释义，华夏出版社2009年版，第59-60页。

观察历史的发展，我们欣喜地发现，法治是迄今为止人类能够基本达成共识的最佳治理方式。“法治”不是“法制”，法治是一种思想和治国理政的方式。在法治社会，法律不再是一小撮统治者的工具，法律为所有人设定行为边界，保障所有人的权利和尊严，没有任何人可以享有超越法律的特权。法治要最大限度地满足所有人的最大需求，但也为所有人的需求设定边界。法治将圣贤追求的文明制度化，通过普遍适用的规则来推广，让文明得到最大限度的实现。法治要对强权进行约束，对掌握公权力的政府来说，法无授权不可为。所以在人类的历史长河中，我们发现，法治才可以真正称得上是一种看得见、靠得住、能实现的文明。法治的核心是要对权力进行约束，以保障最广大人民群众的根本利益。但人的本性决定了掌握权力的人从来不是温顺的，将权力关进笼子的过程从来都是复杂艰难的。人类在追求法治文明的进程中，一直有着艰苦的斗争甚至血腥的战争。

早在1215年英国国王被迫签署了《自由大宪章》，在其后700多年时间里，王权、贵族与民权之间的斗争复杂甚至血腥。在1642年到1649年，英国发生了两次议会与国王查理一世的内战，查理一世最后被押上了断头台。1679年在斯图亚特王朝复辟以后，议会为限制查理二世的专制而制定了《人身保护法》；1689年英国颁布了《权利法案》，这是英国最重要的宪法性文件之一，标志着君主立宪制在英国初步确立；1701年英国颁布《王位继承法》，这也是奠定君主立宪制的重要宪法性文件，该法进一步限制了王权；1867年英国选举制度改革，城市工人以及农村拥有土地或租赁土地但纳税的居民有了选举权，这样选民人数从136万人增加到247.7万人。[①]1949年英国通过新《议会法》，进一步限制了贵族权力。700多年后，英国法治的框架才基本建立。

---

① 参见王觉非主编：《欧洲历史大辞典·上》，上海辞书出版社2007年版，第730页。

美国没有君主及贵族权力的历史包袱。1776年通过的《独立宣言》确认了“天赋人权”和“主权在民”原则，1787年联邦宪法确定的“人生而平等”并不包括黑人等有色人种。南北战争后尽管在宪法上废除了奴隶制，但南部各州仍坚持种族压迫和种族歧视制度。在1896年联邦最高法院的判决中还维持着“隔离但平等”的种族歧视原则，1954年联邦最高法院才推翻原有判决，重新确立了“隔离不平等”的原则。为了执行该判决，军人出身的总统艾森豪威尔竟然动用了国民警卫队。20世纪70年代美国民权运动风起云涌，社会矛盾极其尖锐。一些极端黑人群体在多地发动武装暴动，一些激进白人也以牙还牙。即使马丁·路德·金倡导和平地依法推动黑人权益运动，但依然数十次被关押、多次被刺杀，1968年，他被刺身亡。从1787年美国颁布宪法到1964年美国通过新的民权法案，其间近180年时间，美国才逐渐取消了对黑人选举权的限制，其法治才达到一个较高水平。

但要看到的是，当今不论是英国还是美国，其法治依然面临诸多挑战。以最有代表性的美国为例，种族歧视依然是困扰美国社会根深蒂固的问题。此外，美国联邦最高法院在2022年6月推翻了保护女性堕胎权的“罗诉韦德案”，意味着女性堕胎权将不再受到美国宪法保护，由此引发了国际社会对美国法治状况的普遍担忧。其中问题的关键，不仅是资本在国家治理进程中发挥着重大的作用，还关系到文化传统带来的社会观念。在英美等西方国家的社会观念中，最为珍视的是自由和民主。自由和民主的观念推动了英美等西方国家近代历史发展的进程，但社会总是在发展变化的，不同时期治国理政的思想以及制度也是需要进行调试和改革的。自由和民主的内涵是否需要随着时代的发展而调试？相对的制度是否需要进行相应的改革？过于强调自由和民主是否需要以付出广大人民群众对生存、发展、安全等基本需要的满足为代价？法治的内涵以及体制是否也需要随着时代的发展而进行必要的改革？这些都是欧美等发达国家需要认真思考的问题。

中国有着悠久的历史，但对现代法治的认识也经历了一个复杂的过程。1997年党的十五大明确提出要依法治国，1999年依法治国被写入宪法，2014年党的十八届四中全会上通过了《中共中央关于全面推进依法治国若干重大问题的决定》，提出了全面推进依法治国的总目标、重大任务以及180多项重要改革举措。[①]习近平总书记在党的十八届四中全会上指出："历史是最好的老师。经验和教训使我们党深刻认识到，法治是治国理政不可或缺的重要手段。法治兴则国家兴，法治衰则国家乱。什么时候重视法治，法治昌明，什么时候就国泰民安；什么时候忽视法治、法治松弛，什么时候就国乱民怨。"[②]全面依法治国成为新时期中国党和政府治国理政的新思想、新方式。

不论是中国还是其他国家，不论是单个国家还是全球治理，法治作为一种文明，依然在艰难地发展。从一个国家的法治而言，不仅要有效约束公权力滥用、大企业滥用影响力、流氓恶霸为非作歹，更要有效保护普通人尤其是在社会中处于相对弱势境地群体的各项权利。从国际法治而言，不仅要有效约束国家霸权、跨国公司滥用影响力以及各种跨国犯罪，更要保护弱小国家、在社会中处于相对弱势境地群体的权利。不论是对于国内还是国际，强权都不愿意受到约束。站在人类历史的视角，法治文明依然面临巨大的挑战。

---

① 参见《中共中央关于全面推进依法治国若干重大问题的决定》，2014年10月23日中国共产党第十八届中央委员会第四次全体会议通过。

② 《在中共十八届四中全会第二次全体会议上的讲话》（2014年10月23日），载中共中央文献研究室编：《习近平关于全面依法治国论述摘编》，中央文献出版社2015年版，第8–9页。

4.数字时代的法治文明

数字时代法治建设的一个新挑战就是数字权力的崛起。数字权力作为一种工具和方法，不仅被越来越多的国家政权所拥有，也被越来越多的平台企业所拥有。大型平台企业拥有越来越大的数字权力，成为数字时代独特的现象。很多平台企业富可敌国，根据福布斯2022年5月公布的《全球最大科技公司榜单》，排在第一位的是苹果，其市值达到2.6万亿美元，排在第三位的是微软，其市值达到2.1万亿美元。①要知道2021年全球排名第九的加拿大GDP才2.02万亿美元，一家公司的市值甚至超过一个大国的国内生产总值。平台企业深刻影响着用户的思想以及行为方式，到2021年年底，脸书日活跃用户平均为19.3亿，月活跃用户超过29亿，②其影响人群远远超过世界上人口最多的国家，以致在澳大利亚立法要求其使用澳媒链接的互联网企业需要付费时，脸书公司强硬地对澳洲用户进行限制，澳大利亚总理公开表达受到“霸凌”③。一个强盛的国家，声称受到一家平台企业的“霸凌”，平台企业的“权力”影响可见一斑。可以说，依靠资本以及数据，平台企业积聚起强大的数字权力，成为数字时代一种全新的力量。

如何约束平台企业的数字权力？数字权力不是平台企业独有的，政府当然掌控着数字权力。如何避免传统政治权力滥用数字权力？这将是未来

---

① 参见《福布斯2022年全球最大科技公司榜单：苹果、谷歌、微软前三》，载IT之家百家号2022年5月16日，https://baijiahao.baidu.com/s?id=1732971889189196673&wfr=spider&for=pc。

② See Facebook, *Facebook Reports Third Quarter 2021 Results*, Cision PR Newswire(Oct.25 2021), https://www.prnewswire.com/news-releases/facebook-reports-third-quarter-2021-results-301407881.html.

③ See Josh Taylor, *Facebook's Botched Australia News Ban Hits Health Departments, Charities and Its Own Pages*, Guardian(Feb.18,2021), https://www.theguardian.com/technology/2021/feb/18/facebook-blocks-health-departments-charities-and-its-own-pages-in-botched-australia-news-ban.

法治建设中面临的全新课题。21世纪以来，政府与平台企业勾结侵害公民权利最典型的案例非“棱镜计划”莫属。2013年6月，美国中情局前职员爱德华·斯诺登将两份绝密资料交给英国《卫报》和美国《华盛顿邮报》，于是“棱镜门”事件曝光。该计划由美国情报部门在2007年发起，通过直接接入微软、谷歌、苹果、Facebook、雅虎等9家网络平台企业的中心服务器，实时跟踪用户电邮、聊天记录、视频、音频、文件、照片等上网信息，全面监控特定目标及其联系人的一举一动。经过整理后的高价值情报会被列入“总统每日简报”。一个有意思的现象是，根据当时媒体的报道，不论是美国的传统盟友还是在拉美的合作伙伴，其国家元首都受到了监控。所以在数字时代，不仅普通人维护权利将更为复杂，即使是政治人物和企业家，也面临各种权利受到侵害的风险。

但历史已经证明，应对数字时代的各种挑战，法治是不二法门。相对于迅猛发展的数字时代，法治是滞后的。在2021年笔者团队办理一起外卖骑手的案件时发现，短短五六年时间，中国外卖骑手的就业方式发生了迭代的变化，不仅立法是严重滞后的，司法机关、办案律师对这个问题的理解也是严重滞后的。沉迷网络严重影响了人们的身心健康，我们发布了针对150多名家长访谈形成的未成年人沉迷网络游戏的研究报告，网络游戏给一些孩子带来毁灭性的影响，甚至导致家庭四分五裂。但在各个国家，对这个问题的关注都还不够，即使世界卫生组织这样的全球公共卫生机构，对网络与人们精神疾病之间的关系也缺乏足够的关注和深入的研究。在汇聚了资本和数据的大型平台企业面前，传统的政治权力经常显得局促迷茫、进退失据。如何强化法治的力量，通过现代法治来约束数字时代的权力滥用，将是人类社会全新的课题和艰难的挑战。

1949年中国共产党领导中国人民建立了中华人民共和国。《中国共产党章程》明确，党没有自己的利益，党执政的目标就是要“代表中国最广大人民的根本利益”，从执政理念和宗旨的角度看，这是人类社会对制度文明的一次伟大探索。不论是人类探索自然宇宙的奥秘，还是探索国家治理的进程，从来不会是一帆风顺的。我国工业化起步晚，在一段较长的历史时期内，我国生产力水平低，面临着如何解决人民群众日益增长的物质文化需要的挑战，社会的主要矛盾表现为人民日益增长的物质文化需要同落后的社会生产之间的矛盾。在探索的过程中，道路是曲折的。改革开放以来，中国共产党以更加务实的立场，积极借鉴其他国家治国理政的经验，全面探索中国特色社会主义制度。2017年党的十九大报告明确指出："中国特色社会主义进入新时代，我国社会主要矛盾已经转化为人民日益增长的美好生活需要和不平衡不充分的发展之间的矛盾。”到2021年年初，国家宣布脱贫攻坚战取得了全面胜利，完成了消除绝对贫困的艰巨任务，人民群众的物质生活需要得到了基本满足，国家开始为了满足人民群众更广泛的需要而进行努力。[①]可以看到，在中国共产党的领导下，中国特色社会主义制度满足了最广大人民群众全部脱贫的根本需要，实现了对最广大人民群众基本需要的满足，为探索人类社会的制度文明积累了宝贵的经验。但同时也要看到，在中国特色社会主义制度建设的过程中，风险和挑战依然存在，有些问题还表现得比较严重，法治建设依然任重道远。所以，站在数字时代这一新的历史节点，如何正视问题，依法解决工业时代与数字时代问题叠加形成的复杂局面，为人类社会的制度文明积累更多的经验，对我国来说也依然面临着艰巨的挑战。

党的二十大报告站在一个新的历史起点，不仅在思考中国国家发展问题，为建设中国特色社会主义、实现中国式现代化提出了要求，也在思考

① 习近平：《在全国脱贫攻坚总结表彰大会上的讲话》，载中华人民共和国中央人民政府官网2021年2月25日，http://www.gov.cn/xinwen/2021-02/25/content_5588869.htm。

人类社会的发展问题，为解决人类社会面临的共同挑战指明了方向。一是人类命运休戚与共，人类需要构建紧密的命运共同体。不论是美国还是中国，甚至是美国构建的联盟体系，都无法解决当前人类社会面临的日益严峻的共同挑战。各国在关注本国利益的同时，也需要更加关注人类的共同风险。所以二十大报告提出："构建人类命运共同体是世界各国人民前途所在。万物并育而不相害，道并行而不相悖。只有各国行天下之大道，和睦相处、合作共赢，繁荣才能持久，安全才有保障。"二是人类要努力摒弃分歧和争端，凝聚共同价值。尽管各国政治制度、文化传统、思想观念等存在很多差异，但要在尊重差异的基础上凝聚共同价值，为此党的二十大报告重申了"全人类共同价值"的理念，报告指出："我们真诚呼吁，世界各国弘扬和平、发展、公平、正义、民主、自由的全人类共同价值，促进各国人民相知相亲，尊重世界文明多样性，以文明交流超越文明隔阂、文明互鉴超越文明冲突、文明共存超越文明优越，共同应对各种全球性挑战。"三是特别强调要保护环境，珍惜我们生活的地球。环境问题不仅是某个国家的问题，更是人类的问题。人类生活的环境及地球正在遭受严重的破坏，这关系到世界各国人民子孙万代的生存和福祉。为此党的二十大报告提出："人与自然是生命共同体，无止境地向自然索取甚至破坏自然必然会遭到大自然的报复。"报告强调大自然是人类赖以生存发展的基本条件。人类要尊重自然、顺应自然、保护自然，要站在人与自然和谐共生的高度谋划发展。四是提出中国坚持的国际秩序发展方向。中国所要坚持的国际秩序不是中美竞争、大国称霸，而是要坚定维护以联合国为核心的国际体系、以国际法为基础的国际秩序、以联合国宪章宗旨和原则为基础的国际关系基本准则，为此党的二十大报告提出，"中国坚持对话协商，推动建设一个持久和平的世界；坚持共建共享，推动建设一个普遍安全的世界；坚持合作共赢，推动建设一个共同繁荣的世界；坚持交流互鉴，推动建设一个开放包容的世界；坚持绿色低碳，推动建设一个清洁美丽的世界”。五是提出要加强理论创新，为解决人类社会面临的复杂问题寻找方案。人类社会不仅面临着工业时代的各种传统问题，更面临着数字时代带来的各种新问题。很多传统的理论及制度都已经落后于时代的快速发展。为此，党的二十大报告提出，“实践没有止境，理论创新也没有止境”。“问题是时代的声音，回答并指导解决问题是理论的根本任务。今天我们所面临问题的复杂程度、解决问题的艰巨程度明显加大，给理论创新提出了全新要求”。六是强调了中华优秀传统文化的价值。当前人类社会面临所有问题的根源还是人性自身的问题，是人类的贪婪和野蛮加剧着问题的严峻复杂。中国古人不仅在洞察和探究人类生命运行的内在规律，也在洞察和探究宇宙运行的规律以及人与自然环境和宇宙之间的内在联系。这些思考更能促使我们去正视人性自身存在的问题并寻求解决的办法，对解决当前人类社会面临的问题依然具有重要的指导意义。所以党的二十大报告提出：“中华优秀传统文化源远流长、博大精深，是中华文明的智慧结晶，其中蕴含的天下为公、民为邦本、为政以德、革故鼎新、任人唯贤、天人合一、自强不息、厚德载物、讲信修睦、亲仁善邻等，是中国人民在长期生产生活中积累的宇宙观、天下观、社会观、道德观的重要体现，同科学社会主义价值观主张具有高度契合性。”党的二十大报告提出的上述解决人类社会共性问题的战略思路不仅对中国参与全球治理有重大的指导意义，也应该对各国确立自己的发展战略有启发意义。只有更多国家积极凝集全人类共同价值，树立构建人类命运共同体的理念，珍惜和保护我们生活的环境和地球，人类社会才能建设得更加美好。

西方国家率先开启了工业革命，构建起一套全球治理的思想、话语和治理的体系，在很大程度上主导了工业革命以来到二十世纪全球治理的进程。但在这种西方主导的全球治理体系下，对人与自然、人与宇宙的关系缺乏足够的思考，对人性贪婪与野蛮这种自身的弱点缺乏足够的关注，对工业时代带来的种种问题缺乏有效的应对。在新开启的数字时代，中国与西方一起走在了全球的前列。人类社会是否能够凝聚新的共识、形成新的合力以应对普遍面临的种种风险挑战？这是当前世界各国普遍关注的命题。中美都有引以为傲的成就，但不仅各自国内都有发展的压力和挑战，也都应该为解决全球性问题承担更多责任。中美竞争应该成为促使双方更好解决自身问题、更有力解决全球问题的动力，而不应成为彼此脱钩、互相伤害的破坏力。面临人类社会进入数字时代产生的各种新问题，不论中美，还是全球的治理都缺乏必要的准备。这需要大国担负更多的责任，推动更多有意义的国际合作，开展更多有意义的研究，为人类社会数字时代的健康发展带来更多新的希望。

第一章

数字权力的崛起

数字权力重构了数字时代的权力结构和行使方式，以ChatGPT为标志的人工智能的发展将无限放大这种权力的影响。大型平台企业拥有的数字权力，不仅影响了传统国家权力的运作，也影响甚至威胁着我们每个人的权利。

数字时代给人类社会带来了翻天覆地的变化，其中一个重大现象是，平台企业取得突飞猛进的发展，成为全球治理进程中最有代表性的重要力量。美国的谷歌、亚马逊、脸书、苹果、微软和我国的百度、阿里巴巴、腾讯（合称“BAT”）都是其中典型的代表。根据福布斯2022年5月公布的全球企业排名数据情况，仅上述5家美国平台企业年销售额就超过1.4万亿美元，市值超过8.2万亿美元。[①]尽管国内外对数字经济以及数据权等问题都开展了广泛的研究，但仅开展相关研究显然还远远不够，难以为解决数字时代引发的各种问题提供系统务实的解决方案。不容回避的是，人类社会正快速进入一个数字时代，这个时代颠覆性的变化就是大型平台企业数字权力的崛起。大型平台企业利用数字技术，摄取了部分传统政治权力和公民权利，成为全球以及国家治理的重要力量。大型平台企业的这种数字权力，正在深刻影响甚至颠覆着传统的政治运作、经济发展、社会治理以及人们工作与生活的模式，这不仅给各国国家治理以及全球治理带来新的机遇与重大挑战，也严重影响甚至威胁着人们权利的实现。

① See Andrea Murphy and Isabel Contreras, *Forbes Global 2000 List 2022: The Top 200*, Forbes, https://www.forbes.com/sites/forbesstaff/2022/05/12/forbes-global-2000-list-2022-the-top-200/?sh=1965e8ca3290, last visited on 29 October, 2022.

一、全球平台企业的发展

在当前国内外关于平台企业的讨论中，存在各种不同的表述。在欧盟议会的报告中，其交叉使用了“平台”（Platforms）、“网络平台”（Online Platforms）、“数字平台”（Digital Platforms）的不同表述。①尽管表述不同，但大家基本理解所指称的对象。结合我国相关政策表述，笔者在本书研究中将其称为平台企业，其当然也可以称为“互联网平台”、“网络平台”或者“网络平台企业”。

1.平台企业的定义

平台企业是近20年全球经济发展中的一个最新变化。关于什么是平台企业，五六年以前依然存在各种不同的认识。2016年，欧盟委员会副主席安西普（Andrus Ansip）指出，“我们甚至没有一个能被所有人接受的关于平台的定义。我们有上百个很好的定义，当不同的人在谈论平台时，他们有着完全不同的理解”②。但由于近几年平台企业的快速发展，社会各界对平台企业定义的认识取得了越来越多的共识，欧洲议会“未来科技研究小组”在2021年发布的报告——《网络平台：经济和社会影响》（以下简称“欧洲议会‘未来科技研究小组’报告”）中认为，这种共识是：“网

---

① See the European Commission, *The Digital Services Act Package*, the European Commission, https://digital-strategy.ec.europa.eu/en/policies/digital-services-act-package, last visited on 23 August, 2022.

② See House of Lords, *Online Platforms and the EU Digital Single Market*, House of Lords(Dec. 3, 2015), http://data.parliament.uk/writtenevidence/committeeevidence.svc/evidencedocument/eu-internal-market-subcommittee/online-platforms-and-the-eu-digital-single-market/oral/25770.html.

络平台公司利用信息和通信技术促进用户之间的互动，收集和使用关于这种互动的数据，同时产生和利用所谓的网络效应。”①

在我国关于平台企业的定义也有不同的看法。国家市场监督管理总局发布的《互联网平台分类分级指南（征求意见稿）》中特别强调了平台的连接属性。②参照其关于连接属性的定义，笔者认为，按照中国人通俗易懂的表述，平台企业主要是指通过网络技术把人和商品、服务、信息、娱乐、资金以及算力等连接起来，由此使得其经营的平台具有交易、社交、娱乐、资讯、融资、计算等各种功能的企业。根据国家市场监督管理总局的分类，平台企业主要分为网络销售类（连接人与商品）、生活服务类（连接人与服务）、社交娱乐类（连接人与人）、信息咨询类（连接人与信息）、金融服务类（连接人与资金）、计算应用类（连接人与计算机）。③当然要看到，随着互联网平台企业的扩张，很多平台企业具有了上述多种功能，所以未来对平台企业的分类就会更加困难。

我们对谷歌、亚马逊、脸书等公司是平台企业都有共识，但有人可能会提出疑问，苹果、华为等公司是否属于平台企业？答案是肯定的，以苹果为例，其早已不是单纯生产和销售手机、电脑、平板电脑、智能手表等产品的企业，其服务已经拓展到包括应用商店（App Store）服务、云存

---

① See Panel for the Future of Science and Technology (STOA), *Online Platforms: Economic and Societal Effects, European Parliament*(Mar. 2021), https://www.europarl.europa.eu/RegData/etudes/STUD/2021/656336/EPRS_STU(2021)656336_EN.pdf.

② 参见《互联网平台分类分级指南（征求意见稿）》分类依据：“对平台进行分类需要考虑平台的连接属性和主要功能。平台的连接属性是指通过网络技术把人和商品、服务、信息、娱乐、资金以及算力等连接起来，由此使得平台具有交易、社交、娱乐、资讯、融资、计算等各种功能。”国家市场监督管理总局：《互联网平台分类分级指南（征求意见稿）》，载国家市场监督管理总局网站2021年10月29日，https://www.samr.gov.cn/hd/zjdc/202110/t20211027_336137.html。

③ 参见国家市场监督管理总局：《互联网平台分类分级指南（征求意见稿）》，载国家市场监督管理总局网站2021年10月29日，https://www.samr.gov.cn/hd/zjdc/202110/t20211027_336137.html。

储（iCloud）服务、订阅服务（包括游戏、音乐、新闻、电视节目等）等很多领域。[①]根据苹果发布的2022年第三季度财报，苹果营收829.6亿美元中，其服务营收196亿美元，占比超过20%。[②]由于其在全球有着近20亿台活跃设备，[③]明显拥有了利用自身平台推广相关产品和服务的优势。我国华为、小米等品牌也都在生产和销售硬件产品的同时，发展自己的综合平台，成为一种多元的平台企业。

我国以及欧盟都越来越意识到大型平台企业的影响，国家市场监督管理总局2021年10月发布了《互联网平台分类分级指南（征求意见稿）》，将平台分为超级平台、大型平台和中小平台。[④]欧盟已出台的《数字市场法案》（The Digital Markets Act，DMA）也被称为“守门人”法案，目的在于立法规制大型平台企业，从而保障市场公平竞争和用户权利。[⑤]对比我国和欧盟的立法就会发现，我国所要重点规范的平台企业规模与欧盟要求方向基本是一致的，都根据三个主要标准来确定规模：一是企业经济体量。我国主要考察的是企业市值，上年底市值（估值）不低于10000亿元的为超级平台，不低于1000亿元的为大型平台；欧盟

---

① See Market Trends, *Apple's Growth Strategy: How It Reached US$2 Trillion in Market Value*, Analytics Insight(Sep.30, 2020), https://www.analyticsinsight.net/apples-growth-strategy-how-it-reached-us2-trillion-in-market-value.

② See *Apple Reports Third Quarter Results*, Apple(Jul.28, 2022), https://www.apple.com/newsroom/2022/07/apple-reports-third-quarter-results/.

③ See Jason Wise, *How Many IPhones Are There in 2023?*, Earthweb(Jan.14, 2023), https://earthweb.com/how-many-iphones-are-there/.

④ 参见国家市场监督管理总局：《互联网平台分类分级指南（征求意见稿）》，载国家市场监督管理总局网站2021年10月29日，https://www.samr.gov.cn/hd/zjdc/202110/t20211027_336137.html。

⑤ See Regulation (EU) 2022/1925 of the European Parliament and of the Council of 14 September 2022 on contestable and fair markets in the digital sector and amending Directives (EU) 2019/1937 and (EU) 2020/1828 (Digital Markets Act).

DMA所规范的是在欧盟范围内年营业额达到75亿欧元或全球市场估值达到750亿欧元的企业。二是用户规模。平台上年度在中国的年活跃用户不低于5亿的为超大平台，不低于5000万的为大型平台；欧盟DMA所规范的是每月至少有4500万个人终端用户和10万企业用户的平台，这一用户规模与我国大型平台要求的标准相近。三是业务种类。我国超大平台要求超广业务种类，即平台核心业务至少涉及两类平台业务，而大型平台是指拥有较广业务种类，即平台具有表现突出的主营业务；欧盟DMA所规范的是必须控制一个或多个“核心平台服务”（Core Platform Services）的平台。

我国在考虑平台规模的时候还提出了限制能力的要求，也就是超大平台要有超强限制能力，即平台具有超强的限制商户接触消费者（用户）的能力，大型平台拥有较强的限制能力，即平台具有较强的限制商户接触消费者（用户）的能力，欧盟DMA对此并未提出明确要求。美国没有与我国及欧盟类似的规范大型平台企业的立法，其由两党议员小组发起的《美国创新与选择在线法案》（The American Inovation and Choice Online Act，AICO法案）最初发布于2021年10月，其目的在于对市值超过5500亿美元、全球月活跃用户数量达10亿以上、年度净销售额达5500亿美元的平台公司进行反垄断方面的规制。①

2.平台企业在全球的发展

平台企业快速发展基本是近20年的事情。以脸书为例，其创建于

① See S. 2992–American Innovation and Choice Online Act, 117th Congress, Mar. 2, 2022, https://www.congress.gov/bill/117th–congress/senate–bill/2992/text.

2004年，是世界上最大的社交网络平台。它的业务主要围绕社交网络平台Facebook、照片和视频的社交网络应用Instagram、跨平台即时通信应用Messenger和WhatsApp、虚拟现实游戏Oculus。根据Facebook 2020年7月的报告，其平台拥有17.9亿日活跃用户，27亿月活跃用户，每用户平均收入为7.05美元；其产品系列（包括Facebook、Instagram、Messenger和WhatsApp)拥有24.7亿日活跃用户，31.4亿月活跃用户，综合产品每名用户平均收益为6.1美元。[①]Facebook不仅在美国处于社交媒体的垄断地位，在全球社交媒体中也保持着极强的垄断力量。2017年9月至2018年9月，Facebook覆盖了超过75%的国际用户，世界上人口最多的20个国家中的9个国家达到或接近100%的市场渗透率。根据Facebook内部的报告，其应用在大多数国家都有很高的覆盖率，其增长与互联网的增长保持一致，而Instagram和WhatsApp仍在“非常迅速”地增长。对于Instagram来说，“似乎没有哪个国家的增长达到了天花板”。[②]我国阿里巴巴集团成立于1999年，最初几年都在艰难的融资中奔波，2003年创建淘宝网和支付宝，企业开始进入快速发展的轨道。要看到的是，2008年智能手机崛起带动了互联网突飞猛进的发展，最大限度地实现了人与人之间联系方式的突变，这为大型互联网平台崛起提供了基础设施的支持。

霍尔格·施密特（Holger Schmidt）与人合著有著名的《德国4.0：如何成功向数字化转型》一书。他本来是记者，后来开设博客“网络经济学家”，成为德国数字经济领域备受欢迎的意见领袖。欧洲议会“未

① See the Subcommittee on Antitrust, Commercial and Administrative Law of the Committee on the Judiciary, *Investigation of Competition in Digital Markets*, 2020, p.132.

② See the Subcommittee on Antitrust, Commercial and Administrative Law of the Committee on the Judiciary, *Investigation of Competition in Digital Markets*, 2020, p.137.

来科技研究小组”报告和联合国贸易和发展会议都引用了他原来报告中的数据，“世界顶级数字平台公司在地理上高度集中。在全球70个价值最高的数字平台中，大多数都在美国，其次是亚洲（尤其是中国）。拉丁美洲和非洲的数字平台只是处于边缘地位。就市值价值而言，来自美国的数字平台公司在全球总数中的份额从（2017年）65%增加到（2018年）70%”。[①]

霍尔格最新研究数据显示，截至2021年12月，在全球100家大的网络平台企业中，美国企业股票市值占比78.5%，亚太企业只占17.3%，主要是中国企业，而欧洲企业只占2.8%，非洲企业只占1.4%。[②]

根据福布斯2022年5月公布的《全球最大科技公司榜单》，在前六位的企业中，其中有五家是典型的平台企业。其基本情况是：排在第一位的是苹果，已经连续第七年成为科技行业龙头，市值达到2.6万亿美元，比2021年的2.3万亿美元增加了3000亿美元，其销售额达到创纪录的3787亿美元，比前一年增长近29%。排在第二位的是谷歌母公司Alphabet，其年销售额为2575亿美元，比2021年（1824亿美元）增加了751亿美元，其市值也从1.5万亿美元上升至1.6万亿美元。排在第三位的是微软，其年销售额1849亿美元，市值达到2.1万亿美元。这三家公司年销售额达到8211亿美元，市值达到6.3万亿美元。在全球平台企业中稳稳处于龙头位置。腾讯的销售额在2021年中增长了24%达到869亿美元，但该公司市值约为4143亿美元，低于上一年的7738亿美元，居第五位，这是唯一一家进入

① See Panel for the Future of Science and Technology (STOA), *Online Platforms: Economic and Societal Effects*, European Parliament(Mar.2021), https://www.europarl.europa.eu/RegData/etudes/STUD/2021/656336/EPRS_STU(2021)656336_EN.pdf.

② See Holger Schmidt, *Plattform-Ökonomie*, Dr.Holger Schmidt Netzökonom, https://www.netzoekonom.de/plattform-oekonomie/, last visited on 22 August 2022.

排名前十的中国公司。[①]

不论是霍尔格的研究还是福布斯的榜单，都能明显看出美国和中国平台企业在全球经济中的巨大影响力。联合国的相关报告也验证了这一事实。联合国发布的《数字经济报告2021》中介绍："从参与数据驱动的数字经济并从中受益的能力来看，美国和中国脱颖而出。全世界的超大规模数据中心有一半在这两个国家，它们的5G普及率最高，它们占过去五年人工智能初创企业融资总额的94%，占世界顶尖人工智能研究人员的70%，占全球最大数字平台市值的近90%。"[②]

3.中美平台企业的比较

尽管中美继续引领全球平台企业的发展，但中国平台企业与美国平台企业的规模以及国际影响的差距仍然很大。根据中国信息通信研究院《平台经济与竞争政策观察（2021）》的数据："从平台企业数量来看，中国有36家大型数字平台，相较去年净增加9家，主要涉及电子商务、在线教育、在线医疗、数字媒体和物流等领域，反映了这些领域在疫情期间的迅速成长。美国有28家企业上榜，与去年相比减少了2家。从大型数字平台价值规模来看，中美两国企业占据了全球总量的96.3%。其中，美国大型数字平台总价值达8.9万亿美元，占据全球总量的71.5%；中国大型数字平

---

① See Jonathan Ponciano, *The World's Largest Tech Companies In 2022: Apple Still Dominates As Brutal Market Selloff Wipes Trillions In Market Value*, Forbes, https://www.forbes.com/sites/jonathanponciano/2022/05/12/the-worlds-largest-technology-companies-in-2022-apple-still-dominates-as-brutal-market-selloff-wipes-trillions-in-market-value/?sh=2ce6e0523448.

② See United Nations Conference on Trade and Development (UNCTAD), *Digital Economy Report 2021: Cross-Border Data Flows and Development: For Whom the Data Flow*, UNCTAD (2021), https://unctad.org/system/files/official-document/der2021_en.pdf.

台总价值为3.1万亿美元，占全球的24.8%，只有美国的三分之一左右，仍存在较大差距。”①上述德国专家以及美国福布斯公布的数据也都印证了中美双方在平台企业方面存在的差距。

根据中国网络空间研究院的评估报告，美中互联网发展指数得分分别位于第一、第二，美国得分70.17，中国得分61.70。在五个具体指标方面双方差距不大，分别是：在信息基础设施方面，美国第四、得分6.77，中国第五、得分6.75；在互联网创新能力方面，美国第一、得分10.20，中国第四、得分9.76；在产业数字化方面，美国第一、得分18.80，中国第二、得分15.35；在应用方面，美国第一、得分15.50，中国第二、得分15.11；在网络治理能力方面，美国第一、得分9.65，中国第二、得分9.59。但在网络安全水平方面双方差距较大，美国第一、得分9.25，中国第三十、得分5.15，中国的得分不仅低于欧美发达国家，还低于俄罗斯、马来西亚、土耳其、巴西、越南等国，可见中国在数字经济快速发展的过程中，网络安全是个明显的短板。②

还要看到的是，中国一些大型平台企业主要依靠了庞大的国内市场优势，在全球市场中占比相对较小。以同样主要是开展搜索业务的谷歌为例，在欧洲议会“未来科技研究小组”报告中介绍：“谷歌在整个数字经济中无处不在，充当核心产品和在线服务的基础设施。正如2020年美国司法机构报告指出的那样，谷歌已经发展并保持了其搜索引擎的主导地位，因此‘谷歌搜索’现在已成为在线搜索本身的代名词。该公司现在还是最大的数字广告供应商、领先的网络浏览器、主导的移动操作系统，以

① 中国信息通信研究院：《平台经济与竞争政策观察（2021）》，载中国信息通信研究院网站，http://www.caict.ac.cn/kxyj/qwfb/ztbg/202105/P020210528594083206416.pdf。

② 参见中国网络空间研究院编著：《世界互联网发展报告（2021）》，电子工业出版社2021年版，第19页、第22页、第24页、第26页、第29页、第32页。

及数字地图、电子邮件、云计算和语音助手服务的主要供应商，此外，还有数十种其他产品。谷歌的九款产品Android、Chrome、Gmail、谷歌搜索、谷歌云端硬盘、谷歌地图、谷歌照片、谷歌Play商店和YouTube各自拥有超过10亿用户。”①根据谷歌母公司Alphabet发布的2021财年第四季度财报，在总营收753.3亿美元中，来自美国的营收为347.9亿美元，只占总营收的46%，其他收入全部来自世界其他地区。②但百度公司的业务主要是在国内。脸书和腾讯同样存在这种差距，脸书全球月活跃用户近30亿人，但2022年在美国和加拿大只有2.6亿多人，超过90%的用户分布在全球各地；③但腾讯微信12亿多用户中，主要是中国人，在海外使用WeChat的用户，也主要是华人，其并未真正打开国际市场。④

不过最近几年，中国一些新的平台公司在全球市场取得了快速发展，其中最有代表性的应该是字节跳动公司。2012年3月北京字节跳动科技有限公司成立，2016年9月抖音短视频上线，2017年5月TikTok上线，6年时间其发展成为全球最有影响力的短视频网络平台企业。根据有关媒体的公开报道，字节跳动2020年实际收入达2366亿元，同比增长111%；2021年收入约为580亿美元，折合人民币大约为3678亿元，同比增长70%。截至2020年年底，字节跳动旗下产品全球月活跃用户数达到19亿，覆盖全

---

① See Panel for the Future of Science and Technology (STOA), *Online Platforms: Economic and Societal Effects*, European Parliament(Mar. 2021), https://www.europarl.europa.eu/RegData/etudes/STUD/2021/656336/EPRS_STU(2021)656336_EN.pdf.

② See Alphabet, *Alphabet Announces Fourth Quarter and Fiscal Year 2021 Results*, Alphabet(Feb.1, 2022), https://abc.xyz/investor/static/pdf/2021Q4_alphabet_earnings_release.pdf.

③ See Mansoor Iqbal, *Facebook Revenue and Usage Statistics* (2023), Business of Apps(Feb.8, 2023), https://www.businessofapps.com/data/facebook-statistics/.

④ See Branka Vuleta, *WeChat Statistics*, 99 Firms, https://99firms.com/blog/wechat-statistics/last visited on 22 August, 2022.

球超过150个国家和地区，支持超过35种语言。①

在目前复杂的国际局势下，中国平台企业面临着更复杂的国际环境。美国平台企业在2021年都取得了快速发展，苹果年销售额增加3000亿美元，谷歌增加751亿美元，增加的份额体现着一家超级平台企业的价值。中国平台企业的发展受到各种影响，从福布斯公开的《全球最大科技公司榜单》数据可以看出，腾讯尽管年销售额增加了24%，但市值却下降了46%多，近乎腰斩。②

二、平台企业对人类社会的改变

在当前的全球治理体系中，平台企业到底发挥着怎样的作用？这个问题虽然复杂，但我们每个人都可以感受到这种变化：平台企业正在全球治理进程中发挥着日益强大的作用。

1.平台企业正在颠覆着传统经济模式

传统经济模式往往有生产、贸易、销售等不同功能的企业参与，生产企业把产品通过贸易商卖给销售商，由销售商再直接销售给消费者。由于

① See Pandaily, *ByteDance Annual Revenue in 2021 Is About $58 Billion USD, Y-o-Y Increase of 70%*, Pandaily (Jan. 21,2022), https://pandaily.com/bytedance-annual-revenue-in-2021-is-about-58-billion-usd-y-o-y-increase-of-70/.

② See Jonathan Ponciano, *The World's Largest Tech Companies In 2022: Apple Still Dominates As Brutal Market Selloff Wipes Trillions In Market Value*, Forbes (May.12, 2022), https://www.forbes.com/sites/jonathanponciano/2022/05/12/the-worlds-largest-technology-companies-in-2022-apple-still-dominates-as-brutal-market-selloff-wipes-trillions-in-market-value/?sh=2ce6e0523448.

中间可能存在多个贸易商和销售企业，所以商品从生产出来到消费者手中是个复杂的过程。在这个过程中，由于信息往往不对称，有时存在盲目加价、投机腐败等问题。因为每个环节都要获得利润，所以商品价格必然大幅上涨。现在平台企业大大简化了商品流通的过程，通过技术的连接，建立起商品生产企业与消费者之间直接的联系。这种革命性变化带来的重大影响是，消费者有更大机会方便地购买到物美价廉的商品，得到的实惠增加了；贸易商以及零售商在没落，很多传统上从事贸易和零售的企业消失了。

颠覆传统经济模式最有代表性的平台企业是美国的亚马逊和中国的阿里巴巴。亚马逊公司成立于1994年7月，1995年开始经营一个销售图书的网站，经过27年的发展，现已成为全球商品品种最多的网上零售商。2022年亚马逊净销售收入将近5140亿美元，①截至2022年8月，亚马逊公司的市值为1.408万亿美元，按照市值标准亚马逊位列全球第五大企业。②阿里巴巴公司于1999年创立，2014年9月在纽约上市，2019年11月在港股上市。2022年年报显示中国年度活跃消费者总数突破10亿人，海外年度活跃消费者总数突破3亿人。③截至2022年8月底，港股市值1.896万亿港元，④美股市值2416.67亿美元。⑤

---

① See Daniela Coppola, *Annual Net Income of Amazon.com from 2004 to 2022*, Statista(Feb.15, 2023), https://www.statista.com/statistics/266288/annual-et-income-of-amazoncom/.

② See *Market capitalization of Amazon*, Global Ranking, https://companiesmarketcap.com/amazon/marketcap/, last visited on 22 August, 2022.

③ 《2022财政年度报告》，载阿里巴巴集团网站，https://data.alibabagroup.com/ecms-files/886023430/190b9a46-b141-4e23-92d8-2828ca23e1b6.pdf，2023年3月7日访问。

④ 参见阿里巴巴港股市值，载雅虎财经，https://hk.finance.yahoo.com/quote/9988.HK/，2022年8月22日访问。

⑤ 参见阿里巴巴港股市值，载雅虎财经，https://hk.finance.yahoo.com/quote/9988.HK/，2022年8月22日访问。

在传统经济模式下，生产、贸易、销售等企业是平等的，大家要进行复杂的交易谈判；相关企业都有平等机会获得更高利润；各种交易主要依托银行支付来进行，银行业由此发达。但在平台企业模式下，平台企业制定了平台交易的规则，成为平台上所有交易的规则制定者以及实际监管者，平台企业拥有超越所有相关生产企业和消费者的力量；平台企业往往发展了自己的交易支付系统，这进一步帮助平台企业获得稳定的金融收益，不可避免地会冲击传统银行业的发展；更关键的是，在传统经济模式下，即使再大的寡头，其对其他企业和消费者信息的了解也是有限的，这限制了其垄断的能力，但在平台企业模式下，平台企业依靠强大的数据收集和分析能力，对平台上所有企业和消费者都是高度熟悉的。平台企业凭借制定规则、知晓平台参与者、广告推荐以及交易监管等优势，成为平台经济实际的掌控者。在某种程度上，平台企业与传统垄断企业存在本质的区别，传统垄断企业不过是在某个领域有着重大影响，彼此之间是平行的，但其无法控制其他相关企业和消费者；而平台企业对其平台上所有的企业和消费者都具有强大的掌控能力，彼此之间是垂直的。数字平台简化了商品流通过程，但也颠覆了传统经济的模式。

在平台企业改变甚至颠覆着传统经济模式的同时，人们对其负面影响也越来越担心。美国众议院司法委员会2020年9月发布的一份报告介绍了亚马逊、苹果、脸书和谷歌等公司是如何运用它们的权力影响经济和民主的，首先每个平台现在都充当关键分销渠道的看门人。通过控制市场准入，这些巨头可以在整个经济中挑选赢家和输家。它们不仅拥有巨大的权力，而且还滥用权力，收取过高的费用，强加压迫性的合同条款，并从依赖它们的人和企业那里提取有价值的数据。其次，每个平台都利用自己的守门人地位来维持自己的市场势力。通过控制数字时代的基础设施，它们监视其他企业以识别潜在竞争对手，并最终收购、复制或切断它们的竞争威胁。最后，这些公司滥用其作为中介的角色来进一步巩固和扩大其主导地位。无论是通过自我偏好、掠夺性定价还是排他性行为，占主导地位的平台都在利用自己的力量来强化其主导地位。[①]

2.平台企业颠覆了传统信息传播以及教育的方式

传统模式下，依据某种主流的价值观，国家推广教育，媒体发表各种文章，以引导整个社会相对稳定地发展。但平台企业颠覆了这种信息传播和教育的方式，人类社会进入了自媒体时代。这种自媒体时代看似好的一面是每个人都可以在平台上发表自己的声音，这赋予了普通人更多发声的机会，在某种程度上推动了民主的发展。随之发生的是，传统媒体在衰落，人们不愿再花大量时间去创作文章，传统教育的影响在下降，很多年轻人不再相信教师的讲授，更愿意相信他们在平台上亲自看到的、听到的事情和观点。

世界上最有代表性的企业是脸书。这家公司于2004年2月创立，在2021年10月更名为Meta。经过18年的飞速发展，根据用户数量标准，Meta公司是目前全球最大的社交媒体类平台公司，全球超过三分之一的人口都在使用这个平台。2022年6月，Meta日活跃用户平均为28.8亿，月活跃用户达到36.5亿。[②]其实不仅Meta公司，美国的推特、中国的腾讯都发展成为大型的社交平台。近6年时间，以短视频为主要载体的抖

---

① See the Subcommittee on Antitrust, Commercial and Administrative Law of the Committee on the Judiciary, *Investigation of Competition in Digital Markets*, 2020.

② See David Cohen, *Meta Revenue Slides Year Over Year in Q2, While Active Users Sputter*, Adweek (Jul.27, 2022), https://www.adweek.com/media/meta-revenue-slides-year-over-year-in-q2-while-active-users-sputter/.

音、快手等中国社交平台也取得快速发展。

但问题在于，人们在社交和信息平台上看到的和听到的就是真实的世界吗？传统上，各国媒体和教育也都存在某种价值观的局限，所传播的信息和教育内容很多时候并不客观全面，比如美国CNN和福克斯，就经常代表两种针锋相对的立场。但总的来说，个人是相对独立的，更有选择和观察的自由。现在平台企业所传播的信息及背后的价值观，往往是投其所好的结果。根据个人的某种偏好，平台向其推荐大量相同倾向的内容，于是加强和深化了个人对某个问题的认识。所以表面看来平台提供了所有人都可以发声的机会，但实际上平台为所有人推荐着影响、固化其认识的内容。这种情况下个人往往是无意识的、被动的，但在潜移默化中受到了平台的深刻影响，甚至说是某种程度的思想控制。

平台企业的这种影响也受到社会越来越多的关注。欧洲议会“未来科技研究小组”报告指出，“敌对的主体利用在线虚假信息，通过数字平台转发和放大，破坏民主价值和原则。社交媒体平台使用的算法可能导致‘回声室’（Echo Chamber）或‘过滤气泡’（Filter Bubble），即用户只被提供一种类型的内容，而不是接收到全面的声音和意见。这可以通过确保用户看不到反驳的或其他可能有不同意见的内容来强化虚假信息，也意味着用户认为一个故事被广泛相信的程度远远超过它的实际情况。这必将导致社会的两极分化”。①

在全球化的进程中，相对而言，观点本应更加平衡的欧盟各国，并未发展出对全球哪怕是对欧洲有广泛影响力的社交资讯平台。美国社交资讯平台成为主导世界信息传播的庞大力量，这必将导致美国不仅可以利用

---

① See Panel for the Future of Science and Technology (STOA), *Online Platforms: Economic and Societal Effects*, European Parliament(March. 2021), https://www.europarl.europa.eu/RegData/etudes/STUD/2021/656336/EPRS_STU(2021)656336_EN.pdf.

北约影响欧盟的安全，也可以利用社交平台主导欧洲的观念、意识形态乃至政治的决策，从而最终影响全球治理的进程。在欧美主流价值观的影响下，美国平台企业在美国和欧洲会投入更多的资源来进行管理，以保障相关信息更符合欧美价值观的要求。但相对而言，在其他发展中国家往往就采取一种更加不负责任的听之任之的态度。根据脸书前员工弗朗西斯·豪根（Frances Haugen）曝光的内容：“2019年2月，一名脸书研究人员创建了一个新的用户账户，想借此看看作为一个生活在印度喀拉拉邦的人使用脸书社交媒体网站是什么感受。在接下来的三个星期里，该账户接受了脸书算法推荐的所有建议，加入群组、观看视频和浏览网站上的新页面。结果，该账号充斥着大量的仇恨言论、错误信息和暴力狂欢，这些都被记录在当月发布的一份脸书内部报告中。”“印度有3.4亿人使用脸书以及旗下的各种社交媒体平台，是该公司在全球最大的市场。脸书在印度的问题便是它在世界各地所面临问题的放大版。由于脸书缺乏足够的资源投入和印度官方认可的22种语言的专业知识，问题更加复杂和糟糕。一份描述脸书资源分配的文件显示，该公司在错误信息治理的全球预算中，87%专门用于美国，而只有13%留给世界其他地区，尽管北美用户只占脸书日活跃用户的10%。”“2020年年底，脸书内部传阅的59页文件记录中有一个惊人的数据：脸书旗下的照片分享平台Instagram上，只有6%的阿拉伯语仇恨内容被及时发现和处理。这说明脸书审核阿拉伯国家仇恨言论的措施没有发挥有效作用。在中东地区，针对妇女的攻击广告很少被标记为应被删除的内容。”[①]所以这家大型平台企业给全球治理带来的影响在豪根提供的一份内部文件有明确警示：“多方来源的证据表明，脸书及其旗下各种

---

① 吴丽婷编译：《脸书吹哨人弗朗西丝·豪根》，载人民资讯百家号2022年4月15日，https://baijiahao.baidu.com/s?id=1730164549354472052&wfr=spider&for=pc。

应用软件上的仇恨言论、分裂的政治言论和错误信息正在影响全世界”。[①]

中国社会高度关注未成年人沉迷网络游戏问题，实际上当前不仅未成年人沉迷游戏甚至网络，很多成年人甚至老年人也都沉迷网络。这种局面的出现，是由平台企业发展壮大的逻辑决定的。平台企业要追求最大经济效益，就要想方设法吸引用户、尽最大努力挽留用户，这样的原则几乎无一例外地会贯彻到对算法工程师的考核当中。所以，新闻、视频等内容的算法工程师考核的最主要指标是用户停留时间；对广告工程师考核的最主要指标则是广告收入；而对游戏行业的算法工程师，考核的最主要指标则是用户停留时间以及广告收入。这样的算法从诞生起，就承载着资本要求的用户黏性也就是某种沉迷的使命。换句话说，以一种看不见的“温水煮青蛙”的方式要求用户逐渐沉迷是资本对算法的本质要求。这是数字时代人们尤其是未成年人沉迷网络游戏的真正逻辑所在。

这种沉迷现象不仅影响着人们的观念和生活方式，也危害着人们的健康。凯勒·N.格里芬（Caleb N. Griffin）（阿肯色大学法学院助理教授）在2021年3月《康奈尔法律评论》第107期发表的《具有系统重要性的平台》（Systematically Important Platforms）文章中深刻揭示了当前互联网平台导致人们过于沉迷其中的现象，文章指出：“大型科技公司就像以前的烟草巨头一样，建立在人们成瘾的基础之上。世界上规模最大的一些数字平台虽然通常‘免费’供人使用，却尽可能多地消耗用户的时间和注意力。如果这些平台不是很容易让人上瘾，那么当前引起公众关注的许多问题就不那么重要了。社会不能忽视大型科技公司引起的重大公共问题的一个关键原因是——大型科技公司故意让数以亿计的人们上瘾。

---

① 吴丽婷编译：《脸书吹哨人弗朗西丝·豪根》，载人民资讯百家号2022年4月15日，https://baijiahao.baidu.com/s?id=1730164549354472052&wfr=spider&for=pc。

除了睡眠时间，美国人平均40%以上的时间花在网络上，而美国青少年的这一数字接近60%。”①

3.平台企业深刻影响各国政治的发展

特朗普当选美国总统是平台企业影响政治的标志性事件。2009年3月，特朗普在推特开通账号，名称为“真正的唐纳德·特朗普”（@realDonaldTrump），到2021年1月这个账号持续近143个月，拥有近8900万粉丝。②现代互联网平台的巨大影响力成为特朗普成功竞选总统的重要影响因素之一。特朗普也因经常在推特上发布相关政策言论而成为全球著名的推特治国总统；他以一人之力与CNN等大量传统媒体进行激烈抗争，却依然保持着高支持率。

特朗普的重大社会影响似乎对社交平台有着巨大影响力。但在某种程度上，他不过是社交平台扩大其自身社会影响的工具。当这一工具影响到平台自身的安危时，尽管他还是在任总统，最有权势的美国总统，在2021年1月竞选结束、国会山事件爆发后，推特也毫不犹豫地关闭了他的账号。③特朗普愤怒但无奈，这就是平台企业的权力。在那实际影响社会观念的巨大社交平台上，平台可以决定暂停甚至关闭任何一个人哪怕是总统的账号。

---

① See Caleb N. Griffin, *Systemically Important Platforms*, 107 Cornell Law Review 445, 445-514(2022).

② 参见吴家明：《特朗普推特的“大数据”复盘：持续143个月、146次影响股市、近9000万粉丝》，载金融界百家号2021年1月9日，https://baijiahao.baidu.com/s?id=1688402768251328205&wfr=spider&for=pc。

③ 参见央视新闻：《世界周刊|“推特总统”惨遭“封号” 社交媒体成为“核弹密码”？》，载央视新闻客户端，http://m.news.cctv.com/2021/01/18/ARTIPpkMdA88QSoGu29rz85u210118.shtml。

从特朗普的经历，我们能够深刻感受到社交平台对美国这样一个大国政治的深刻影响。但社交平台影响的不仅是美国。脸书、推特日益成为全球社交网络的主要平台。脸书的全球用户接近30亿，不仅在欧美等发达国家有重大影响力，截至2023年1月，脸书的用户数量排名前十的国家和地区如下：印度、美国、印度尼西亚、巴西、墨西哥、菲律宾、越南、泰国、孟加拉国、埃及。[①]可以看出其在很多发展中国家也有巨大影响力。由于网络社交平台根据人们的喜好进行算法推荐，所以，对于那些饱受争议的话题，比如当前美国的控枪法案、美国妇女的堕胎权等，人们的观点泾渭分明。网络社交平台的算法推荐加深了不同政党、不同人群、不同国家之间的分裂，人类社会进入一个更加分裂的时代。如果说在传统时代，这些争议还很可能通过协商解决，但现在争议被放大了，解决争议的难度也增加了。

哈佛肯尼迪学院教授迪帕扬·戈什（Dipayan Ghosh）在2021年7月《民主期刊》的文章中指出，由少数不负责任的公司运营的互联网平台缺乏透明度。这些公司拥有日益增长的影响力，对民主构成严重威胁。社交媒体平台已成为数十亿人的聚集地，世界各地的公民在社交平台上获取内容，提供内容的算法服务却使不断增加的用户深受其害。最大化吸引用户注意力的平台算法推动了虚假信息、阴谋的传播理论，以及全球数十亿用户的仇恨言论。科技公司将新闻和政治内容货币化，而不遵守任何新闻规范或有意义的民主治理标准。[②]

---

① See S. Dixon, *Leading Countries Based on Facebook Audience Size as of January 2023*, Statista(Feb.24, 2023), https://www.statista.com/statistics/268136/top-15-countries-based-on-number-of-facebook-users/.

② See Dipayan Ghosh, Ramesh Srinivasan, *The Future of Platform Power: Reining in Big Tech*, 32 Journal of Democracy 163, 163-167 (2021).

全球治理是各国政治、经济、文化的延续。网络平台颠覆了传统的经济发展模式和信息传播及教育的方式，深刻影响了各国政治的发展，拥有了一种独立的、具有传统政治权力所不能比拟的数字权力，成为深刻影响全球治理的重要力量。一个残酷现实是，凭借强大的实力，类似脸书和推特这样的社交平台所拥有的数字权力，对全球治理的影响力远远超过很多国际组织以及国家，这是最近十年来人类社会所发生的最大变化。

三、数字权力的本质及扩张

近些年来，国内外有大量关于数据权的研究。这个问题已经不仅是一个学术问题，而是一个直接关系到国家治理以及每个人生活的重大现实问题，所以受到各个国家以及学术界、经济界和司法界的高度关注。但数据权到底是什么？与数字权力有什么关系？两者存在哪些根本的区别？在数字经济已经蓬勃发展、数字时代已经快速到来的当口，研究这些问题具有特别现实的意义。

1.各界对数据权利的关注

无论是我国还是世界各国，都高度重视数字经济的发展。比如我国国务院在2021年12月发布的《“十四五”数字经济发展规划》中开篇就提出：“数字经济是继农业经济、工业经济之后的主要经济形态，是以数据资源为关键要素，以现代信息网络为主要载体，以信息通信技术融合应用、全要素数字化转型为重要推动力，促进公平与效率更加统一的新经济形态。数字经济发展速度之快、辐射范围之广、影响程度之深前所未有，正推动生产方式、生活方式和治理方式深刻变革，成为重组全球要素资源、重塑全球经济结构、改变全球竞争格局的关键力量。”①

可以看到，无论是在我国未来市场经济发展的过程中，还是全球市场，数据要素都将扮演越来越重要的角色，数据的经济价值也越来越凸显。正是因为这样的背景，各国法律制度也越来越重视数据在经济领域中的作用。2020年4月，中共中央、国务院发布《关于构建更加完善的要素市场化配置体制机制的意见》，明确将数据列为与资本、土地、劳动力、技术并列的第五大生产要素，要加快培育数据要素市场，健全市场运行机制等。②

一个现象是，目前很多关于数据权的研究还是定位在数据权利，更多是从民事平等关系的视角对数据权利的归属、使用以及利益分配等问题进行探讨。不论是从各国还是从全球数字经济发展的视角来看，目前关于数据权利的研究不仅是必要的，而且需要进一步给以重视。但现实中这个问题显然非常复杂，其中一个关键就是各国对数据的定义以及基本特征还缺乏足够的共识。在不能对数据的定义以及基本特征形成共识的情况下，对数据权利就更难以形成共识。

要看到的是，数据不仅是经济问题，还涉及社会及政治问题。联合国《数字经济报告2021》指出：“数据具有多面性。从经济角度来看，数据不仅可以为收集和控制数据者提供私人价值，而且还可以为整个经济体提供社会价值。而后者不能仅依靠市场来提供。此外，从数据中获得的私人收益分配非常不均。因此，有必要在政策制定上支持效率和公平的目标。然

① 《国务院关于印发“十四五”数字经济发展规划的通知》，国发〔2021〕29号，2021年1月12日发布。

② 参见中共中央、国务院：《关于构建更加完善的要素市场化配置体制机制的意见》，载中华人民共和国中央人民政府网站，http://www.gov.cn/zhengce/2020-04/09/content_5500622.htm。

而，还有一些非经济层面的问题需要考虑，因为数据与隐私和其他人权及国家安全问题密切相关，而这些问题都需要解决。”[①]所以导致的结果就是：“虽然在不断发展的数字经济中，数据至关重要，但是并未就‘数据’这一概念达成共识，因此可能导致困惑，增加分析和政策辩论的复杂性。”[②]可以看出的是，正因为数据本身问题的复杂性，单纯从民事法律数据权利的视角去研究是远远不够的。数据权利的提法有助于明确不同企业、组织及个人之间经济层面的利益关系，却不可避免地忽视数据背后带来的社会及政治层面的问题。所以在某种程度上可以说，在数字时代，数据权利只是数据法律研究的一个重要方面，但绝不是全部。过于聚焦数据权利，将导致我们忽略数据背后更多复杂的问题，从而影响数字时代宏观法律制度的发展。

2.数字权力的形成

权利是一种平等的关系，从法律上更讲究权利义务的对等。但权力是一种支配和管理的力量，双方本质上是不对等的。在一个数字化的时代，从权利的角度研究数据问题有重大的意义。但这个视角显然忽视了数字时代一个更加宏大的视野以及一些更加复杂的问题。笔者认为在数字时代我们必须正视的一个重大现象就是数字权力的崛起。数字权力依附的是简单的数字语言0和1，但在经历了复杂、玄妙的演化过程后，嬗变为影响甚

① See United Nations Conference on Trade and Development (UNCTAD), *Digital Economy Report 2021: Cross–Border Data Flows and Development: For Whom the Data Flow*, UNCTAD(2021), https://unctad.org/system/files/official–document/der2021_en.pdf.

② See United Nations Conference on Trade and Development (UNCTAD), *Digital Economy Report 2021: Cross–Border Data Flows and Development: For Whom the Data Flow*, UNCTAD(2021), https://unctad.org/system/files/official–document/der2021_en.pdf.

至控制广大人群的超级权力。

数字权力的基础就是数字。在数字时代，任何产品或活动都可以通过将其转换或编码为“0”和“1”的二进制语言来体现。每一个0或1已经不再是简单计数的工具，而是成为记录各种产品或活动的工具。换句话说，简单的数字0和1已经发展成为可以代表各种不同产品和活动的最为广泛的工具。任何工具，一旦应用广泛到某种程度，就会积聚形成权力，美元霸权就是最好的例证。从全球而言，很多国家的货币不具有任何影响力，更不要说权力。但由于美元在全球使用的广泛性，其就积聚形成了巨大的权力。这种简单数字应用的无限广泛化奠定了其成为权力的基础。

数字权力的演进是通过数据实现的，即用数字记录人类所从事的各种活动以及赖以生存的各种产品。数字原本只是一种符号，但各种产品以及人类的活动是生动鲜活的，当数字记录生动鲜活的产品或服务形成数据以后，数据就不仅具有了财产的权益属性，也融汇了人类的思想和力量，具有了人格属性。要特别看到的是，在数字时代，国家以及平台企业掌握的不仅是我们同意其记录或编辑的数据，还包括一些我们并未同意或者并不知情但被记录或编辑的我们的行踪、我们阅读的文章、我们购买的商品等数据。尽管各国法律越来越关注用户知情权，但很多企业还是努力用简单的数字记录或编辑着用户并不知情的数据。可以看出，数据权利的基础还是数字，没有数字这种广泛应用的工具，就没有所谓的数据权利。数据权利不过是依附数字工具发展起来的一种权利。

数字权力最神奇的地方还不仅是发展出数据权利，而是凭借算法无限放大了这种权力的应用。单纯的、分散的数据可能毫无价值，但通过算法串联、计算后，这些数据就会产生巨大的价值；初步收集的原始数据在一定的时间内也没有价值，但未来被综合利用后就可能产生巨大的价值。这种价值绝不仅仅是经济价值，通过自我优待（Self-preferencing）、信息茧房（Information Cocoons）等精巧设计的算法，可以针对不同国家、不同人群屏蔽某些数据，也可以无限放大某些数据，这就产生了影响国家治理、社会生活的强大影响力。在这个过程中，算法成为数字时代一种神奇的力量。但所谓算法，本质上依然是数字的应用。简单的数字0和1，竟然可以同时驱动以兆为单位的海量的数据，同时影响甚至控制百万、千万甚至以亿为单位的庞大人群。ChatGPT的问世标志着算法一种革命性的进化。人工智能不仅具有了对数据的分类整理、简单分析、定向推荐的能力，更具有了深度学习、归纳思考、与人类有效互动的能力。这种强化的能力不仅能够全面放大自我优待、信息茧房等效应，而且将以一种更加主动、更加潜移默化、更加全面深刻的方式影响甚至控制用户。所以我们可以看到，简单的数字，通过复杂的计算，演化成为数字时代影响国家治理以及我们每个人生活的超级工具。ChatGPT不仅标志着人工智能能力的全面提升，更是标志着数字权力影响程度的无限扩大。

有学者对算法力量有过深刻的阐述，张凌寒在《算法权力的兴起、异化及法律规制》一文中指出，依托数字的算法成为一种新的力量，这种力量发展到一定程度，就深刻影响甚至控制人们的生产生活。智能算法通过数据自主学习生成决策，在应用中反客为主，甚至成为‘算法权威’指导人类行为和决定信息真实性。进而，其在不透明的决策过程中形成算法黑箱，形成了算法与人类之间的技术支配关系。普通民众被算法技术统治却浑然不知也无力抵抗，如被算法解雇的中学教师、被犯罪预警系统过度执法的有色公民、被基金模型盘剥的底层民众等，这些算法被数据科学家称为数学毁灭武器。[①]

① 参见张凌寒:《算法权力的兴起、异化及法律规制》，载《法商研究》2019年第4期。

但上述过程依然是一种表面现象，数字之所以演化成权力，算法之所以异化成武器，最关键的还是人。是人广泛应用了数字，使0和1这种简单的数字具有了权力的影响力；是人通过数字记录其他人的信息形成各种数据，不仅衍生出具有财产属性的数据权利，也掌握了广泛人群的偏好、健康、家庭住址等具有人格属性的隐私；是人通过目标及产品设计以及工程师复杂的运算，让人在潜移默化中心甘情愿地接受了影响甚至控制。所以数字权力崛起过程的关键还是人。数字之所以成为权力，是人类社会发展到一个新的历史阶段后，人们最大限度地利用了数字这种简单的工具，将其发展成一种可以支配广泛人群的权力。

3.数字权力对国家治理的影响

0和1本来是纯粹的、中立的，其本来是一种技术。但应用这种技术的是人，掌握这种技术的国家和平台企业有着鲜明的立场，所以国家和平台企业如何应用由此产生的权力，就成为数字时代全球以及国家治理的典型特征。王锡锌教授发表了《行政机关处理个人信息活动的合法性分析框架》，他在文章中指出："今日，国家治理以巨量的信息处理为基础。国家权力与数据权力的结合，催生了'数治'（Rule by Data）这一新的治理技术。""在很大程度上，数字技术的迭代更新和发展，催生了'技术权力'及其广泛应用。这种技术权力有工具意义上的'中立性'；但工具与利用工具的主体相结合，会形成一种具有强烈目的和价值导向的权力系统。具体而言，数字权力与资本的结合，导致了被称为'监控资本主义'（Surveillance Capitalism）、'监控型社会'（Surveillance Society）的新的社会经济和社会生态；而这种数据权力与国家权力的结合，则催生了'监控型国家'（Surveillance State）。" [1]正如王锡锌教授所概括的，在数字时代面临的问题是，不仅民法学者要研究数据权利的问题，宪法以及行政法学者更要研究如何规制国家不要滥用数字权力的问题。

要看到的是，在数字时代，人类社会的权力结构已经发生了重大变化。这种权力结构的变化将越来越深刻地影响全球治理以及国家治理的进程，将越来越深刻地影响全球经济发展的模式，将越来越深刻地影响人们权利的实现。《网络平台崛起的最深远影响，在于社会权力的“私有化”》一文中也揭示了社会权力结构的这种变化，该文在内容摘要中就指出：“在对国家政府权力的消减过程中，原本属于政府的公共权力部分转移到私营企业手中，此过程同时表现为国家内部的公共权力‘私有化’和国际层面的国家主权‘协商化’。经过不均衡赋权，平台成为新的社会权力中心，一种以市场—国家二元主导的新权力结构在线上平台社会中已经清晰可见，并将对未来社会的权力形态产生深远影响。面对越来越紧迫的挑战，数字时代亟需一种新的治理精神，以应对权力转移带来的新社会结构变化。” [2]可以说，大家越来越形成的一种共识是，数字时代平台企业拥有了数字权力，这给传统国家权力结构带来了重大影响，形成了国家与平台企业共同拥有数字权力的一种局面。

更要看到的是，ChatGPT的问世将全面提升数字权力的影响。一是ChatGPT的问世标志着现代意义数字人的诞生，机器具有了思维以及和人进行有效互动的能力。平台企业操控着这些数字人的思维方式，有效主宰着这些数字人，使其成为驯服的工具。平台企业据此具有了更强大的力

---

① 王锡锌：《行政机关处理个人信息活动的合法性分析框架》，载《比较法研究》2022年第3期。

② 刘金河：《权力流散：平台崛起与社会权力结构变迁》，载《探索与争鸣》2022年第2期。

量。二是数字人将全面改变传统的经济、社会、教育等模式，这种改变将是颠覆性的，数字人比我们人类掌握着更多的知识、更快的思维、更强的逻辑，所以大多数人在与数字人的竞争中将处于劣势。三是平台企业将依靠数字人的强大力量，以一种更加潜移默化的方式有效地影响甚至控制用户。四是数字人背后的平台企业是有思维局限的，这种局限主要体现在平台企业主宰数字人所要依据的法律政策、意识形态以及道德伦理。问题的关键是，不同国家的法律政策、意识形态以及道德伦理存在巨大的差异，所以不同国家背景的平台企业所生产的数字人将遵循不同的法律政策、意识形态和道德伦理，这不仅将影响不同平台企业参与全球竞争的能力，也将影响不同国家参与全球治理的能力。五是随着技术的普及，生产数字人的技术将被越来越多的国家、企业以及个人所掌握。生产数字人的国家、企业、个人是正义的，数字人就将带给人类更多福祉；生产数字人的国家、企业、个人是邪恶的，数字人就将带给人类更多罪恶。所以如何规范平台企业的数字权力，如何规范人工智能的发展方向，将是人类社会面临的全新挑战。

当然要看到的一点是，数字权力的崛起具有两面性：一方面，数字权力带来了国家以及全球治理新的格局。在这种格局中，普通公民有了自己表达和参与国家以及全球治理的机会，在一定程度上形成了对传统政治权力的制约。所以对国家政治权力的消极影响是，平台企业数字权力摄取了部分政治权力，国家不再是政治权力的唯一掌控者；从整个权力结构尤其是民众的视角看，平台企业数字权力部分制衡了传统政治权力，民众有了更多参与的机会，这是人类社会几千年来关于政治权力的最大变化。欣慰的是，这种权力结构的变化并不是通过血腥的斗争或是战争实现的，权力结构的转化不仅是和平的，而且是通过最简单的数字0和1实现的。另一方面，国家权力依然深刻影响着数字权力的发展方向。为什么笔者并未说政治权力“决定”着数字权力的发展方向呢？一个不容回避的现实是，数字时代已经到来，平台企业数字权力已经形成，在某个国家中政治权力完全取缔平台企业的数字权力是可能的，但相对人类社会而言，平台企业数字权力的发展已经是不可逆转的潮流。如果某个国家试图取缔或者无端控制平台企业的发展，那受到伤害的只会是这个国家，这个国家不仅会被快速发展的数字时代所抛弃，成为数字时代的孤岛，也会在全球治理的进程中快速失去这种全新的力量。所以对于国家权力而言，只能正视这种数字权力的存在，进而思考如何通过有效的互动，约束平台企业不要滥用数字权力，以发挥其积极作用。但要看到的问题是，平台企业数字权力的崛起也就是近20年的事情，在近10年才得到快速发展，所以国家权力如何约束平台企业的数字权力，两者之间如何实现积极的互动，这将是一个漫长复杂的过程。

四、平台企业的数字权力

平台企业拥有数字权力是一个全新的历史现象。那平台企业这种数字权力是如何产生的呢？平台企业数字权力与国家权力有着怎样的关系？这是当前我们必须研究的课题。

1.平台企业数字权力的产生

在数字时代，不仅国家拥有了数字权力，更突出的现象是，平台企业也拥有了数字权力。这是数字时代最有代表性的特征，主要表现在：（1）平台企业建设了平台的基础设施，参与平台的用户要依靠这些基础设施，形成对企业基础设施的依赖。（2）平台企业设计了平台的基本运行规则，这些规则有些是公开的，有些是不公开的。每个参与者都要学习、了解这些规则，按照这些规则参与平台运作。（3）平台企业开发了算法，算法往往是并不公开的规则。算法形成一套神秘的、实际发挥作用的力量，其导致数字权力经常在一种"暗箱"中操作。（4）平台企业获取了大量企业或个人信息，这些信息对平台来说是透明的。换句话说，平台掌握了参与企业和个人的信息和隐私，这强化了其权力的力量。（5）平台企业获取了大量企业或个人浏览、交易的数据，企业实际管理、使用着这些数据。（6）平台企业对企业或个人的信息与数据进行分析，刻画出每个企业和个人的具体特征，实现对每个企业或个人最大限度的了解。（7）平台企业有权根据对消费者的综合画像推荐其产品或服务，这是平台广告剧增的主要原因，因为平台的广告投送比传统媒体更为精准。（8）平台企业有权对参与平台的用户进行奖惩，在参与者并不了解违反了哪些规则的时候，平台就有权对参与者进行某种限制、惩罚，甚至将其彻底赶出。

综合以上分析我们可以看到，随着平台企业的发展，通过建设基础设施、制定平台规则、掌握用户数据、对用户进行管理等过程，平台就逐渐拥有了基于数字的权力。并且随着平台企业的发展壮大，这种权力也逐渐壮大。对于那些具有垄断地位的平台企业，就获得了相对超级的数字权力。

联合国在《数字经济报告2021》中指出："最大的数字平台——苹果、微软、亚马逊、Alphabet（谷歌）、Facebook、腾讯和阿里巴巴——正越来越多地投资于全球数据价值链的每个环节：通过面向用户的平台服务进行数据收集；通过海底电缆和卫星进行数据传输；数据存储（数据中心）；以及通过人工智能等方式进行数据分析、处理和使用。这些公司因其平台业务而具有数据优势，但它们不再只是数字平台，而是已经成为全球性的数字企业，在全球范围内拥有强大的金融、市场和技术力量，掌握大量用户数据。随着数字化进程的加快，这些公司的规模、利润、市场价值和主导地位在疫情期间得到了加强。例如，纽约证券交易所综合指数在2019年10月至2021年1月期间增长了17%，但顶尖数字平台的股票价格的涨幅从55%（Facebook）到144%（苹果）不等。”[①]

2.平台企业数字权力与国家权力的区别

国家和平台企业都拥有数字权力，这种权力具有共性，也就是两者拥有的数字权力都具有支配属性，不论是国家相对于企业或公民还是平台企业相对于用户都有某种程度的管理权力。但由于主体不同，两者又存在明显的区别。这种区别主要表现在如下方面：

权力来源存在区别。国家权力来自宪法和法律的授权，不论是程序还是实体权力，都相对明确。“法无授权不可为”，相对而言国家权力是明确具体的，国家机关要依法行使，有法律规定时必须履职，否则就构成渎职。但目前平台企业掌握的数字权力并没有法律的明确规定，各国法律都要求其制定公平公正的规则，这可以理解为一种笼统的国家对平台企业管理用户的法律授权，但什么是公平公正？对这种笼统的法律原则，不同的人有不同的理解。这就导致了平台企业的数字权力往往是模糊的，权力的模糊性决定了其容易被滥用。

权力强制程度以及行使方式存在区别。国家权力有国家强制力的保障，其背后有军队、警察及其全套的国家权力机制。与国家权力对抗往往面临违法犯罪的后果，会受到严厉的处罚。另外，这种国家强制力是看得

① See United Nations Conference on Trade and Development (UNCTAD), *Digital Economy Report 2021: Cross-Border Data Flows and Development: For Whom the Data Flow*, UNCTAD(2021), https://unctad.org/system/files/official-document/der2021_en.pdf.

见的，每个人都可以预见与政治权力对抗的风险。相比而言，平台企业的数字权力没有国家权力那么明显的强制力，最严重的后果也就是将其驱逐出平台。但平台企业数字权力行使的过程往往是潜移默化的、经常性的，平台企业利用信息和数据实现对用户一种经常性的影响和支配，这种影响和支配虽然没有违反国家权力那种严重的后果，但更加隐秘和不可预测。

权力所依据的规则制定程序不同。国家权力有明确的规则，这个规则就是法律。国家要制定实体法和程序法，以保障规则标准和程序的公平公正公开，从而在贯彻权力的过程中要实现对公民权利的有效保障。在某种程度上，法律就是公民通过民主程序合意的结果，法律体现了公民集体意志，公民有权参与法律制定的过程。平台企业相对用户也有一套实体和程序的管理规则，但遗憾的是，这套规则是企业单方制定的，用户很难有机会参与这套规则制定的过程。这种制定过程的差异决定了平台企业数字权力更难以体现公平公正，更难以受到有效的约束。

权力行使的主体明显不同。国家权力行使的主体是明确和公开的，比如国家有立法机构、执法部门、司法机关和军队。不同主体扮演着不同角色，形成互相合作又互相制衡的一种机制，这种机制限制了国家权力的滥用，有助于保障公民权利。比如，当企业或公民认为自己权利受到某个政府部门侵害的时候，或者是政府滥作为，或者是政府不作为，企业或者公民可以通过到法院提起行政诉讼的方式来维护自己的权利。但在庞大的平台企业中，其内部是一种怎样的机制？哪些部门具有怎样的功能？如果用户认为权利受到侵害，应该是向哪个部门寻求救济？如果寻求救济的部门不理不睬，那用户又能如何维护自己的权利？平台企业内部治理的机制往往是神秘的，有时往往又是随意的。就如同脸书“吹哨人”豪根，其最初被招聘为某个部门的产品经理，但后来这个部门被撤销了。为什么设立这个部门？为什么要撤销这个部门？在很多平台企业都存在随意设立或撤销部门的问题，而这个过程对用户权利来说是有重大影响的。但遗憾的是，用户很难了解平台企业的这种机制，当然也就无法利用这种机制来维护自己的权利。

对权力对象的了解程度明显不同。了解对象是行使权力的基础，不了解对象就很难有效行使权力，了解对象的程度决定了行使权力的效果。在欧洲议会“未来科技研究小组”报告中介绍：“对隐私的风险不仅仅是立即收集的数据，还延伸到更广泛的关于个人数据的分析。随着预测分析和机器学习变得越来越流行，平台越来越多地将收集的原始数据转化为对人分析的综合数据。其中一个臭名昭著的例子是，一位愤怒的父亲与零售店对峙，要求知道为什么他们一直在给他十几岁的女儿发送怀孕相关物品的优惠券。事实证明，零售店系统已经能够准确地从他女儿的网上活动中推断出她已经怀孕。事实上，这位父亲并不了解。”[①]这并不是一个新的故事。平台企业掌握着参与其中的企业和个人的数据，这种数据背后不仅是用户的基础信息，更关键的是依靠算法可以分析出每个用户的性格特点、政治观点、购买能力、性别取向、身体健康、是否怀孕、是否出轨等所有的综合画像。即使加强监控，类似中国明朝设立东厂、西厂这种专门的监督机构，但监督的对象和程度都是有限的，每个人还是可以伪装和逃避监控，所以古往今来任何一位帝王都无法深入了解其所有的下属和臣民，人们还是享有很大的自由。受到法律对公权力行使的约束以及应用算法能力的限制，尽管目前很多国家也在应用数字权力，但在很多国家的很多方面，国家通过数据对公民了解的程度是有限的。但平台企业依靠数据和算法实现了对用户最大限度的了解，从而实现了对用户最大限度的影响甚至掌控，

---

① See Panel for the Future of Science and Technology (STOA), *Online Platforms: Economic and Societal Effects*, European Parliament(March. 2021), https://www.europarl.europa.eu/RegData/etudes/STUD/2021/656336/EPRS_STU(2021)656336_EN.pdf.

这是当前平台企业数字权力的最大危险所在。

权力行使的范围不同。国家权力往往局限于某个国家，只有类似于美国这种具有超级权力的国家，才能在一定程度上行使“长臂管辖”的权力。尽管“二战”以来建立了以联合国为中心的全球治理体系，但联合国的权力一直是脆弱的，国际法一直没能得到强有力的发展。但平台企业的数字权力远远超越了国家的地域限制，美国的谷歌、亚马逊、脸书、苹果和微软等平台企业都早就成为对全球治理有重大影响的力量。

总的来看，国家权力是明确的、由国家强制力保障实施，权力管理和控制的程度更强；相比而言平台企业数字权力更为模糊、缺乏强制力量的保障，权力管理和控制的程度较弱。平台企业要接受国家权力的管理，要遵守国家制定的相关法律政策。但平台企业相对于国家并不总是被动接受管理的状态。一是由于平台企业汇聚了强大的资本，解决了大量人员的就业，缴纳了大量的税收，平台企业拥有了与地方政府甚至国家政权讨价还价的能力。二是不论国家权力还是平台企业的数字权力，背后行使权力的都是具体的人。平台企业不仅雇用大量曾经在政府部门工作的人员，还以各种方式影响正在政府部门工作的人员，通过这些具体的人来影响国家权力的行使，游说国家制定有利于自身利益的法律政策。三是平台企业占有技术上的优势，引领着数字时代经济社会发展的模式，相比而言国家管理者的知识和经验都是滞后的，这种知识和经验的优势也在无形中强化了平台企业的数字权力。四是大型平台企业超越了国家管理的地域限制，对全球经济社会的发展产生重大影响，成为全球治理体系中一种新生的重要力量。所以，在数字时代，平台企业不仅与某个或某些国家形成了对庞大用户紧密联系的共同管理关系，还对国家权力产生不同程度的影响，在不同程度上影响了国家权力的运作。

3.国内外对平台企业权力的关注

根据媒体2021年报道，脸书公司全球规划负责人本尼·托马斯接受采访时表示，脸书公司像一个国家一样强大，在他看来，“历史上没有一位国王像马克·扎克伯格那样强大”。“世界历史上没有一位国王是20亿人口的统治者，但马克·扎克伯格是”。[①]平台企业的数字权力已经足够强大，其广泛影响着全球治理的进程、经济的发展以及人们的福祉，国内外一些学者已经注意到这一问题的严重性和复杂性。

《人民论坛》2019年11月发表的文章《网络平台“超级权力”的形成与治理》指出，“随着超联结社会的到来，由资本和技术联姻下的超级网络平台不断崛起，其拥有的超级权力越来越成为双刃剑。这种超级权力既创造了巨大的社会福利，谋求了超级利润，同时也因为权力的失衡和治理能力的严重不对称，带来了极大的社会治理问题，甚至冲击国际政治和国际秩序”。“平台权力体现为平台拥有者对参与主体、资源、信息、交易、数据等平台要素的掌控能力，是将市场凝聚之后而形成的一种垄断性权力。”“超级网络平台治理问题的难点在于人类现有的知识体系完全无力解答。迄今为止，全球商界领袖、政治家和专家学者，谁都没有能够给出基本的答案。面对这一难题，无论是传统的法学、公共管理和国际关系理论，都失去了基本的可用性。”“超级网络平台的治理问题，已经开始超越政府主体，走出狭义的网络治理范畴，开始延伸到社会治理，乃至国家治理，甚至成为全球治理的主导性力量。可以说，互联网浪潮席卷全球已经20多年，看起来到今天才真正进入深水区。可以毫不夸张地说，随着网络

---

① *Facebook Exec Says Zuckerberg is Too Powerful and Facebook Should be Broken Up*, in *Undercover Interview*, Russia Today (RT) News(Mar.13,2021), https://www. rt.com/usa/518184-facebook-benny-thomas-veritas/.

时代全面到来，人类面临的最大的难题将是超级网络平台的治理问题。”[①]

《文化纵横》杂志2021年4月发表的文章《阿里被罚背后，清华学者：超级平台的支配地位究竟怎么形成的？》指出，“网络平台本以‘去中心化’起家，平台权力是以软性治理代替强制统治，但随着平台技术进化及其对社会的全面渗透，它们逐渐因‘链接’而掌握平台准入权、资源调配权、实际管制权等巨大权力，进而重新走向中心化和封闭化：就像早期西欧一样，如今各大网络平台已形成各成一体的‘领土’范围及规则体系，变得越来越‘封建化’，以便将用户圈在自己‘领土’之内，而用户却不容易发现自己已被支配”。[②]该杂志在2022年发表的《440亿美金收编推特，马斯克身后的权力“三角”博弈浮出水面》一文指出，“随着数字技术日益渗透到人们的日常生活中，数据之上俨然已附着一种新型权力。像推特这样的数字平台巨头，正是这种新型数据权力的重要载体。而如何规范数据权力运用，防范平台滥用其数据权力，已成为世界各国的一大治理难题”。[③]

孙皓琛（Haochen Sun）教授在《迈阿密大学法律评论》2020年第74期发表的《公司的根本责任：科技公司究竟亏欠了全世界什么？》（Corporate Fundamental Responsibility：What Do Technology Companies Owe the World?）一文中深刻分析了科技公司滥用权力、权利与责任不相称的问

---

① 方兴东、严峰：《网络平台“超级权力”的形成与治理》，载《人民论坛·学术前沿》2019年第14期。

② 刘晗：《阿里被罚背后，清华学者：超级平台的支配地位究竟怎么形成的？》，载文化纵横百家号2021年4月12日，https://baijiahao.baidu.com/s?id=1696842266575982895&wfr=spider&for=pc。

③ 刘典：《440亿美金收编推特，马斯克身后的权力“三角”博弈浮出水面》，载文化纵横百家号2022年4月27日，https://baijiahao.baidu.com/s?id=1731272074912959759&wfr=spider&for=pc。

题，文章指出，“在这个数字时代，科技公司至高无上。然而，这些公司获得的权力远远超过了他们所承担的责任。脸书公司接二连三爆出在隐私保护和虚假新闻方面的丑闻清楚地展现出这种权力和责任的不对称。过去约二十年里，美国的法律改革未能纠正这种不对称现象”[①]。

越来越多的专家学者注意到了平台企业数字权力给人类社会发展带来的巨大影响，但如何治理？如何避免平台企业滥用数字权力侵害公民权利？注意到时代的变化是容易的，找到有效的解决方法是困难的。人类社会正在以一种极快的速度迈入数字时代，到了正视数字时代可能引发的各种问题并尽快采取有效措施的时候了。

五、对国家规制平台企业数字权力的建议

如何破解平台企业数字权力对全球治理以及人类社会发展带来的挑战？这是目前没有确定答案的难题。正如脸书在就豪根接受电视采访的书面声明中表示，“如果有任何研究为这些复杂挑战找到了准确的解决方案，那么科技行业、政府和社会早就已经解决了这些问题”[②]。平台企业的数字权力是洪水猛兽还是历史契机？平台企业的数字权力对传统国家政治权力带来侵蚀甚至冲击，如何从我国国家安全的视角看待这种现象？不论承认与否，中国已经成为一个国际大国。要想繁荣富强，只能深化改革开放。所以，当前的问题是，不应考虑如何扼杀平台企业，而是要考虑如何规制

① See Haochen Sun, *Corporate Fundamental Responsibility: What Do Technology Companies Owe the World?*, 74 University of Miami Law Review 898, 898–963(2020).

② See *Facebook's Response to 60 Minutes' Report*, "*The Facebook Whistleblower*," CBS News, https://www.cbsnews.com/news/facebook-statement-60-minutes-whistleblower-2021-10-03/.

平台企业的“数字权力”。从如何参与全球治理、如何实现国家政治经济社会长治久安的战略高度来考虑，笔者建议国家尽快研究确立数字时代国家的全面发展战略，这种战略不仅要包括经济的，也要包括政治和社会的。通过制定全面的数字时代发展战略，不仅能够促进数字经济的健康发展，也能规制国家以及平台企业数字权力的运作，让数字真正成为服务国家发展、造福民生福祉、参与全球治理的一股重要积极的力量。

1.全面理解数字时代平台企业的价值

人类社会正在快速进入数字时代。平台企业的数字权力给各国乃至全球治理都带来了挑战，但数字平台依然是这个时代的发展方向。平台企业将引领数字经济的发展，数字产业化、产业数字化的进程将加快，平台企业的竞争能力将直接影响甚至决定一个国家在未来全球经济中的竞争能力；平台企业带动科技创新，近些年来，资本快速向平台企业汇聚，使平台企业成为引领全球技术创新的重要力量；平台企业打破时空阻隔，提高交易效率，能够提供物美价廉的产品和服务，极大地方便了人民群众的生活；平台企业为中小企业以及普通群众参与经济社会生活提供了舞台，改变了传统的社会治理结构，为普通人提供了更多机会。数字时代是不可逆转的时代潮流，对国家而言，不能因噎废食、不能因其存在权力滥用等问题而片面否定，而是要在加大规范力度的基础上，引导和支持平台企业健康发展。

在数字时代发展的进程中，以中美欧为代表，世界发展出了不同的数字治理模式。联合国在《数字经济报告2021》中指出：“参与数字经济的各大经济和地缘政治主体对数据流动以及更广泛的数字经济的治理模式差异极大，除极个别情况外，在区域和国际层面几乎没有共识可言。世界范围内颇具影响力的治理模式主要有三种。简而言之，美国模式强调私营部门对数据的控制，中国模式强调政府对数据的控制，而欧盟则赞成在基本权利和价值观的基础上由个人控制数据。目前整体而言在这些方面呈现一种紧张态势，尤其是在美国和中国之间。此外，全球性的数字企业正在努力扩大自身的数据生态系统。”①

三种模式有不同的背景和现实考虑。在美国平台企业发展历史上，最有影响的一部法律是1996年制定的《通信规范法》（Communications Decency Act，CDA），尽管这部法律中的很多内容后来被联邦最高法院裁定废止，但关系平台企业发展的第230条却被保留。该条规定了两个核心的内容：一是平台企业不被认定为由其他内容提供者所提供信息的出版者或发布者。根据这一规定，平台企业不应被视为出版者或发布者，不对使用其服务的第三方言论承担法律责任。这是一个明确的免责条款，不仅直接导致了类似脸书这种被指责充斥了仇恨、暴力、虚假信息的巨型平台的出现，也纵容了很多色情网站的发展。二是规定信息服务提供者自愿且善意地删除淫秽色情、暴力、骚扰或其他不当信息，哪怕这些信息受宪法保护，也可免于承担民事责任。这是一个明确的赋权条款，赋予了平台企业制定平台规则、自行管理的权力。②20多年过去，在这一法律规定的支撑下，美国脸书、推特等平台企业快速发展起来。尽管当前美国社会各界也都意识到了这一条款所赋予平台企业的权力过大，国会也就这一条款进行了相关听证，但毕竟这种纵容、赋权的政策保障了美国平台企业20多年快速的发展。

---

① See United Nations Conference on Trade and Development (UNCTAD), *Digital Economy Report 2021: Cross-Border Data Flows and Development: For Whom the Data Flow*, UNCTAD(2021), https://unctad.org/system/files/official-document/der2021_en.pdf.

② See Communications Decency Act of 1996 (CDA), § 6, 5 U.S.C.(1996).

中国意识到数字经济以及平台企业发展的重要意义。在充分肯定数字经济以及平台企业贡献的基础上，中国对平台企业采取了发展与规范并重的思路。商务部等部委在2019年2月发布了《关于推进商品交易市场发展平台经济的指导意见》。[①]同年8月，国务院办公厅发布了《关于促进平台经济规范健康发展的指导意见》，国务院的政策开篇就指出："互联网平台经济是生产力新的组织方式，是经济发展新动能，对优化资源配置、促进跨界融通发展和大众创业万众创新、推动产业升级、拓展消费市场尤其是增加就业，都有重要作用。""聚焦平台经济发展面临的突出问题，遵循规律、顺势而为，加大政策引导、支持和保障力度，创新监管理念和方式，落实和完善包容审慎监管要求，推动建立健全适应平台经济发展特点的新型监管机制，着力营造公平竞争市场环境。"[②]近些年，针对平台企业发展中出现的突出问题，国家相关部委也就如何规范平台企业反垄断、保障新就业形态劳动者权益、保障未成年人权益等问题出台了相关政策。欧洲面临的问题与美国和中国存在很大区别。欧洲并未发展出类似美国和中国这种规模的平台企业，所以在近些年的立法中以规范为重。

但不论何种模式，当前世界各国都意识到了数字经济对国家未来发展的重大意义。美国2020年、2021年分别发布了《关键和新兴技术国家战略》（National Strategy for Critical and Emerging Technologies）、《美国全球数字经济大战略》（U.S. Grand Strategy for the Global Digital Economy），强调了要通过强化数字技术来维护其在全球治理体系中的领导地位。欧盟委员会2020年发布了《欧洲数据战略》（A European Strategy for Data）、

---

① 《关于推进商品交易市场发展平台经济的指导意见》，商建函〔2019〕61号，2019年2月12日发布。

② 《关于促进平台经济规范健康发展的指导意见》，国办发〔2019〕38号，2019年8月1日发布。

《人工智能白皮书：通往卓越和信任的欧洲》（White Paper on Artificial Intelligence—A European Approach to Excellence and Trust）、《塑造欧洲的数字未来》（Shaping Europe's Digital Future）等战略文件，2021年发布了新版《欧洲新工业战略》（A New Industrial Strategy for Europe），明确了加强支持数字技术发展的重大战略。金砖国家也分别推出自己的数字经济发展战略，比如印度的“数字印度”、巴西的“数字化转型”、俄罗斯的“联邦数字经济”、南非的“国家数字战略”等，高度聚焦网络基础设施以及数字经济的发展。欧洲各国，韩国、日本等国也纷纷出台发展数字经济的具体国家策略。可以说，不论数字领域存在怎样的问题，但世界主要国家都已经把加快数字经济的发展确立为重要的国家发展战略。

我国党和政府不仅要充分意识到时代数字化对国家未来经济社会发展的重大影响，也要充分认识到我国相关平台企业与美国大型平台企业在规模、治理结构、国际视野和经验等很多方面存在的差距。特别是近几年来，随着中美矛盾加深，我国平台企业也面临着更加复杂的国际形势。从推动数字时代转型的战略高度，国家应该进一步支持我国平台企业做大做强，使其成为引领国家未来发展、参与全球治理的重要力量。

2.全面参与数字时代全球治理的进程

要深刻认识当前全球治理面临的挑战。如何看待中国平台企业在全球治理进程中的作用，首先要深刻认识当前中国参与全球治理面临的复杂局面。中国反复强调，支持以联合国为核心的全球治理体系，但无法回避的两个残酷现实是：第一，美国将淡化联合国在全球治理体系中的作用。特朗普执政期间退出联合国人权理事会和联合国教科文组织，反映了一部分美国人已经厌倦多边全球治理体制的思想，拜登政府所代表的虽然是另外一部分人，但这部分人也越来越意识到联合国体制的局限，于是主动变换思路，更加重视由美国牵头组建各种同盟体制。所以，不论美国民主、共和哪个政党执政，美国都会越来越疏离以联合国为核心的现有治理体系，这是一个明显的趋势。第二，各种联盟势力日益活跃。以美国为首的北约组织依然是全球最大的军事同盟，以这一军事同盟为主，美国依然统领着西方世界；欧盟成为欧洲主要国家间的联盟，其在政治、经济、外交等各个领域协调立场，成为全球治理的一支重要力量；上海合作组织、金砖国家机制作为发展中国家合作的一些探索，也在磨合着如何深化彼此的合作。所以从国际政治的视角看，联合国的作用日益衰弱，人类社会正在进入一种“诸侯割据、列国纷争”的局面。

清醒认识中国参与全球治理机制的不足。还要看到的问题是，传统上中国主要是政府外交在主导着参与全球治理的进程，民间外交发挥的作用有限。国际性社会组织和跨国公司与国际政府间组织一起，成为参与全球治理的三大支柱。国际性社会组织在全球政治、经济、民生及文化等各领域都发挥着重要的作用，移动通信系统协会、电气与电子工程师协会等国际性社会组织直接主导着相关领域国际标准的制定，深刻影响着跨国公司参与全球竞争的能力。比如，2019年华为被Wi-Fi联盟、蓝牙技术联盟、JEDEC协会等组织暂停会员资格事件，[①]这对华为参与国际竞争产生消极影响，而这些组织都是在美国登记的国际性社会组织。但有中国背景的国际性社会组织相比美国等西方国家来说少之又少，参与全球治理的程度也很低。受到视野、经验等因素的影响，尽管中国平台企业已经积聚起强大的数字权力，但如何有效参与全球治理的进程，为人类社会的福祉作出贡

---

① See Oscar Gonzalez, *Huawei Gets Double Bad News from SD Association and Wi-Fi Alliance*, CNET(May 24, 2019), https://www.cnet.com/tech/mobile/huawei-gets-double-bad-news-from-sd-association-and-wi-fi-alliance/.

献，这对很多中国平台企业来说还是一个崭新的话题。

“数字鸿沟”是当前数字领域全球治理面临的巨大挑战。从当前全球发展的进程来看，数字时代的快速发展，不仅未能促进全球经济社会的均衡发展，反而拉大了“数字鸿沟”的差距，这种差距将进一步影响全球各国发展的进程。根据中国网络空间研究院的介绍：“根据‘2021年全球数字报告’（Digital 2021）统计，全球互联网用户数量继续保持增长势头，约为46.6亿，渗透率达到59.5%”，“北欧的互联网渗透率全球最高，达到96%，东亚和西亚地区的互联网渗透率较为靠前，而中亚和南亚地区较为落后”，“中非地区的互联网普及率最低，为26%”。[①]联合国在《数字经济报告2021》中不无忧虑地指出：“数据驱动的数字经济不断发展的同时，数据方面的鸿沟也加剧了数字鸿沟。在这种新形态下，发展中国家可能处于从属地位，因为数据及相关价值获取集中在几个全球性的数字企业和其他控制数据的跨国企业中。发展中国家可能会沦为全球数字平台的原始数据提供方，要想获得数字智能则必须付费，尽管这些智能来自它们自己提供的数据。”[②]“欠发达国家还会因顶尖人才流失到发达国家而受到影响，它们在构建全球政策的讨论中发言权更小，这又会进一步加剧全球不平等。”[③]可以说，当前世界不同国家处于数字时代发展的不同阶段，很多发展中国家还处于起步阶段，这导致其处于一个新发展时

---

① 中国网络空间研究院编著：《世界互联网发展报告（2021）》，电子工业出版社2021年版，第21页。

② See United Nations Conference on Trade and Development (UNCTAD), *Digital Economy Report 2021: Cross-Border Data Flows and Development: For Whom the Data Flow*, UNCTAD(2021), https://unctad.org/system/files/official-document/der2021_en.pdf.

③ See United Nations Conference on Trade and Development (UNCTAD), *Digital Economy Report 2021: Cross-Border Data Flows and Development: For Whom the Data Flow*, UNCTAD(2021), https://unctad.org/system/files/official-document/der2021_en.pdf.

代明显不利的地位。中国作为一个最大的发展中国家，已经处于数字时代发展的前沿，未来如何支持和引导发展中国家数字经济的发展，如何在全球数字治理中发挥更加重要的作用，将是新时代中国参与全球治理的重大命题。

创新发展数字时代新的全球治理机制。数字时代快速发展给全球治理带来了种种新的挑战。这不仅涉及不同国家数据的共享以及跨境流动等问题，也涉及如何应对平台企业数字权力崛起的问题。目前最大的问题是，在全球治理框架内，缺乏对大型平台企业数字权力有效的约束，这导致有些大型平台企业日益成为超越国家主权的权力载体。尽管联合国科学和技术促进发展委员会、联合国人权事务高级专员办事处、联合国教科文组织、世界卫生组织、联合国儿童权利委员会、互联网治理论坛和国际电信联盟等全球治理相关机制似乎都在关注数字问题，但相关机制在数字领域都并不全面，对数字问题关注的深度和广度也显然不够。可以说，现有全球合作机制已经难以解决数字时代快速发展带来的种种问题。所以联合国《数字经济报告2021》介绍："建立一个负责评估和发展全面的全球数字和数据治理并具备相关技能的协调机构的呼声越来越高，这是有别于加强现有机构的另一种思路。它认识到，目前的全球机构并非为数字世界构建，新的数字世界由无形资产主导，需要新的治理结构。"[①]推动建立一个有效的针对数字时代特有问题的全球治理机构显然并非易事，特别是在目前中美就很多问题存在巨大分歧的背景下，这种全球合作机制的建立就显得更加困难。但困难也是机遇，2020年9月中国发起《全球数据安全倡议》

① See United Nations Conference on Trade and Development (UNCTAD), *Digital Economy Report 2021: Cross-Border Data Flows and Development: For Whom the Data Flow*, UNCTAD(2021), https://unctad.org/system/files/official-document/der2021_en.pdf.

（Global Initiative on Data Security），[①]2021年11月中方正式申请加入由新加坡、智利、新西兰发起的《数字经济伙伴关系协定》（Digital Economy Partnership Agreement，DEPA），[②]这都是积极的举措。从发展的视角来看，“数据鸿沟”意味着中国平台企业可以更积极地拓展在发展中国家的市场、推动发展中国家数字经济的发展；从规范的视角来看，中国与欧盟等很多国家可以探讨更多共同的目标，推动人类数字时代朝着更健康的方向发展。总之，中国应该在加强与其他各国充分沟通的基础上，勇于积极主动地推动建立数字时代新的全球治理机制。

统筹推进中国参与数字时代全球治理的研究。笔者建议国家统筹平台企业、行业协会、科研院所、社会组织等资源，从如何有效参与数字时代全球治理进程的战略高度开展更多研究。比如：国家如何制定更有前瞻性的数字时代发展战略？国家如何确立行使数字权力的边界，将数字权力的行使纳入法治的轨道？中国平台企业如何勇担历史责任，更好地参与构建符合人类命运共同体理念的国际新秩序？如何制定规范平台企业数字权力行使的法律制度？世界主要国家如何规制、引领平台企业的发展？相关做法对中国有哪些启示？国际社会以及相关国家对数字时代的社会法发展有哪些最新动态和发展趋势，这对完善和改革我国相关立法会有哪些借鉴？通过开展更多战略研究，我国不仅可以完善中国特色的数字时代法律制度体系，为规范国家及平台企业的数字权力制定科学、稳定、有前瞻性的法律政策，还可以引导和支持平台企业更好地参与全球治理的进程，为人类社会的福祉作出更大的贡献。

---

① 参见杨利：《中方提出〈全球数据安全倡议〉》，载新京报百家号2020年9月8日，https://baijiahao.baidu.com/s?id=1677231341872815142&wfr=spider&for=pc。

② 参见袁璐：《中方正式提出申请加入〈数字经济伙伴关系协定〉（DEPA）》，载北京日报客户端2011年11月1日，https://baijiahao.baidu.com/s?id=1715198216589303377&wfr=spider&for=pc。

3. 保障平台企业规范行使数字权力

当前面临的一个现实挑战是，不论在哪个国家，平台企业均引领了数字技术的发展，相对而言法律政策制定者的知识和经验都是滞后的。联合国在《数字经济报告2021》中指出："政府如果缺乏适当的技能组合，会直接导致立法和监管框架的制定过程中缺乏技术和分析方面的专业知识。这反过来又会限制政府发现数字技术可能带来的机遇和可能出现的潜在风险和威胁，并会限制政府对数字技术进行监管的方式。这种情况可能让公众越来越依赖逐利的私营部门，民主价值观和个人的人权可能受到严重损害。"① 现在面临的问题是，国家不仅要针对数字时代的各种问题开展更多的研究，也要鼓励和支持相关政府部门加强学习和培训，了解数字时代国家治理面临的机遇和挑战、数字时代经济社会发展的规律以及解决各种问题的思路。

要尽快就规范平台企业的运作制定专门的法律。如何规范平台企业数字权力，有很多问题需要研究，比如：平台企业制定的各种规则以及算法是否符合公平公正的基本要求？平台企业的各种规则以及内部运作机制是否透明公开？社会各界特别是用户是否有权参与平台企业制定各种规则的过程？如果说算法是一种商业秘密，那么是否能够公开指导算法的基本原则？用户是否有权对平台企业的各种规则、内部运作机制、算法指导原则提出质疑？用户、社会以及政府如何有效监督平台企业按照公平公正的原则运作？类似问题还有很多，这些问题都是在未来立法过程中需要解决的问题。欧盟为大型平台企业专门立法的思路值得我们借鉴。国家市场监督

---

① See United Nations Conference on Trade and Development (UNCTAD), *Digital Economy Report 2021: Cross–Border Data Flows and Development: For Whom the Data Flow*, UNCTAD(2021), https://unctad.org/system/files/official–document/der2021_en.pdf.

管理总局已经在就《互联网平台分类分级指南》《互联网平台落实主体责任指南》征求社会意见，但这种指南只能算作国家的一种政策指引，尚不具备法律意义。所以，建议尽快制定具有法律意义的制度，如全国人大专门立法，或者国务院制定单独的行政法规，最起码也要先由国家市场监督管理总局制定专门的部门规章，以建立起我国约束平台企业数字权力的基本法律制度，指导、推动平台企业与用户建立起平等的权利义务关系。

依法规范平台企业的运作，创新针对平台企业的监管制度。国家大的方针是支持发展数字经济，一些平台企业对地方经济发展有重大贡献，这导致了某些平台企业恃宠而骄的作风：一方面对国家执法机关敷衍塞责，另一方面滥用数字权力，损害用户合法权益。长此以往，平台企业不仅将严重影响国家政治经济社会的健康发展，也无法培养起真正参与国际竞争的能力。国家支持数字经济的发展并不意味着对违法犯罪行为的纵容。在全面深化依法治国的背景下，对任何守法的公民和企业都应该保护，对任何违法犯罪的公民和企业都应该追责，这是基本的法治理念。国家要建立便捷、有效的公众投诉举报机制，要建立专业的第三方参与监督评估制度，要鼓励和动员社会力量参与到对平台企业的监督中来。特别要提出的是，应该尽快建立和完善“吹哨人”制度。多年来针对脸书最深刻的指控，显然是来自其员工弗朗西斯·豪根。豪根于2019年加入脸书，担任产品经理。她亲眼见到了脸书公司对仇恨、错误信息和政治动荡的纵容，亲身感受到面对一家庞大公司时的无奈。于是，她复印大量资料，准备了充分证据，开始向政府相关部门投诉，并在2021年10月公开接受采访。正是豪根的指控，让美国以及整个国际社会了解到了脸书存在的严重问题。建立和完善“吹哨人”制度，有助于及时发现并解决问题，避免要么没有问题、一出问题就崩盘的悲剧发生。2019年9月国务院《关于加强和规范事中事后监管的指导意见》明确提出，“建立‘吹哨人’、内部举报人等制度，对举报严重违法违规行为和重大风险隐患的有功人员予以重奖和严格保护。畅通群众监督渠道，整合优化政府投诉举报平台功能，力争做到‘一号响应’”[①]。国务院政策为我国“吹哨人”制度的发展以及充分发挥社会监督作用指明了方向。

要求平台企业健全合规体系。2018年，中兴通讯股份有限公司被美国商务部因出口管制合规问题进行制裁的事件，在国际社会以及中国引发巨大的震动。中兴公司最终与美国商务部达成行政和解，除支付10亿美元天价罚款外，还被派驻特别合规协调员和合规监察官，遭受为期10年的出口合规计划重建和运行监控。[②]中兴公司的合规问题引发了中国整个社会对企业合规问题的高度重视。欧美国家大型企业普遍建立了企业合规管理体系，美国政府的行政合规标准不仅保证了本国企业可持续发展，也对国外企业参与美国甚至全球竞争提出了要求。目前我国检察机关正在大力推动企业刑事合规工作，相关政府部门不仅制定了有关企业合规的政策性文件，也在处理案件的过程中积极探索推动企业建立合规制度体系。针对大型的平台企业，建立健全合规体系是非常必要和迫切的。大型平台企业建立有效的合规体系，目的在于通过有效的自我约束，以克服“数字权力”滥用带来的风险和危害，保障企业沿着正确方向稳健发展。

希望未来有平台企业探索构建数字权力运行的“理想国”。古往今来，多少圣贤曾经憧憬、设计不同类型的国家权力结构。很多专家学者喜欢用民主或专制这样的模式来对某个国家的治理结构进行定义，但这种定义相对丰富多彩的国家治理模式显然是简单和浅薄的。可以追溯的数千年历史

① 《关于加强和规范事中事后监管的指导意见》，国发〔2019〕18号，2019年9月12日发布。

② 参见刘华英、聂开琪：《“中兴事件”对上市公司合规治理的启示》，载北大法宝2022年4月6日，http://gdlawyer.chinalawinfo.com/fulltext_form.aspx?Db=lawfirmarticles&Gid=c3ac044c6621cd399bfa860d2cfbff0fbdfb。

中，人类社会探索过无数的国家治理模式。即使是现在，很多国家的治理模式也都存在巨大差异，美国是总统制，英国是君主立宪制，德国和日本是议会内阁制，法国是半总统制，每个国家权力产生及运行的模式都存在很多差异。在任何国家，对国家治理模式的改革都是复杂艰巨的。但什么样的权力运行模式是科学的？这是困扰人类社会几千年的历史难题。很多平台企业的创建者都曾经有过美好的理想，希望平台能给更多人带去福祉，但随着平台规模的扩大、资本逐利的驱使，平台数字权力异化，成为剥削甚至奴役用户的工具。那么是否可以构建出权力科学运行的平台企业呢？平台企业能否构建一套科学、文明的数字权力运行机制呢？脸书的公开声明中说还没有为应对这种复杂的挑战找到解决方案，这种声明只是在介绍一种现状，但并不是在表明一种解决问题的态度。在农业时代和工业时代，由于信息相对封闭，决策主要依据人，而人本身的认识存在局限性，所以权力结构不可避免存在各种缺陷。但在数字时代，由于信息日益透明，算法成为辅助人类决策的科学工具，这极大提升了人类科学决策的能力，为构建科学的权力体系提供了可能。可以说，数字时代为平台企业建立科学的权力运行机制提供了足够的条件，不过是由于平台企业发展的速度过快、决策者缺乏远见卓识、主要决策过于受到利益的驱使等因素的影响，所以还没有平台企业开始这样的有效探索。笔者建议能有平台企业勇于开历史先河，勇于邀请相关立法、管理领域的专家对平台企业的运行结构进行全面彻底的研究和评估，勇于进行全面深刻的治理结构改革，勇于建立一套公平公正公开的平台企业管理模式。不论是中国还是美国，不论哪家平台企业率先构建起这样的管理模式，不仅将有效保障用户的福祉、构建起良性健康的用户关系，实现企业长期可持续健康发展，还将对其他平台企业乃至国家治理结构的改革带来重大启示。这将是一件多么有历史意义、多么激动人心的权力运行机制的探索，期待会有平台企业率先开展这样的探索。

研究平台企业数字权力的发展以及对人类社会的影响，心情是复杂的。三年疫情使多数企业陷入困境，却促进了大型平台企业的发展，数字权力得到巩固和发展。随着更多资本流入平台企业，资本与权力的结合就产生了更加强大的超级权力。这种超级权力不仅影响甚至不同程度地控制了平台企业的用户，最后也影响甚至控制了平台企业的股东和高级管理人员。笔者愿意相信脸书的创始人扎克伯格是个善良的人，但资本和权力将其异化，他被美国媒体评选为“年度恶人”。[①]在资本和权力的腐蚀下，又有多少人会被异化呢？又有多少本来善良的人会成为“恶人”呢？以ChatGPT为标志的人工智能的发展给人类社会带来的影响是颠覆性的，这种影响的风险和挑战究竟会怎样？平台企业是否会为了利益滥用这种强化的数字权力？这种局面让人忧虑。但人类社会总会有正义的力量。中国作为社会主义国家，如果能够从战略高度开展更多有价值的研究，提出更多有价值的建议，采取更多有价值的行动，在有效约束国家及平台企业数字权力的基础上，引领平台企业成为参与国家以及全球治理的重要积极力量，那不仅将促进中华民族伟大复兴的历史进程，也将为人类社会的健康发展作出更大的贡献。不论是中国还是美国的平台企业，如果能够建立起有效约束数字权力，真正让数字权力造福广大用户的平台治理模式，那将对人类社会的文明发展作出巨大的贡献，引领和推动国家权力更好地增进人民的福祉。

---

① See David Roth, *Mark Zuckerberg Is TNR's 2021 Scoundrel of the Year*, The New Republic (Dec.22, 2021), https://newrepublic.com/article/164858/mark-zuckerberg-tnr-2021-scoundrel-year.

第二章

数字时代社会法的勃兴

受到资本主义制度固有体制的约束，工业时代社会法在全球并未蓬勃发展。针对大型平台企业数字权力的崛起，中国应该充分发挥社会主义制度的优势，尽快构建起全新的社会法体系，以推动和引领数字时代人类社会法治发展的进程。

人类社会的发展进入了一个新的时代，传统工业时代的种种问题依然存在，新的数字时代很多问题已经显露端倪。数字权力如同一张大网，快速撒向世界的每个角落，很多用户如同被困住的鱼，在这张大网上挣扎。很快，伴随元宇宙的到来，如果缺乏有效的规制，这张大网就会成为潘多拉的魔盒，人类将深陷其中，在放纵中走向衰落和沉沦。如何抵御这张网，特别是这个魔盒，以避免数字权力的滥用？如何在数字时代保障每个人的权利和尊严？这是人类进入21世纪以来迫在眉睫的课题。

笔者呼吁加强社会法的发展，通过重构社会法体系，以强化对平台企业数字权力的规制，加强对每个人权利和尊严的保障。这里有三个问题要先提出来：首先，要以更开阔的历史视角来认识社会法，社会法的本质是遏制权力的滥用和资本的放肆，保障人民群众特别是在社会中处于相对弱势境地群体的福祉，所以社会法的崛起和发展应当成为人类社会制度文明的最主要标志。其次，为了应对数字时代更加复杂的局面，社会法应当跳出传统社会保障法的局限，成为相对于公法、私法的第三法域，成为全球治理的指路明灯。最后，欧美国家引领了工业时代法治发展的进程，受到资本主义制度固有弊端的影响，社会法并未足够发达，工业时代的种种问题并未得到有效解决。在人类社会进入数字时代的当下，中国有机会与欧美发达国家站在同一起跑线，如何以法治来应对数字时代的种种问题？成为当前世界各国面临的共同挑战。社会法不仅体现了中国特色社会主义制度的本质要求，也体现了中华文明的内在要求，所以我国党和政府应该更加重视社会法建设，通过构建科学完善的社会法体系，为人类数字时代的治理探索出新思想、新道路、新方法。

一、社会法的定义及工业时代的社会法

什么是社会法？各国对社会法概念的理解有何差异？为什么要对社会法进行全新的诠释？如何理解社会法对国家治理的重大意义？这是站在新的历史起点我们必须思考的问题。

1.社会法的起源及早期发展

人类在奴隶社会和封建社会时期，权力为一小部分人所垄断，首先要保障的是那一小部分权贵的利益。伴随工业化的快速发展，资产阶级走上政治舞台，形成新的统治阶级。但新的统治阶级仍是一小部分人，绝大多数劳动者仍旧生活在困苦中。

经济自由主义是工业革命以来西方经济的主流思想，但不论是早期的凯恩斯还是现代美国的桑德斯，都深刻认识到了自由主义市场经济的弊端。过于强调市场的自由竞争导致了资本的放肆、贫富分化加剧以及社会道德的沦丧。所以凯恩斯强调在市场自由竞争基础上，政府要给予适当干预和监督，国家要发展社会福利；桑德斯反对诸多自由贸易协定，强调要给企业和富人加税、给中产和低收入人群减税，要大力发展社会福利。

伴随财富的积累和社会运动的发展，为了解决自由竞争的市场经济存在的种种问题，西方资本主义国家社会法开始萌芽。社会法概念主要

起源于19世纪末的德国，为了应对当时紧张的劳资关系，德国首相俾斯麦推动了以保障劳工权利为主要内容的社会立法。后来社会法的概念传入法国、日本等大陆法系国家。英美国家一般称社会立法（Social Legislation）或者社会保障法（Social Security Law），主要指社会保障法或社会福利法。[①]德国逐渐发展了相对发达的《社会法典》，其中不仅包括社会保障的相关内容，还包括对儿童、残障人的特殊保护立法。

但总的来看，在欧美国家社会法还是一个相对小的概念，主要是指劳动和社会保障领域的立法。这种概念的局限性影响了社会法作为一个法律体系的发展。尽管数字经济快速发展，人类社会已经在快速进入数字时代，但社会法似乎仍旧停留在传统的工业时代，甚至是工业时代的早期，社会法并未跟上时代发展的步伐。

2.社会法在我国的发展

我国于1949年建立了中华人民共和国，并于1956年基本完成了社会主义改造，从政治上实现了最广大人民群众的统治。但由于缺乏财富的积累过程，国家经济落后，社会法并不发达。改革开放释放了市场经济的活力，经济快速发展的同时，贫富分化等问题也日益尖锐。如何从法律上保障最广大人民群众的根本利益就成为国家治理的重要挑战。于是，社会法开始快速发展起来。

2001年，时任全国人民代表大会常务委员会委员长李鹏在第九届全国人大第四次会议上所作的工作报告中指出：根据立法工作的实际需要，初步将中国特色社会主义法律体系划分为七个法律部门，即宪法及宪法相关

---

① 参见余少祥：《社会法的界定与法律性质论析》，载《法学论坛》2018年第5期。

法、民法商法、行政法、经济法、社会法、刑法、诉讼与非诉讼程序法。中国官方的定义是："社会法是调整劳动关系、社会保障和社会福利关系的法律。我国已经在这方面制定了劳动法和一批保障社会特殊群体权益的法律。"①

截至2022年9月，根据全国人大官网发布的数据，我国社会法有27部。②全国人大认为社会法是指规范劳动关系、社会保障、特殊群体权益保障、社会组织等方面的法律规范的总和。③对这27部法律，笔者认为，主要可以分为更具体的五类：一是关于劳动者权益的法律，共有10部。这类法律不仅有劳动法、劳动合同法、工会法等基本法律，有促进就业以及保障劳动者安全的特殊法律，如就业促进法、职业病防治法、安全生产法、矿山安全法、特种设备安全法，还有全国人民代表大会常务委员会批准的两个国务院的决议，一个是关于批准《国务院关于工人退休、退职的暂行办法》的决议，另一个是关于批准《国务院关于职工探亲待遇的规定》的决议。二是关于社会保障的法律，主要是社会保险法、军人保险法和退役军人保障法等3部法律。三是有关特殊社会群体权益保障方面的法律，共有8部，分别是：归侨侨眷权益保护法、残疾人保障法、妇女权益保障法、老年人权益保障法、未成年人保护法、预防未成年人犯罪法、母婴保健法、反家庭暴力法。四是有关公益慈善的法律，共有5部，分别是：慈善法、公益事业捐赠法、红十字会法、境外非政府组织境内活动管理法、家庭教育促进法。五是公益法，公益法也可以归类到公益慈善类法

---

① 李鹏：《全国人民代表大会常务委员会工作报告》，载中国新闻网，https://www.chinanews.com.cn/2001-03-19/26/79548.html。

② 参见《现行有效法律目录（293件）》，载全国人大网站2022年9月7日，http://www.npc.gov.cn/npc/c30834/202209/1ffa180b336247069bf8b42eb1f337a3.shtml。

③ 《社会法包括哪些法律》，载全国人民代表大会网站2020年12月2日，http://www.npc.gov.cn/npc/c30834/202011/cddb8622a8ac47ba8e8fd6f1feb35e8a.shtml。

律，但鉴于这类法律的特殊性以及对保障社会法发展的重大意义，最好还是单独归类。2022年1月1日实施的《法律援助法》就属于这种类型。未来国家如果就公益诉讼专门立法，也显然属于公益法的范畴。

可以说，不论是官方的权威解释还是立法实践，我国社会法的概念都已经超越了德国等大陆法系国家社会法的范畴。难能可贵的是，我国全国人大将社会法确立为中国特色社会主义法律体系中的一个部门，全国人大法工委内设社会法室。2018年国家机构改革后，全国人大设立社会建设委员会，作为单独的全国人大专门委员会。①所以从这个角度而言，我国为未来社会法的发展奠定了良好的制度基础。

3.对社会法定义的新思考

什么是社会法？国内外很多专家学者对其有过大量的研究和论证。余少祥在《社会法的界定与法律性质论析》一文中介绍了很多国内外专家的观点。根据这篇文章的介绍，当前我国学术界对社会法的定义主要有四种观点：一是社会法无法清晰定义，不具有法律学上的地位和意义；二是社会法分为广义、中义、狭义等不同层次；三是社会法等同于第三法域；四是社会法是一个新的法律部门。专家学者对社会法定义的认识存在一定差别，但可以看出，越来越多专家跳出了传统上对社会法只限于社会保障法的认识，认为那只是狭义的社会法；广义的社会法是与传统公法、私法相对应的"第三法域"，其内涵远远不仅是社会保障法。如董保华教授认为"社会法就是第三法域，第三法域就是社会法"；郑尚元教授认为，至少

---

① 参见新华社：《中共中央印发〈深化党和国家机构改革方案〉》，载中华人民共和国中央人民政府网站，http://www.gov.cn/zhengce/2018-03/21/content_5276191.htm#1。

第三法域中的环境法、社会保障法、劳动法、经济法等都属于广义的社会法。[①]总体来看，尽管在认识上存在差异，但越来越多专家开始以更开阔的视野认识和分析社会法。

其实，国外很早就有专家认为社会法的范畴应该更加广泛。沈建峰教授在《社会法、第三法域与现代社会法——从基尔克、辛茨海默、拉德布鲁赫到〈社会法典〉》一文中介绍，德国劳动法之父辛茨海默以及与其同时代的拉德布鲁赫均认为社会法的范畴远不止社会保障法。拉德布鲁赫曾引述辛茨海默的论述："如果我们仅仅将社会法理解为照顾性的，经济上弱者的安全和福利法，我们将不能深刻地理解社会法的发展。"他主张社会法是对当前社会结构中无社会权力一方提供支持。在此基础上，拉德布鲁赫讨论了社会法在不同法律领域的萌生：商法中社会法的体现是公司不仅要服务于股东利益，也要服务于大众利益；经济法中的社会法属性体现在为了社会利益，国家对私法关系进行规制和有组织的干预。这种在多个法律领域发生的现象，足以产生一个独立的法律领域。[②]田思路教授在《日本"社会法"：概念·范畴·演进》的文章中介绍，20世纪早期，日本社会法领域的研究曾经非常活跃，其理论奠基人桥本认为："社会法不仅包括劳动法和社会保障法，还包括社会行为法、社会组织法、社会企业法（或称为社会经营法）、社会诉讼法、社会财产法等。"日本社会法理论的确定者沼田稻次郎认为社会法的范畴很广，应该包括劳动法（雇佣保障法、劳资关系法）、社会保障法（社会保险法、社会福利法）、环境法（自然环境保全法、社会环境保全法）、消费者保护法（公平竞争保护法、商品危害防止法）、

---

① 参见余少祥：《社会法的界定与法律性质论析》，载《法学论坛》2018年第5期。

② 参见沈建峰：《社会法、第三法域与现代社会法——从基尔克、辛茨海默、拉德布鲁赫到〈社会法典〉》，载《华东政法大学学报》2019年第4期。

教育文化法（教育保障法、文化生活保障法）。[①]

国内外专家对社会法开展的广泛研究，在不同程度上影响了相关国家、不同时代的社会立法。但受到时代、国家政治体制、个人视角等多种因素的影响，笔者认为社会法的研究并未引起足够的重视。中华人民共和国成立后很长时期内受到经济发展程度的制约，我国对社会法的研究也不可能非常深刻。党的十九大报告明确我国经济社会发展进入了新时代，新时代应该促使我们以全新的视角来研究和思考社会法的定义、特征、内在逻辑、与政治制度的关系以及相关立法的未来发展问题。笔者认为，社会法应该是以人的福祉为中心的法律总称。所谓社会，就是人与环境的关系总和，其基础就是人，所以笔者认为：社会法的本质特征就是要保障人的福祉。这是一个相对笼统的概念，我们要对这个概念进行更多细致的分析。

首先，社会法是保障在社会中处于相对弱势境地群体权益的法律。社会法的起源就是为了应对紧张的劳资关系，德国首相俾斯麦推动的以保障劳工权利为主要内容的社会立法。其次，社会法介于公法和私法之间，形成独立的法域或者法律部门。私法强调权利义务对等以及自由竞争，所以无法避免贫富分化、弱肉强食，无法保障未成年人等特定群体的权益；公法更主要是规范国家公权力的运作，于是为了加强对在社会中处于相对弱势境地群体权益的保障，克服私法自身存在的缺陷，更好地实现社会正义，在国家公权力的支持下，社会法发展起来，逐渐成为一个单独的法域或者法律部门。所以，社会法就是保障在社会中处于相对弱势境地群体权益的法律，本质上是通过法律制度以约束权力和资本的放肆并对在社会中处于相对弱势境地群体给以特殊保护，从而实现最大多数人尤其是那些处于弱势境地的人的福祉。

---

① 参见田思路：《日本“社会法”：概念·范畴·演进》，载《华东政法大学学报》2019年第4期。

从这个角度来说，社会法是人类社会探索和发展出的真正意义上的制度文明。

社会法是工业时代人类法治文明的重要标志。分析社会法发展的进程，笔者认为其在工业时代的发展主要经历了两个阶段。

第一阶段，社会法重点关注对劳动者、特定群体、消费者等在社会中处于相对弱势境地群体权益的保障。从余少祥的《社会法的界定与法律性质论析》一文中可以看到，张守文教授、郑尚元教授、林嘉教授等人都认为，狭义的社会法就是社会保障法；李吉宁教授认为，狭义的社会法，由社会保险法、社会救助与救济法、社会福利法构成。[①]笔者认为，第一阶段的社会法相对工业时代，主要包括四部分内容：一是重点保障劳动者权益的相关法律；二是各国逐步建立的社会保障法律制度；三是保障消费者权益的法律；四是保障特定群体的法律，比如保障儿童、残障人、妇女等权益的法律。只有这些法律发达了，普通消费者相对企业、普通劳动者相对用人单位才能实现福祉和尊严，处于相对弱势境地的儿童、残障人等群体才能实现福祉和尊严。

第二阶段，社会法在传统的保障在社会中处于相对弱势境地群体权益的基础上，开始关注环境保护。1972年6月联合国组织召开了“第一届联合国人类环境会议”，提出了著名的《人类环境宣言》，从此“环境保护”的概念被广泛使用。[②]随后，联合国主持通过了防止有机物污染、海洋污染、气候变化、生物多样性保护、濒危野生动植物保护等方面的大量国际公约。近些年来，ESG的概念广受传播，其是英文Environmental（环境）、Social（社会）和Governance（公司治理）的缩写。根据这一理念，很多

---

① 参见余少祥：《社会法的界定与法律性质论析》，载《法学论坛》2018年第5期。

② See Declaration of the United Nations Conference on the Human Environment, adopted by the United Nations Conference on the Human Environment on 16 June 1972 in Stockholm, U. N. General Assembly Resolutions 2994/XXVII, 2995/XXVII and 2996/XXII.

公司不再仅仅是发布社会责任报告，而是发布ESG报告，很多国际机构也针对跨国公司ESG的表现开展评级工作。但笔者认为，环境问题本质上是企业社会责任问题，随着环境问题的日趋严重，人们把环境问题放到了社会法中一个更加突出的位置。所以社会法在第二阶段发展过程中，丰富和发展的主要内容是环境保护立法的发展。例如，我国的《环境保护法》《森林法》《草原法》《土壤污染防治法》《生物安全法》等法律。

在社会法发展的过程中，不仅要考虑实体的标准，还要考虑程序以及方法，也就是如何更好地实现人类的福祉？特别是如何最大限度地实现人尤其是那些在社会中处于相对弱势境地群体的福祉呢？人类文明尤其是各种宗教，往往都倡导人们积德行善，所以古往今来都有捐助弱者、扶危济贫的现象。但这种现象是个别的，况且也往往都是直接的帮扶。19世纪末以来，现代慈善事业逐渐发展起来。现代慈善事业不再强调直接向贫困者捐助，认为那会导致被捐助者的懒惰、贪婪和不劳而获，授人以鱼不如授人以渔，所以强调成立基金会等非营利组织，聘请专业人员管理慈善资金、创新开展慈善项目。随着社会的发展，慈善事业也不再局限于直接帮扶在社会中处于相对弱势境地群体，而是开始关注平等、环保等关系到特定群体福祉的社会及自然环境问题。相比第一部门的政府、第二部门的企业，被称为第三部门的非营利组织迅速发展起来。不仅很多富人捐助专业的非营利组织，政府也通过购买服务等方式支持其开展项目。非营利组织开始成为连接政府、富人以及在社会中处于相对弱势境地群体的纽带，通过开展各种项目，推动了社会的共同治理和共同发展，成为全球以及国家现代治理的重要组成部分。很多国家立法对慈善事业以及非营利组织通过税收减免等方式给予支持，激励、引导慈善事业以及非营利组织健康发展。这样来看，社会法当然还应该包括那些关于慈善事业以及非营利组织发展的立法。慈善事业以及非营利组织成为现代社会实现在社会中处于相对弱势境地群体福祉的重要方式。

社会法的崛起和发展是人类制度文明的最主要标志。正如笔者在前文指出的，所谓人类文明，不应该是指那些所谓发达的科技、宏大高耸的建筑和堆金叠玉般的财富，而应该是指人类相对动物世界，在多大程度上克服弱肉强食的丛林法则，让绝大多数人尤其是那些处于弱势状态的人过上幸福的生活。如果一种政治制度，只是保障了一小部分人的利益，也就是权力和资本可以放纵，绝大多数普通人只能处于被剥削的境地，那么这种制度就是丛林法则在人类社会的延续，是非正义的、不文明的。在奴隶社会和封建社会，不论是东方还是西方，都有一些先贤憧憬过美好的理想国，但由于缺乏制度的保障，理想国很难实现。社会法是从法律制度上通过约束权力和资本的放肆以及对在社会中处于相对弱势境地群体的特殊保障，以实现最大多数人尤其是那些处于弱势境地的人的福祉，这是人类社会探索和发展出的真正意义上的制度文明，是现代法治文明中璀璨的明珠。

二、数字时代社会法的发展与重构

很多专家还是零零散散地讨论社会法的发展，对宏观理论以及发展思路缺乏深入的思考，对数字时代社会法的发展更是关注不够。正如大型平台企业数字权力深刻影响甚至颠覆了传统经济社会发展模式一样，现在需要以新的视角来思考数字时代社会法的发展问题。本质上，数字权力是数字时代对公民权利的侵蚀和摄取，影响的是公民的福祉。所以，约束数字权力，制衡其权力特征，使其逐渐恢复为平等关系下的权利本位，重点不应该是通过传统政治权力进行打压或无端控制，而是应该通过发展社会法，通过强化社会法的作用，推动、促进平台企业积极履行社会责任，从而使其成长为造福社会、带给公民福祉的现代企业。

1.欧盟为规制数字权力的立法

随着全球数字化进程加快发展，互联网空间权力分配出现重大变化，美国引领了数字时代数字权力的发展。相比而言，欧盟国家数字平台企业并不是特别发达，个人及政府数据大多存于美国科技巨头的服务器，社交基本依赖美国社交软件，在线购物、智能终端、在线金融等各方面也落后于美国和一些亚洲国家。欧盟充分意识到数字经济对欧盟发展的重大意义，2020年2月欧盟委员会发布了包含《塑造欧洲的数字未来》在内的三份重要数字战略文件。[①]尽管欧盟越来越重视数字经济的发展，欧盟领导人也总在强调促进数字化转型及数字经济发展，但近十年来，在欧盟，最鲜明的特点不是平台企业的发展，而是规制平台企业数字权力的立法及执法活动。比如，为了规制数据权力的滥用，欧盟推动了四部主要法律的制定：《通用数据保护条例》（General Data Protection Regulation，GDPR）、[②]《数据治理法》（Data Governance Act，DGA）、[③]《数字服务法》（Digital Services Act，DSA）[④]和《数

① See the European Commission, *Shaping Europe's Digital Future*, the European Commission (Feb.19, 2020), https://ec.europa.eu/info/strategy/priorities-2019-2024/europe-fit-digital-age/shaping-europe-digital-future_en#three-pillars-to-support-our-approach.

② See the Regulation (EU) 2016/679 of the European Parliament and of the Council of 27 April 2016 on the protection of natural persons with regard to the processing of personal data and on the free movement of such data, and repealing Directive 95/46/EC (General Data Protection Regulation).

③ See the Proposal for a Regulation of the European Parliament and of the Council on European data governance (Data Governance Act), the EUR-Lex (Nov.25, 2020), https://eur-lex.europa.eu/legal-content/EN/TXT/?uri=CELEX%3A52020PC0767.

④ See the Proposal for a Regulation of the European Parliament and of the Council on a Single Market for Digital Services (Digital Services Act) and amending Directive 2000/31/EC, the EUR-Lex (Dec.15 2020), https://eur-lex.europa.eu/legal-content/EN/TXT/?uri=CELEX%3A52020PC0825.

字市场法》(Digital Markets Act，DMA)。[①]欧盟希望通过强有力的立法及执法活动，来规制数字权力的滥用，从而最大限度地保障欧盟的利益以及其公民的权益。

首先最有影响的是《通用数据保护条例》，这是保障公民尤其是用户权利的一部重要法律。2016年4月该法获得欧洲议会与欧盟理事会通过，取代了欧盟在1995年推出的《数据保护指令》(Data Protection Directive)。经过两年的缓冲期后该法案在2018年5月正式实施。该法对处理数据的组织提出了明确的要求，有助于约束平台企业滥用数字权力，其中特别需要关注的是其不仅提出了数据"处理者"(Processor)的概念，还提出了数据"控制者"(Controller)的概念，数据"控制者"概念的提出，表明欧盟意识到了数据平台企业所拥有的巨大权力。[②]在约束平台企业权力的同时，该法第三章明确列举了数据主体享有的八大权利：知情权(Right to be Informed)、[③]访问权(Right to Access)、[④]更正权(Right to Rectification)、[⑤]删除权或被遗忘权(Right to Erasure，or Right to be Forgotten)、[⑥]限制处理权(Right to Restriction of Processing)、[⑦]可携带权(Right to Data Portability)、[⑧]反对权(Right to Object)、[⑨]不受制于自

① See the Proposal for a Regulation of the European Parliament and of the Council on Contestable and Fair Markets in the Digital Sector (Digital Markets Act), the European Parliament (Jun.5, 2022), https://www.europarl.europa.eu/doceo/document/TA-9-2022-0270_EN.pdf.

② See Article 4 of General Data Protection Regulation.

③ See Article 15 of General Data Protection Regulation.

④ See Article 15 of General Data Protection Regulation.

⑤ See Article 16 of General Data Protection Regulation.

⑥ See Article 17 of General Data Protection Regulation.

⑦ See Article 18 of General Data Protection Regulation.

⑧ See Article 20 of General Data Protection Regulation.

⑨ See Article 21 of General Data Protection Regulation.

动化决策（含画像）权（Right not to be Subject to Automated Decision-making，include Profiling）。①GDPR被称为史上最严格的数据保护法案，违法者将会按1000万欧元到2000万欧元或企业全球年营业额的2%到4%的标准罚款。站在数字时代，从应对数字权力的视角来看，这部法律具有开创性的历史意义。根据CMS律师事务所的“《通用数据保护条例》实施跟踪系统”（GDPR Enforcement Tracker），截至2022年8月，欧盟数据保护监管机关依据GDPR实施罚款的次数已经达到1233次，罚款总额达16.71亿欧元。值得注意的是，2021年年中罚款总额出现大幅攀升，从6月的2.95亿欧元增至7月的10.50亿欧元。②

2022年5月16日，欧洲理事会在欧洲议会之后批准通过DGA，这是欧盟为实现打造单一数据空间、消除成员国之间数据管理碎片化目标的一个重要立法进程。DGA努力在保护个人信息安全、消弭商业合作不信任、保障知识产权的前提下，实现对欧盟境内各主体对数据要素的再利用（Re-use）与数据共享（Data Sharing）需求的一种制度性回应。这一回应主要从四个方面展开：第一，对公共部门掌握的数据的再利用。涉及个人信息数据再利用的，公共部门应从技术手段、前提设置、再利用方式等方面全面遵循GDPR的要求。在设计数据再利用路径时，公共部门应当遵循欧盟及各成员国的竞争法并且采取最符合再利用者利益的方式设计路径；在公共部门对再利用收费时，还应给予中小微型企业和初创企业以优惠从而鼓励创新。DGA还着重强调了再利用中的知识产权保护，尤其是要防止商业秘密及技术秘密的泄露。③第二，搭建数据共享服务（Data Sharing Services）

① See Article 22 of General Data Protection Regulation.

② See CMS. Law GDPR Enforcement Tracker, *Statistics: Fines Imposed Over Time*, CMS, https://www.enforcementtracker.com/?insights, last visited on 10 September 2022.

③ See the Chapter II of Data Government Act.

的法律框架。DGA的数据共享服务机制主要是从通知制度、共享条件、主管部门、合规监管和例外情形五个方面来进行构建。主要内容包括：（1）应当履行通知义务的共享服务包括：数据持有者（Data Holder）与潜在数据用户（Data User）之间的中介服务、寻求利用其个人数据的数据主体与潜在数据用户之间的中介服务和数据合作服务。（2）通知的义务主体、程序、内容、管理和费用收取。（3）数据共享服务应当遵循目的、用途、标准、程序和技术安全等方面的条件。（4）应当指定负责执行通知制度的主管部门及其与其他相关部门间的信息互通。①第三，确定"数据利他"（Data Altruism）机构的认定及合规监管标准。寻求为普遍利益（General Interest）的目标收集数据的实体可要求被列入国家认可的数据利他主义组织登记册。注册组织将在整个欧盟范围内得到认可。如果一个组织想被认可为DGA下的数据利他主义组织，它必须遵守特定的规则手册。②第四，构建一套数据治理的行政管理机制。DGA要求欧盟委员会以专家小组的形式建立欧洲数据创新委员会（European Data Innovation Board），由欧盟委员会、欧盟数据保护委员会（European Data Protection Board）以及相关主管部门的代表组成。该委员会旨在对数据再利用、数据共享服务等提供意见和协助，其组成部分涵盖数据中介服务主管部门和数据利他主义组织登记主管当局组成的小组、对相关问题进行技术讨论的分组以及利益相关者参与小组。③虽然DGA一系列创新型的安排对促进数据流转意义重大，但在一些关键性问题上仍留有空白，比如如何让私营企业真正在利用数据中介服务进行数据共享时不丧失其竞争优势？如何定义可使用开放数据集的"利益相关方"（Interested Party）？将对公共部门开放哪些数据再利

---

① See the Chapter III of Data Government Act.

② See the Chapter IV of Data Government Act.

③ See the Chapter VI of Data Government Act.

用的选择权交给各成员国是否会导致新的数据流转壁垒？

欧盟制定的两部关于数字的特殊立法将为数字经济发展以及数字法治发展带来重大影响。一是DSA[①]，该法案已在2022年11月生效，将在2024年2月整体适用；[②]二是DMA[③]，该法案也已在2022年11月生效，将在2023年5月整体适用。[④]这两部法律彼此之间是怎样的关系？对整个数字市场带来了哪些重大的影响？对未来我国数字领域的相关立法有着怎样的启示？这些都需要我们认真关注和研究。

首先，两部法律都在重点规制大型平台企业行为的同时，较充分地考虑了中小企业的合规压力，豁免了其很多合规义务，以促进中小企业的规模化发展，从而激活整个欧盟市场的竞争力和创造力，营造更公平开放的市场竞争环境。两部法案很多具体的规定可以说在一定程度上引领了当前人类社会数字法治化的发展进程，具有一些明显的共通性。

一是在欧盟层面强化了对平台企业的监管。主要表现为：第一，DSA和DMA分别从数字内容治理、数据处理与交易的角度为规制欧盟平台企业提供了新框架：例如，DSA根据平台规模的不同，区分并强化了不同规模的中介服务提供者在进行平台非法内容、广告推荐、页面设计、在线交

---

① Regulation of the European Parliament and of the Council of 19 October 2022 on a Single Market For Digital Services and amending Directive 2000/31/EC (Digital Services Act), 2022/2065/EU, EUR–Lex (Oct.27, 2022), https://eur–lex.europa.eu/legal–content/EN/TXT/HTML/?uri=CELEX:32022R2065&from=EN#d1e2035–1–1.

② See the Article 93 of Digital Services Act.

③ Regulation of the European Parliament and of the Council of 14 September 2022 on contestable and fair markets in the digital sector and amending Directives (EU) 2019/1937 and (EU) 2020/1828 (Digital Markets Act), 2022/1925/EU, EUR–Lex (Dec.10, 2022), https://eur–lex.europa.eu/legal–content/EN/TXT/HTML/?uri=CELEX:32022R1925&from=EN#d1e1105–1–1.

④ See the Article 54 of Digital Markets Act.

易等方面提供透明、安全在线环境的勤勉尽责义务。[①]DMA第五条为守门人（Gatekeeper）制定了其必须遵守的基础性义务。一方面，守门人不得利用自身的优势，实施该法条所规定的不公平的交易行为和竞争行为；另一方面，其需要积极履行个人数据的保护和广告信息披露义务，以保障个人数据的安全使用和在线广告领域的公开透明。[②]第二，重新理顺欧盟范围内的数字治理流程，加强在监督和执法过程中的机制化建设。如DSA要求建立"数字服务协调员"（Digital Services Coordinator）[③]和"数字服务委员会"（European Board for Digital Services）[④]；DSA还规定了可信标记者（Trusted Flaggers）的相关内容，要求平台必须对可信标记者报告的非法内容作出优先反应；[⑤]超大型平台需要指定至少一个独立的"合规官"（Compliance Officer）；[⑥]2023年创建欧洲算法透明度中心（European Centre for Algorithmic Transparency）。[⑦]DMA则构建了一套持续对守门人的市场行为进行评估和监测的超越国别的执法程序，欧盟委员会根据数据评估、市场调查确定核心平台服务提供者达到守门人指定条件之后，会同平台进行对话，为其确定相应的守门人义务。此后欧盟委员会不但需要持续公布更新守门人名单，还需要定期（至少每三年一次）对平台是否仍然符合守门人的指定条件进行审查，并至少每年审查提供核心平台服务的新企业是否满足要求。[⑧]这实际上是针对大型平台企业建立了一套新的竞争合规制度，

---

① See the Chapter III of Digital Services Act.

② See the Article 5 of Digital Markets Act.

③ See the Article 49 of Digital Services Act.

④ See the Article 61 of Digital Services Act.

⑤ See the Article 22 of Digital Services Act.

⑥ See the Article 41 of Digital Services Act.

⑦ See European Commission, Questions and Answers: Digital Services Act, the European Commission (Nov.14, 2022), https://ec.europa.eu/commission/presscorner/detail/en/QANDA_20_2348.

⑧ See the Chapter II and Chapter IV of Digital Markets Act.

包括竞争合规组织领导，竞争合规管理制度和竞争合规运行制度等。

二是两部法案都针对超大型平台“开刀”。欧盟在DSA中特别对“超大型在线平台”（Very Large Online Platforms, VLOP）和“超大型在线搜索引擎”（Very Large Online Search Engines, VLOSE）提出了管理系统性风险的额外义务。VLOP及VLOSE被定义为月均活跃服务对象不少于4500万的在线平台。[①]鉴于VLOP和VLOSE在促进公共辩论、经济交易和传播信息、意见和观点方面的系统性影响，[②]应要求其在风险评估、缓解风险、危机应对机制、独立审计、推荐系统、在线广告透明性、数据访问及审查、合规机制、透明性报告义务等方面履行更高的特殊义务。[③]DMA规定了守门人的义务，[④]以保障市场公平和可竞争性。这些义务大致可以分为四个模块：（1）针对平台的自我优待行为；（2）针对平台对用户数据的处理；（3）针对平台的交互性；（4）针对平台对广告/出版商的透明性。对于可竞争性而言，DMA希望守门人能够“去守门人化”（去中介化），不再成为企业与用户之间的唯一媒介，真正使得市场中其他核心平台服务提供者能够参与市场竞争。对于公平性而言，DMA希望通过细化守门人的特殊义务来消解由于平台与用户间权力不平衡所导致的平台享有的特殊优势及利益，实现公平的市场竞争环境。

三是均着重强调了对用户权益的保障。就DSA而言，其致力于为公民自由表达他们的想法、交流和网上购物创造更安全的在线体验，减少他们

① See the Article 33 of Digital Services Act.

② See European Commission, Questions and Answers: Digital Services Act, the European Commission (Nov.14, 2022), https://ec.europa.eu/commission/presscorner/detail/en/QANDA_20_2348.

③ See the Chapter III, Section 5 of Digital Services Act.

④ See the Article 5 and Article 6 of Digital Markets Act.

接触到非法活动和危险品，保障其基本权利。[①]DSA着重细化了以下方面：第一，身份以及商品识别。在线平台有义务识别其商业用户，并澄清谁在销售产品或提供服务。这将有助于保护在线消费者免受非法、假冒或危险产品的侵害。[②]第二，建立申诉机制。公民将能够报告他们遇到的非法内容及产品，并在其内容被删除时对在线平台作出的决定提出异议；在线平台有义务通知用户其所作的任何决定及其理由，并提供可供抗辩的机制。[③]用户对在线平台作出的删除决定提出异议时，可以选择直接向平台投诉、庭外纠纷解决（Out-of-Court Dispute Settlement）[④]，或向法院寻求赔偿等多种方式。第三，对广告及个性化推荐作出限制。平台将不再为未成年人提供定向广告，[⑤]也不能基于对特殊类别的个人数据（如种族、政治观点）的分析向用户展示广告。[⑥]DSA要求在线平台履行明确的告知义务，增强在线广告的透明度，并使得用户可以在知情的基础上自行更改广告推送的参数。[⑦]使用推荐系统的在线平台应以清晰易懂的方式，在其条款和条件中列出其推荐系统所使用的主要参数以及任何可供服务对象修改或影响上述参数的选项，[⑧]VLOP还需要为其每个推荐系统提供至少一个不基于个人画像的推荐

---

① See European Commission, Questions and Answers: Digital Services Act, the European Commission (Nov.14, 2022), https://ec.europa.eu/commission/presscorner/detail/en/QANDA_20_2348.

② See European Commission, Questions and Answers: Digital Services Act, the European Commission (Nov.14, 2022), https://ec.europa.eu/commission/presscorner/detail/en/QANDA_20_2348.

③ See European Commission, Questions and Answers: Digital Services Act, the European Commission (Nov.14, 2022), https://ec.europa.eu/commission/presscorner/detail/en/QANDA_20_2348.

④ See the Article 21 of Digital Services Act.

⑤ See the Article 28 of Digital Services Act.

⑥ See European Commission, Questions and Answers: Digital Services Act, the European Commission (Nov.14, 2022), https://ec.europa.eu/commission/presscorner/detail/en/QANDA_20_2348.

⑦ See the Article 26 of Digital Services Act.

⑧ See the Article 27 of Digital Services Act.

选项。[①]但是，DSA并没有明确指出在线平台需要设计一个让用户拒绝广告推送的选项，只是要求设置修改参数的选项，所以在线广告依然可以投放，只是强化了用户对于广告的个性化程度和用户标签的控制，具体还是要看在线平台的具体选项设计情况与用户的选择。就DMA而言，其特别细化了终端用户（End User）和商业用户（Business User）的定义区分："终端用户"是指除商业用户以外使用核心平台服务的任何自然人或法人，"商业用户"是指以商业或各种专业资质使用核心平台服务的任何自然人或法人。[②]在此基础上，DMA具体规定：（1）规范用户数据的处理。如DMA规定了守门人不得在未授权的情况下处理个人数据；不得在除核心平台服务外的其他守门人服务中交叉使用相关个人数据；应确保用户活动中所生成数据的可携带性；应向用户免费提供有效、高质量的汇总数据或非汇总数据等。（2）保证平台的交互性。DMA规定了应允许用户安装和使用第三方应用软件，并保证守门人操作系统与之进行交互操作；不得在技术上限制终端用户利用守门人操作系统在不同的软件应用和服务之间切换和订阅的能力。（3）提高广告信息透明度。守门人应免费向用户提供广告的费用数据以及计算广告费用的指标数据。[③]

另外，我们还要看到，两部法律还是存在一些明显的区别，DSA是对中介服务提供者的规制法律，主要是从平台治理和用户权益保障的角度出发，旨在通过规制服务提供者的行为来促进数字服务向着更加透明和公平的方向发展，如规制非法内容传播、加强对在线交易者的追溯检查来保证产品和服务的安全、提升平台的透明度等。DMA则主要是针对守门人的规制法律，是从市场公平竞争的角度出发，旨在通过规制守门人的不公平竞

---

① See the Article 38 of Digital Services Act.

② See the Article 2 (20)–(21) of Digital Markets Act.

③ See the Article 5 and Article 6 of Digital Markets Act.

争行为来确保数字服务的公平开放性，如加强守门人与第三方服务的交互性、强化守门人与第三方的数据共享、保障终端用户预装软件可卸载和默认设置均可更改等。具体而言，两部法案还有一些各自的突出特点。

DSA着重细化了非法内容管理、在线广告和在线交易方面的平台内容治理。一是在非法内容管理方面，要求删除非法内容，但并不要求删除合法但有害的内容。只要不是非法的，有害的内容就不应该和非法内容一样被处理。[①]新规则只会在充分尊重言论自由的前提下，实施删除或鼓励删除非法内容的措施。这和英国最新的立法趋势一样：并不要求一般平台删除合法但有害的内容，只是对大型平台规定了特殊的义务。DSA努力寻求一种言论自由和有害信息的平衡，既要保障言论自由，又要防止删除内容不足。因此，当涉及系统性问题，如虚假信息、骗局和流行病期间的操纵、对在社会中处于相对弱势境地人群的伤害和其他新出现的社会伤害时，DSA会对VLOP和VLOSE的责任进行监管。[②]二是在广告方面，针对在线平台，其向用户进行个性化广告推送时应明确告诉用户被展示的信息是广告、该广告是代表谁发布的、平台在做出广告推送时考虑了哪些主要参数及选择原因、信息推荐的最重要的标准，且在线平台应为用户提供修改这些主要参数的选项。针对VLOP和VLOSE这类特殊主体，其还需要公开披露广告资源库信息，即广告的内容、广告主、为广告发布付费的主体、广告的展示时长、广告触达人数等信息。[③]三是在线上交易方面，DSA从平台商家管理和用户知情权保障两个角度细化了规定。在线平台应当确保参与线上

① See European Commission, Questions and Answers: Digital Services Act, the European Commission (Nov.14, 2022), https://ec.europa.eu/commission/presscorner/detail/en/QANDA_20_2348.

② See European Commission, Questions and Answers: Digital Services Act, the European Commission (Nov.14, 2022), https://ec.europa.eu/commission/presscorner/detail/en/QANDA_20_2348.

③ See the Article 39 of Digital Services Act.

交易的商家的可追踪性，要求商家在提供服务前先向在线平台提供身份证明文件、付款账户详情、贸易登记等信息，并审核评估相关信息的可靠性与完整性。在用户和商家远程签署在线合同的界面中，商家应提供产品或服务的必要信息、可识别出商家的标志、证明符合欧盟产品合规要求或安全规则的标签信息（如适用）。[①]且当在线平台意识到商家基于其平台服务向用户提供了非法的产品或服务时，会向用户告知非法商家的信息和相关补救措施。[②]

DMA增加了保障商业用户合法权利以及全面数据合规监管的制度。一是从实现总体上可竞争（contestability）目标出发，DMA强调了对商业用户合法权益的保障，主要包括：限制守门人将商业用户在平台上产生的非公开数据用于针对商业用户的竞争；禁止守门人对商业用户在其他平台上以不同的交易条件提供产品或服务、发布优惠信息、进行产品推广等进行限制；禁止守门人在排名及相关的索引和抓取过程中给予自身的服务和产品优于第三方类似服务和产品的待遇。[③]二是引入了事前事中监管的数据竞争合规监管机制。针对核心平台服务企业滥用优势地位可能带来的限制排除竞争问题，欧盟DMA通过给守门人企业设定一系列禁止性规范和义务性规范，以事前事中监管和规制的方式，最大限度降低守门人不公平的行为所招致的结构性危害。这种立法思路意在通过完善制度来消解平台企业的垄断地位、防范其滥用权力，从而促进市场公平竞争，对平台经济条件下的反垄断监管是一种新的思路。

总的来说，欧盟GDPR、DGA、DSA、DMA这四部法案不仅对规范数字经济的发展，对人类社会数字时代的国家治理甚至全球数字治理都将产生

---

① See the Article 30 of Digital Services Act.

② See the Article 32 of Digital Services Act.

③ See the Article 6 of Digital Markets Act.

深刻的影响。这四部法案开创性地构建了数字时代较为系统的个人信息保护制度，完善了对终端用户和商业用户权利的保障，强化了对公民言论自由权利的保护，创造性地提出了设立数据利他主义组织、数字服务协调员、数字服务委员会、可信标记者、欧洲算法透明度中心等众多新的协调监管机制，在历史上第一次通过专门立法的方式对大型平台企业进行规制。总的来说，上述四部立法期待为数字时代保障平台经济发展与公民权利确立起基本的制度，从而助力建立更安全、可预测以及可信赖的网络环境，值得相关国家以及平台企业予以特别的关注。

当然，在看到这四部法案重大积极意义的同时，也要看到这种探索存在的不足：一是对平台企业的数字权力依然缺乏深刻的认识。相关立法注意到了平台企业所拥有的经济权力，也注意到了平台企业的守门人地位，但并未认识到平台企业拥有了一种广泛的数字权力，并未认识到这种数字权力与传统垄断企业经济权力的本质区别，甚至认为相关平台企业还主要是一种“中介服务者”的角色，在相关立法中反复强调平台企业这种“中介服务者”的法律地位。笔者认为，不能认识到平台企业所拥有的数字权力，就无法对国家权力、平台企业数字权力以及用户权利进行清晰的法律界定，更无法对平台企业制定规则、用户管理、商业运行等过程进行全面的规范。二是在相关立法中，对数据的性质、利益分配等问题规定得并不全面。四部立法重点规定了对个人信息的保护、欧盟内部数据流动的机制、对言论自由的保护以及公共数据的利用等问题，显然都是有前瞻性的，但如何全面理解数据的定义及性质？GDPR强调的数据保护更侧重于保护个人信息，但数据不仅是个人信息，还具有复杂的财产属性。终端用户是否基于数据享有一定程度的财产权益？如何实现这种权益？商业用户如何实现自身数据的各种权益？这种权益与终端用户有什么区别？三是实现言论自由与有害信息的平衡机制仍有待完善。谁是可信标记者？如何避免在最初授予某实体以可信标记者身份以及可信标记者自身在识别非法内容时一种先入为主的歧视？如同英国《在线安全法案（草案）》（Draft Online Safety Bill）引发的关注一样，这种对言论自由理想化的追求可能导致有害内容的泛滥，最终伤害儿童等在社会中处于相对弱势境地的群体，从而最终损害更广泛的公共利益。欧盟上述四部法律有的已经实施，有的将要实施，我们不仅应该积极研究这四部法律的立法理念以及规定的各种制度，还应该积极观察相关法律执行中存在的问题，以更开阔的视野去思考和设计中国乃至人类社会数字时代的相关法律制度。

2.美国为规制数字权力的立法

美国主导了“二战”以后世界经济的发展，美国跨国公司成为美国影响、参与全球治理的重要力量，所以总体来说美国推崇、信奉市场自由竞争，对企业约束较少。美国1996年制定的《通信规范法案》第230条，不仅豁免了平台企业的责任，还赋予了平台企业管理平台的权力。依靠强大的技术创新能力、雄厚的资本以及自由的市场，美国平台企业率先发力，快速发展出一批数字时代在全球具有垄断实力的平台企业。基于这种明显的先发优势，美国在战略上支持数字企业在全球的发展，并不愿意制定很多法律来对其进行规制。所以我们看到，在美国规范数字平台企业的立法还是主要依靠传统领域的立法，比如反垄断、国家安全以及个人隐私保护等方面的立法。

在隐私保护方面，美国没有统一的联邦立法，相关立法分散在不同领域，主要是：《健康保险携带与问责法案》（Health Insurance Portability and Accountability Act, HIPAA）、《公平信用报告法案》（Fair Credit Reporting Act, FCRA）、《家庭教育权利和保护法案》（Family Educational Rights and Privacy Act, FERPA）、《电信通讯隐私法案》（Electronic Communications

Privacy Act, ECPA)、《儿童线上隐私保护法案》(Children's Online Privacy Protection Rule, COPPA)、《视频隐私保护法案》(Video Privacy Protection Act, VPPA)、《联邦贸易委员会法案》(Federal Trade Commission Act, FTCA)等。美国立法的一大特点就是针对特定问题立法，这种立法最大的好处就是明确具体，一旦通过就意味着对具体问题作出了规定，由哪个部门执行、具体预算等都有规定，这样的规定有助于法案的执行，但缺陷是法律之间缺乏系统性，容易留下诸多漏洞。美国隐私保护的相关立法分散在不同立法当中就属于这种情况，这导致没有部门会特别关注公民的隐私权保护问题。联邦贸易委员会的独立研究员和前首席技术专家阿什坎·索尔塔尼(Ashkan Soltani)说，大多数人认为他们受到保护，直到他们发现其实这是无稽之谈，可悲的是，由于这一系统被隐藏在(普通消费者)视线之外且并不透明，因此消费者无法看到和理解信息流。[①]

2013年10月，奥巴马总统任命汤姆·惠勒(Tom Wheeler)为新一届美国联邦通信委员会(Federal Communications Commission，FCC)新任主席，汤姆·惠勒是坚定的网络中立主义者，致力于规范网络平台企业的发展。他的想法与奥巴马的想法一致，所以在奥巴马政府时期，其希望强化对大型网络平台企业的规范。在汤姆·惠勒的推动下，2015年2月以3票赞成、2票反对的结果通过了网络中立法案。

网络中立法案的核心原则是在法律允许范围内，所有互联网用户可以按照自己的选择访问网络内容、运行应用程序、接入设备和选择服务运营商，上述所有访问都应受到平等对待。比如不能因为大型网络平台支付更高费用而享有更快网速、获得竞争优势。这一政策不仅有利于中小网络企

① See Thorin Klosowski, *The State of Consumer Data Privacy Laws in the US (And Why It Matters)*, Wirecutter (Sept.6, 2021), https://www.nytimes.com/wirecutter/blog/state-of-privacy-laws-in-us/.

业，也有利于用户获得更多的选择。基于这一法案，在2015年12月，针对美国T-Mobile、AT&T、Verizon和Comcast四大运营商推出的免流量套餐计划，FCC下辖无线通信署开始发起问询调查。

但特朗普早在竞选前就反对网络中立政策，在他就任总统当天，任期未满的汤姆·惠勒就辞去了FCC主席一职，特朗普任命阿吉特·帕伊（Ajit Pai）接任这一职位，这位新任主席明确反对网络中立政策。在阿吉特·帕伊的推动下，不仅迅速终结了对上述四大网络运营商的调查，在2017年12月美国联邦通信委员会再次以3票赞成、2票反对的投票结果，废除了上述网络中立法案，2018年6月11日正式生效。联邦层面的网络中立法案废除后，民主党主导的一些州决定推出自己的网络中立立法，其中最有代表性的是加州的立法。2018年9月加州州长杰里·布朗（Jerry Brown）签署了《2018年加州互联网消费者保护和网络中立法案》（California Internet Consumer Protection and Net Neutrality Act of 2018，SB-822），禁止互联网服务提供商阻断限制流量、提供付费快速通道，但这项法案很快受到了特朗普领导的司法部的挑战。

拜登政府上任后，司法部就很快撤回了对加州的起诉，2022年1月美国一家上诉法院维持了下级法院的一项裁决，允许加州继续执行网络中立法案。这样在加州网络中立法案被保留下来。遗憾的是，由于拜登政府希望任命的FCC主席迟迟不能在参议院获得通过，所以该委员会处于2∶2的局面，难以通过新的法案，美国联邦层面并未有网络中立的立法。所以在长达10年的时间里，受到民主、共和两党以及相关利益群体斗争的影响，在美国联邦层面，网络中立法案命途多舛，只生效了三年多的时间。

汤姆·惠勒是网络中立法案的坚定推动者，他意识到了大型平台企业给公众利益以及国家治理带来的挑战，他说，这些常见的数字政策问题可以归纳为三类：传播错误信息和仇恨；扭曲市场，使其失去竞争性；以及剥削消费者。尽管国际上几乎没有围绕这些问题的识别展开辩论，但使这些问题成为可能的相互联系已经使单个民族国家的应对能力受到了很大的压力。政府难以跟上数字经济模式带来的影响以及它运转的速度。“快速行动，打破陈规”的一个结果是，占主导地位的数字公司已经能够在政策制定之前定义市场行为。这些行为往往导致损害竞争和公共利益的后果。[①] 为此他甚至建议成立一个新的独立机构来加强对大型平台企业的监管，但连网络中立法案都难以保持，想要成立一个独立的监管机构，在美国的政治框架下，那将是极其复杂的问题。

但即使像汤姆·惠勒这样极力推动网络监管立法的专家，其对用户权益保护的理解也是狭隘的，且主要局限在对传统消费者的隐私权和数据财产权范畴内，他在一次演讲中说，消费者的权利（在接受服务的过程中）受到了限制。从接受许多服务开始，被强制接受要么接受要么放弃的条款和条件，就延续到用户与服务的全部关系中。尤其令人反感的是，平台几乎不受约束地窃取消费者的个人数据，并将其从私人信息转化为企业资产。[②] 但汤姆·惠勒并未全面地阐述占主导地位的科技企业给用户权利带来的全面影响，这种影响已经不是传统消费者理论所能解释的，迫切需要新的理论来阐述，需要新的法律来保障。

近些年来，关于数据专门立法主要是2018年美国通过的《澄清海外合法使用数据法案》（Clarifying Lawful Overseas Use of Data Act，CLOUD

---

① See Tom Wheeler, *Time for A.U.S.–EU Digital Alliance*, Brookings (Jan.21, 2021), https://www.brookings.edu/research/time-for-a-us-eu-digital-alliance/.

② See Tom Wheeler, *A Focused Federal Agency is Necessary to Oversee Big Tech*, Brookings (Feb.10, 2021), https://www.brookings.edu/research/a-focused-federal-agency-is-necessary-to-oversee-big-tech/.

Act，以下简称“云法案”）。[①]云法案的导火线或者说主要背景就是美国执法机构是否有权要求美国公司提供其存储在境外服务器中的数据。一起典型的案件是美国联邦调查局（以下简称“FBI”）与微软公司之间的一场诉讼。2013年美国FBI在调查一起毒品案件中，要求微软向其提供一名美国公民存储于微软服务器中的电子邮件，微软公司以该电子邮件内容存储于爱尔兰而非美国境内的数据库中为由拒绝了FBI的要求，之后双方开始了旷日持久的诉讼，案件最后提交至联邦最高法院。为了赋予美国执法机关更强大的权力，特朗普政府在2018年快速推动制定了这部法案。法案在2018年2月提交，3月就被批准，可见美国民主、共和两党对这项法案的高度认同。法案本质上强化了美国在数字时代长臂管辖的能力。

云法案最大的突破是将传统上全球奉行的属地管辖原则转化为数据控制范围管辖原则，也就是说，只要服务提供商对用户数据具有实际控制或管辖权，不论用户的数据是否存储在美国境内，服务提供商就有义务按照法案规定保存、备份甚至是披露用户数据。根据这个法案，即使微软的数据存储在爱尔兰，但只要美国FBI提出要求，其也有义务提交。由于美国平台企业在全球范围内处于领先地位，微软、谷歌、脸书、苹果等公司在全球掌握着庞大的数据以及个人信息，这就为美国政府使用这些平台企业掌握的个人信息和数据提供了法律支撑，无形当中强化了美国对全球数据的控制能力。

由于云法案强化了美国政府调取美国公司存储在全球各地数据的权力，其也承认了他国政府从美国境内调取数据的权力。但可以看出，该法案对他国政府从美国境内调取数据明确规定了各种限制，其中一个明显的限制就是引入了“适格政府”的概念，也就是只有“适格政府”才能从其

---

① See Clarifying Lawful Overseas Use of Data Act (CLOUD Act), the United States Department of Justice (Mar, 2018), https://www.justice.gov/criminal-oia/page/file/1152896/download.

境内调取用户数据。“适格政府”至少要符合三方面要求：是否是《网络犯罪公约》（Convention on Cybercrime）的缔约国；是否与美国签订行政协议；是否达到美国认可的对公民隐私与自由等人权保障的要求。当然该法案还强调“适格政府”所调取的数据权利人非美国公民和居民；应采取有效措施最小化对美国公民的数据采集、存储以及传播；不得与第三方政府共享任何数据等。[①]美国通过对有权调取数据的政府进行限制，实际上排除了很多国家从美国调取相关数据的资格，客观上强化了美国政府对全球数据掌控的权力。

云法案赋予了数据控制人申请撤销或变更调令的权利，但对数据权利人几乎没有保障。在这部法案中，数据权利人完全是被动的存在。法案不仅没有明确数据权利人应该享有哪些权利，也没有规定可以依靠怎样的程序来实现权利。所以可以说，这部法律最大的功能是强化了美国政府的权力。这与欧盟GDPR的立法方向完全是相悖的，欧盟显然也意识到了这种差异，2019年7月发布了一项针对云法案及其影响的评估报告，后续也与美国开展了相关磋商。由于美国本身的强势地位以及两者关注重点的明显差异，相信这种磋商很难取得实质性结果。

3.我国为规制数字权力的立法

近些年来，我国关于网络及数据的立法快速发展。特别是近5年，全国人大审议通过的《网络安全法》《电子商务法》《数据安全法》《个人信息保护法》四部法律相继实施，初步奠定起我国网络及数据方面的立法基础，其中《个人信息保护法》如同《消费者权益保护法》一样，显然具有

① See Section 105 of the Clarifying Lawful Overseas Use of Data.

社会法的属性。在此基础上，国务院通过了多部行政法规，相关部委发布了大量规章以及政策性文件，其中有些属于典型的社会法范畴，有些虽然不属于社会法，但一些制度也体现了社会法的价值，我国关于网络及数据的法律制度体系基本建立起来，与之相对应的数字时代的社会法也得到了很大程度的发展。这些法律制度为明确国家及平台企业的数字权力以及公民权利指明了方向、确立了基本的边界，对数字企业尤其是大型平台企业提出了很多新的制度要求。站在数字时代这一新的历史起点，准确理解数字时代社会法的价值及特征，全面系统研究这些法律制度，以此为基础进一步完善我国相关立法，对数字时代实现国家治理体系和治理能力的现代化、保障平台企业健康发展、保护公民权利都具有特别重大的意义。

2016年11月全国人大审议通过了《网络安全法》，自2017年6月1日起施行。[①]这部法律第一条就明确，“为了保障网络安全，维护网络空间主权和国家安全、社会公共利益，保护公民、法人和其他组织的合法权益，促进经济社会信息化健康发展，制定本法”。可以说《网络安全法》强化了国家对网络安全的治理，规定了平台企业在维护网络安全方面负有的法定义务，明确了国家政治权力、企业数字权力与公民权利在网络安全方面的边界。比如，该法第五条规定：“国家采取措施，监测、防御、处置来源于中华人民共和国境内外的网络安全风险和威胁，保护关键信息基础设施免受攻击、侵入、干扰和破坏，依法惩治网络违法犯罪活动，维护网络空间安全和秩序。”第九条规定：“网络运营者开展经营和服务活动，必须遵守法律、行政法规，尊重社会公德，遵守商业道德，诚实信用，履行网络安全保护义务，接受政府和社会的监督，承担社会责任。”第十二条第一款规定：“国家保护公民、

① 《中华人民共和国网络安全法》，2016年11月7日第十二届全国人民代表大会常务委员会第二十四次会议通过。

法人和其他组织依法使用网络的权利，促进网络接入普及，提升网络服务水平，为社会提供安全、便利的网络服务，保障网络信息依法有序自由流动。”

2013年全国人大启动了《电子商务法》的起草，经过四次审议后于2018年8月通过，2019年1月1日开始实施。[①]这部法律定位在保障、促进电子商务的健康发展，其中也特别规定了电子商务经营者保障消费者及用户权利的义务，比如，第十三条规定，电子商务经营者销售的商品或者提供的服务应当符合保障人身、财产安全的要求和环境保护要求。第十七条规定，电子商务经营者应当全面、真实、准确、及时地披露商品或者服务信息，保障消费者的知情权和选择权。第十八条第一款规定，电子商务经营者根据消费者的兴趣爱好、消费习惯等特征向其提供商品或者服务的搜索结果的，应当同时向该消费者提供不针对其个人特征的选项，尊重和平等保护消费者合法权益。第十九条规定，电子商务经营者搭售商品或者服务，应当以显著方式提醒消费者注意，不得将搭售商品或者服务作为默认同意的选项。第二十二条规定，电子商务经营者因其技术优势、用户数量、对相关行业的控制能力以及其他经营者对该电子商务经营者在交易上的依赖程度等因素而具有市场支配地位的，不得滥用市场支配地位，排除、限制竞争。第三十二条特别规定，电子商务平台经营者应当遵循公开、公平、公正的原则，制定平台服务协议和交易规则，明确进入和退出平台、商品和服务质量保障、消费者权益保护、个人信息保护等方面的权利和义务。

2021年6月全国人大审议通过了《数据安全法》，自2021年9月1日起施行。[②]这是在《网络安全法》基础上，专门致力于保障数据安全的一部

---

① 《中华人民共和国电子商务法》，2018年8月31日第十三届全国人民代表大会常务委员会第五次会议通过。

② 《中华人民共和国数据安全法》，2021年6月10日第十三届全国人民代表大会常务委员会第二十九次会议通过。

法律。该法第一条就明确："为了规范数据处理活动，保障数据安全，促进数据开发利用，保护个人、组织的合法权益，维护国家主权、安全和发展利益，制定本法。"第七条规定："国家保护个人、组织与数据有关的权益，鼓励数据依法合理有效利用，保障数据依法有序自由流动，促进以数据为关键要素的数字经济发展。"第八条规定："开展数据处理活动，应当遵守法律、法规，尊重社会公德和伦理，遵守商业道德和职业道德，诚实守信，履行数据安全保护义务，承担社会责任，不得危害国家安全、公共利益，不得损害个人、组织的合法权益。"第二十八条规定："开展数据处理活动以及研究开发数据新技术，应当有利于促进经济社会发展，增进人民福祉，符合社会公德和伦理。"第三十二条第一款规定："任何组织、个人收集数据，应当采取合法、正当的方式，不得窃取或者以其他非法方式获取数据。"

2021年8月全国人大审议通过《个人信息保护法》，自2021年11月1日起施行。[①]这是我国保护个人信息的一部重要法律，该法确定了保护个人信息的一些基本原则，比如第五条规定："处理个人信息应当遵循合法、正当、必要和诚信原则，不得通过误导、欺诈、胁迫等方式处理个人信息。"第六条规定："处理个人信息应当具有明确、合理的目的，并应当与处理目的直接相关，采取对个人权益影响最小的方式。收集个人信息，应当限于实现处理目的的最小范围，不得过度收集个人信息。"第七条规定："处理个人信息应当遵循公开、透明原则，公开个人信息处理规则，明示处理的目的、方式和范围。"在《网络安全法》《消费者权益保护法》以及《民法典》等法律"告知—同意"的处理个人信息规则基础上，确立了"告知—知情—同意"的个人信息处理原则，该法第十四条第一款明确规

① 参见《中华人民共和国个人信息保护法》，2021年8月20日第十三届全国人民代表大会常务委员会第三十次会议通过。

定："基于个人同意处理个人信息的，该同意应当由个人在充分知情的前提下自愿、明确作出。法律、行政法规规定处理个人信息应当取得个人单独同意或者书面同意的，从其规定。"

为保障网络及数据安全，国务院及相关部委发布了专门的行政法规及部门规章。国务院发布的《关键信息基础设施安全保护条例》自2021年9月1日起施行。[①]国家网信办、国家发展改革委等部门颁布的《汽车数据安全管理若干规定（试行）》自2021年10月1日起施行；[②]国家网信办、国家发展改革委等部门颁布的《网络安全审查办法》自2022年2月15日起施行；[③]国家网信办颁布的《数据出境安全评估办法》自2022年9月1日起施行。[④]上述行政法规及部门规章聚焦当前社会高度关注的关键信息基础设施、汽车数据安全、数据出境安全以及网络安全审查等重点问题，细化了《网络安全法》《数据安全法》两部法律的有关原则性规定，为保障网络及数据安全奠定了法律基础。

为规范平台企业健康发展、约束其数字权力滥用，我国相关部门制定了相关行政规章和政策性文件。国家网信办发布的《网络信息内容生态治理规定》于2020年3月1日起施行，对规范网络企业的内容生态提出了明确的要求。[⑤]国家互联网信息办公室、工业和信息化部、公安部、国家市场监督管理总局发布的《互联网信息服务算法推荐管理规定》从2022年3

---

① 参见国务院：《关键信息基础设施安全保护条例》，第745号令，2021年7月30日发布。

② 参见国家互联网信息办公室、中华人民共和国国家发展和改革委员会、中华人民共和国工业和信息化部等：《汽车数据安全管理若干规定（试行）》，第7号令，2021年8月16日发布。

③ 参见国家互联网信息办公室、中华人民共和国国家发展和改革委员会、中华人民共和国工业和信息化部等：《网络安全审查办法》，第8号令，2021年12月28日发布。

④ 参见国家互联网信息办公室：《数据出境安全评估办法》，第11号令，2022年7月7日发布。

⑤ 参见国家互联网信息办公室：《网络信息内容生态治理规定》，第5号令，2019年12月15日发布。

月1日起开始施行。[①]这四个部委联合发布的规章在第三章明确规定了"用户权益保护"，这是在国家立法体系中明确提出"用户权益保护"的有益尝试。2021年12月国家发展改革委、国家市场监督管理总局、中央网信办等九个部委发布的《关于推动平台经济规范健康持续发展的若干意见》中明确了要健全完善规则制度、提升监管能力和水平等规范平台企业发展的具体要求。[②]在国家市场监督管理总局发布的《互联网平台落实主体责任指南（征求意见稿）》中指出了规范平台企业发展的重要方向。[③]上述规章政策都针对当前网络企业尤其是平台企业发展中存在的问题，从规范数字权力、保障用户权益、促进平台企业健康发展方面做了探索，对思考和完善数字时代社会法的发展具有重大现实意义。

从数字时代社会法的发展角度而言，劳动用工领域的发展最为典型。2021年，国家相关部门发布了大量维护新就业形态劳动者权益的相关政策，比如：2021年6月23日，交通运输部等七部门联合印发《关于做好快递员群体合法权益保障工作的意见》；[④]2021年7月16日，人力资源和社会保障部等八部门联合印发《关于维护新就业形态劳动者劳动保障权益的指导意见》；[⑤]2021年7月26日，国家市场监督管理总局等七部门联合印发《关

① 参见国家互联网信息办公室、中华人民共和国工业和信息化部、中华人民共和国公安部、国家市场监督管理总局：《互联网信息服务算法推荐管理规定》，第9号，2021年12月31日发布。

② 参见国家发展和改革委员会、国家市场监督管理总局、中央网信办等：《国家发展改革委等部门关于推动平台经济规范健康持续发展的若干意见》，发改高技〔2021〕1872号，2021年12月24日发布。

③ 参见国家市场监督管理总局：《互联网平台落实主体责任指南（征求意见稿）》，载国家市场监督管理总局网站2021年10月29日，https://www.samr.gov.cn/hd/zjdc/202110/t20211027_336137.html。

④ 参见交通运输部、国家邮政局、国家发展和改革委员会等：《关于做好快递员群体合法权益保障工作的意见》，交邮政发〔2021〕59号，2021年6月23日发布。

⑤ 参见人力资源和社会保障部、国家发展和改革委员会、交通运输部等：《关于维护新就业形态劳动者劳动保障权益的指导意见》，人社部发〔2021〕56号，2021年7月16日发布。

于落实网络餐饮平台责任切实维护外卖送餐员权益的指导意见》；[①]2021年10月11日，交通运输部等十六个部门联合印发《关于加强货车司机权益保障工作的意见》；[②]2021年11月17日，交通运输部等八个部门联合印发《关于加强交通运输新业态从业人员权益保障工作的意见》。[③]在上述五个国家政策中，有四个是针对特定对象：快递员、外卖送餐员、货车司机、网约车司机，《关于维护新就业形态劳动者劳动保障权益的指导意见》（以下简称“56号文”）则涵盖了所有类型的新就业形态劳动者。在56号文发布后，北京、浙江等多个省、直辖市针对新就业形态劳动者权益保障问题也相继出台了地方措施。上述政策都聚焦我国数字时代平台企业新就业形态劳动者权益保障问题，属于典型的社会法范畴。但可以看出，这些还都主要是相关部委的联合发文，有些规定还比较笼统，对解决实践中的问题力度还不够。如何站在数字时代构建和完善我国的劳动法律制度，还是一个复杂的问题。

另一个属于数字时代社会法范畴的典型领域就是未成年人权益保护。修订后的《未成年人保护法》于2021年6月1日正式实施，该法增设了“网络保护”专章，规定了网络企业在未成年人保护方面的特殊责任。[④]国务院要制定专门的《未成年人网络保护条例》，草案已经两次向社会征求意见，这是中国有关未成年人网络保护的第一部行政法规，其中对那些未

---

① 参见国家市场监督管理总局、国家网信办、国家发展和改革委员会等：《关于落实网络餐饮平台责任切实维护外卖送餐员权益的指导意见》，国市监网监发〔2021〕38号，2021年7月26日发布。

② 参见交通运输部、中央网信办、国家发展和改革委员会等：《关于加强货车司机权益保障工作的意见》，交运发〔2021〕94号，2021年10月11日发布。

③ 参见交通运输部、中央宣传部、中央网信办等：《关于加强交通运输新业态从业人员权益保障工作的意见》，交运发〔2021〕122号，2021年11月17日发布。

④ 参见《中华人民共和国未成年人保护法》，2020年10月17日第十三届全国人民代表大会常务委员会第二十二次会议第二次修订。

成年人用户数量巨大、在未成年人群体中具有显著影响力的大型互联网企业提出了特别义务。国家网信办发布的《儿童个人信息网络保护规定》于2019年10月1日正式实施，对通过网络从事收集、存储、使用、转移、披露儿童个人信息等活动进行了专门规制。[①]2021年8月30日国家新闻出版署下发《关于进一步严格管理 切实防止未成年人沉迷网络游戏的通知》，该通知明确规定："所有网络游戏企业仅可在周五、周六、周日和法定节假日每日20时至21时向未成年人提供1小时网络游戏服务，其他时间均不得以任何形式向未成年人提供网络游戏服务"。[②]这一政策被称为"史上最严防沉迷措施"，为治理未成年人沉迷网络游戏问题奠定了有力的制度基础。

4.在数字时代重构社会法体系

在一个全新的时代，面对这个时代的复杂问题，到了必须全面思考新的社会法体系的时候了。欣慰的是，我国全国人大所确立的社会法部门为我们重构数字时代的社会法体系提供了基本的制度框架。参考我国已经确立的27部社会法，笔者认为在数字时代中国社会法应该包括以下重点内容。

一是劳动者权益保障相关的法律制度。劳动者权益保障是社会法的基石，数字时代的快速发展正从结构上改变着传统劳动关系的形式，所以应该尽快制定适应数字时代特点的《劳动法典》，以全面推进我国劳动法治的完善。对此笔者将以专章来讨论。

---

① 参见国家互联网信息办公室：《儿童个人信息网络保护规定》，第4号令，2019年8月22日发布。

② 国家新闻出版署：《关于进一步严格管理切实防止未成年人沉迷网络游戏的通知》，国新出发〔2021〕14号，2021年8月30日发布。

二是全面推进用户权利的保障。在我国的27部社会法中，并未包括《消费者权益保护法》。从国际社会所关注的企业社会责任来看，大家高度关注对消费者权益的保护；从法律性质来看，消费者权益保护法的本质是要保护处于相对弱势境地的消费者。所以，这部法律应当属于社会法体系，纳入社会法的研究和改革进程。值得注意的是，用户与平台企业的关系显然不同于传统的消费者与经营者的关系。在数字时代，一个显著的特征是数字权力的崛起以及平台企业用户权利受到影响甚至损害，而当前的消费者权益保护法难以为平台企业的用户提供有效的权利保护和救济。平台企业的数字权力本质上是通过摄取用户数据、通过算法对用户施加影响的力量，所以平台企业数字权力首先影响和控制的就是用户权利。平台企业与用户并不是平等的权利义务关系，社会法要关注平台企业是否建立了公平公正的网络环境、是否采取有效措施保障了参与平台的用户合法权益等新的问题。所以笔者认为，平台企业的用户权利是数字时代社会法所要关注的最基础内容，国际社会应该尽快加强对这一问题的研究，中国全国人大应该由社会建设委员会来全面研究和推进保障平台企业用户权利的相关立法。

三是保障未成年人、老年人等特定群体权益的法律。在数字时代，未成年人、老年人、残障人等特定人群权益保障面临很多新的挑战。笔者将用专章来讨论数字时代未成年人权益保障问题。但其他群体权益保障面临的问题也很复杂严峻。在数字时代，很多老年人不懂如何使用相关数字产品，面临被数字时代抛弃的窘境；由于老年人对数字工具及其应用理解有限，而成为网络诈骗的目标；一些老年人沉迷数字产品，严重影响身体健康。如何在数字时代，加强而不是减弱对特定人群法律保障的力度，这对所有国家来说都是巨大的挑战。

四是完善数字时代的社会保障体系。在不同国家的话语体系中，社会保障与社会福利的定义经常产生歧义。有时两者所指的内容相同，有时社会保障包括社会福利，有时社会福利包括社会保障。在我国的社会保障制度中，社会保障包括社会福利、社会保险、社会救助、社会优抚和社会安置，其中社会福利是社会保障制度体系中的组成部分。党的十九大报告中强调并指出幼有所育、学有所教、劳有所得、病有所医、老有所养、住有所居、弱有所扶等民生七有，应该成为我国未来社会保障制度建设的主要内容。当前我国社会保障领域的立法还很少，体系不够健全；数字时代的快速发展带来了社会结构的重大变化。如何适应数字时代的新要求，更加全面科学地构建社会保障制度体系，对我国以及世界各国来说都面临着重大挑战。

五是环境保护的问题。人类社会进入了数字时代，但工业依然是数字时代发展的基础，工业时代导致的环境污染以及对自然和地球的破坏问题不仅没有解决，而且还将日益恶化。数字时代是否会带来新的环境问题？新科技的发展能否为解决环境问题带来机遇？尽管我国全国人大并未将环境领域相关立法纳入社会法范畴，但环境问题显然是社会法应该重点关注的问题。

六是公益慈善的问题。数字时代为公益慈善事业的发展带来了新的机遇，更多普通人可以快捷地参与公益慈善事业；但数字时代也给公益慈善事业的发展带来了新的挑战，个别人、个别组织骗捐、诈捐等行为可以快速发展成影响整个社会的舆情，从而损害公益慈善事业的声誉和发展。如何规范和发展数字时代的公益慈善事业，将是世界各国未来社会法领域应该关注的重点问题。

七是公益法的问题。如果说社会法和公益法在本质上都是通过强化对在社会中处于相对弱势境地人群权益的保障来实现社会公平正义，两者在本质上的目标是高度一致的。但传统社会法更强调内容，而公益法则更强调方法。因为缺乏实现目标的方法，所以社会法所追求的劳动者权益、未成年人等在社会中处于相对弱势境地人群的权益、环境保护等问题难以得到很好的解决。大力发展公益法恰好可以弥补这种不足。尤其在数字时代，面对强大的数字权力，用户以及各种在社会中处于相对弱势境地人群维护权益面临更艰难的局面，这就更需要大力发展公益法。令人欣喜的是，中国全国人大将法律援助法纳入社会法的范畴。法律援助制度是公益法的重要内容，将法律援助法纳入社会法的范畴，有助于强化对在社会中处于相对弱势境地人群权益的保障，有助于全面实现社会法的目标。笔者在本书专章研究了公益法以及公益诉讼制度，期待公益法以及公益诉讼制度成为数字时代社会法领域研究和关注的重点问题。

八是企业社会责任的立法。企业社会责任往往被认为是一个道德问题。但从国际社会推动企业社会责任运动开始以来所关注的种种问题来看，企业社会责任从来就不仅仅是一个道德问题，还是一个法律问题。在企业社会责任所关注的各种问题中，劳动者权益保障是最基础的问题。不论在哪个国家，这个问题都是法律问题。随着联合国以及很多国家越来越关注工商业与人权的议题，企业社会责任议题中法治的因素不断增强。企业社会责任与社会法所关注的内容高度契合，所以未来企业社会责任法治化的内容应该纳入社会法研究和关注的范畴。

所以站在一个全新的时代，我们应该以开阔的视野来全面重构社会法体系。如果说社会法发展要进入一个新的阶段，也就是第三阶段，那这个阶段最典型的特征就是数字权力的崛起。因为数字权力的崛起，不仅带来了新的用户权利问题，也给劳动者、未成年人等各种人群的权利保障带来挑战。所以在此要特别强调的是：首先，尽管笔者强调了社会法发展的三个阶段，但这三个阶段并不是相互排斥的。恰恰相反，这三个阶段体现了社会法发展的过程，社会法的本质属性没有变化，不过随着时代发展其所关注的内容也在发展和丰富。其次，正如平台企业的数字权力介于传统政治权力与公民权利之间一样，社会法也介于传统公法和私法之间，两者都介于公权和私权之间。前者是摄取和影响公民权利的权力，后者是要保障社会弱者的特殊立法，所以从权力结构而言，在数字时代，社会法也恰恰应该发展成为应对平台企业数字权力的主要力量。从这个角度而言，只有在数字时代重新构建社会法体系，才能更好地应对数字权力的崛起，才能有效地推进数字时代公平正义的实现。

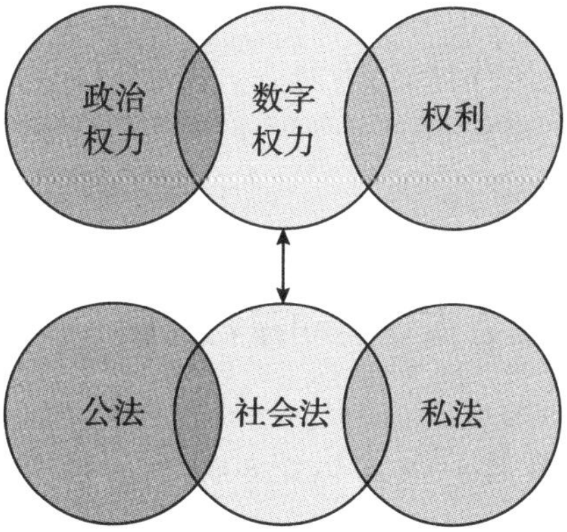

三、国际社会企业社会责任法治化的进程

企业社会责任往往被认为是个道德问题，也就是倡导企业积极履行相关社会责任。其实这种理解是片面的，企业社会责任从来都包含着法治的内容。随着社会的发展，企业社会责任议题中法治的程度不断增强，企业社会责任越来越成为一个法治议题。2020年11月英属哥伦比亚大学李文林（Liwen Lin）在牛津商法博客（Oxford Business Law Blog）发表了题为《世界强制性企业社会责任立法：新变化和各国经验》的短文，文章开篇就提出，“在过去的几十年里，世界上出现了明确的企业社会责任立

法——专门针对公司并明确纳入企业社会责任或其同义词的一组法律”。文章介绍了当前世界各国强制性企业社会责任立法的四种类型，包括强制性的企业社会责任尽职调查、企业慈善的强制性要求、公司治理架构的强制性要求、公司法下的强制性企业社会责任。[①]从这篇短文的介绍中我们能够看到国际社会企业社会责任立法发展的一些基本趋势，对我国开展企业社会责任相关立法以及企业履行社会责任应该有一定的借鉴。但要特别看到的是，几十年来，国际社会所推动的企业社会责任标准化及法治化的进程，远远比文章介绍的情况更为复杂，我们应该对相关国际背景有更多的了解。

1.国际社会企业社会责任运动蓬勃发展

为了约束企业的贪婪，在20世纪80年代，欧美国家开始了企业社会责任运动。一些跨国公司与国际性社会组织合作，在全球推动了企业社会责任的相关标准。最有影响的是社会责任国际（Social Accountability International，SAI）推动的SA8000以及国际标准化组织（International Organization for Standardization，ISO）推动的ISO26000。SA8000是全球首个在企业社会责任领域有重要影响的国际标准，1997年由欧美企业发起，设在伦敦和纽约的非政府组织——国际社会责任组织负责该标准的维护和推广，其主要强调的是对劳动者权利的保障，具体强调了九个方面：童工；强迫或强制劳动；健康与安全；自由结社及集体谈判权利；歧

---

① See Liwen Lin, *Mandatory Corporate Social Responsibility Legislation around the World: Emergent Varieties and National Experiences*, Oxford Business Law Blog (Nov.18, 2020), https://www.law.ox.ac.uk/business-law-blog/blog/2020/11/mandatory-corporate-social-responsibility-legislation-around-world.

视；惩戒性措施；工作时间；工资；管理体系。[①]国际标准化组织在1994年推出了质量管理体系标准ISO9000，[②]1996年通过了环境管理体系标准ISO14000，[③]这两个标准都是企业要主动申请的认证标准。2010年国际标准化组织在借鉴上述两个认证标准体系的基础上发布了社会责任指南标准（ISO26000），这个标准用社会责任（SR）代替了企业社会责任（CSR），也就是说范围扩展到适用所有类型的组织，不仅包括企业，也包括其他各种组织。ISO26000主要包括组织管理、人权、劳工实践、环境、公平运营、消费者权益、社区参与和发展等七个领域。[④]

经合组织在1976年通过了《跨国企业准则》（Guide for Multinational Enterprises）（以下简称《准则》），此后经历五次更新修改，最近一次更新修改是2011年，包括经合组织34个成员国以及另外8个非成员国共同通过，后来加入国家发展到49个。[⑤]《准则》在序言开篇就提出，“这些准则提出了在全球背景下开展负责任的商业行为，并且符合适用法律及国际公认标准的自愿原则和标准。《准则》是唯一经过多边商定，并且各国政府承诺推广的综合性负责任商业行为守则”。经过修订，《准则》提出的建议分为11章，确立了多个领域的商业行为原则和标准，如环境、

① See Social Accountability International (SAI), *SA8000: 2014 Standard*, SAI, https://sa-intl.org/resources/sa8000-standard/, last visited on 24 August 2022.

② See International Organization for Standardization (ISO), *ISO9000-1:1994*, ISO, https://www.iso.org/standard/16530.html, last visited on 24 August 2022.

③ See International Organization for Standardization (ISO), *ISO14001:1996*, ISO, https://www.iso.org/standard/23142.html, last visited on 24 August 2022.

④ See International Organization for Standardization (ISO), *ISO 26000 Social Responsibility*, ISO, https://www.iso.org/iso-26000-social-responsibility.html/, last visited on 23 August 2022.

⑤ See Organisation for Economic Co-operation and Development (OECD), *OECD Guidelines for Multinational Enterprises*, OECD, https://www.oecd.org/daf/inv/mne/48004323.pdf, last visited on 23 August 2022.

就业与劳工关系、人权、信息公开、反腐败、消费者权益、科技、竞争及税收。《准则》还建立了执行机制。截至2021年4月，所有49个国家都建立了自己的联络点。

世界银行发布的《环境、健康和安全指南》(Enviromental，Health and Safety，以下简称《EHS指南》）是阐述一般性和具体行业的良好国际行业惯例的技术参考文件。[①]国际金融公司（International Finance Corporation，IFC）使用《EHS指南》作为项目评估过程中的信息技术来源。2006年国际金融公司制定了《社会和环境可持续性绩效标准》(Performance Standards on Social & Environmental Sustainability)，[②]2012年1月又发布了《环境和社会可持续性绩效标准》(Performance Standards on Environmental and Social Sustainability)，[③]希望通过推广这个标准，来对会员国和客户的投融资行为提出更高标准的要求。尽管这不是严格意义上的法律，但由于世界银行集团在国际发展领域的影响力，客观上使这个标准发展为一种国际惯例，被越来越多的银行和客户所遵守。《环境和社会可持续性绩效标准》描述国际金融公司有关环境和社会可持续性的承诺、作用和责任，主要包括八个方面的内容：(1）环境和社会风险与影响

① See International Finance Corporation (IFC), *World Bank Group Environmental, Health and Safety (EHS) Guidelines*, IFC, https://www.ifc.org/wps/wcm/connect/topics_ext_content/ifc_external_corporate_site/sustainability-at-ifc/policies-standards/ehs-guidelines, last visited on 23 August 2022.

② See International Finance Corporation (IFC), *Performance Standards on Social & Environmental Sustainability*, IFC (Apr.30, 2006), https://www.ifc.org/wps/wcm/connect/3f3419f4-6043-4984-a42a-36f3cfaf38fd/IFC%2BPerformance%2BStandards.pdf?MOD=AJPERES&CVID=jkC.Eka&id=1322803957411.

③ See International Finance Corporation (IFC), *Performance Standards on Environmental and Social Sustainability*, IFC (Jan.1, 2012), https://www.ifc.org/wps/wcm/connect/24e6bfc3-5de3-444d-be9b-226188c95454/PS_English_2012_Full-Document.pdf?MOD=AJPERES&CVID=jkV-X6h.

的评估和管理；（2）劳工和工作条件；（3）资源效率和污染防治；（4）社区健康、安全和治安；（5）土地征用和非自愿迁移；（6）生物多样性保护和生物自然资源的可持续管理；（7）土著居民；（8）文化遗产。[①]世界银行发布了专门的《诚信合规指引》（Integrity Compliance Guidelines），对参加其投标竞标的企业存在腐败、欺诈时实施制裁。[②]陈瑞华教授在《中国律师》杂志发表的《湖南建工的合规体系》一文中介绍：世界银行与亚洲发展银行等其他四家银行签署了《共同实施制裁决议的协议》。根据该协议，只要受到其中任何一家银行取消资格一年以上的制裁，其他缔约银行也会跟进同样的制裁措施。因为制裁给湖南建工集团带来重大影响，该集团痛下决心，发展出相对成熟的合规管理体系。截至2019年9月，我国共有44家大型企业受到世界银行的制裁，连带母公司、子公司、兄弟公司等关联公司受到制裁的企业达到827家。[③]但陈瑞华教授的这篇文章以及我国多家企业受到制裁的现象并未引起中国相关公司足够的重视，2019年以来又有多家中国公司受到世界银行的制裁。[④]

1999年1月在达沃斯世界经济论坛年会上，时任联合国秘书长科菲·安南（Kofi Atta Annan）提出“全球契约”（Global Compact）计划，并于2000年7月在联合国总部正式启动。“全球契约”倡议号召各公司遵守在

---

① See International Finance Corporation (IFC), *Performance Standards on Environmental and Social Sustainability*, IFC (Jan.1, 2012), https://www.ifc.org/wps/wcm/connect/24e6bfc3-5de3-444d-be9b-226188c95454/PS_English_2012_Full-Document.pdf?MOD=AJPERES&CVID=jkV-X6h.

② See the World Bank Group (WBG), Summary of Integrity Compliance Guidelines, WBG, https://thedocs.worldbank.org/en/doc/06476894a15cd4d6115605e0a8903f4c-0090012011/original/Summary-of-WBG-Integrity-Compliance-Guidelines.pdf. last visited on 23 August 2022.

③ 参见陈瑞华：《湖南建工的合规体系》，载《中国律师》2019年第11期。

④ 参见郭青红、杨洁、严珍蓉：《世行制裁与解禁（序言及第一部分）》，载汇业律师事务所网站，2021年2月22日，http://www.huiyelaw.com/news-2199.html，2022年8月23日访问。

人权、劳工标准、环境及反腐败等四方面的十项基本原则。[①]安南向全世界企业领导呼吁，遵守有共同价值的标准，实施一整套必要的社会规则，即“全球契约”。“全球契约”目的是使各企业与联合国各机构、国际劳工组织、非政府组织以及其他有关各方结成合作伙伴关系，建立一个更加广泛和平等的世界市场。目前，这一倡议已经在世界范围内得到广泛推广。中国也设有办公室，根据国家安排，中国办公室设在中国企业家联合会。

近些年来，企业社会责任领域关注的内容不断拓展。传统上对企业评价主要关注的是其财务指标，但这种局面正在改变，国际社会越来越从环境、社会、公司治理三个方面的非财务指标来评价企业的优劣，即通常所说的“ESG”：Environmental（环境保护）、Social（社会责任）、Governance（公司治理）。据全球可持续发展投资联盟（GSIA）统计，约五分之二的欧洲资产管理机构和约三分之一的美国资产管理机构开始在投资决策中考虑ESG因素。[②]相较于传统的投资策略，环境保护、社会责任、公司治理三项指标被纳入投资决策中，以期能长期带来更高的回报。其最新统计数据显示，仅2019年，将ESG因素纳入投资决策的全球资产管理总额就超过18万亿美元。[③]

2.联合国推动“商业与人权”议题成为国际法的努力

1948年12月10日，联合国大会通过并颁布《世界人权宣言》，这一

① 参见联合国：《全球契约十项原则》，载联合国全球契约网站，http://cn.unglobalcompact.org/aboutUs.html@tenitem，2022年8月24日访问。

② See Global Sustainable Investment Alliance (GSIA), *Global Sustainable Investment Review* 2020, GSIA (2021), http://www.gsi-alliance.org/wp-content/uploads/2021/08/GSIR-20201.pdf.

③ 参见陈植：《全球吸金18万亿美元 ESG中国征程缘何起步蹒跚》，载ESG投资策略网2020年11月5日，http://www.esgzh.com/ESG/1455.html。

纲领性文件反映了“二战”后人类社会思考的成果，具有重大的历史性意义。目前联合国主要有九个核心的人权公约，分别是：《经济、社会及文化权利国际公约》、《公民权利和政治权利国际公约》、《消除一切形式种族歧视国际公约》、《消除对妇女一切形式歧视公约》、《禁止酷刑和其他残忍、不人道或有辱人格的待遇或处罚公约》及其任择议定书、《保护所有移徙工人及其家庭成员权利国际公约》、《残疾人权利公约》及其任择议定书、《儿童权利公约》及三个相关的任择议定书、《保护所有人免遭强迫失踪国际公约》。①基于上述九个核心的人权公约建立了十个主要的人权条约机构。2006年3月15日，第60届联合国大会通过决议，设立共有47个席位的人权理事会。这一改革提升了人权理事会的地位，尽管没有成为与安理会和经社理事会平行的机构，但其升级为大会附属机构，在联合国系统中的地位明显提升。当前联合国人权理事会每年召开三次大会。

随着跨国公司的影响逐渐扩大，20世纪90年代商业与人权逐渐成为国际社会关注的热点话题。2011年联合国人权理事会核准了“工商业和人权指导原则”。②2014年，联合国人权理事会通过第26/9号决议，成立不限名额政府间工作组，谈判拟订“从国际人权法角度规范跨国公司及其他跨国商业活动的有法律拘束力的文书”。③相关磋商开始紧锣密鼓地展开，这是十多年来联合国人权领域唯一的法律文书谈判，受到各国关注。2018年10月，“跨国公司和其他工商业与人权”法律文书政府间工作组第四次

① See the introduction of the Office of the High Commissioner of Human Rights (OHCHR), OHCHR, https://www.ohchr.org/en/instruments-listings, last visited on 24 August 2022.

② 参见联合国人权高级专员办事处：《工商业和人权指导原则》，联合国人权理事会2011年6月16日第17/4号决议核可。

③ 参见联合国人权理事会：《拟订一项关于跨国公司和其他工商企业与人权的关系的具有法律约束力的国际文书》，A/HRC/RES/26/9，2014年7月14日发布。

会议在日内瓦举行。[①]工作组主席（厄瓜多尔常驻日内瓦代表Emilo大使当选新一届工作组主席兼报告员）在前三次会议基础上推出法律文书“零案文”，这标志着国际社会对“商业与人权”的治理由“软法（指导原则）”向“硬法（公约）”方向又迈出了关键一步。各方就“零案文”主要内容进行了充分讨论，中国代表团也提出了很多建设性意见。

尽管联合国仍然还在就“商业与人权”的议题进行磋商，但人权议题已经越来越多地转化为相关国家的国内立法。2017年法国通过立法，要求在法国拥有5000名以上员工或在全球拥有1万名以上员工的公司，必须制定、披露和执行一项特殊的计划，以识别风险，防止公司或其子公司、分包商的业务直接或间接导致严重侵犯人权和破坏环境的行为。德国于2021年通过的《供应链法》，要求规模较大的公司承担供应链中的人权责任。[②]美国、挪威、瑞士、芬兰、欧盟也都正在制定相应法律，围绕企业在社会法合规领域的尽职调查义务开展立法工作。所以要看到的是，很多发达国家对待企业社会责任尤其是人权义务的趋势是逐渐把道德号召转化为法律规范，通过运用法律来强制执行企业的社会责任，而不再局限于鼓励企业对道德、人权、社会和环境责任进行披露和承诺。

2021年年初美国等西方国家以侵犯人权为理由对新疆棉花贸易进行制裁，标志着对中国而言，人权议题日益成为深刻影响经济发展的议题。当前的问题是，联合国已经就商业与人权问题发布了指导原则，正在磋商商

---

① See United Nations Human Rights Council (UNHRC), *Fourth Session of the Open-ended Intergovernmental Working Group on Transnational Corporations and Other Business Enterprises with Respect to Human Rights*, OHCHR (Oct.15-19, 2018), https://www.ohchr.org/en/hr-bodies/hrc/wg-trans-corp/session4/session4.

② 参见肖马克（Sandra Link）:《德国〈供应链法〉——对中国公司的影响》，载北大法宝网站2021年8月10日，https://www.pkulaw.com/lawfirmarticles/2f2ee9be1a80526d8c97e1f57d99e0d2bdfb.html。

业与人权公约，很多国家已经就此制定了专门的法律。这种局面将给中国经济全球化及中国企业“走出去”带来复杂的风险。我们应当加强对国际斗争形势复杂性以及相关议题的基本理念和知识的了解，以应对日趋复杂的国际形势。

3.以社会法的共识取代对人权议题的争论

任何国家要想在全球治理体系中发挥领导作用，不仅要国家强大，还要有一套广受认可的价值观体系。我们应该充分认识到，人权保障已经发展成为全球广泛认可的价值观体系之一。“二战”后联合国不仅通过了《世界人权宣言》以及《经济、社会及文化权利国际公约》、《公民权利和政治权利国际公约》等九个主要人权公约及相关任择议定书，还与此相适应建立了十个主要的人权条约机构，提升了人权理事会地位，建立起针对所有国家的人权普遍定期审议机制。人权已经成为一种具有广泛共识的国际语言，不仅欧美等西方发达国家强调人权议题，在非洲、拉美、亚洲等各国，也都普遍关注人权议题。

从中国的视角看，中国政治制度本质上就是保障人权。中国特色社会主义的本质特征是坚持中国共产党的领导，党的宗旨就是全心全意为人民服务。党及国家政权建设坚持以人民为中心，一切为了人民、一切依靠人民，要把人民对美好生活的向往作为始终不渝的奋斗目标。没有哪个国家的政治体制是如此旗帜鲜明地强调要发展和保障人民的根本利益。保障人民的根本利益才是人权建设的根基，人权不是空洞的口号，而是要让最大多数人过上幸福的生活。2004年“尊重和保障人权”首次明确写入我国宪法，标志着我国在政治和法律制度上对人权议题的高度确认。党的二十大报告特别强调了我国强化人权保障的发展方向，报告指出：“坚持走中国人权发展道路，积极参与全球人权治理，推动人权事业全面发展。”我国不仅签署了大多数国际人权公约，还专门发布了《国家人权行动计划》，可以说在推动国家人权发展方面做出了巨大努力，我国人权事业取得了重大发展。

当然必须看到的一个令人忧虑的现象是，西方正在企图将人权议题政治化。很多国家对人权奉行双重标准，将人权当成国家之间斗争的工具。类似例子不胜枚举。即使在联合国人权理事会的环境中，这种政治化的氛围也日益明显。人权议题的高度政治化严重影响了人权事业在人类社会的健康发展。所以当前的问题是，不论是基于全球治理的视角，还是基于中国的视角，能否在继续尊重和保障人权议题的基础上，求同存异，将人权议题中存在最大公约数的内容纳入社会法范畴，全面推动和引领社会法的发展，使社会法成为数字时代引领全球治理发展的新思想、新理论、新制度呢？这是一个大胆的设想，但这种设想是否具备现实的法律以及理论基础呢？

首先，笔者认为人权议题中的绝大多数内容都是社会法关注的问题。联合国《经济、社会及文化权利国际公约》第三部分用10条规定了公民应该享有的具体经济、社会及文化权利，主要是明确规定了公民作为劳动者的权利，获得社会保障的权利，婚姻、家庭、儿童获得保障的权利，获得适足生活水准的权利，身心健康获得保障的权利，获得教育的权利，科学文化的权利。上述权利恰好都是社会法所要关注的重点权利。另外，关于对妇女、儿童、残障人等权利进行保障的公约内容更是社会法所要关注的重点领域。所以，社会法的重点是关系到每个普通人生活和发展的具体问题。各国虽然在发展阶段、政治制度、文化传统方面差异巨大，在人权议题上往往存在不同认识，但对于社会法所强调的劳动者、妇女、儿童、残障人等权利保障议题，却应该存在广泛的共识。所以，大力发展社会法，最大限度地在人权领域寻求共识，不仅能够最大限度地保障最广大人群基本生存和发展的权利，也能从根本上推动人权保障事业的发展。

其次，社会法与联合国所要推动的工商业与人权的议程目标是高度一致的。联合国工商业与人权的指导原则以及正在磋商的公约，不是要确立新的权利，而是要督促企业建立一套保障人权的机制。从指导原则来看，强调了对人权的保护、尊重、救济，其中保护和救济更多在强调缔约国国家的责任，而尊重更多是在强调企业的责任。在第二部分“公司尊重人权的责任”中，强调了公司要建立尊重和保障人权的框架，主要是分为三部分：人权承诺、人权尽责以及人权救济。建立这套机制的目的是推动人权保障。跨国公司和中小企业都应该尊重和保障劳动者、在社会中处于相对弱势境地人群的权利，都应该保护环境，也就是说企业尊重和保障人权的重点恰好是社会法的重点。特别是在当前的数字时代，平台企业拥有了巨大的数字权力，其就更应该尽快建立起有效的尊重和保障人权的机制。所以，工商业与人权发展的方向，应该是强化有广泛共识的经济、社会及文化权利，特别是发展中国家以及在社会中处于相对弱势境地人群的发展权利。从这个角度来说，联合国工商业与人权机制的重点就是推动社会法的发展，或者说为社会法的发展奠定国际法的根基。

最后，社会法存在广泛的国际共识。观察上文提到的国际标准，所有的相关标准都强调对劳动者权益的保障，其中SA8000主要就是关注劳动权益，全球契约、ISO26000也都强调劳动权利的保障。在这些看似倡导的劳动权益的标准背后，实际上是相对成熟的国际劳工标准。国际劳工组织牵头制定了多项保障劳动者权益的公约，其中最核心的8项公约分别是：1930年《强迫劳动公约》（第29号）、1957年《废除强迫劳动公约》（第105号）、1948年《结社自由和保护组织权利公约》（第87号）、1949年《组织权利和集体谈判权利公约》（第98号）、1951年《同酬公约》（第100号）、

1958年《（就业和职业）歧视公约》（第111号）、1973年《最低年龄公约》（第138号）和1999年《最恶劣形式的童工劳动公约》（第182号）。全球契约、ISO26000、《环境和社会可持续性绩效标准》、《跨国企业准则》关注的范围显然更加广泛，还关注了消费者权利的保障、环境保护等众多领域。上述国际社会企业社会责任运动所强调的内容都是社会法的范畴。可以说，经过多年的发展，不论是在全球治理层面，还是在企业界以及社会层面，都具备了社会法全面发展的基础。

通过上述分析我们看到，大力发展社会法具有重大的现实意义。一是社会法淡化了对人权议题性质的争论，更容易达成广泛的社会共识。二是在数字时代，社会法的范畴不仅与人权的范畴存在广泛的交叉，很多人权的内容可以纳入社会法的范畴，社会法还可以包括人权领域并未重视的很多问题，比如数字时代的公益慈善、数字时代的用户权益等。三是社会法的提法本身更有中国特色，体现着中国特色社会主义制度的追求和中华文明的价值。所以，不论从我国参与全球治理的视角，还是从人类社会发展的视角，我国都应该更加重视社会法的发展。

四、我国企业社会责任法治化的进程

改革开放以来，随着经济的发展，我国对企业社会责任问题的认识也不断深化。2022年3月，国务院国有资产管理委员会宣布成立社会责任局，标志着国家对企业社会责任问题的重视已经达到一个新的战略高度。[①]

---

① 参见新闻中心：《国务院国资委成立科技创新局社会责任局更好推动中央企业科技创新和社会责任工作高标准高质量开展》，载国务院国有资产监督管理委员会网站2022年3月16日，http://www.sasac.gov.cn/n2588020/n2588072/n2591586/n2591588/c23711009/content.html。

1.忽视社会责任引发的种种风险

在一定的历史时期，我国很多企业对劳动者权益保障问题的重视明显不够，其中最为典型的是农民工权益问题。在2005年笔者创建北京农民工法律援助工作站（后在2009年登记为北京致诚农民工法律援助与研究中心）的时候，针对农民工的欠薪和工伤案件频发，很多案件办理起来都非常困难。在很长的历史时期内，我国企业对环保问题的重视也明显不够，这导致了很长时期我国环境污染问题严重。用于儿童的食品、药品、玩具等产品都曾经爆出严重的质量事件，多年过去，2008年三聚氰胺奶粉事件仍然应该成为中国企业发展的警钟，由于生产伪劣产品坑害消费者，最终断送了一家大型企业。①企业缺乏社会责任意识，不仅损害了劳动者、消费者的权益，破坏了自然环境，也影响了企业自身的发展。

近些年来，随着中国企业“走出去”步伐加快，很多企业面临着越来越多的社会法风险。劳工问题一直是中国企业在海外面临的最大风险来源之一，其中既包括中国传统劳资关系在陌生环境中引发的棘手问题，也包括中国企业与当地员工因政策法规和文化环境不同而产生的误解、摩擦和冲突。例如2017年美国塞班岛的四家中国承包商和分包商就因非法使用劳工、工伤、拖欠工资等问题承担了一系列民事、行政和刑事责任，支付数千万美元罚款和赔偿金。②随着中国海外投资和工程项目越来越多，与此相伴引发了西方一些媒体指责中国企业的“环境威胁论”。由于中国海外项目较为集中于采矿、电力、基础设施建设、制造业等易于产生污染的行

① 参见央视网：《“三鹿奶粉事件”始末》，载央视网，http://news.cctv.com/society/20090115/107648.shtml。

② 参见环球网：《美媒：美国劳工部帮塞班岛中国工人讨工资》，载环球网2018年3月7日，https://baijiahao.baidu.com/s?id=1594213758576584008&wfr=spider&for=pc。

业与领域，因此，海外中资企业不仅要重视经济效益，更要注重保护东道国的生态环境，以实现我国海外投资和工程项目的长远健康发展。

在“走出去”的过程中，我国企业也开始面临很多并不熟悉的社会法问题。这些问题在国内的法律政策以及社会舆论中都关注不多，但在国际社会却受到广泛关注。比如，在用工过程中涉及的性别歧视和其他侵害劳动者平等就业权等问题。相关国际公约以及国际标准都明确强调反对歧视，但我国一些企业对此还缺乏基本常识。还有性别平等问题。必须意识到，这在国际社会是一个高度敏感的社会话题。从性别平等的视角，至少有两个话题最为敏感：一是对性少数群体的尊重和权利保障问题；二是对女性的尊重和保障，对女性的性侵及性骚扰容易引发社会高度关注，企业以及相关人士也往往会为此付出高昂代价。

改革开放40多年来，中国经济发生了翻天覆地的变化。但这种变化背后也存在我们对市场经济规律认识的逐步深化以及相应规范经济发展法律制度的变化。必须承认的事实是，改革开放早期，法律制度并不健全，这就导致很多企业在发展的过程中，不可避免地存在不合规的情况。2008年，全国人大宣布中国特色社会主义法律体系基本形成，2017年党的十九大宣布我国发展进入了新时代。尤其是党的十八大以来，我国的社会法快速发展，这都对企业的健康发展提出了明确具体的要求。如果说在国家法律体系并不健全的时代，企业不合规还情有可原的话，在法律体系日渐健全的新时代，企业如果藐视法律、公然违反法律，那就应该受到严厉的处罚，付出沉重的代价。所以企业要牢固树立法治意识，不仅要遵守中国的法律，“走出去”的企业也要遵守其他国家的法律，通过积极履行社会责任以树立企业良好的社会形象，实现企业健康可持续的发展。

2.我国企业履行社会责任的立法及现状

近些年来，国家也越来越重视企业履行社会责任情况，其中起引领作用的主要是两类企业：一是国有企业。2005年年底国务院国资委制定了我国第一部《中国企业社会责任标准》，①2006年3月我国本土企业的第一份社会责任报告——《国家电网公司2005社会责任报告》正式发布，踏出了中国企业社会责任发展的第一步。②2012年，国资委发布通知，要求中央企业必须发布企业社会责任报告，并强调企业履行社会责任的情况将被纳入央企考核体系。2022年3月国资委宣布成立社会责任局，以更好地组织指导中央企业履行社会责任。二是上市公司。2006年深圳证券交易所颁布《上市公司社会责任指引》，③2008年上海证券交易所发布《上海证券交易所上市公司环境信息披露指南（2008年版）》，④2015年香港联合交易所发布《环境、社会及管治报告指引》（又称《ESG报告指引》）。⑤以国有公司和上市公司为引领，中国企业履行社会责任制

---

① 参见林治波：《企业需要担当社会责任》，载中国人大网，http://www.npc.gov.cn/zgrdw/npc/zt/2006-04/07/content_348333.htm。

② 参见国务院新闻办公室：《福建举行〈国家电网公司2005社会责任报告〉新闻发布会》，载国务院新闻办公室网站2006年3月15日，http//www.scio.gov.cn/xwfbh/gssxwfbh/xwfbh/fujian/Document/337849/337849.htm。

③ 深圳证券交易所：《关于发布〈深圳证券交易所上市公司社会责任指引〉的通知》，载深圳证券交易所网站，http://www.szse.cn/disclosure/notice/general/t20060925_499697.html。

④ 上海证券交易所：《上海证券交易所上市公司环境信息披露指南（2008年版）》，载上海证券交易所网站，http://group1.ccb.com/cn/group/regime/upload/20220513_1652439135/20220513184531066475.pdf。

⑤ 香港联合交易所：《环境、社会及管治报告指引》（《主板上市规则》附录二十七），载香港联合交易所官网，https://cn-rules.hkex.com.hk/pdf-manipulate?/sites/default/files/net_file_store/HKEXCN_TC_10553_VER17359.pdf。

度初步建立起来。[①]

2005年10月全国人大常委会修订《公司法》，首次明确规定公司要履行“社会责任”。2018年制定的《电子商务法》尽管没有明确提出“社会责任”，但具体规定了相关内容，第五条规定，“电子商务经营者从事经营活动，应当遵循自愿、平等、公平、诚信的原则，遵守法律和商业道德，公平参与市场竞争，履行消费者权益保护、环境保护、知识产权保护、网络安全与个人信息保护等方面的义务，承担产品和服务质量责任，接受政府和社会的监督”。[②]2020年制定的《民法典》第八十六条规定，“营利法人从事经营活动，应当遵守商业道德，维护交易安全，接受政府和社会的监督，承担社会责任”。在2021年全国人大表决通过的《中华人民共和国国民经济和社会发展第十四个五年规划和2035年远景目标纲要》中，“社会责任”出现了3次。比如“鼓励民营企业积极履行社会责任、参与社会公益和慈善事业”。[③]

但也要看到的是，我国企业履行社会责任的意愿和能力还有待进一步加强。根据《金蜜蜂中国企业社会责任报告研究（2021）》介绍，以2011年发布的713份企业社会责任报告为样本，到2021年应该发布11次，但发布10次以上的只有417份，占比仅为58.49%。[④]在对2021年的报告

---

① 参见孔雪：《十年来企业履行社会责任更加专业化》，载新京报网，http://epaper.bjnews.com.cn/html/2022-03/30/content_816316.htm?div=0。

② 《中华人民共和国电子商务法》，2018年8月31日第十三届全国人民代表大会常务委员会第五次会议通过。

③ 参见《中华人民共和国国民经济和社会发展第十四个五年规划和2035年远景目标纲要》，2021年3月11日第十三届全国人民代表大会第四次会议通过。

④ 参见殷格非、于志宏、管竹笋主编：《金蜜蜂中国企业社会责任报告研究（2021）》，社会科学文献出版社2021年版，第4页。

分析评分后，报告整体平均得分为57.08分，属于不及格。[①]而在王晓光和肖红军主编的《中国上市公司ESG研究报告（2021）》中介绍，对研究的2021年发布的327家上市公司发布的ESG报告中，仅有2家获得AA评级，其中54家获得BBB评级、77家获得BB评级、86家获得B评级，55家获得CCC评级、28家获得CC评级。[②]可见总体报告撰写质量还存在很多问题。

3.我国对企业“走出去”履行社会责任的特殊要求

自国家提出“一带一路”倡议，中国企业加快“走出去”步伐之后，我国也越来越重视企业在境外的合规经营，并颁布了一系列部门规章和部门规范性文件。从相关规定来看，对于企业境外经营履行社会责任的约束从鼓励和倡议逐渐演变成一项必须遵守的法律义务，违反这些义务可能会引发相应的法律后果。

2013年，商务部和环境保护部发布了《对外投资合作环境保护指南》，其中只是对企业发出了倡议：“倡导企业在积极履行环境保护责任的过程中，尊重东道国社区居民的宗教信仰、文化传统和民族风俗，保障劳工合法权益，为周边地区居民提供培训、就业和再就业机会，促进当地经济、环境和社区协调发展，在互利互惠基础上开展合作。”[③]2014年，商务部发布《境外投资管理办法》，该办法第二十条规定：“企业应当要求其投资的境

---

① 参见殷格非、于志宏、管竹笋主编：《金蜜蜂中国企业社会责任报告研究（2021）》，社会科学文献出版社2021年版，第15页。

② 参见王晓光、肖红军主编：《中国上市公司ESG研究报告（2021）》，社会科学文献出版社2022年版，第3-4页。

③ 商务部、环境保护部：《关于印发〈对外投资合作环境保护指南〉的通知》，商合函〔2013〕74号，2013年2月18日发布。

外企业遵守投资目的地法律法规、尊重当地风俗习惯，履行社会责任，做好环境、劳工保护、企业文化建设等工作，促进与当地的融合。”[①]2018年，商务部、人民银行、国资委、银监会、证监会、保监会、外汇局联合发布《对外投资备案（核准）报告暂行办法》，该办法第十三条要求企业报送遵守当地法律法规、保护资源环境、保障员工合法权益、履行社会责任、安全保护制度落实情况等；第二十一条规定，境内投资主体未按本《办法》规定履行备案（核准）手续和信息报告义务的，商务部将会同相关主管部门视情采取提醒、约谈、通报等措施，必要时将其违规信息录入全国信用信息共享平台，对企业的行政处罚通过国家企业信息公示系统记于企业名下并向社会公示。[②]2017年，国家发展改革委发布的《企业境外投资管理办法》，[③]国务院国有资产监督管理委员会发布的《中央企业境外投资监督管理办法》，[④]国家发展改革委、商务部、中国人民银行、外交部和中华全国工商业联合会联合发布的《民营企业境外投资经营行为规范》，[⑤]都对企业履行社会责任提出了明确的要求。

为引导企业完善社会责任制度，一些行业协会商会针对具体行业的境外经营制定了相关指引。例如，2012年，商务部指导中国对外承包工程商会编制的《中国对外承包工程行业社会责任指引》正式发布，这是首部对

---

① 商务部：《境外投资管理办法》，商务部令2014年第3号，2014年9月6日发布。

② 参见商务部、人民银行、国有资产监督管理委员会等：《对外投资备案（核准）报告暂行办法》，载中华人民共和国商务部网站2018年1月18日，http://lr.mofcom.gov.cn/article/ddfg/qita/202202/20220203280898.shtml。

③ 国家发展和改革委员会：《企业境外投资管理办法》，国家发展和改革委员会令第11号，2017年12月26日发布。

④ 国有资产监督管理委员会：《中央企业境外投资监督管理办法》，国资委令第35号，2017年1月7日发布。

⑤ 国家发展和改革委员会、商务部、人民银行等：《关于发布〈民营企业境外投资经营行为规范〉的通知》，发改外资〔2017〕2050号，2017年12月6日发布。

外承包工程行业的自愿性社会责任标准。[①]2018年，中国纺织工业联合会发布了《CSC9000T纺织服装企业社会责任管理体系》[②]和《中国纺织服装行业负责任海外投资指引》[③]，这些行业指引都推动了相关企业积极履行社会责任。

但总的来看，我国企业社会责任法治化的进程还存在各种挑战。一是对企业社会责任的重大意义认识不够。有的企业为了经济利益不择手段，有的企业公然侵害劳动者权益或者破坏环境，有的企业只重视短期利益。二是很多企业对社会责任的认识还过于狭窄，将企业社会责任与捐款捐物等同起来，对国际社会关于企业社会责任的相关标准并不了解。三是我国相关立法还明显滞后，有些规定过于笼统，有些规定立法层级太低。所以，为了有效推动企业积极履行社会责任，不仅要将企业社会责任相关立法纳入社会法的范畴，全面研究和推动相关立法的进程，还要推动企业社会责任部门全面理解社会法的内涵，更加全面地履行社会责任。

特别强调的是，数字时代平台企业与工业时代的企业存在巨大差异，这种差异决定了应该重构数字时代平台企业社会责任的理论和相关制度。其一，平台企业强大的影响力意味着其需要承担更多的社会责任。从发展来看，目前平台企业还是更多享有着数字时代平台发展带来的财富以及种种便利，所承担的社会责任与其影响力相比严重不对称。其二，平台企业

---

① 参见中国对外承包工程商会：《中国对外承包工程行业社会责任指引》，载中华人民共和国商务部网站，http://images.mofcom.gov.cn/hzs/accessory/201209/1348819602840。

② 中国纺织工业联合会：《CSC9000T纺织服装企业社会责任管理体系》（2018版），载亚洲地区可持续纺织业（Sustainable Textile of the Asian Region）网站，http://www.asiatex.org/Uploads/File/2018/01/09/u5a5481a72fbe2.pdf，2022年8月24日访问。

③ 中国纺织工业联合会：《中国纺织服装行业负责任海外投资指引》（2018版），载亚洲地区可持续纺织业（Sustainable Textile of the Asian Region）网站，http://www.asiatex.org/Uploads/File/2019/06/06/u5cf8867280dfe.pdf，2022年8月24日访问。

拥有的数字权力意味着其需要承担特殊的社会责任。权力意味着责任。国家掌控着公权力，但对公民承担着安全保障、社会福利、教育发展等诸多责任。平台企业在拥有数字权力、享有数字权力带来便利的同时，也应当承担相对用户的社会责任，也就是保障用户享有各种权利、为用户带来更多福祉的责任。其三，平台企业需要为易受影响的特定人群承担特殊的社会责任。劳动者、未成年人、老年人、残障人、少数人群等特定人群更容易受到数字权力的影响。平台企业给这些特定人群生活和发展带来的挑战不仅是严峻的，也是迫切需要解决的。如何担负责任、更好保障这些特定人群的权利、带给这些特定人群更多福祉？这需要平台企业尽快采取全面措施以承担特殊的社会责任。所以，建议进一步认识我国平台企业履行社会责任的重大意义，全面推进平台企业社会责任法治化的专题研究，积极开展平台企业社会责任相关立法工作。通过尽快制定和完善我国平台企业社会责任领域的相关法律政策，不仅为规范和引导我国平台企业健康发展指明方向，也为数字时代人类社会的依法治理积累经验。

五、对数字时代重构我国社会法体系的建议

人类社会进入了数字时代，如何认识和理解社会法？在数字时代社会法有哪些特别的意义？我国作为中国特色社会主义国家，如何看待社会法在我国法律体系中的作用？这些都是我们必须从战略层面要考虑的问题。

1.深刻理解数字时代重构社会法体系的重大意义

站在构建人类命运共同体的高度学习和理解社会法。习近平主席在联

合国日内瓦总部所做的关于构建人类命运共同体的演讲，今天来看，更具有伟大的现实意义。[①]人类社会要应对共同的挑战，企业家们也要关注普通人尤其是在社会中处于相对弱势境地群体的福祉。人类的命运休戚与共，我国党和政府要秉承为人民服务的宗旨，成为推动社会法发展的典范；我国的企业家们要秉承中华文明的美德，成为遵守社会法的典范，成为在国际社会弘扬人类文明的典范，为企业健康可持续发展奠定根基。

发展和完善社会法是中华文明的内在要求。中华文明是人类文明的瑰宝。中华文明强调修身，道家强调持有三宝，“一曰慈；二曰俭；三曰不敢为天下先”。儒家强调仁义礼智信和自省，修身是齐家治国平天下的前提。修身意在克服人作为一种生物固有的放纵自私的本性，追求仁爱、简朴、谦逊的人类文明；中华文明强调民众福祉，“民为贵君为轻”，诗人杜甫在所住茅草屋被大风吹破的悲惨境遇下还关心“安得广厦千万间，大庇天下寒士俱欢颜”，北宋著名学者张载那流传近千年的横渠四句“为天地立心，为生民立命，为往圣继绝学，为万世开太平”更是激励了无数中华儿女的豪情；中华文明强调“天人合一”，强调人与自然的和谐统一，“人法地，地法天，天法道，道法自然”。遗憾的是，近代以来中华文明的价值被忽视甚至曲解，古代社会腐朽没落的内容被放大，西方文化中自私、放纵、贪婪的一面大行其道，中国有些企业也在这种时代的大潮中迷失方向，不择手段谋取利益、肆意妄为挥霍财富，个别企业的这些做法严重损害了中国企业乃至国家的形象。社会法体现的是中华文明的内在要求，是在法律制度层面对中华文明的确认和保障。所以发展和完善社会法，不仅是践行中华文明的体现，也能将中华文明发扬光大，切实给人类社会带来福祉。

---

① 参见《习近平主席在联合国日内瓦总部的演讲（全文）》，载央视网新闻，http://www.xinhuanet.com/world/2017-01/19/c_1120340081.htm。

发展和完善社会法体系为全球法治贡献中国智慧。尽管很多年前德国、日本专家就认识到定义广泛的社会法对解决资本主义制度结构性问题的重大意义，但资本主义制度问题的根源恰恰就在于资本对于法律制度以及法律体系发展的深刻影响，所以在这些国家，体系健全、内容广泛、影响深刻的社会法很难发展起来。我国是社会主义制度，人民当家作主是社会主义民主政治的本质特征，中国特色社会主义制度坚持以人民为中心、全心全意为人民服务、以维护和实现最广大人民群众的根本利益为宗旨。中国特色社会主义制度的本质特征决定了中国法律的根本特征是要保障人民尤其是那些在社会中处于相对弱势境地群体的福祉。这种政治制度决定了我国能够制定一部完善的社会法典。所以从根本上说，社会法的质量体现着社会主义法律体系与资本主义法律体系的根本区别。如果说社会主义法律体系和资本主义法律体系都需要现代科学的民事法律的话，那体系健全的社会法将成为社会主义法律体系最根本的标志，中国发展和完善社会法不仅对健全和完善我国社会主义法律体系、建设中国特色社会主义法治具有特别重大的意义，也将为人类探索社会主义制度的发展和完善作出重大贡献。

2.发展和完善数字时代的社会法

改革和发展数字时代的传统社会法。不论时代怎样发展变化，社会法的本质不会改变。社会法依然是要维护普通人尤其是在社会中处于相对弱势境地群体的权益。人类社会进入了数字时代，传统的社会法问题依然存在。比如，作为社会法根基的劳动者权益保障问题，在数字时代演化出复杂的新就业形态，如何保障新就业形态劳动者的权益？未成年人保护面临更加复杂的局面，很多线下问题转移到线上：以儿童为对象的色情制品凭借互联网得到快速传播；在虚拟空间不仅出现大量性引诱风险，也发生了身体并不直接接触的猥亵行为；未成年人沉迷网络尤其是网络游戏乃至未来元宇宙的问题将更加严峻。如何保障数字时代的未成年人权益？各种歧视现象在网络空间得到传播，少数人群面临更严峻的生存环境，老年人、残障人权益保障都面临很多新的问题，如何有效保障他们的权益？由于数字经济的快速发展，传统的社会法问题更加复杂。应该从数字时代的新视角，全面研究和推动传统社会法的改革，使社会法成为解决传统社会问题的重要法治力量。

创新发展数字时代社会法的新领域。数字时代将出现很多新的问题，为了解决这些问题法治领域必须有新的突破。比如，传统上社会法领域关注消费者权益保障问题，但在数字时代面临的新问题是如何更好保障用户权益问题？脸书全球月活跃用户近30亿人，①腾讯微信用户有13亿多人，②谷歌搜索、安卓等九款产品各自用户都超过10亿人。③如此众多的用户是消费者吗？传统法律的消费者权益保护法能够解释用户权益的问题吗？相对拥有庞大数字权力的大型平台企业，用户如何维护自身的权利呢？如何保障平台企业公平公正地行使其数字权力呢？还有，在元宇宙时代，如何保障元宇宙的社会符合人类的福祉呢？如何保障虚拟空间的规则是公平公正的呢？应该从社会法的视角，跟进对相关新问题的研究，及时推进相关立法政策的改革。

---

① See David Cohen, *Meta Revenue Slides Year Over Year in Q2, While Active Users Sputter*, Adweek (Jul.27, 2022), https://www.adweek.com/media/meta-revenue-slides-year-over-year-in-q2-while-active-users-sputter/.

② See Lai Lin Thomala, *Number of Active WeChat Messenger Accounts Q2 2011–Q3 2022*, Statista (Dec.7, 2022), https://www.statista.com/statistics/255778/number-of-active-wechat-messenger-accounts/.

③ 参见二丫：《谷歌十亿用户量级产品大盘点》，载财经外研社百家号2020年8月25日，https://baijiahao.baidu.com/s?id=1676001730513740612&wfr=spider&for=pc。

创新数字时代社会法的新制度。数字时代最大的特点就是数字权力高度聚集于平台企业，与之相对应的用户则处于高度分散状态，每个用户被摄取的权利都是微小的。即使用户权利受到较为严重的侵害，单个用户维护权利的成本也是巨大的。相比维护权利所需要付出的巨大代价以及可能的维权成果，绝大多数用户都会选择放弃。这种局面更加助推了平台企业权力的聚集，从而形成高度聚集的平台企业数字权力与高度分散的用户权利之间的不对称关系。在法治轨道上如何维护用户的权利呢？公益诉讼显然是最佳的选择。如何推进数字时代公益诉讼制度的发展？这是世界各国都应重点研究的问题。还有，相比权力高度集中的平台企业，用户如何依靠集体的力量来维护自身的权益？我国的《消费者权益保护法》中明确规定了消费者维权组织的设立及职权，那未来是否应该设立更多的用户维权组织？数字时代传统的特定人群权益保障问题、环境保护问题、公益慈善问题以及平台企业的用户权益问题都将面临更为复杂的局面，只有创新发展新的保障措施，才能为数字时代有效解决上述问题找到出路。

所以站在数字时代，为了更好地应对数字权力带来的新挑战，社会法的内涵也要与时俱进。具体来说，数字时代的社会法应该包括八个方面的内容：一是劳动者权益保障相关的法律制度；二是全面推进用户权利的保障；三是保障未成年人、老年人等特定群体权益的法律；四是完善数字时代的社会保障体系；五是环境保护的问题；六是公益慈善的问题；七是公益法的问题；八是企业社会责任的立法。只有全面理解社会法的上述内涵，才能有效实现社会法的勃兴；只有全面推动上述社会法的发展，才能奠定数字时代公平正义的法治根基。所以笔者建议，从保障我国数字经济健康发展、满足人民群众对公平正义的需求、为数字时代全球治理贡献中国智慧的战略高度，建议党中央专题研究数字时代社会法相关问题，全国人大将完善和发展数字时代的社会法作为健全中国特色社会主义法律体系的重点内容，全面加强全国人大常委会社会建设委员会和法工委社会法室的力量，以及时有效推进我国相关社会立法工作。

3.从全球视角推进数字时代社会法的发展

应对数字时代的社会问题是世界各国面临的共同挑战。尽管存在数字鸿沟，不同国家处在数字时代不同的发展阶段，但世界各国都将面临数字时代带来的种种新的风险。美国数字经济最为发达，很多中国平台企业富有创新精神，在新就业形态以及公益慈善方面都有全球独特的做法。这种局面导致中美两国不仅在数字经济领域全球领先，也在数字领域率先暴露出各种问题。中美两国不仅应该在解决数字领域各种问题方面率先作出有价值的探索，也应该为其他国家提供有效的技术支撑，从而推动全球数字时代健康发展。

创新推动全球社会法发展的新机制。当前全球治理体制机制正在经历着百年未有的深刻变化，很多传统的体制机制越来越难以发挥作用。以前文讨论的联合国人权相关机制为例，联合国各种人权机制长期以来受到西方人权思想的深度影响，往往依据西方关注的人权重点问题制定议程、对发展中国家进行指责，这导致在当前联合国的人权环境中，弥漫着一种斗争、指责、空谈的氛围，缺乏合作以解决问题的务实作风。这种局面不仅无法有效解决影响发展中国家的贫困、劳工等传统社会议题，更无法解决“数字鸿沟”以及数字时代引发的各种社会新问题。在一个新时代的当口，中国作为数字时代的先行者以及经济大国，要勇于担负推动全球数字时代社会法发展的重任。最大限度地聚焦人权议题中社会法的内容，比如劳工权利、特定人群的权益、环境权等，创新发展用户权，推动建立起更加务实合作、符合全世界发展中国家福祉的新的全球治理机制。

强化对数字时代社会法的全球战略研究。从全球的视角，数字时代给传统社会法的理论及实践都带来了巨大的挑战，遗憾的是，国内外对这些问题的研究都还远远不够，社会法远远没有跟上时代发展的步伐。从中国的视角，当前对社会法在国际社会以及各个国家发展趋势的了解是远远不够的。因为不了解就无法尽到有效的注意义务，因为不了解就更难以应对复杂的国际形势，这都导致企业到海外开展经营活动时面临大量不确定的风险。站在一个全新的时代，我们要思考数字时代的社会法体系到底是什么？数字时代的社会法与公法、私法之间的边界以及联系到底是什么？数字时代的社会法在全球治理以及中国特色社会主义法律体系中到底有什么特殊作用？数字时代的社会法自身有哪些内在的规律和特征？数字时代的社会法对人类社会未来的发展有哪些特殊的意义？国际社会关于社会法发展有哪些最新的趋势？通过深化研究数字时代社会法的基础理论问题以及上述相关具体问题，相信我们一定会获得更为系统、更为前瞻、更为清晰的认识，一定会对制定更为科学的相关社会立法、更好解决数字时代的各种问题、更好保障人民群众的福祉产生积极作用。

第三章

数字时代的用户权利保护

我们每个人都可能成为大量平台企业的用户，平台企业数字权力每天都在影响着我们的权利。传统工业时代消费者保护的理论和制度已经远远不能解决数字时代用户权利的问题。创新和发展用户权利的理论和制度，将是数字时代人类社会法治建设面临的首要命题。

人类社会正快速进入一个数字时代，这个时代颠覆性的变化就是数字权力的崛起，平台企业的数字权力摄取了部分传统政治权力和公民权利，成为全球以及国家治理的重要力量。与平台企业数字权力的崛起相对应，平台企业的用户权利正在受到不同程度的侵蚀，有些趋势是令人担忧甚至可怕的。脸书全球月活跃用户近30亿人，[①]微信和WeChat的合并月活跃帐户数近13亿人，[②]谷歌旗下引擎、安卓、浏览器等九款产品各自用户都超过10亿人。[③]因为拥有庞大的用户，这些平台拥有了庞大的数字权力，那么如何保障这些用户的权利呢？这将是未来数字时代人类社会面临的最大挑战之一。

一、平台企业用户权利的提出

不论是在全球各地，还是在我国，越来越多的人在上网的同时成为

① See S.Dixon, *Leading Countries Based on Facebook Audience Size As of January 2023*, Statista(Feb.24, 2023), https://www.statista.com/statistics/268136/top-15-countries-based-on-number-of-facebook-users/.

② 参见《腾讯公布二零二二年第二季及中期业绩》，载腾讯网站，https://static.www.tencent.com/uploads/2022/08/17/edc989fb139819b8e6c024abde716ca0.pdf。

③ 参见《谁说谷歌没创新？它的这款APP四年用户做到10个亿》，载搜狐网2019年8月15日，https://www.sohu.com/a/331618346_100117963。

平台企业的用户。那么这些用户的法律地位是什么？相对平台来说是消费者，还是一般的合同当事人？如何定位用户的法律身份？他们应该享有哪些权利？可以说，目前从全球来看，大家对这些问题的重视都远远不够，以致缺乏一些基础的研究。

1. 21世纪网民的快速增长

进入21世纪，我们越来越多的人成为互联网企业尤其是平台企业的用户。在短短的十几年时间，我国网络用户发展超过10亿人，全球网络用户增加几十亿人。在这个过程中，手机这种便捷的上网工具的普及发挥了重要作用。

中国互联网络信息中心（CNNIC）从1997年第一次发布《中国互联网络发展状况统计报告》开始，基本每半年发布一次，到2022年8月正好发布50次。根据该中心报告的数据，截至1998年年底全国上网用户数只有210万人，2000年年底上网人数约为2250万人。到2005年年底上网人数达到1.11亿人，但全国网民普及率还只有8.5%。[①]

该中心在2006年发布的第18份报告中第一次统计手机上网人数。报告显示，截至2006年6月30日，网民总人数为1.23亿人，其中手机上网人数约为1300万人。[②]在第19份报告中介绍，截至2006年年底，网

① 中国互联网络信息中心：《第3次中国互联网络发展状况统计报告》，http://www.cac.gov.cn/2014-05/26/c_126547928.htm，1999年1月发布，第1页；《第7次中国互联网络发展状况统计报告》，http://www.cac.gov.cn/2014-05/26/c_126547988.htm，2001年1月发布，第2页；《第17次中国互联网络发展状况统计报告》，http://www.cac.gov.cn/2014-05/26/c_126548176.htm，2006年1月发布，第4页、第25页。

② 中国互联网络信息中心：《第18次中国互联网络发展状况统计报告》，http://www.cac.gov.cn/2014-05/26/c_126548277.htm，2006年7月发布，第4页。

民总人数为1.37亿人，其中手机上网人数为1700万人，占全体网民的12.4%。[①]2007年以后，智能手机开始快速发展，手机上网人数急剧增加，整个上网人数也随之快速增加。其中一个重大的变化是，截至2007年12月31日，我国网民普及率16%，全球网民普及率19.1%，低于全球平均率3.1%；[②]到了2008年12月31日，我国网民普及率达到22.6%，超过全球平均水平21.9%。[③]到了2010年，我国网民规模达到4.57亿人，较2009年年底增加7330万人；互联网普及率攀升至34.3%，较2009年提高5.4个百分点。我国手机网民规模达3.03亿人，较2009年年底增加了6930万人。手机网民在总体网民中的比例进一步提高，从2009年年末的60.8%提升至66.2%。[④]

2010年以后，智能手机日益普及，手机上网人数日益增加。截至2015年12月，我国网民规模达6.88亿人，全年共计新增网民3951万人。互联网普及率为50.3%，较2014年年底提升了2.4个百分点。其中手机网民规模达6.2亿人，较2014年年底增加6303万人。网民中使用手机上网人群占比由2014年的85.8%提升至90.1%。手机上网人数占整个上网人数超过90%。[⑤]这是一个质的变化，凸显了数字时代发展的广度和深度。随着这种数字时代的深入发展，一批新的网络平台企业开始快速崛起。比如，2015年下半年美团、饿了么的众包用工模式开始上线，2016年抖音短视频开始上线。

---

① 中国互联网络信息中心：《第19次中国互联网络发展状况统计报告》，http://www.cac.gov.cn/2014-05/26/c_126548288.htm，2007年1月发布，第4页、第67页。

② 中国互联网络信息中心：《第21次中国互联网络发展状况统计报告》，http://www.cac.gov.cn/2014-05/26/c_126548652.htm，2008年1月发布，第9页。

③ 中国互联网络信息中心：《第23次中国互联网络发展状况统计报告》，http://www.cac.gov.cn/2014-05/26/c_126548676.htm，2009年1月发布，第3页。

④ 中国互联网络信息中心：《第27次中国互联网络发展状况统计报告》，http://www.cac.gov.cn/2014-05/26/c_126548718.htm，2011年1月发布，第4页。

⑤ 中国互联网络信息中心：《第37次中国互联网络发展状况统计报告》，http://www.cac.gov.cn/2016-01/22/c_1117858695.htm，2016年1月发布，第1页。

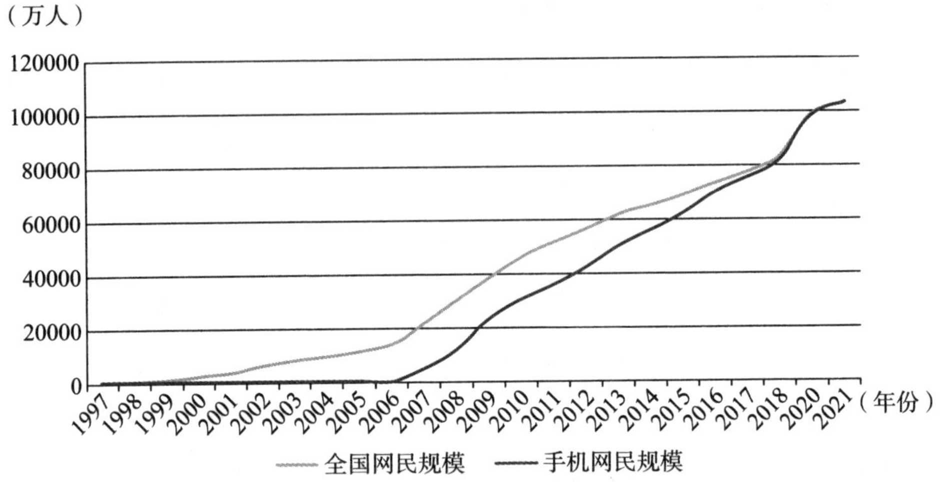

1997—2021 年全国网民规模及手机网民规模统计图

注：数据来源于中国互联网络信息中心第 1–49 次《中国互联网络发展状况统计报告》，其中手机网民数自 2007 年正式纳入统计。

根据该中心发布的第49份报告，截至2021年12月，我国网民规模达10.32亿人，互联网普及率达73%，其中手机网民规模达10.29亿人，网民使用手机上网的比例达99.7%。网民人均每周上网时长达到28.5个小时，较2020年12月提升了2.3个小时，互联网深度融入人民日常生活；其中即时通信、网络视频（含短视频）、短视频用户规模分别达10.07亿人、9.75亿人、9.34亿人，在线办公、在线医疗用户规模分别达4.69亿人、2.98亿人，网上外卖、网约车用户规模分别达5.44亿人、4.53亿人。[①]对比2015年的数据我们可以看到，短短6年间，我国网民人数又增加了3.44亿人，其中手机上网人数增加了4.09亿人，这意味着使用其他方式上网的人数有了明显下降，手机成为人们上网最主要的方式。另外根据该报告，2021年

① 中国互联网络信息中心：《第49次中国互联网络发展状况统计报告》，http://www.cnnic.cn/NMediaFile/old_attach/P020220721404263787858.pdf，2022年2月发布，第1–2页、第18页、第68页。

年底全球上网人口达到49亿人，大约占全球人口的63%。我国互联网普及率高出全球平均水平大约10%。

使用手机上网奠定了数字时代快速发展的根基。不论是原来使用台式机上网，还是使用笔记本电脑上网，由于人与计算机总体来说是分离的状态，人不可能随时随身携带计算机，所以人不可能与网络融为一体。但使用手机上网从根本上改变了这种局面，手机逐渐成为人们随时随身携带的必需品，人们开始能够使用手机随时随地上网，手机及网络成为人们日常生活中最为重要的工具。于是人们上网的时间大幅增加了，人们与网络的黏性增强了。正是在这个过程中，各种类型的平台企业都得以快速发展起来，数字权力得以形成。所以统计分析手机上网人数以及所占网民比例可以清晰地看到人类进入数字时代发展的进程。

2.用户与传统消费者的区别

我们看到了过去不到20年时间中国乃至全球网民人数的快速增长。在数字时代，这些网民成为互联网企业尤其是网络平台企业的用户。微信在中国有超过10亿用户，可以说除了婴幼儿，绝大多数人都是其用户。不论喜欢与否，大多数人都在使用百度进行搜索。网民每天也都在阅读相关平台推送的各种信息。在这个过程中，网民不再仅仅是上网的公民个人，而是与互联网企业尤其是平台企业建立起一种新型的法律关系。这种新型的法律关系不再是一种简单的平等民事关系，而是逐渐演化成一种深度的管理与被管理、影响与被影响甚至控制与被控制的关系。

用户与平台企业的关系显然不同于传统的消费者与经营者的关系。一是传统的消费者保护主要是为了保护个人，但平台企业的用户不仅包括个人，也包括中小企业，比如在很多网络销售类平台上的商户。二是传统法律主要保护生活消费，但平台企业的用户购买商品或接受服务不仅是为了生活消费，有些涉及提供劳务，涉及劳动用工的法律制度，有些明显是企业经营性行为。三是传统消费者保护强调“消费”，也就是通过“消费”购买商品或者接受服务后才能获得关于消费者的特殊保护，但平台企业的用户看似并未进行任何消费，甚至是平台企业为用户提供了大量免费的有用信息而并未收取任何费用。四是传统的消费者往往都是间隔性的消费，即使某个消费者经常购买某家企业的商品，但每次消费都是相对独立的，平台企业与用户的关系则是连续性的，用户经常与某个平台建立起紧密的连接关系。更为重要的是，传统企业与消费者之间彼此往往并不了解，经营者很难了解更不要说影响甚至控制消费者，但平台企业不仅掌握了用户的大量信息及数据，也制定了相关规则对用户进行管理。正是因为用户与传统消费者的明显差异，所以根据传统消费者保护的立法已经不足以保障用户的权益。

笔者认为，平台企业的用户是指通过网络技术与平台企业建立连接的个人、企业或其他组织。只要与平台企业建立了连接，就成了平台企业的用户，就应该享有一定的权利。有人认为这对平台企业来说过于苛刻，建立了连接但并未进行消费，其怎么能够享有权利呢？问题的关键在于，建立连接的同时意味着平台企业开始收集用户的数据。这种数据不仅具有财产的属性，对个人用户来说还往往具有人格权的属性。平台企业收集数据后就可以对其分析利用，就可以因此获得收益。尽管这个过程看似用户并未有实际的财产支付，但用户不仅付出了平台企业可以占有、使用、收益其数据的代价，还付出了个人信息及隐私、接受平台管理等一定程度的人身权利，所以其当然应该享有实质的权利。必须要看到的是，消费者更能代表工业时代的特征，是否能够成为消费者，主要以其是否进行了消费为标志；平台企业的用户代表的是数字时代的特征，是否能够成为用户，主要以其是否通过互联网与平台企业进行了连接为标志。从这个角度来看，在数字时代，传统消费者保护的理论和制度已经远远不能解决平台企业用户权利保障的问题，国际社会应尽快创新理论，以有效推动对平台企业用户权利的保障。

要强调的是，在亚马逊以及阿里等大型平台发展的B2B模式中，大量中小企业参与其中，这些中小企业都是受到数字权力影响的用户。在民政部指定的慈善组织公开募款平台上，慈善组织都是受到数字权力影响的用户。用户不仅包括自然人，也包括企业和社会组织。在目前的情况下，对作为自然人的用户权利还缺乏深入的研究和有效的保护，作为平台用户的中小企业和社会组织的权利更是被忽视。欧盟出台的《通用数据保护条例》也主要是针对公民个人权利，并未包括企业和社会组织。本书关于平台用户权利的研究，虽然重点关注的是自然人，但很多权利以及维护权利的方式也适用于企业用户和社会组织用户。

3.平台企业用户权利的保护思路

要看到的是，平台企业与用户的关系不仅是民事法律关系这样简单。由于平台企业相对用户，已经积聚起强大的数字权力，不仅掌握了用户大量的个人信息和数据，可以对用户进行画像从而了解用户的职业、身体健康、消费能力等更精准全面的隐私，对用户精准推送广告，对用户的言行进行管理，对违反管理规定的用户进行处罚，而且这种数字权力严重影响着用户的权利。那么在这种复杂的情况下，用户都应该享有哪些权利呢？

首先，研究平台企业用户权利要借鉴消费者权利保护的视角。我国《消费者权益保护法》第二章专章规定了消费者的权利，主要通过九条规定了消费者应当享有的安全保障权、知情权、选择权、公平交易权、获得赔偿权、成立维权组织权、获得知识权、受尊重权、信息得到保护权、监督权共十项权利。其次，研究平台企业用户权利还要有更广阔的公共权力与权利视角。鉴于平台企业拥有了数字权力，用户相对平台企业而言处于一种被管理的地位，双方之间不再是一种简单的民事法律关系，基于平台企业数字权力的特性，用户还要享有不受歧视、个人信息和隐私保护等人格权利的保障。可以说，消费者权利本质还是私法权利，但平台企业的用户权利不仅具有私法权利性质，同时也具有了相对公权力的权利内容。当然要特别说明的是，由于数字时代以及用户相对平台企业的特殊性，即使用户享有与消费者保护同样的权利，但其内容也发生了重大的变化。以传统工业时代的特点及内容来理解数字时代平台企业用户所享有的知情权、选择权、公平交易权等权利，将远远不能满足数字时代保障平台企业用户权利的需要。这就需要法律政策制定者以及司法机关能够及时更新观念和知识，在保障用户权利法律制度还不健全的情况下，能够从数字时代的视角，富有远见地适用现有法律政策解决新的问题。

不论任何类型的平台，所有用户都应该享有一些基本权利。但也要看到平台类型的不同，用户享有的权利内涵存在区别。比如，对于“滴滴”这种生活服务类平台，其就不仅仅是提供信息，而是应当采取措施，保障用户在接受其指派的用车服务过程中的人身安全。但对于人员招聘的信息咨询类平台，其在什么时候、多大范围内保障求职者的人身安全？这应当是一个值得认真研究的问题。

4.对用户权利的保护及挑战

梳理国内外的各种学术研究文章及报告，并未发现有人专门研究消费者与用户的区别。在国外的各种官方报告中，目前也并未区分“消费者（Consumer）”及“用户（User）”，两个概念也往往是混用。在欧洲议会“未来科学技术小组”（Panel for the Future of Science and Technology）于2021年发布的报告《在线平台：经济和社会影响》（Online Platforms: Economic and Societal Effects）中，使用了169个“Consumer(s)”，297个“User(s)”，在美国司法委员会反垄断、商法和行政法小组委员会（Subcommittee on Antitrust, Commercial and Administrative Law of the Committee on the Judiciary）2020年发布的《数字市场竞争调查》（Investigation of Competition in Digital Markets）报告中，使用了404个“Consumer(s)”，730个“User(s)”。目前，美国还主要是依据传统保护消费者的法律制度在保障用户权益。欧盟则不同，多年来欧盟希望通过完善立法来加强对用户权利的保障。从2018年欧盟出台GDPR以后，又相继推出《数据治理法》、[①]《数字服务法》、[②]《数字市场法》[③]三部重要的立法。《通用数据保护条例》特别明确了对数据主体的权利保护，明确提出了要保护数据主体的知情权、访问权、更正权、被遗忘权、限制处理权、携带权、拒绝被画像权等具体权利。《数字市场法》对大型平台企业提出了特别的要求，目的在于约束其滥用数字权力。这些立法的方向是要约束数字权力，保障用户权利，但遗憾的是，受到认识等各种因素的影响，欧盟也并未能对约束平台企业数字权力、保障用户权利提出系统综合的立法对策。

---

① See the Proposal for a Regulation of the European Parliament and of the Council on European data governance (Data Governance Act), 2020/0340 (COD).

② See the Proposal for a Regulation of the European Parliament and of the Council on a Single Market for Digital Services (Digital Services Act) and amending Directive 2000/31/EC, 2020/0361 (COD).

③ See the Proposal for a Regulation of the European Parliament and of the Council on Contestable and Fair Markets in the Digital Sector (Digital Markets Act), 2020/0374 (COD).

我国相关政策法规也意识到了用户权利的特殊性。国家互联网信息办公室、工业和信息化部、公安部、国家市场监督管理总局发布的《互联网信息服务算法推荐管理规定》(以下简称"《算法推荐管理规定》")从2022年3月1日起开始施行，这四个部委联合发布的规章在第三章明确规定了"用户权益保护"，这是在国家立法体系中明确提出"用户权益保护"的有益尝试，这一章有7条，除了用3条分别规定了对未成年人、老年人、新就业形态劳动者权益的特殊保护以外，还提出了要保护用户的知情权、选择权、公平交易权以及投诉举报权四项权利。[①]我国在2021年12月国家发展改革委、市场监督管理总局、中央网信办等九个部委发布的《关于推动平台经济规范健康持续发展的若干意见》(以下简称《平台经济规范健康持续发展意见》)中也明确了要健全完善规则制度、提升监管能力和水平等规范平台企业发展的具体要求。[②]在国家市场监督管理总局发布的《互联网平台落实主体责任指南(征求意见稿)》中也指出了规范平台企业发展的重要方向。[③]上述相关部委对约束平台企业滥用数字权力、保障用户权益的探索都是具有重大现实意义的。

2019年7月中国互联网协会正式上线运行了互联网信息服务投诉平台，这个平台在工业和信息化部信息通信管理局指导下接受互联网用户的投诉。工业和信息化部在2021年发布的第三季度电信服务质量通告中介绍了

---

① 参见《互联网信息服务算法推荐管理规定》，国家互联网信息办公室、中华人民共和国工业和信息化部、中华人民共和国公安部、国家市场监督管理总局令第9号，2021年12月31日发布。

② 参见国家发展和改革委员会、国家市场监督管理总局、中央网信办等:《国家发展改革委等部门关于推动平台经济规范健康持续发展的若干意见》，发改高技〔2021〕1872号，2021年12月24日发布。

③ 参见国家市场监督管理总局:《互联网平台落实主体责任指南(征求意见稿)》，载国家市场监督管理总局网站2021年10月29日，https://www.samr.gov.cn/hd/zjdc/202110/t20211027_336137.html。

2020年第一季度以来互联网用户投诉变化的情况（见下图）。[①]

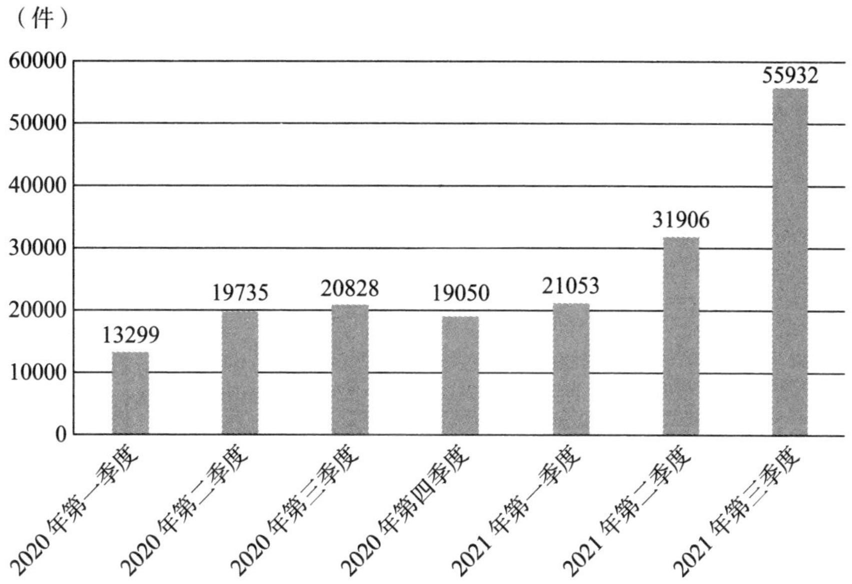

互联网信息服务投诉情况

从上图可以看出，2020年第一季度有投诉1.3万多件，到2021年第一季度有2.1万多件，一年时间不同季度投诉数量变化并不明显。但到了2021年第三季度，投诉达到55932件，比2020年第一季度投诉增加320%。根据工业和信息化部《关于2022年第一季度电信服务质量的通告》和《关于2022年第二季度电信服务质量的通告》，2022年第一季度互联网用户投诉164276件，[②]第二季度互联网用户投诉33.56万件。[③]对比2021年第二季度接

① 《工业和信息化部关于电信服务质量的通告（2021年第4号）》，工信部信管函〔2021〕334号，2021年12月6日发布。

② 《工业和信息化部关于2022年第一季度电信服务质量的通告》，工信部信管函〔2022〕96号，2022年4月28日发布。

③ 《工业和信息化部关于2022年第二季度电信服务质量的通告》，工信部信管函〔2022〕163号，2022年8月3日发布。

待的31906件投诉，网络用户投诉量增加了将近10倍。在33.56万件投诉中，渠道反馈类投诉14.82万件，占比44.2%；服务功能类投诉12.97万件，占比38.7%；个人信息保护类投诉2.99万件，占比8.9%；其他类投诉2.77万件，占比8.2%。[①]虽然分类还比较粗线条，且很难从分类中看出用户投诉的具体内容，但一个不容回避的现实是，网络用户维护权益的诉求在明显增加。

不容回避的是，从世界各国来看，对平台企业数字权力的研究和认识还处于萌芽阶段，尽管很多国家都意识到了平台企业数字权力对国家治理以及人们生活工作的重大影响，但相关研究是滞后的，相关对策是乏力的。相比积聚了个人信息和数据、强大资本及技术力量的平台企业数字权力，很多国家的治理都显得茫然无力，这就不可避免地影响到用户权利的实现。平台企业数字权力与用户权利是一个问题的两个方面。随着平台企业数字权力的增强，用户维护自身权利就会更加艰难。平台企业数字权力怎样影响着国家乃至全球治理的进程？应该如何规范平台企业的数字权力？相比平台企业的数字权力，用户有哪些权利？如何保障用户能够实现这些权利？上述问题都是复杂的，在现实的利益以及数字权力的影响下，很多人会回避这些问题。但从历史发展的进程来看，早日研究这些问题、早日探索解决问题的方案不仅对保障用户权益，而且对保障平台企业健康发展都是非常迫切和必要的。

二、平台企业用户权利的主要内容

相对平台企业，用户应该有哪些权利？这些权利应该包含哪些内容？

---

① 《工业和信息化部关于2022年第二季度电信服务质量的通告》，工信部信管函〔2022〕163号，2022年8月3日发布。

这是一个复杂的命题，笔者尝试着对这个问题进行讨论，希望更多专家学者能够研究这个问题。

1.用户不受歧视的权利

追求平等、反对歧视是人类文明的基本准则。不受歧视既是保障用户权益的一项基本原则，也是用户的一项权利。所有国际法律标准都首先对此予以明确。《联合国宪章》（Charter of the United Nations）第1条第3款就指出："联合国之宗旨为……促成国际合作，以解决国际间属于经济、社会、文化及人类福利性质之国际问题，且不分种族、性别、语言或宗教，增进并激励对于全体人类之人权及基本自由之尊重。"我国签署的《经济、社会及文化权利国际公约》（International Covenant on Economic，Social and Cultural Rights）第2条第2款规定："本公约缔约国承允保证人人行使本公约所载之各项权利，不因种族、肤色、性别、语言、宗教、政见或其他主张、民族本源或社会阶级、财产、出生或其他身份等而受歧视。"任何平台企业都要充分认识到，不能滥用数字权力，要保障每个用户不受歧视的权利。本书在劳动者权益保障以及未成年人保护章节中专门讨论了反歧视的问题，但反歧视的内容相当广泛。比较常见的歧视问题还包括以下几种：

一是性别歧视。这项歧视涉及的人群最为广泛，也最容易被忽视。本书在劳动者权益保障章节讨论了职场性别平等的问题，但相对于平台，用户的性别问题同样需要特别关注。《消除对妇女一切形式歧视公约》（Convention on the Elimination of All Forms of Discrimination against Women）在序言部分就提出："考虑到对妇女的歧视违反权利平等和尊重人的尊严的原则，阻碍妇女与男子平等参加本国的政治、社会、经济和文化生活，妨碍社会和家庭的繁荣发展，并使妇女更难充分发挥为国家和人类服务的潜力”，为此，该公约规定了缔约国政府要采取一切必要措施消除针对妇女歧视的现象。拥有数字权力的平台企业，应当采取有效措施消除针对用户基于性别的歧视。

二是种族歧视。这个问题有着复杂的历史、社会和经济背景，相关事件极易引发激烈的社会反应。《消除一切形式种族歧视国际公约》（International Convention on the Elimination of All Forms of Racial Discrimination）第2条就规定：“缔约国谴责种族歧视并承诺立即以一切适当方法实行消除一切形式种族歧视与促进所有种族间的谅解的政策。”第5条规定：“缔约国依本公约第二条所规定的基本义务承诺禁止并消除一切形式种族歧视，保证人人有不分种族、肤色或民族或人种在法律上一律平等的权利，尤得享受下列权利。”所有用户在网络平台上不能因其种族的差异而受到歧视。

三是宗教歧视。不仅《公民权利和政治权利国际公约》（International Covenant on Civil and Political Rights）、《消除一切形式种族歧视国际公约》等国际公约保障不因宗教差异而受歧视的权利，联合国还专门为此通过了一系列宣言，比如：联合国1981年通过的《消除基于宗教或信仰原因的一切形式的不容忍和歧视宣言》（Declaration on the Elimination of All Forms of Intolerance and of Discrimination Based on Religion or Belief），该宣言第2条明确指出，任何人都不应因其宗教或信仰而受到任何国家、机构、群体或个人的歧视。联合国大会通过了关于《打击基于宗教或信仰原因而针对他人实施的不容忍、丑化、污蔑、歧视、暴力煽动和暴力侵害行为》的决议。平台企业要尊重用户的宗教服饰、宗教礼仪以及其他习惯，不能采取歧视性对待。[①]

四是残障人歧视。联合国《残疾人权利公约》（Convention on the

① 参见联合国大会：《打击基于宗教或信仰原因而针对他人实施的不容忍、丑化、污蔑、歧视、暴力煽动和暴力侵害行为》，A/RES/74/164，2019年12月18日发布。

Rights of Persons with Disabilities）及其任择议定书指出：“缔约国应当禁止一切基于残疾的歧视，保证残疾人获得平等和有效的法律保护，使其不受基于任何原因的歧视。”在某种程度上，数字时代为残障人士参与社会生活提供了新的机会，相关平台企业应该勇于承担社会责任，不仅不要歧视残障用户，还应该努力开展适应不同残障人需要的产品或服务。

当然，在平台上还可能出现基于国籍、民族、年龄、家庭出身等各种因素的歧视。平台企业应当采取有效措施，贯彻反歧视的原则，保障用户不受歧视的权利。但现实是，实现用户这一权利背后面临着复杂的局面：首先，由于世界各国政治制度、文化传统等差异，各国法律制度以及社会习惯存在区别。用户同样的行为或言论，在有的国家会受到保护，在另外的国家就可能违反法律或风俗习惯。其次，平台企业出于利益考量，会不同程度地存在自我优待（Self-Preferencing）、信息茧房（Information Cocoons）等问题，这在事实上构成对部分用户的歧视。所以，如何有效规制平台企业的数字权力，保障用户不受歧视的权利，将是一个长期的历史发展过程。

2.用户的知情权利

不论是从传统消费者的视角还是从约束权力的视角，知情权都应该是用户最基础的权利。保障用户的知情权可以从两个视角：一个是从用户知情权的视角，另一个就是从企业透明度的视角。我国《消费者权益保护法》规定“消费者享有知悉其购买、使用的商品或者接受的服务的真实情况的权利”，[①]从保障用户知情权的视角来看，这样的法律规定就显得远远不够。

欧盟GDPR强调数据控制者要以一种简洁、透明、易懂和容易获取的

① 《中华人民共和国消费者权益保护法》第八条。

形式和通俗易懂的语言来介绍其身份与详细联系方式、数据保护官的详细联系方式、处理将要涉及的个人数据的目的等必要信息。[①]我国《关于推动平台经济规范健康持续发展的若干意见》明确提出，“建立互联网平台信息公示制度，增强平台经营透明度，强化信用约束和社会监督”[②]。《算法推荐管理规定》第十六条规定：“算法推荐服务提供者应当以显著方式告知用户其提供算法推荐服务的情况，并以适当方式公示算法推荐服务的基本原理、目的意图和主要运行机制等。”[③]上述法律政策都强调了平台及算法公开透明的方向，但都并未站在保障用户知情权的高度，全面规范平台要实现怎样的公开透明以及用户如何保障自己的知情权。

为更好地保障用户知情权，笔者认为未来法律要从两个方向规定一些具体问题。从规范平台公开透明的角度，平台企业要以通俗易懂的方式公开如下问题：平台企业的基本运行规则、奖惩制度、内部治理结构、用户的权利救济渠道和方式，平台算法的基本原理、目的意图以及主要运行机制等。从用户的角度，要规定用户有权了解平台企业的上述信息以及在需要时可以索要并获得平台企业的帮助。通过上述两个角度的规定尤其是明确规定平台企业需要公开的信息，以有效帮助用户实现知情权。

3.用户的数据权利

在“数字权力的崛起”一章笔者提到了我国将数据作为与资本、土

① See Article 13 of General Data Protection Regulation.

② 《国家发展改革委等部门关于推动平台经济规范健康持续发展的若干意见》，发改高技〔2021〕1872号，2021年12月24日发布。

③ 《互联网信息服务算法推荐管理规定》，国家互联网信息办公室、中华人民共和国工业和信息化部、中华人民共和国公安部、国家市场监督管理总局令第9号，2021年12月31日发布。

地、劳动力、技术并列的第五大生产要素，提出了要从更宏观的视角来研究数据权利的问题，还引用了联合国《数字经济报告2021》指出的数据具有多面性的观点。要看到的是，研究数字时代的法治，其中一个非常关键的基础问题就是对数据权利属性以及具体内容的研究。数据到底是什么？用户的数据权利到底是什么权利？数据权是人身权属性还是财产权属性？

申卫星教授在《论数据用益权》中介绍了国内外专家对数据权利的很多有价值的观点。“为了强化个人数据所有权并摆脱企业的控制，互联网的发明者蒂姆·伯纳斯·李（Tim Berners-Lee）于2017年发起了名为Solid的软件开发项目，意图让用户将自身的个人数据存在个人的Solid POD盒子内，而不用像过去一样把数据储存于各家公司的数据中心内。”“德国马克斯·普朗克（Max Planck）创新与竞争研究所曾经发表尖锐的立场，声明反对数据所有权，认为所有权会形成壁垒而阻碍数据的可获得性，因为完全所有权相当于授予对数据使用的专有垄断权，可能导致数据市场的扭曲。”“目前存在一些个人数据换取经济价值的观点，如加利福尼亚州长加文·纽瑟姆（Gavin Newsom）曾经提出所谓‘新数据红利’计划，可以使消费者获得其个人数据被利用的报酬，要求Facebook和Google这样的公司向消费者支付个人数据使用费。与此同时，还有人对个人数据的价值进行了计算，他们得出单个普通人贡献的数据价值为0.007美元，而经常出差的富人价值1.78美元。”“隐私权倡导者认为，对任何数据的控制都意味着对个人信息的控制风险，如果企业可以通过财产权来控制这些个人数据，则几乎不可能保护个人的隐私权。这种推理就会得出非常激进的结论：信息与数据是一体两面，以至于企业不能控制个人数据，控制数据就控制了隐私，个人数据不应该进行交易，交易个人数据就是交易个人信息。”[①]

在分析各种观点基础上，申卫星教授分析了信息与数据的区别以及对“个人数据和个人信息进行区别处理才是厘清数字权利体系的关键”，他在文章中引用了瓦茨拉夫·简（Václav Jane）在《物联网中个人数据的所有权》（Ownership of Personal Data in the Internet of Things）的观点，认为“个人信息属于人格权益的范畴，以人格属性的内容作为保护对象；而个人数据则是将个人信息以电子化形式记录的客观存在作为保护对象，属于财产权范畴。这一区分可以避免人格权和财产权之上不同价值的直接冲突，其中个人数据财产权侧重于静态固定下来的电子记录，而不是动态反映个人特征的信息内容”。[②]他介绍了我国《民法典》将两项权利分别规定的情况：个人信息作为人格权益的客体加以保护，而数据则被划入了财产权的范畴。在分析各种观点基础上，申卫星教授提出了原发者拥有数据所有权、处理者拥有数据用益权的二元权利结构，这种二元权利结构不仅能保障原发者拥有数据所有权，还能保障平台企业有权处理和使用数据，应该说是处理当前局面的一种创新思路。[③]

欧盟《通用数据保护条例》（General Data Protection Regulation，GDPR）中“数据”的内涵与我国立法以及很多语境中数据的内涵存在很大区别。GDPR第一条就明确提出：“本条例制定关于处理个人数据中对自然人进行保护的规则，以及个人数据自由流动的规则。”[④]第二条规定：“本条例适用于全自动个人数据处理、半自动个人数据处理，以及形成或旨在形成用户

---

① 参见申卫星：《论数据用益权》，载《中国社会科学》2020年第11期。

② 参见申卫星：《论数据用益权》，载《中国社会科学》2020年第11期。

③ 参见申卫星：《论数据用益权》，载《中国社会科学》2020年第11期。

④ See Article 1(1) of General Data Protection Regulation.

画像的非自动个人数据处理。”[①]第四条规定：“‘个人数据’指的是任何已识别或可识别的自然人（‘数据主体’）相关的信息。”[②]据此GDPR将个人数据分为三类：一般个人数据、儿童个人数据与敏感个人数据（特殊类别的个人数据）。我国《数据安全法》第三条规定：“本法所称数据，是指任何以电子或者其他方式对信息的记录。”综合考虑两部法律的内容，笔者认为，GDPR所保护的“个人数据（Personal Data）”既包括个人信息，也包括个人隐私。其是从人权的视角，强调对个人信息权和隐私权的保护，这一特点与我国现行立法明确区分隐私权与个人信息权有所不同。而我国法律中的数据包含更多的含义，除了包含GDPR中的个人数据外，至少还包括另外两层内容：一是还包括国家、企业以及其他组织的数据，也就是数据主体不仅是个人，还包括国家、企业以及其他组织。二是数据不仅具有人格权视角下的个人信息内容，还具有财产权以及国家安全的内容。

结合上述学者的讨论以及我们对GDPR和我国立法的分析，从用户的数据权利角度分析，我们就应当清醒认识到数字时代数据权利的二元属性。在数字时代，个人信息是数据的内容和基础，数据是以电子或其他方式进行记录的个人信息。不被记录的个人信息不能成为数据，但没有个人信息的数据也就失去了意义。所以数据权利的核心要素是个人信息。这也是为什么GDPR强调保护个人数据的意义所在，就是希望强化对个人数据的保护，以有效保护公民个人的隐私权和个人信息。但同时也要看到，在数字时代，数据权利还具有财产权属性，这也就是为什么我国在《民法典》中将数据与其他虚拟财产同时纳入财产权保护范畴的意义所在。上述学者从人格权和财产权不同的视角出发，对数据的应用以及数据权的保护

① See Article 2(1) of General Data Protection Regulation.

② See Article 4(1) of General Data Protection Regulation.

提出了不同的对策。应当提出的是，将数据权局限在任何一个视角都是存在缺陷的，过于强调数据权的人格权属性，认为控制数据就控制了隐私，数据的流动就必然受到限制；过于强调数据的财产权属性，就忽视了数据所包含的个人信息，就会淡化对隐私权以及个人信息的保护。所以，应当以更开阔的视野来思考数据权保护的相关问题，要充分认识到数据权利天然具有的人格权和财产权的二元权利属性。

正是基于数据权的这种二元属性，对数据权的保护也要从两种权利属性出发。从全球治理以及社会关切的视角，当前大家最为关注的是数据权所包含的个人信息保护问题。这也是为什么GDPR受到全球高度重视的原因所在。近些年来一些平台企业发生了一些严重的个人信息泄漏案件，引发了社会各界广泛的关注。2016年在美国总统竞选前一个月，脸书与英国政治咨询公司剑桥分析公司（Cambridge Analytica）分享了8700万用户的个人信息，剑桥分析公司依据这些信息对选民进行综合画像，可以说在帮助特朗普成功竞选总统中发挥了重要作用。2018年这起丑闻曝光，美国联邦贸易委员会（Federal Trade Commission，FTC）介入调查，后来双方达成和解协议，脸书认罚50亿美元，并同意成立一个专门的隐私委员会，以此来加强用户隐私保护。[①]2015年4月，芝加哥律师杰伊·埃德尔森（Jay Edelson）在伊利诺伊州库克县起诉脸书公司，理由是脸书公司在未经用户许可的情况下，从用户上传的照片中收集并储存了脸部和其他生物特征数据，这违反了美国伊利诺伊州的《生物识别信息隐私法》（Biometric Information Privacy Act）。2021年2月，美国加州联邦法官正式批准了“脸书侵犯用户隐私”案的和解协议，同意脸书公司向160万用

---

① 参见《8700万用户数据外泄丑闻曝光一年半后，脸书终于认罚了》，载澎湃新闻百家号2019年10月31日，https://baijiahao.baidu.com/s?id=1648909981224195353&wfr=spider&for=pc。

户支付共计6.5亿美元的赔偿金，以解决这一集体诉讼纠纷。[①]2018年年底，推特发生个人数据泄露事件，由于案件发生在节日期间，推特并未根据法律要求在72小时内向监管部门报告，2019年爱尔兰数据保护委员会（Data Protection Commission，DPC）开始调查，并在2020年12月，作出处罚，对推特处以45万欧元（约合54.7万美元）的罚款，这是该机构作出的第一个跨境GDPR处罚。[②]2015年谷歌子公司DeepMind与伦敦Royal Free NHS基金信托会达成的一项合作，DeepMind自英国国家医疗服务体系（National Health Service，NHS）处获取临床医疗数据并将其应用于一款名为Stream的手机软件测试中，目的是帮助医生更快获取急性肾衰竭患者的信息。然而，这一数据传输行为并未获得患者同意。2022年有英国律师事务所在英格兰和威尔士高等法院向谷歌提起集体诉讼。[③]

由于滥用数据或者管理不当导致的用户隐私和信息泄露事件受到了国内外越来越多的关注，数据安全与信息保护的问题也成为国际社会关注的重点问题，一些国家制定了关于个人数据保护方面的法律，如加拿大的《个人信息保护与电子文档法》（Personal Information Protection and Electronic Documents Act）、韩国的《个人信息保护法》（Personal Information Protection Act）、日本的《个人信息保护法》（Act on the Protection of Personal Information）等。GDPR更是强化了对用户隐私和信息的全面保护。

我国专门制定了《个人信息保护法》，并在第四章专门强调了个人在个

① 参见森一销毁：《脸书赔偿160万用户6.5亿美元：侵犯用户隐私 每人至少获赔345美元》，载腾讯新闻客户端，https://view.inews.qq.com/k/20210309A08XC800?web_channel=wap&openApp=false&ivk_sa=1024105d。

② 参见《推特承认540万用户数据泄露，漏洞6个月后才被修复》，载搜狐网2022年8月10日，https://www.sohu.com/a/575563805_161795。

③ 参见《谷歌擅获160万名英国患者数据被起诉！相关软件于去年关停》，载网易网2022年5月25日，https://www.163.com/dy/article/H87745DR05129QAF.html。

人信息处理活动中的权利，主要规定了个人也就是用户在处理个人信息时享有以下权利：(1) 知情权、决定权。个人对其个人信息的处理享有知情权、决定权，有权限制或者拒绝他人对其个人信息进行处理；法律、行政法规另有规定的除外。个人有权要求个人信息处理者对其个人信息处理规则进行解释说明。(2) 查阅、复制权。除法律规定的例外情况，个人有权向个人信息处理者查阅、复制其个人信息，个人请求查阅、复制其个人信息的，个人信息处理者应当及时提供。(3) 更正权。个人发现其个人信息不准确或者不完整的，有权请求个人信息处理者更正、补充。个人请求更正、补充其个人信息的，个人信息处理者应当对其个人信息予以核实，并及时更正、补充。(4) 可携带权。个人请求将个人信息转移至其指定的个人信息处理者，符合国家网信部门规定条件的，个人信息处理者应当提供转移的途径。(5) 被遗忘权。有下列情形之一的，个人信息处理者应当主动删除个人信息；个人信息处理者未删除的，个人有权请求删除：①处理目的已实现、无法实现或者为实现处理目的不再必要；②个人信息处理者停止提供产品或者服务，或者保存期限已届满；③个人撤回同意；④个人信息处理者违反法律、行政法规或者违反约定处理个人信息；⑤法律、行政法规规定的其他情形。(6) 对死者个人信息的特殊保护。自然人死亡的，其近亲属为了自身的合法、正当利益，可以对死者的相关个人信息行使本章规定的查阅、复制、更正、删除等权利；死者生前另有安排的除外。当然个人实现上述权利将是一个复杂的过程，首先是法律规定了个人行使相关权利时的例外情况，比如法律规定了个人知情权和决定权、查阅和复制权、可携带权等都有例外的情况；其次相关平台企业也很难对个人实现上述权利提供有效的配合和支持，在事先签署的用户协议中也往往会对用户的上述权利进行相应的限制。所以在司法实践中个人如何有效行使上述权利，这些权利如何获得有效的保护，将是数字时代长期面临的现实问题。

数据作为数字时代一种全新的生产要素，对其性质以及属性的认识也必然要经历一个过程。我国目前《刑法》中专门保护计算机信息系统中数据的只有非法获取计算机信息系统数据罪一个罪名，该罪名是在2009年全国人大《刑法修正案》（七）中增加规定的，当时这个罪名与非法控制计算机信息系统罪一起规定。修订后的《刑法》第二百八十五条第二款规定："违反国家规定，侵入前款规定以外的计算机信息系统或者采用其他技术手段，获取该计算机信息系统中存储、处理或者传输的数据，或者对该计算机信息系统实施非法控制，情节严重的，处三年以下有期徒刑或者拘役，并处或者单处罚金；情节特别严重的，处三年以上七年以下有期徒刑，并处罚金。"虽然刑法修订增加一个单独的罪名来保护计算机信息系统中的数据，可以强化刑事法律对数据的保护力度，但问题是，该罪名被列入《刑法》第六章"妨害社会管理秩序罪"中的第一节"扰乱公共秩序罪"中，而并不是规定在第五章"侵犯财产罪"中。这说明从目前我国《刑法》的视角看，还并未把数据作为一种财产进行有效的保护。《民法典》于2020年全国人大最终通过，2021年1月1日实施，这时人们已经深化了对数据财产权属性的认识，所以专门将其在财产权部分予以了规定。未来如何从民事和刑事等法律中强化对数据财产权的保障，也将是数字时代一个复杂的法律课题。

要充分认识到的是，数据在数字时代的财产属性日益凸显，这直接关系到用户的权利。这也正是前文介绍加利福尼亚州长加文·纽瑟姆（Gavin Newsom）提出所谓"新数据红利"计划的重大意义所在。用户帮助产生了数据，平台企业基于数据获得了巨大利益，那么用户是否也应该据此获得相应收益呢？笔者认为，用户应该有权从数据应用中获得收益。当前碳排放都可以交易，既然数据已经成为重要的生产要素，具有了价值，那么在使用以及交易过程中，就应该允许用户获得收益。申卫星教授提出的方案是一种选择，即用户拥有数据所有权，平台企业拥有用益物权，可以通过立法有效平衡两者权利的行使问题。尽管越来越多专家学者在讨论数据权利的财产权属性问题，但平台企业实际占有、使用、收益着这种“财产权”，相对分散的用户而言，平台企业依靠强大的财富以及数字权力，在双方利益博弈中占有明显的优势，用户想要获得相应的财产权益将是一个漫长、艰难的过程。

在杭州互联网法院2022年10月公布的数据和算法十大典型案例中，两起案件都涉及数据财产权益的问题，都提出了网络原始数据以及衍生数据的问题。其中在某（中国）软件公司与安徽某科技公司不正当竞争纠纷案中，法院判决认定：“网络原始数据的内容未脱离原网络用户信息范围，故网络运营者对于此类数据应受制于网络用户对其所提供的用户信息的控制，不能享有独立的权利，网络运营者只能依其与网络用户的约定享有对网络原始数据的使用权。但网络数据产品不同于网络原始数据，数据内容经过网络运营者大量的智力劳动成果投入，通过深度开发与系统整合，最终呈现给消费者的是与网络用户信息、网络原始数据无直接对应关系的独立的衍生数据，可以为运营者所实际控制和使用，并带来经济利益。网络运营者对于其开发的数据产品享有独立的财产性权益。”[①]在深圳某计算机公司、某科技（深圳）公司与浙江某网络公司、杭州某科技公司不正当竞争纠纷案中，法院在裁判要旨中指出：“网络运营者所控制的数据分为原始数据与衍生数据。对于单一原始数据，数据控制主体只能依其与用户的许可享有有限使用权；对于单一原始数据聚合而成的数据资源整体，数据

① 某（中国）软件公司与安徽某科技公司不正当竞争纠纷案，杭州市中级人民法院（2018）浙01民终7312号民事判决书。

控制主体享有竞争性权益。”[①]两份法院判决都明确了网络经营者对原始数据只能享有有限的使用权，这种有限的使用权要依据与用户的约定。但对衍生数据，根据不同衍生数据对原始数据聚合和技术开发的程度不同，法院判决得出了不同的结论。前一案件的法院认为网络运营者对原始数据进行了深度开发和系统整合从而形成与网络原始数据无直接对应关系的独立的衍生数据，所以判决确认网络经营者对于其开发的数据产品享有独立的财产性权益；后一案件法院仅认为对于平台长期由单一原始数据聚合而成的数据资源整体，平台享有竞争性权益。虽然这两份判决都是从公司间不正当竞争角度去分析平台对衍生数据所享有的财产性权益的，但这一细微之处值得我们未来在研究这一问题时思考，也就是网络经营者对怎样的衍生数据应该享有怎样的权益？对那些原始数据反复聚合、深度技术开发的衍生数据，是否就应该赋予经营者更多的财产性权益？对那些原始数据简单聚合、技术开发程度并不深入的衍生数据，或者仅仅是积累的数据资源整体，是否就应该更多保障用户的财产权益？

但上述案件并不是用户直接主张数据财产权益的案件，上述案件的判决也只能对我们研究数据财产权益的问题提供参考和借鉴。当前世界各国都还没有关于数据财产权益分配的立法。在未来的相关立法中，笔者认为至少要考虑以下原则：一是上述法院判决中强调的数字经济“开放、共享、效率”的价值取向，只有数字经济发展了，数据才更有价值。早期过于强调用户数据权利的财产属性，可能影响甚至限制数字企业的发展。二是不仅要考虑数字企业的发展问题，还要平衡好数字企业与用户之间权利义务关系的问题。在双方对数据财产权益的分配问题上，要坚持公平公正

---

① 深圳某计算机公司、某科技（深圳）公司与浙江某网络公司、杭州某科技公司不正当竞争纠纷案，杭州市中级人民法院（2020）浙（01）民终5889号民事判决书。

的原则。三是要考虑到大型平台企业与一般数字企业的区别。当前不论是我国还是欧美国家都注意到了大型平台企业相对国家治理、市场经济以及用户的强大力量，笔者在本书中专门论述了大型平台企业拥有的数字权力，这导致用户在与平台企业数据财产权益的博弈中天然处于劣势。四是这个问题不仅是某个国家的法律制度设计问题，用户存在于不同国家，数据流动需要跨越国界，所以最好通过国际层面的法律或规范来给以规制，推动在全世界范围内确立统一的标准。所以要看到的是，在数字时代的另外一个重大课题是，如何通过有效的法律制度安排，来保障用户也能基于其拥有的数据权获得相应的财产收益，这个问题需要不同国家更多专业人士来开展更多务实的研究。

4.用户言论自由的权利

2018年8月，美国社交媒体推特封杀了一名右派脱口秀主持人，禁止他发帖7天，理由是此人不断在推特上散布各种煽动社会和种族对立的“阴谋论”和“谣言”，违反了平台的相关政策。不仅如此，诸如Facebook、YouTube等其他的社交网站，也都删除了这名右派脱口秀主持人的“违规”内容。为此，时任美国总统特朗普很生气，“他们封杀了许多右派的观点，却对其他人的观点无动于衷”——美国总统特朗普在他的个人社交账号上这样控诉道，“社交网站对保守派和共和党存在明显的歧视”。[①]2021年1月美国竞选结束、国会山事件爆发后，尽管特朗普还是在任总统，推特却

---

① 《美国主持人推特上煽动种族对立被封号　却惹怒特朗普》，载新浪网，https://mil.news.sina.com.cn/2018-08-19/doc-ihhxaafy5097523.shtml。

毫不犹豫地关闭了他的账号。①

联合国《公民权利和政治权利国际公约》也强调要保障公民的言论自由，欧美国家更是普遍强调言论自由，认为言论自由是民主政治的核心内容。那么，推特凭什么关闭那名脱口秀主持人以及时任总统特朗普的账号呢？相对平台企业的数字权力，笔者认为要保障用户言论自由和免受伤害的权利。言论自由和免受伤害，是一个问题的两个方面，人们往往在关注一个问题时容易忽略另一个相伴生的问题。在社交媒体上，什么样的言论是合法的，用户是否享有言论自由的权利？什么样的言论应该限制或删除，用户是否享有免受伤害的权利？这对社交资讯类的平台企业来说是最为复杂的问题，其背后涉及全球治理的一个根本问题，那就是言论自由的边界。

当前西方社交资讯类平台企业在言论自由与内容监管方面面临的主要问题是：（1）由于受到美国宪法第一修正案的保护，美国言论自由的边界比其他很多发达国家更宽泛，美国更强调言论自由。（2）欧美国家普遍确立了“仇恨犯罪”，主要是指美化种族大屠杀的言行，后来扩展到基于种族、民族、性别、国籍、宗教、残疾等故意散布的仇恨言行。欧洲和北美、南美基本都有这样的犯罪指控，欧盟在2002年就规定了缔约国必须处罚互联网上的仇视言论。（3）欧美国家对仇恨犯罪的理解标准是不一样的，存在明显的多重标准。比如对很多歧视甚至攻击穆斯林的言论就更为宽容，以致长期嘲讽、侮辱穆罕默德的法国杂志《查理周刊》被认为是一种言论自由，而非仇恨言论。（4）受到风俗、传统等影响，在伊斯兰国家对网络言论就会有更多的禁忌。

---

① 《国会山骚乱后，脸书、推特等社交网站相继删除特朗普账户内容》，载澎湃网2021年1月7日，https://www.thepaper.cn/newsDetail_forward_10690648。

可怕的是，脸书原高级经理豪根的公开举报向我们介绍了脸书作为全球最大社交平台发展的一个危险逻辑：那就是传播仇恨和愤怒，引发人们情绪的剧烈反应，能够使用户与平台产生更多互动，从而为平台赚得更多利润。她在接受电视台采访时说："脸书挑选内容的后果之一是它正在优化吸引参与、反映的内容，它自己的研究表明，那些令人讨厌、分裂、两极分化的内容，激发人们的愤怒情绪比激发起其他类型的情绪更容易。""错误信息、愤怒的内容对人们很有吸引力。""脸书已经意识到，如果他们将算法更改得更安全，人们会在网站上花费更少的时间，他们会点击更少的广告，他们会赚更少的钱。""从本质上来看，脸书放大了人性中最糟糕的一面。""在脸书公司没有人是恶意的，但激励措施错位了，对吧？当你消费更多内容时，脸书公司就可以赚更多的钱。人们喜欢与引起情绪反应的事物打交道，他们接触的愤怒越多，互动越多，消费得越多。"①

那么问题是，在互联网平台上，以怎样的标准和程序来确定仇恨、分裂的内容呢？如何限制仇恨、愤怒以及错误信息的传播呢？这本来就是一个缺乏客观标准的问题，即使由来自世界各国最公正的法官们来裁决，相信同样的内容也可能得出不同的结论。但可怕的是，目前不是由公正的法官们在确定标准，而是由追求最大利润的公司在行使裁决的权力。当这一标准并不明确，而传播错误信息、愤怒、低俗的内容对人们更有吸引力、能为平台企业赚取更多利润的时候，平台企业不仅会失去限制这些内容的动力，而且会采取默许甚至纵容的态度，以刺激用户的情绪反应。这时往往看似保障了用户言论自由的权利，但实际上导致用

① Scott Pelley, *Whistleblower: Facebook is Misleading the Public on Progress against Hate Speech, Violence, Misinformation*, CBS News, https://www.cbsnews.com/news/facebook-whistleblower-frances-haugen-misinformation-public-60-minutes-2021-10-03/.

户受到伤害。

欧洲议会“未来科技研究小组”在报告中专门谈论了“网络伤害”（Online Harms）的问题，报告指出，“公众对网络平台转发的非法和有害内容的关注和认识越来越多，这些内容可能会造成‘网络伤害’这一被重新定义的宽泛概念。‘网络伤害’跨越了对个人用户的负面影响和对社会的负面影响之间的差异，因为它被用来指对个人产生有害影响的在线内容，如在线虐待和欺凌、性掠夺或招募恐怖活动，但也对整个社会产生影响，因为它们可以被用来破坏民主价值观和辩论”①。但问题是，言论自由也是民主制度的基础，当强调“网络伤害”对民主价值观造成伤害的时候，无形中也忽略了背后言论自由的价值，这才是平衡用户享有言论自由和免受伤害两种权利的难点所在。

联合国《公民权利和政治权利国际公约》为解决这一问题指明了方向。该公约第19条规定了言论自由的权利，但其也明确规定了这些权利受到限制的情形：本条第2款所规定的权利的行使带有特殊的义务和责任，因此得受某些限制，但这些限制只应由法律规定并为下列条件所必需：（1）尊重他人的权利或名誉；（2）保障国家安全或公共秩序，或公共卫生或道德。而在第20条又明确规定：“一、任何鼓吹战争的宣传，应以法律加以禁止。二、任何鼓吹民族、种族或宗教仇恨的主张，构成煽动歧视、敌视或强暴者，应以法律加以禁止。”简单归纳，从公约的角度来说，首先强调了公民言论自由的权利。其次从三个方面强调对言论自由的限制：第一，要尊重他人权利或名誉，这是从个体角度而言，言论自由不能侵害他人权利；第二，从国家或者社会角度而言，不能破坏国家安全、公共秩

① Panel for the Future of Science and Technology, *Online platforms: Economic and Societal Effect*, European Parliamentary Research Service(March, 2021), https://www.europarl.europa.eu/RegData/etudes/STUD/2021/656336/EPRS_STU(2021)656336_EN.pdf.

序、公共卫生或道德；第三，第20条强调了各国应该遵守的底线，就是不能宣扬战争或民族、种族、宗教仇恨，否则应该受到处罚。

所以问题的关键是，不论是联合国的相关人权公约，还是在欧美任何一个国家，都没有绝对的言论自由。所谓言论自由都是有边界的，不过由于各个国家政治体制、法律制度、文化传统、社会习俗等方面的差异，不同国家对言论自由的边界往往存在差异。所以问题是，如何判断侵害了他人的权利和名誉？如何判断破坏了国家安全、公共秩序、公共卫生和道德？如何判断哪些言行在宣扬战争或民族、种族、宗教仇恨？这是人类社会面临的艰难选择，更是开展跨国业务的平台企业不得不面对的问题。但要强调的是，对于平台企业来说，首先，要保障用户言论自由的权利；其次，也要对这种权利进行某种限制，以保障用户免受伤害的权利。

5.用户的安全保障权利

平台企业对用户是否负有安全保障义务？这种安全保障义务要达到什么程度？是否因平台引发的用户安全风险平台企业都要承担责任？这将是我们亟须思考和解决的问题。相信在不同发展阶段，人们对这些问题可能有着不同的认识。

我国《消费者权益保护法》从两个角度对保障消费者的安全作出了规定，一是在“消费者的权利”一章规定，“消费者在购买、使用商品和接受服务时享有人身、财产安全不受损害的权利。消费者有权要求经营者提供的商品和服务，符合保障人身、财产安全的要求”。二是在“经营者的义务”一章规定，“经营者应当保证其提供的商品或者服务符合保障人身、财产安全的要求。对可能危及人身、财产安全的商品和服务，应当向消费者作出真实的说明和明确的警示，并说明和标明正确使用商品或者接受服务的方法以及防止危害发生的方法。宾馆、商场、餐馆、银行、机场、车站、港口、影剧院等经营场所的经营者，应当对消费者尽到安全保障义务”。笔者认为《消费者权益保护法》上述规定确认了一个基本的法律原则，那就是消费者在购买、使用商品或者接受服务时享有人身、财产安全受到保障的权利，消费者的这种权利相对经营者就是义务，经营者要保障消费者的这种权利。平台企业为用户提供的是一种服务，在平台企业所创设的虚拟空间，发生了平台与各种用户尤其是个人的各种连接，平台有义务采取措施保障用户的安全。

根据彭博社2021年一篇文章的报道，爱彼迎的前雇员说，公司每年要处理成千上万起性侵犯指控，其中绝大多数都不为公众所知。公司每年花费约5000万美元试图为那些遭遇不幸的租客和房东作出补偿。据彭博社报道，一位女性说她被强奸后收到了700万美元的赔偿。多年来，爱彼迎已经处理了一些备受关注的事件，包括2011年租客捣毁房东家后发生的第一起重大丑闻，以及2019年在加州奥林达发生的致命枪击事件，这迫使爱彼迎禁止举办派对活动，努力保证租客和房东的安全。彭博社的报道显示，爱彼迎没有对涉及其租客、房东和房源的重大安全事件进行审查，包括许多性侵犯指控和一起谋杀案。①

2018年我国发生了“5·6”郑州空姐乘滴滴顺风车遇害案件：2018年5月5日晚上，空姐李某某在执行完航班飞行任务后，在郑州航空港区通过滴滴叫了一辆顺风车赶往市里，结果惨遭司机杀害，案件引发社会广泛

① Olivia Carville, *Airbnb Is Spending Millions of Dollars to Make Nightmares Go Away*, Bloomberg News (Jun.15, 2021), https://www.bnnbloomberg.ca/airbnb-is-spending-millions-of-dollars-to-make-nightmares-go-away-1.1617351.

讨论。[①]但即使发生这个悲剧案件，当时滴滴以及社会各界对平台企业到底应该承担怎样的安全保障义务还是有着不同的认识。同年8月24日，浙江省乐清市一名20岁女孩赵某乘坐滴滴顺风车后失联。根据媒体报道，赵某的家人和朋友表示，在事发后曾多次联系滴滴方面索要司机具体信息，滴滴答复要4个小时以后，失联或者出问题以后再提供车辆信息、车主信息。后来案件被侦破，滴滴司机钟某对赵某实施强奸，并将其杀害。类似案件再次发生以后，社会各界迅速取得更多共识，滴滴公司要对乘客负有更多的安全保障责任。8月25日，滴滴发布道歉和声明，称其有不可推卸的责任，后续会积极配合警方，做好家属善后工作。政府相关监管部门也积极参与进来，在政府监管部门的指导下，滴滴全面提升了安全保护措施。[②]

欧洲议会“未来科技研究小组”在报告中指出，“许多平台公司都试图回避围绕公共安全的监管。这里最突出的问题也许是使用共享汽车平台的客户的安全问题。已经有许多关于司机性侵犯、身体暴力，甚至绑架的报告。数十名妇女试图起诉美国的Lyft平台，因为它没有采取足够的预防措施来防止她们受到性侵犯，而且事后对投诉置之不理。而在英国，监管机构伦敦交通局两次拒绝向Uber发放许可证，主要是因为Uber没有向警方报告司机的一些严重罪行，而且他们平台上的漏洞允许司机使用虚假身份。然而，平台害怕被认为与司机有雇佣关系，这意味着他们故意阻断了应对这些问题的可能方案”。[③]

---

① 《空姐乘滴滴遇害案嫌疑人已锁定，遇害前微信同事称司机想亲她》，载澎湃网2018年5月10日，https://www.thepaper.cn/newsDetail_forward_2122092。

② 《央视还原女孩乘顺风车遇害经过：亲友多次联系滴滴未获回复》，载澎湃网2018年8月26日，https://m.thepaper.cn/newsDetail_forward_2380936。

③ Panel for the Future of Science and Technology, *Online platforms: Economic and Societal Effect*, European Parliamentary Research Service(March, 2021), https://www.europarl.europa.eu/RegData/etudes/STUD/2021/656336/EPRS_STU(2021)656336_EN.pdf.

当前社会高度关注基于平台引发的针对用户的违法犯罪问题，这种违法犯罪主要分为三种情况：一是基于平台服务引发的针对用户的侵害案件，比如上述基于爱彼迎的服务引发的租客或者房东受到对方伤害的问题、基于滴滴乘车服务引发的司机对用户侵害的问题等。二是利用网络实施违法犯罪的案件。在数字时代，网络便利了人们生产生活的同时，也便利了违法犯罪分子。比如，中国社会高度关注的利用电信网络实施诈骗违法犯罪行为，全国人大专门制定了《反电信网络诈骗法》，这部法律自2022年12月1日起施行。这部法律明确指出，电信网络诈骗“是指以非法占有为目的，利用电信网络技术手段，通过远程、非接触等方式，诈骗公私财物的行为”。电信网络成为数字时代实施诈骗的主要犯罪工具。另外在未成年人保护方面，出现了大量线上引诱、线下实施侵害的针对未成年人的性侵犯罪。三是结合虚拟空间实施的违法犯罪案件，比如非法获取计算机信息系统数据、非法控制计算机信息系统罪等，在未来元宇宙时代，在虚拟空间的违法犯罪情况将更为复杂。

针对上述不同案件，平台企业要承担怎样的安全保障义务呢？类似上述爱彼迎及滴滴这样的平台，确实可以采取更多措施，以基本实现对用户的安全保障。但对于以网络作为犯罪工具或者在虚拟空间实施的违法犯罪行为，平台企业如何完善自己的安全保障责任呢？比如，用户通过私信建立起联系，其中一个用户侵害了另一个用户的人身或财产权益。平台如何履行安全保障义务呢？应该明确的是，用户享有安全受到保障的权利，平台对用户负有安全保障的义务，这应该作为一个基本的原则确立下来。但平台如何履行这种安全保障义务？这将是一个不断探索的过程。平台企业既要保障用户的安全，又不能滥用自己的权力，去过多窥探个人的信息和隐私，尤其是不能通过画像等方法对用户的危险程度作出评价。所以平台要在保障用户个人信息以及隐私权利和保障用户安全之间寻求一种平衡，以实现对用户权利的最大限度的保障。

在用户安全保障的权利方面，社会高度关注侵害用户权利的违法犯罪案件，但用户安全保障权利的内容显然还应当更加丰富。传统消费者保护的一个基本原则是，经营者应当保证其提供的商品或者服务符合保障人身、财产安全的要求。也就是说，经营者所提供的商品或服务不能损害消费者的人身或财产安全。当前一个被忽视的问题是，平台企业提供的产品或服务是否损害用户的人身权利？比如，长期使用电子产品是否损害用户的视力，是否影响用户的智力？在"数字权力的崛起"一章我们介绍了平台企业对人们生活方式的改变，介绍了算法从诞生起就承载了资本要求用户黏性也就是某种程度沉迷的使命，其中用户对游戏的沉迷又最为严重。多年以来一直有媒体和专家指责网络游戏是"精神鸦片"或"电子鸦片"。2021年8月新华社主办《经济参考报》发表的《"精神鸦片"竟长成数千亿产业》引发巨大社会关注。[①]2022年9月光明网报道了中国计量大学校长徐江荣在开学典礼上的一段讲话，"网络游戏是最大的校园毒品，每年被取消学籍的同学90%因为游戏"。[②]人们普遍意识到网络游戏的致瘾性，但遗憾的是，还缺乏全面严谨的对网络游戏致瘾性以及危害的研究。网络游戏存在多大程度的致瘾性？这种致瘾性对用户身心健康有着怎样的影响？高度致瘾性的网络游戏是否具有与"精神鸦片"一样的危害？未来哪些数字产品或服务还会有和网络游戏一样的致瘾性？目前成为经济领域"风口"的元宇宙是否会有致瘾性，其致瘾性又将达到怎样的程度？这些本来都是专业的科学问题，但现在受到资本太多的影响，以致缺乏深刻的讨

① 《经参调查·锐度|"精神鸦片"竟长成数千亿产业》，载光明网，https://m.gmw.cn/baijia/2021-08/03/35049078.html。

② 《每年被取消学籍的90%因为游戏，100%不值同情！高校校长开学发言火了》，载光明网，https://m.gmw.cn/baijia/2022-09/04/1303124801.html。

论。从用户安全保障权利的视角，人类社会不应忽视这些问题。只有正视这些问题，开展深入的研究，才能找到有效的对策。比如，毒品有害人类健康，吸烟有害健康，但毒品和吸烟对人们身心损害的程度是不同的。所以尽管各国都采取了相应的管控政策，但对毒品和烟草的管控政策是明显不同的。对存在致瘾性的数字产品或服务来说，只有通过深入的研究掌握了致瘾性的内在机理，可以评估致瘾性的程度，才能制定出有针对性的防控政策。

6.用户公平交易的权利

享有公平交易权也是我国《消费者权益保护法》规定的消费者应当享有的一项基本权利。《消费者权益保护法》第十条规定："消费者享有公平交易的权利。消费者在购买商品或者接受服务时，有权获得质量保障、价格合理、计量正确等公平交易条件，有权拒绝经营者的强制交易行为。"相对平台企业，用户显然也应该享有公平交易的权利。但由于平台企业数字权力的影响以及数字时代的复杂性，用户如何享有公平交易权的问题变得更加复杂了。《算法推荐管理规定》第二十一条对保障用户公平交易权作出了一些基本规定，该条规定："算法推荐服务提供者向消费者销售商品或者提供服务的，应当保护消费者公平交易的权利，不得根据消费者的偏好、交易习惯等特征，利用算法在交易价格等交易条件上实施不合理的差别待遇等违法行为。"①

在数字时代，影响用户公平交易权的最大问题是"大数据杀熟"。平

① 《互联网信息服务算法推荐管理规定》，国家互联网信息办公室、中华人民共和国工业和信息化部、中华人民共和国公安部、国家市场监督管理总局令第9号，2021年12月31日发布。

台企业依据画像的结果，对同样的商品或服务确定不同的价格，消费能力高的用户就需要支付更多的费用，这显然侵犯了用户公平交易的权利。一位加拿大华人于2017年10月指控爱彼迎显示两种不同的房源价格并以较高价格向消费者收费，这种“大数据杀熟”“双重价格”在加拿大被认为是刑事犯罪行为，后来该索赔600万加元的诉讼案于2022年2月达成庭外和解。[①]

平台企业还会利用自己的数字权力，通过垄断定价来影响甚至侵害用户的公平交易权。一些平台企业在早期通过对用户的各种优惠政策来推广平台，当平台已经达到某种程度的垄断水平后，就开始取消原来的各种优惠，甚至收取各种新的费用。相对垄断的平台，用户很难有平等的议价能力，用户实际上失去公平交易的权利。

我国国家市场监督管理总局于2022年年初发布的《互联网平台落实主体责任指南（征求意见稿）》已经关注这一问题，其第十九条提出：“互联网平台经营者利用其掌握的大数据进行产品推荐、订单分配、内容推送、价格形成、业绩考核、奖惩安排等运用时，需要遵守公平、公正、透明的原则，遵守法律、法规，尊重社会公德和基本的科学伦理，不得侵害公民基本权利以及企业合法权益。对于关涉社会公共利益的算法运用，应当遵守国家关于算法监管的有关规定，并接受社会监督。”[②]但问题是，在法律、法规相关规定都不明确的背景下，如何保障算法遵循公平、公正、透明的原则呢？如何保障数字时代用户获得公平交易的权利呢？国家以及

① 《华裔起诉爱彼迎索赔6百万　全加拿大用户皆受益》，载倍可亲，https://www.backchina.com/news/2022/02/12/784581.html。

② 参见国家市场监督管理总局：《互联网平台落实主体责任指南（征求意见稿）》，载国家市场监督管理总局网站2021年10月29日，https://www.samr.gov.cn/hd/zjdc/202110/t20211027_336137.html。

社会如何监督呢？这必将是世界各国长期面临的现实挑战。

7.用户选择的权利

选择权是我国《消费者权益保护法》规定消费者应当享有的一项基本权利。《消费者权益保护法》第九条规定："消费者享有自主选择商品或者服务的权利。消费者有权自主选择提供商品或者服务的经营者，自主选择商品品种或者服务方式，自主决定购买或者不购买任何一种商品、接受或者不接受任何一项服务。消费者在自主选择商品或者服务时，有权进行比较、鉴别和挑选。"但在数字时代，尤其是相对平台企业的数字权力，用户充分享有选择权就变得更加艰难。

影响用户选择权的第一个问题是数字时代平台企业的垄断问题。由于平台企业的垄断，用户选择权直接受到限制。微软、谷歌等平台企业都因垄断在美国和欧洲受到处罚。2021年4月，国家市场监督管理总局对阿里巴巴集团作出行政处罚，以其2019年在中国境内销售额4557.12亿元的4%，对其罚款182.28亿元。主要理由就是："阿里巴巴集团自2015年以来滥用该市场支配地位，对平台内商家提出'二选一'要求，禁止平台内商家在其他竞争性平台开店或参加促销活动，并采取多种奖惩措施保障'二选一'要求执行，以获取不正当竞争优势。"[①]同年10月国家市场监督管理总局对美团在中国境内网络餐饮外卖平台服务市场实施"二选一"垄断行为作出行政处罚，罚款共计34.42亿元。[②]上述平台企业"二选一"的做法不

① 《反垄断|阿里、美团"二选一"行为被处罚》，载澎湃网2022年2月7日，https://m.thepaper.cn/baijiahao_16598227。

② 《美团"二选一"罚34亿！一文预知平台优势与反垄断规则界限》，载澎湃网2021年10月9日，https://www.thepaper.cn/newsDetail_forward_14832366。

仅排除、限制了市场的良性竞争，也严重侵害了用户的选择权，减少了用户自由选择的机会。

影响用户选择权的第二个问题是平台企业的“信息茧房”（Information Cocoons）现象。在数字经济时代，相对平台企业的数字权力，当前用户选择权面临的最大挑战是平台企业的算法推荐服务，也就是平台企业根据画像结果，向其精准推荐商品、服务、广告以及内容。欧洲议会“未来科技研究小组”从社交平台危害性的角度对此作出了分析，在其报告中指出，“敌对的主体利用在线虚假信息，通过数字平台转发和放大，破坏民主价值和原则。社交媒体平台使用的算法可能导致‘回声室’（Echo Chambers）或‘过滤气泡’（Filter Bubble），即用户只被提供一种类型的内容，而不是看到全面的声音和意见。这可以通过确保用户看不到反驳的或其他可能有不同意见的内容来强化虚假信息，也意味着用户认为一个故事被广泛相信的程度远远超过它的实际情况。这必将导致社会的两极分化”①。“信息茧房”也是用来形容这种局面的一个新的词组，主要是指我们每个人所获取的信息都是相对封闭的。尽管网络发达了，但由于平台企业的画像以及精准的推荐，我们所获得的信息并不全面和丰富，人们选择的能力和机会减少了。可以说，算法推荐服务是平台企业影响甚至限制用户选择权的主要技术手段。我国《算法推荐管理规定》第十七条对保障用户的选择权作出了基本规定，该条要求：“算法推荐服务提供者应当向用户提供不针对其个人特征的选项，或者向用户提供便捷的关闭算法推荐服务的选项。用户选择关闭算法推荐服务的，算法推荐服务提供者应当立即停止提供相关服务。算法推荐服务提供者应当向用户提供选择或者删除用

---

① Panel for the Future of Science and Technology, *Online platforms: Economic and Societal Effect*, European Parliamentary Research Service(March, 2021), https://www.europarl.europa.eu/RegData/etudes/STUD/2021/656336/EPRS_STU(2021)656336_EN.pdf.

于算法推荐服务的针对其个人特征的用户标签的功能……"[①]我国《算法推荐管理规定》明确规定用户有权关闭算法推荐服务，平台企业应当为用户提供便捷的选项，这样的规定是必要和及时的。但在现实生活中，平台企业往往不会在显著位置为用户提供关闭算法推荐服务的选项，绝大多数用户也不会关闭算法推荐服务。如何在算法推荐时代保障用户的选择权，这将是一个长期面对的问题。

影响用户选择权的第三个问题是平台上的各种虚假账号以及虚假评论。根据英国广播公司2021年2月的一个报道，一家消费者维权组织发现，有10个网站在提供虚假评论服务，部分网站向亚马逊第三方卖家提供单条评论约15英镑、50条评论620英镑起、1000条评论最高8000英镑的打包价格。在其中五家被调查的公司中，在册的商品评论员超过70.2万人，这些商品评论员除了获得免费或打折商品外，还可以获得从几英镑到10多英镑不等的小额报酬。[②]虚假好评会引起恶性循环，某商品的好评率越高，越有可能被标记为最佳卖方，因此获得更多曝光率，由此引起更多消费者关注，获得更好的销售业绩，商家由此雇用更多写手。更可怕的是，一些智能机器人或者智能程序也会加入虚假评论的过程。这样，消费者获得的信息真假难辨，由此必定难以有效行使选择的权力。

美国特斯拉首席执行官埃隆·马斯克（Elon Reeve Musk）收购推特的事件已经引发国际社会广泛关注。马斯克在2022年4月提出以440亿美元收购推特，但到了5月就宣布推迟收购，后来干脆拒绝收购。这起收购

---

① 《互联网信息服务算法推荐管理规定》，国家互联网信息办公室、中华人民共和国工业和信息化部、中华人民共和国公安部、国家市场监督管理总局令第9号，2021年12月31日发布。

② Kieran Doody, *This Is Why You May Not Be Able to Trust Amazon Reviews When Shopping Online*, Lancashire Telegraph（Feb.20, 2021）, https://www.lancashiretelegraph.co.uk/news/19105582.may-not-able-trust-amazon-reviews-shopping-online/.

争议双方或许都有着复杂的利益考量，却向社会暴露出这家平台企业虚假用户的严重问题。马斯克收购时就强调要解决垃圾邮件机器人的问题，他在推特上写道，“我们将击败垃圾邮件机器人，死不罢休”。推特公司在各种场合坚称，垃圾邮件/虚假账户在用户中的占比不到5%。但马斯克严重怀疑这一数据，他认为虚假用户至少占据了推特用户总量的20%，甚至最高可达90%。不论是5%还是更高的比例，我们都可以看到推特存在大量虚假的垃圾邮件机器人，这些垃圾邮件机器人将以极高的效率，在推特生态中频繁发出数量庞大的各种垃圾邮件，由其发出的信息将严重影响用户的选择权。①

8.用户监督平台企业的权利

用户在多大程度上对平台企业享有监督权不仅是一个复杂的学术问题，更是一个艰难的权力与权利的博弈问题。我国《消费者权益保护法》第十五条规定了消费者享有一定程度的监督权，该条规定：“消费者享有对商品和服务以及保护消费者权益工作进行监督的权利。消费者有权检举、控告侵害消费者权益的行为和国家机关及其工作人员在保护消费者权益工作中的违法失职行为，有权对保护消费者权益工作提出批评、建议。”但在我国《算法推荐管理规定》中并未明确规定用户的监督权，只是规定了用户的投诉举报权，其第二十二条规定：“算法推荐服务提供者应当设置便捷有效的用户申诉和公众投诉、举报入口，明确处理流程和反馈时限，及时受理、处理并反馈处理结果。”

---

① 《深度解读马斯克收购“闹剧”：买推特肠子都悔青了，只能靠撒谎？》，载新浪科技，https://finance.sina.com.cn/tech/2022-07-10/doc-imizirav2737271.shtml?finpagefr=p_114。

要看到，监督权与投诉举报权存在明显的区别。监督权更强调平等，而投诉举报权则明显暗示了双方的不平等地位，也就是用户有权投诉举报，平台企业应该及时处理，但如何处理、其处理的结果是否公正？该规定并未提出具体要求。要强调的是，相对平台企业庞大的数字权力，为了保护用户的权益，不仅应当赋予用户消费者那样的监督权，更应当从宪法监督权的视角，赋予用户更全面的监督平台企业的权利。

《宪法》第四十一条明确赋予了公民监督权，明确规定公民有权对任何国家机关和国家工作人员提出批评和建议，有权对任何国家机关和国家工作人员的违法失职行为提出申诉、控告或者检举，有权在国家机关和国家工作人员侵犯公民权利遭受损失时获得赔偿。在《人民法院组织法》和《人民检察院组织法》中都明确规定了人民法院和人民检察院要接受人民群众监督，要保障人民群众依法享有知情权、参与权和监督权。所以面对平台企业的数字权力，只有赋予用户更强有力的监督权，才能有效约束平台企业不要滥用数字权力，更好地实现用户的各项权利。

但如何保障用户可以有效地行使监督权？由于受到能力、资源、时间等各方面的限制，所以很难依靠用户个体来有效行使监督权。2019年国家广电总局发布的《未成年人节目管理规定》对保障用户监督权做了很有意义的探索。其第二十五条规定网络视听节目服务机构应当对网络用户上传的未成年人节目建立公众监督举报制度；第二十六条规定广播电视播出机构、网络视听节目服务机构应当建立由未成年人保护专家、家长代表、教师代表等组成的未成年人节目评估委员会，定期对未成年人节目、广告进行播前、播中、播后评估，评估意见应当作为节目继续播出或者调整的重要依据，有关节目审查部门应当对是否采纳评估意见作出书面说明；第二十七条规定广播电视播出机构、网络视听节目服务机构应当建立未成年人节目社会评价制度，并以适当方式及时公布所评价节目的改进情况；第二十八条规定广播电视播出机构、网络视听节目服务机构应当就未成年人保护情况每年度向当地人民政府广播电视主管部门提交书面年度报告，评估委员会工作情况、未成年人保护专员履职情况和社会评价情况应当作为年度报告的重要内容；第三十二条规定广播电视主管部门应当设立未成年人节目违法行为举报制度，公布举报电话、邮箱等联系方式，任何单位或者个人有权举报违反本规定的未成年人节目。[①]上述规定不仅要求政府主管部门以及网络视听节目服务机构建立公开监督举报制度，还要求广播电视播出机构、网络视听节目服务机构建立各界代表参与的未成年人节目评估委员会、未成年人节目社会评价制度以及年度书面报告制度，这就为用户参与对未成年人节目的监督提供了比较良好的制度保障。

欧洲议会"未来科技研究小组"在报告中也提到了消费者和用户面临的另外一个普遍问题，那就是对平台缺乏有效的问责机制。"顾客经常发现，当事情出现偏差时，很难获得帮助。"[②]平台企业往往以自己就是一个平台为理由，推卸相关责任。未来需要建立一个平台企业内部救济、外部专业第三方救济以及政府监督救济相结合的监督救济方式，以保障用户在权益受到侵害时有足够有效的救济机制。

9.用户获得赔偿的权利

这对用户来说是一项非常重要的权利。也就是用户在因购买、使用平台企业的商品或者接受其提供的服务时，受到人身、财产损害的，有权依

---

① 《未成年人节目管理规定》，国家广播电视总局令第3号，2019年3月29日发布。

② Panel for the Future of Science and Technology, *Online platforms: Economic and Societal Effect*, European Parliamentary Research Service(March, 2021), https://www.europarl.europa.eu/RegData/etudes/STUD/2021/656336/EPRS_STU(2021)656336_EN.pdf.

法获得赔偿。因为获得赔偿的权利涉及具体的经济利益，所以有效保障用户这项权利，也能督促平台企业更好履行职责，为用户提供安全健康的产品或服务。

一个积极的现象是，《消费者权益保护法》在2013年修订时，专门规定了网络交易平台提供者的责任，该法第四十四条规定："消费者通过网络交易平台购买商品或者接受服务，其合法权益受到损害的，可以向销售者或者服务者要求赔偿。网络交易平台提供者不能提供销售者或者服务者的真实名称、地址和有效联系方式的，消费者也可以向网络交易平台提供者要求赔偿；网络交易平台提供者作出更有利于消费者的承诺的，应当履行承诺。网络交易平台提供者赔偿后，有权向销售者或者服务者追偿。网络交易平台提供者明知或者应知销售者或者服务者利用其平台侵害消费者合法权益，未采取必要措施的，依法与该销售者或者服务者承担连带责任。"《消费者权益保护法》充分考虑数字经济发展的变化，明确规定网络销售类平台企业承担赔偿责任的具体情形，有助于保障用户依法获得赔偿的权利。

另外一个积极的现象是，《消费者权益保护法》修订时用两个条款明确规定了7天无理由退货制度。该法在第二十四条明确规定："经营者提供的商品或者服务不符合质量要求的，消费者可以依照国家规定、当事人约定退货，或者要求经营者履行更换、修理等义务。没有国家规定和当事人约定的，消费者可以自收到商品之日起七日内退货；七日后符合法定解除合同条件的，消费者可以及时退货，不符合法定解除合同条件的，可以要求经营者履行更换、修理等义务。依照前款规定进行退货、更换、修理的，经营者应当承担运输等必要费用。"该法在第二十五条规定，除了法律明确规定的特殊商品外，经营者采用网络、电视、电话、邮购等方式销售商品，消费者有权自收到商品之日起七日内退货，且无需说明理由。法律明确规定消费者有权在七日内无理由退货的制度，从根本上预防和减少了网络销售类平台因退货引发的纠纷，有效保障了网络销售类平台企业用户的权益。

但生活服务类平台用户在给客户造成伤害后，平台是否要承担赔偿责任？比如某打车软件多次发生网约车司机强奸乘客案件，某外卖平台外卖员发生辱骂、砍伤订餐顾客案件。网约车司机以及外卖员犯罪要承担刑事责任以及附带民事赔偿责任，但提供服务的平台企业是否要承担民事责任呢？我国《民法典》明确规定了用人单位的工作人员因执行工作任务造成他人损害的，由用人单位承担侵权责任。但当前复杂的情况是，首先，网约车司机、外卖员是否是平台企业的工作人员？新就业形态劳动者的提法本就模糊了平台企业与劳动者之间的关系，在不能确认双方存在劳动关系的情况下，平台企业是否需要为网约车司机和外卖员造成的伤害承担民事赔偿责任？其次，很多伤害是刑事案件，并不是网约车司机、外卖员“执行工作任务”所造成，而是其利用工作便利给用户造成伤害。那么这种情况下用户是否有向平台企业主张赔偿的权利？

还有一种平台企业典型的侵权案件是，平台企业的用户在网络上侮辱、诽谤他人，侵害了其他用户的权益，这时受到侵害的用户如何维护权益？《民法典》在第一千一百九十四条规定网络用户、网络服务提供者利用网络侵害他人民事权益应当承担侵权责任的基础上，用另外三个条款对此作出了非常具体的规定。第一千一百九十五条规定：“网络用户利用网络服务实施侵权行为的，权利人有权通知网络服务提供者采取删除、屏蔽、断开链接等必要措施。通知应当包括构成侵权的初步证据及权利人的真实身份信息。网络服务提供者接到通知后，应当及时将该通知转送相关网络用户，并根据构成侵权的初步证据和服务类型采取必要措施；未及时采取必要措施的，对损害的扩大部分与该网络用户承担连带责任。权利人因错误通知造成网络用户或者网络服务提供者损害的，应当承担侵权责任。法律另有规定的，依照其规定。”第一千一百九十六条规定：“网络用户接到转送的通知后，可以向网络服务提供者提交不存在侵权行为的声明。声明应当包括不存在侵权行为的初步证据及网络用户的真实身份信息。网络服务提供者接到声明后，应当将该声明转送发出通知的权利人，并告知其可以向有关部门投诉或者向人民法院提起诉讼。网络服务提供者在转送声明到达权利人后的合理期限内，未收到权利人已经投诉或者提起诉讼通知的，应当及时终止所采取的措施。”第一千一百九十七条规定：“网络服务提供者知道或者应当知道网络用户利用其网络服务侵害他人民事权益，未采取必要措施的，与该网络用户承担连带责任。”从《民法典》上述规定可以明显看出，网络用户利用网络服务实施侵权行为的要承担责任，但平台企业也要承担两项义务：一是及时向双方转送相关通知的义务；二是根据初步证据和服务类型及时采取必要措施的义务，比如针对明显的网络欺凌文字或视频就应该及时屏蔽、删除。

当然，用户相对平台企业获得赔偿的权利情况非常复杂。比如，用户在平台上尤其是元宇宙这样的虚拟空间受到侵害，平台是否要承担责任？平台采取了错误的处理措施，比如错误屏蔽了用户的账号，错误删除了用户的数据，用户如何主张权利？由于平台错误地屏蔽或删除了用户的大量数据，用户怎样主张赔偿？如何评估这些数据的价值？当前已经出现用户因数据被错误删除而主张赔偿的案例，相信随着数字时代的发展，数据的价值日益清晰，类似案件一定会增加。

当然，平台企业的用户还应当享有其他一些权利。比如，从消费者权利的视角，平台企业的用户应该享有获得知识的权利，平台企业应当为用户提供有关平台产品和服务的知识。从数字时代发展的大背景而言，平台企业应该采取措施提升用户的网络素养。随着时代的发展，我们相信，法律还可能赋予用户新的权利，现有权利的内涵也将更加丰富。

在强调用户权利的同时，作为数字时代的公民，我们也必须强调，任何用户都要承担基本的义务。任何用户都要遵守国家相关的法律制度，虚拟空间不是“法外之地”，虚拟空间的盗窃财物、性侵、侮辱诽谤也会构成违法犯罪。平台公平公正的规则也要受到尊重，用户应该遵守相关平台的规则，认为平台的规则或者有关做法侵害自身合法权益的，应该通过合法渠道主张权利。

三、对保护平台企业用户权利的建议

这是一个复杂的问题。首先从国家战略的视角，由于全球最为庞大的平台企业都在美国，这些企业主要的用户在国外，平台企业不仅延伸了美国在全球的霸权，也为美国推行的政策附加了极强的游说能力，所以从美国的角度而言，并不会积极地推进保障用户权利的法律制度。由于欧洲缺乏这种庞大的平台企业，所以会更加关注用户权利。中国处于两者之间，既要关注平台企业的发展，也要关注用户权利，中国未来的政策应该是从中寻求一种平衡。但如何寻求这种平衡，如何为数字时代保障平台企业用户权利探索一种有效的制度，值得我们认真思考。

1.研究制定《平台企业用户权利保护法》

《消费者权益保护法》是工业时代的产物，随着人类社会快速进入数字时代，这部法律的局限性将日益凸显。主要表现在：

一是消费者的概念过于狭小。其中存在三个明显问题：只强调为了生活消费；只强调因购买、使用商品或接受服务这种消费行为双方形成权利义务关系；只保障个人。在国家市场监督管理总局发布的《互联网平台落实主体责任指南（征求意见稿）》中注意到了企业用户权益保障的问题，该指南第二十九条第一款规定："互联网平台经营者不得利用服务协议、交易规则以及技术等手段，对平台内经营者的活动进行不合理限制或者附加不合理条件，或者向平台内经营者收取不合理费用。互联网平台经营者不得利用自己运营平台所掌握的各方面优势，与平台内经营者展开不正当竞争。"[①]要看到，在平台上，经营者不再仅是传统的经营者，要遵守相关保护消费者权利的义务，其还是平台企业的用户，要接受平台企业的管理。但如何维护平台上这种企业或社会组织用户的权益？也是数字时代必须关注的新问题。

二是平台企业与用户之间的权利义务关系更为复杂。数字时代平台企业积聚起超过以往工业时代任何企业的数字权力，平台企业不仅是商品或服务的经营者，而且兼具了经营者与管理者的双重身份。这种角色转化带来的影响是颠覆性的。社会法的本质就是要保障相对弱势境地群体的合法权益。如果说相对传统的消费者，经营者具有某种地位优势，那么要单独立法以保障消费者的权益。那面对具有更大权力的平台企业和更加广泛的处于弱势境地的用户，就更要专门立法，只有通过立法才能有效平衡双方的权利义务关系，才能实现对广大平台用户权益的保障。

三是所要规范的行为更加复杂。平台企业类型多样，不同类型的平台企业与用户之间可能存在不同的权利义务关系。比如，有的网络销售类平台是B2B模式，其只为企业用户提供服务，有的网络销售类平台是B2C模式，其构建的是商户和终端个人用户之间的关系；有的生活服务类平台构

---

① 参见国家市场监督管理总局：《互联网平台落实主体责任指南（征求意见稿）》，载国家市场监督管理总局网站2021年10月29日，https://www.samr.gov.cn/hd/zjdc/202110/t20211027_336137.html。

建了合作公司、新就业形态劳动者和个人用户之间复杂的关系；有的信息咨询类平台不仅扮演传统中介角色，还为用户提供不同程度的服务；社交娱乐类平台更是突破了传统娱乐公司或媒体的功能，与用户建立起一种复杂的关系。所以，如何维护数字时代复杂情形下平台企业用户的权益？甚至说不同情形下用户都有哪些权益？这都是需要立法予以明确的内容。

所以建议国家未来制定《平台企业用户权利保护法》，该法至少要解决以下问题：一是适应数字时代的特点，对用户进行科学的定义，要保障最广泛的用户都能获得法律的保护；二是要结合数字时代平台模式的特点明确用户的具体权利；三是明确不同类型平台企业的义务；四是明确规定国家在保障用户权利方面的具体职责，以实现国家公权力对平台企业数字权力的有效约束；五是适应数字时代的要求，重点规定用户维护权利的具体路径以及程序；六是明确规定平台企业违反相关规定时的法律责任。相信中国制定一部高质量的《平台企业用户权利保护法》，将不仅为规范中国平台企业健康发展、有效保障用户权利发挥重要作用，也能为全球数字时代的发展贡献智慧。

2.建立用户注册协议备案制度

当前规范平台企业与用户权利义务关系的主要是用户注册协议。这看似是一种双方自愿签署的平等的合同。但对于那些已经积聚起庞大客户和数字权力的平台企业来说，这种协议的性质明显在发生变化，甚至具有一个“虚拟宪章”的价值。不过遗憾的是，在这个“宪章”起草、修订的过程中，是平台企业单方主导的，广大用户没有参与讨论的权利。要想参与这个虚拟的社会，就只能接受这种协议。

相对广大用户个人来说，签署这种协议需要让渡一定的权利。对很多

App来说，要么底部的“同意《隐私权政策》和《用户注册协议》”已被默认打钩，平台企业已经帮助你进行了选择，要么用户选择不同意就不能使用该平台。所以用户在注册过程当中处于一种被动的状态。由于用户个体的分散性，当前缺乏对这种平台企业用户注册协议全面的研究。大多数协议的一个显著特征就是规定了用户的种种义务，但对用户享有哪些权利以及如何保护这些权利却规定得并不明确。所以从民事法律视角来看，这种协议是不公平的，往往充斥着很多“霸王条款”；从社群宪章的角度来看，这种协议是不完整的，没有规定用户享有哪些权利、用户如何参与该社群的建设、社群有怎样的体制机制以及用户如何维护自己的权利。

建议政府相关部门要高度重视平台企业用户注册协议的情况，通过传统的审查或备案的做法不符合数字时代发展的需要，但完全置之不理也是一种不负责任的态度。政府要组织力量研究相关注册协议中存在的问题，研究推荐更公平的注册协议文本。对那些明显的霸王条款，要通过行政执法或者司法的手段及时予以纠正。

3.创新发展多维度的用户投诉举报机制

在用户认为自己权益受到侵害后怎么办？这是人类社会进入数字时代必须解决的问题。否则，会出现广大用户权益广泛受到侵害的不公平局面，或是引发各种矛盾纠纷。目前在外卖骑手权益受到侵害时，就经常出现复杂的维权局面：一是复杂的合作用工方式，导致骑手不知向谁主张权利，以致针对一个公司经过复杂的仲裁诉讼后，还不得不再次针对另一个公司经历同样复杂的仲裁诉讼过程；二是平台公司内部处理类似问题的机制复杂、不友好，有的公司只是聘请律师针对各类骑手维权的诉求，以仲裁诉讼复杂的程序拖延骑手的诉求。有些骑手维护权益的案件要经历一两年复杂的维权程序，导致对骑手权益造成“二次伤害”；有些案件矛盾激化，甚至引发严重的群体性事件。外卖骑手维权问题凸显了构建数字时代用户维权机制的必要性和紧迫性。

构建数字时代的投诉举报机制，首先是要夯实平台企业的责任，要求平台企业必须建立便捷有效的投诉举报制度。本书在劳动者权益保障和未成年人权益保障部分都会专门讨论这个问题。一个基本的法律理论是，平台企业构建了一个新的虚拟生态，并因为这个生态获取了利益，那么平台企业就要努力解决在该虚拟生态中发生的各种矛盾纠纷。2020年修订的《未成年人保护法》对此作出了创新性的规定，该法第七十八条规定：“网络产品和服务提供者应当建立便捷、合理、有效的投诉和举报渠道，公开投诉、举报方式等信息，及时受理并处理涉及未成年人的投诉、举报。”平台企业将矛盾纠纷推给政府、司法机关和社会的观念和做法是错误的。绝大多数平台企业都有建立自己的投诉举报渠道，但存在的问题要么是投诉举报不便捷，都是机器接听，不能负责地有针对性地解决问题，用户的投诉举报被机器推脱搪塞；要么就是不能以负责的态度及时处理，不断刺激用户的情绪，导致有些矛盾激化。建议平台企业不仅要建立有效的投诉举报机制，更要建立专业负责的处理投诉举报的人员队伍，以真正能够及时有效地处理与平台相关的绝大多数矛盾纠纷。

其次建议政府鼓励建立专业第三方的投诉举报平台。在现代国家治理体系中，社会参与是其中重要的内容。党的十九大明确了我国“党委领导、政府负责、社会协同、公众参与、法治保障”的社会治理体系，这对于指导我国构建数字时代的国家治理体系依然具有重要意义。[①]从破解“社

① 习近平：《决胜全面建成小康社会 夺取新时代中国特色社会主义伟大胜利——在中国共产党第十九次全国代表大会上的报告》，载中华人民共和国中央人民政府网站，http://www.gov.cn/zhuanti/2017-10/27/content_5234876.htm。

会协同、公众参与”这个命题来说，国家应该鼓励针对平台企业用户权利问题建立第三方专业的投诉举报平台。受到自身利益等因素的影响，平台企业自身的投诉举报机制有时难免不能让人信服。但又不应把相关问题都推给政府。这时就需要发挥党委领导、政府负责的作用，由党委和政府进行引导和支持，由第三方专业社会组织建立投诉举报平台。之所以强调社会组织，是因为商业机构有时出于获益考虑，可能放任或激化矛盾。但法律明确了社会组织的非营利性质，没有了利益的考量，社会组织接待、处理的投诉举报就会更中立、客观，更有公信力，可以更及时地处理相关纠纷。

最后是政府的投诉举报系统。政府的投诉举报不仅是处理相关违法的投诉举报机制，更是对前述投诉举报机制的评估。这样就构建起“平台企业—专业第三方—政府”三重投诉举报机制。三种举报层层递进：专业第三方不仅接待用户的投诉举报，也能了解、评估平台企业接待处理投诉举报的态度、能力，将有关情况及时向政府报告；政府投诉举报平台也不仅是处理投诉举报的问题，更是通过调查相关问题来了解平台企业以及专业第三方处理投诉举报的态度和能力。对那些制度健全、认真负责的平台企业，即使存在某些瑕疵，也可以批评教育、督促改正为主；但对那些敷衍塞责、态度恶劣、屡教不改的平台企业，就要加大处罚力度。

4.培育发展健康的平台企业用户权利组织

依靠用户个体很难有效监督、约束平台企业的数字权力，这是一个不争的事实。为了更好保障消费者的权利，我国《消费者权益保护法》规定了消费者享有依法成立维护自身合法权益的社会组织的权利，并专用一章对消费者组织的性质、职责以及禁止行为进行了规定。尽管社会各界对消费者组织的作用有更大的期待，但法律明确规定成立消费者保护组织、政府积极支持各级消费者保护组织发挥作用，对保障消费者合法权益具有重大现实意义。

从国家公权力角度而言，各国都通过各种监督及制衡机制去约束公权力。我国建立了具有我国特色的规范、约束公权力的政治和法律制度，包括中国共产党领导的多党合作和政治协商制度、人民代表大会制度、纪检监察对权力运行全覆盖的监督制度等。上述对权力的监督主要是通过相关机制来完成。近些年来，为了有效保障业主的权利，我国法律逐渐明确了业主大会、业主委员会的地位及权利，这也是为了保障分散的个人权利所作出的重要制度探索。

当平台企业发展到一定规模，摄取了足够的用户权利，积聚起强大的数字权力后，就要考虑如何通过组织化的方式来保障用户的权益。建议未来要鼓励成立专业的社会组织，包括发展类似消费者协会这样的用户社团，以代表用户监督和约束平台企业的数字权力。

第四章

数字时代的劳动者权益保障

平台企业利用数字权力，对用工方式进行重构，将打破传统国家、用人单位和劳动者三方的权利义务定位，传统劳动者权利保障的很多理论及制度都面临着严峻的挑战。中国应尽快制定与数字时代相适应的劳动法典，夯实数字时代社会法的根基，为数字时代的全球治理贡献中国智慧。

工业时代加剧了贫富分化，财富进一步汇聚到一小部分人手中，工人发起风起云涌的社会运动。为了缓解这种社会矛盾，应对当时紧张的劳资关系，19世纪末德国首相俾斯麦推动了以保障劳工权利为主要内容的社会立法，这被认为是社会法的起源。所以社会法最初的内容就是要保障劳动者的权益。尽管100多年过去了，但很多人依然认为狭义的社会法就是劳动法或者社会保障法。不论是从社会法的产生还是从社会法的意义来看，在某种程度上可以说，劳动法是整个社会法的基石。

为有效约束平台企业的数字权力，首先就必须大力发展劳动法治，以有效保障劳动者的各种权益。平台企业的快速发展和数字技术的广泛应用带来了工作方式的重大变革，这种工作方式的变化使劳动者权益保障问题更加复杂。传统的劳动者权益保障问题依然存在，新就业形态引发的劳动者权益保障问题在尖锐的争议中演化。未来我国以及世界各国如何应对平台经济数字权力下的劳动者权益保障仍然是个未解的问题。未来的解决方案不仅要看平台企业如何变换其用工方式，还要看各国立法以及司法实践如何探索演进。

一、平台企业传统劳动者权益保障问题

人类社会快速进入数字时代，但传统的劳动者权益保障问题依然存

在。国外大型平台企业往往都高度重视保障劳动者权益的相关问题，但由于这个问题的复杂性，也引发了很多争议。从相关平台企业暴露出的问题来看，传统劳动法治下劳动者权益保障问题主要表现在：

1. 工作时间以及休息权的问题

2019年阿里巴巴创始人马云公开谈论了对平台企业“996”工作方式的看法，[①]后来甚至有人公开谈论“1212”，也就是持续12个月每天工作12个小时。平台企业创始人有着更为艰苦的创业经历，其保持企业一种艰苦奋斗的精神可以理解，但如果平台企业将这种工作强度作为一种企业制度，那就面临违反劳动法的相关风险。

沃尔玛是传统的线下零售企业，拥有超过200万的全球员工，所以其更容易面临违反劳动法的风险。在美国，沃尔玛就多次因为违反关于工作时间的法律而承担败诉的后果。在2008年明尼苏达州的一起案件中，法官裁定沃尔玛有三项违反工作时间法律的行为：一是剥夺或缩短工人休息时间、有意让员工在下班时间参加内部培训等违反州法律的行为次数超过200万次，拟对每一次违规行为处以1000美元的罚款，因此沃尔玛将面临超过20亿美元的罚款；二是因未履行合同约定的雇主义务（包括剥夺其在员工手册中承诺的工人用餐和休息时间超过150万次）而需向5.6万名现任员工和前任员工支付650万美元；三是未对325188个轮班（占总轮班次数的13%）以及69710次在下班时间接受店内电脑培训的工人进行有效记录，亦构成违法。[②]在

① 参见杨鑫倢：《马云谈996：能够996是修来的福报，很多人想做没机会》，载澎湃新闻2019年4月12日，https://www.thepaper.cn/newsDetail_forward_3291793。

② See Steven Greenhouse, *Wal-Mart Faces Fine in Lawsuit Involving Work Breaks*, New York Times, https://www.nytimes.com/2008/07/02/business/worldbusiness/02iht-02walmart.14157738.html.

2006年宾夕法尼亚州的一起案件中，陪审团认定沃尔玛剥夺劳动者休息时间和不让员工按时下班，要求其支付7800万美元，随后一名法官将这一裁决金额增加到1.88亿美元，其中包括损害赔偿、利息和律师费。①

工作时间的管理是劳动法领域最古老的问题之一，相关国际组织高度关注这一问题。国际劳工组织1962年《缩短工时建议书》(第116号)，鼓励跨国企业结合具体国情和所在行业情况，将正常的工作时间从48小时逐步降至40小时，并防止工人工资因此而下降。②国际标准化组织社会责任指南(Guidance on Social Responsibility 26000 of the International Organization for Standardization，ISO26000)同样援引了国际劳工组织公约和建议书，要求企业提供体面的工作条件，包括工作时间、每周休息时间、节假日等。③世界银行《环境与社会框架》(Environmental and Social Framework)要求借款国应根据国家法律和劳动管理程序规定为项目工作人员提供足够的周休、年假以及病假、产假和家事假。④国际金融公司《环境和社会可持续性绩效标准》(Performance Standards on Social & Environmental Sustainability)则要求企业就包括工作时间、加班安排和加班报酬、工休时间、休息时间、病假或节假日在内的工作条件与员工组织达成集体协议，

---

① See Reuters Staff, *Wal-Mart Must Pay $188 Million in Workers' Class Action*, Reuters (Dec.17, 2014), https://www.reuters.com/article/us-walmart-lawsuit-idUSKBN0JU1XJ20141216.

② See the International Labour Organization (ILO), *Reduction of Hours of Work Recommendation, (No. 116)*, ILO, https://www.ilo.org/dyn/normlex/en/f?p=NORMLEXPUB:12100:0::NO::P12100_ILO_CODE:R116.

③ See International Organization for Standardization (ISO), *ISO 26000 Guidanceon Social Responsibility*, ISO, https://www.iso.org/iso-26000-social-responsibility.html/, last visited on 25 August 2022.

④ See the World Bank, *Environmental and Social Framework*, World Bank (2017), https://thedocs.worldbank.org/en/doc/837721522762050108-0290022018/original/ESFFramework.pdf.

若不存在这样的协议则企业应提供合理的工作条件。[①]国际标准化组织社会责任标准8000（Social Accountability 8000 of International Organization for Standardization，SA8000）明确规定标准工作周不超过48小时，每连续工作六天原则上至少须有一天休息，以及（除另有集体协议以满足短期业务需要外）加班应当是非经常性且自愿的，并且每周加班时间不得超过12小时。[②]

所以在数字时代，依然要高度重视劳动者的工作时间问题，依法保障劳动者休息休假的权利。平台企业要在尊重相关国际规则的背景下，保障企业员工的合法权利。

2.反歧视的问题

这是一个极其复杂的问题，尤其在美国这样种族歧视问题非常严重但对这一话题又非常敏感的国家。根据《纽约邮报》2022年3月报道，一项针对谷歌的诉讼指控谷歌对黑人员工存在系统性种族歧视，并指控这家美国科技巨头以种族为由，引导黑人员工从事较低级别的工作，支付他们较低的薪酬，并剥夺他们晋升的机会。[③]2022年5月谷歌发布了其年度多样性报告，该公司介绍："我们感到自豪的是，在2021年，来自谷歌'代表性不足社群'（Underrepresented Communities）的员工人数增

---

① See International Finance Corporation (IFC), *Performance Standards on Social & Environmental Sustainability*, IFC(Apr.30, 2006), https://www.ifc.org/wps/wcm/connect/3f3419f4-6043-4984-a42a-36f3cfaf38fd/IFC%2BPerformance%2BStandards.pdf?MOD=AJPERES&CVID=jkC.Eka&id=1322803957411.

② See Social Accountability International (SAI), *SA8000: 2014 Standard*, SAI(Jun.2014), https://sa-intl.org/wp-content/uploads/2020/02/SA8000Standard2014.pdf.

③ See Reuters, *Google Accused in Lawsuit of Systemic Bias Against Black Employees*, New York Post (Mar.18, 2022), https://nypost.com/2022/03/18/google-is-accused-in-lawsuit-of-systemic-bias-against-black-employees/.

长得更快，我们在美国雇用的新员工中拥有有史以来最高比例的黑人和拉美裔。”①但其在面临来自黑人和少数族裔种族歧视指控的同时，也开始面临来自白人种族歧视的指控。根据2018年3月彭博社的报道，有白人向美国加州一个州立法院提起诉讼，指控谷歌公司：“明确的政策和书面记录，并在实践中始终贯彻执行的招聘原则是，系统识别向西班牙裔和非洲裔美国人、女性求职者倾斜，而不利于白人和亚裔男性。”这构成了对白人和亚裔男性的歧视。②

据印度《经济时报》2021年3月报道，苹果一名女性员工向加州法院起诉，认为在工作中遭到了性别和种族歧视。据报道，这名女性员工是少数族裔，她投诉称，她的两名领导均为男性。他们常常任意批评她、无故克扣她的奖金，在开会时仅邀请她的男性同事参会而将她排除在外。③

实践中的案例表明，歧视会给员工、企业带来巨大风险，歧视的高昂代价也得到了研究数据的支持。2012年，公共政策研究与倡导机构美国进步中心（Center for American Progress）针对美国的研究显示，工作场所中对员工的歧视给全美企业带来包括应诉、重新招聘与培训员工等640亿美元的年花费。④2018年，欧洲学者指出，出于歧视，个人不与来自某个

---

① See *2022 Diversity Annual Report*, Google(May 19, 2022), https://static.googleusercontent.com/ media/about.google/zh-CN//belonging/diversity-annual-report/2022/static/pdfs/google_2022_diversity_annual_report.pdf?cachebust-1093852.

② See Ellen Huet, Mark Bergen, *Google Sued by Ex-Recruiter Alleging Anti-White, Asian Bias*, Bloomberg(Mar.2, 2018), https://www.bloomberg.com/news/articles/2018-03-01/google-sued-by-ex-recruiter-over-alleged-anti-white-asian-bias#xj4y7vzkg.

③ See Bloomberg, *Apple Faces Indian Engineer's Bias Lawsuit*, Economic Times(Mar.25, 2021), https://economictimes.indiatimes.com/tech/technology/apple-faces-indian-engineers-bias-lawsuit/articleshow/81694292.cms?from=mdr.

④ See Crosby Burns, *The Costly Business of Discrimination*, CAP, https://www.americanprogress.org/issues/lgbtq-rights/reports/2012/03/22/11234/the-costly-business-of-discrimination/.

群体的人共事，而宁愿选择效率较低的同事来合作，为此将放弃8%的个人效益，内部合作成本的增加以及效率的下降也会增加企业负担。①

几乎所有重要的国际组织都将“消除就业和职业方面的歧视”或“机会均等和待遇平等”列为基本原则之一，包括《国际劳工组织关于工作中的基本原则和权利宣言》、联合国《全球契约》、OECD《跨国企业准则》等。世界银行《环境和社会框架》、国际金融公司《环境和社会可持续性绩效标准》、SA8000和ISO26000、国际劳工组织《关于跨国企业和社会政策的三方原则宣言》也对非歧视和平等机会作了非常具体的规定。例如SA8000规定，企业在聘用、报酬、工作场所和环境、培训机会、升迁、解雇或退休等事务上，不得基于种族、民族、区域或社会出身、种姓、出生、宗教、残疾、性别、性取向、家庭责任、婚姻状况、团体成员、政见、年龄等对员工进行歧视。②

3.性别平等的问题

性别问题本质上也是歧视问题，鉴于性别问题的重要性，本书认为有必要单独介绍。必须意识到，性别问题是一个高度敏感的社会话题。从性别平等的视角，至少有两个话题最为敏感：一是对性少数群体的尊重和权利保障问题；二是对女性的尊重和保障，对女性的性侵及性骚扰容易引发社会高度关注，企业以及相关人士也往往会为此付出高昂代价。

据《卫报》(The Guardian)报道，2017年2月前Uber工程师苏珊·福

---

① See Morten Størling Hedegaard, Jean-Robert Tyran, *The Price of Prejudice*, 10 American Economic Journal: Applied Economics 40, 40-63 (2018).

② See Social Accountability International (SAI): *SA8000: 2014 Standard*, SAI(Jun.2014), https://sa-intl.org/wp-content/uploads/2020/02/SA8000Standard2014.pdf.

勒（Susan Fowler）在其网站上指责Uber内部存在性骚扰和性别歧视的组织文化，引发社会广泛关注。2015年，苏珊刚加入公司不久，就有一名经理发来骚扰信息，提出想与苏珊发生性关系。苏珊举报后遭到威胁，即如果她继续举报这一事件，将可能遭到解雇。①据BBC报道，2018年5月，与苏珊来自相同部门的另一名员工英格丽德·阿文达诺（Ingrid Avendano）也对Uber提起诉讼，称其存在性骚扰、薪酬不平等和种族歧视问题。她说，一名男性工程师在她和其他员工面前“多次发表不受欢迎的、贬低女性的言论”，管理层接到她的举报后却没有采取任何行动。②2017年8月，美国平等就业机会委员会开始对Uber的雇佣方式、薪酬和性骚扰展开调查。该委员会表示，有充分的理由认为，这家公司存在“容忍性骚扰并对投诉者进行报复的文化”。③

2018年8月，针对一系列与性别歧视相关的诉讼，Uber同意以700万美元达成和解。在这起诉讼中，56名员工站出来指控称在Uber有过被歧视和骚扰的经历。这56名员工仅是一个人数更多的群体的代表，这一群体中包括480多名在特定部门工作的女性和少数族裔。Uber将向56名员工每人支付约33900美元，共计190万美元；除此之外，Uber还将向480多名员工支付共计510万美元。④

---

① See Amelia Tait, *Susan Fowler: When The Time Came to Blow The Whistle on Uber, I Was Ready*, The Guardian(Mar.1, 2020), https://www.theguardian.com/world/2020/mar/01/susan- fowler-uber-whistleblower-interview-travis-kalanick.

② See BBC News, *Former Uber Engineer Sues for Sexual Harassment*, BBC News(May 22, 2018), https://www.bbc.co.uk/news/technology-44209064.

③ See the U.S. Equal Employment Opportunity Commission (EEOC), *Uber to Pay $4.4 Million to Resolve EEOC Sexual Harassment and Retaliation Charge*, EEOC (Dec.18, 2019), https://www.eeoc.gov/newsroom/uber-pay-44-million-resolve-eeoc-sexual-harassment-and-retaliation-charge.

④ See Sara Ashley O'Brien, *Uber to Pay 56 Workers $1.9 Million for Harassment and Discrimination Claims*, CNN, https://money.cnn.com/2018/08/21/technology/uber-settlement/index.html.

我国《妇女权益保障法》对保障妇女权益提出了特殊要求，在2022年修订的《妇女权益保障法》中，就保障女工权益提出了很多具体的要求，包括再一次明确男女同工同酬，明确用人单位在招聘过程中不得出现的歧视女性行为，明确对女性孕期、产期的特殊保护，明确用人单位在防治针对女性性骚扰方面的特殊责任，强调互联网平台企业的特殊义务等。中国平台企业应该高度重视涉及性别相关问题，尊重妇女权益，采取有效措施保护好妇女权益。

4.工作环境的问题

根据路透社2021年9月报道，美国国家劳动关系委员会（National Labor Relations Board）正在调查两起针对Apple的投诉。其中一名高级工程师几次向相关政府部门反映Apple工作环境问题后被Apple要求带薪行政休假。[①]此后，根据《金融时报》报道，美国劳动部（Department of Labor）针对Apple对上述投诉的潜在报复行为开展调查。[②]根据《纽约时报》2021年9月报道，超过500名Apple公司现任员工及前任员工向员工自发组织的一个名为#AppleToo的组织，反映自己曾在Apple公司遭遇的一系列不正当用工行为，包括薪酬不平等、言语攻击、性骚扰、歧视、报复等。[③]然

---

① See Julia Love, *U.S. Labor Agency Probes Two Complaints from Apple Workers*, Reuters, https://www.reuters.com/technology/us-national-labor-relations-board-investigating-two-complaints-apple-workers-2021-09-02/.

② See Patrick McGee, Patrick Temple-West, *Apple Faces Probe over Whether It Retaliated Against Whistleblower*, Financial Times(Dec.14, 2021), https://www.ft.com/content/973aae8d-21d9-4e84-8912-ead071c7935d.

③ See Jack Nicas, Kellen Browning, *Tim Cook Faces Surprising Employee Unrest at Apple*, New York Times, https://www.nytimes.com/2021/09/17/technology/apple-employee-unrest.html.

而，根据美国全国公共广播电台（National Public Radio）2021年10月报道，Apple开除了#AppleToo这一抗议活动的组织者。此后，该组织者向美国国家劳动关系委员会提交了指控。[①]

二、新就业形态劳动者权益保障问题

由于平台经济的发展引起了新的就业形态。有人将这种新型就业形态下的劳动者称为数字劳工、新就业形态劳动者、灵活用工人员。由于相关定义并不清晰，所以这些定义在不同场合经常被混用。这种定义的模糊状态本身就体现了这一问题的复杂性。我国相关政策主要采用了“新就业形态劳动者”的概念，以区别于传统劳动者，我们就以此概念为基础，来讨论新就业形态劳动者的发展以及权益保障面临的问题。

1.新就业形态劳动者的发展

2021年国际劳工组织（International Labour Organization，以下简称ILO）发表了《世界就业和社会展望：数字劳工平台在改变劳动世界中的角色（2021）》（以下简称ILO2021年数字劳工平台研究报告），该报告的执行摘要中指出：“过去的十年间，数字劳工平台的数量增长了五倍，该增长集中在一些国家。在线网络平台和基于位置的（出租车和配送）平台的数量从2010年的142家增加到了2020年的777家。在此期间，在线网络

① See Bobby Allyn, *Apple fires #AppleToo Leader as Part of Leak Probe. She Says It's Retaliation*, NPR(Oct.15, 2021), https://www.npr.org/2021/10/15/1046386968/apple-fires-appletoo-leader-amid-leak-investigation?t=1661219263949.

平台的数量翻了三倍，出租车和配送平台的数量则增长了约十倍。这些新增平台中的很大一部分集中在少数几个地方，包括美国（29%）、印度（8%）和大不列颠及北爱尔兰联合王国（5%）。”“2019年，全球数字劳工平台产生了至少520亿美元的收益。其中大约70%的收益集中在美国（49%）和中国（23%）这两个国家，而欧洲（11%）和其他地区（17%）的占比要低得多。最大的七家科技公司2019年的全球累计收益超10100亿美元，这几家公司中的大多数也为数字劳工平台进行了大量注资。”①

2020年11月，国际劳工组织发表了研究报告——《国际劳工组织工作报告11：中国数字劳工平台和工人权益保障》，该报告讨论了中国数字劳工平台的发展情况，报告指出，“从2012年到2014年，以交通出行平台为先导，食品外卖、住宿、共享单车等不同领域的共享经济平台不断出现，这些平台大体上可分为数字劳工平台和其他服务平台。较为知名的数字劳工平台如网约车行业的‘滴滴出行’、食品外卖行业的‘饿了么’和‘美团点评’、专业咨询行业（比如财税咨询、网络设计）的‘猪八戒’、家居服务业的‘58到家’、运输行业的‘运满满’、在线医疗咨询行业的‘好大夫’以及居家医疗服务行业的‘医护到家’。其他服务平台较为知名的有提供共享单车服务的‘摩拜单车’、提供租房服务的‘小猪短租’以及作为知识共享平台的‘知乎’”。②

伴随数字平台的发展，我国新就业形态劳动者的数量快速增加。外卖骑手问题受到社会广泛关注，根据美团、饿了么两家企业的相关报告，

---

① See the International Labour Organization (ILO), *World Employment and Social Outlook 2021: The Role of Digital Labour Platforms in Transforming the World of Work*, ILO(Feb.23,2021), https://www.ilo.org/wcmsp5/groups/public/---dgreports/---dcomm/---publ/documents/publication/wcms_771749.pdf.

② 周畅：《国际劳工组织工作报告11：中国数字劳工平台和工人权益保障》，载国际劳工组织网站2020年11月，https://www.ilo.org/wcmsp5/groups/public/---asia/---ro-bangkok/---ilo-beijing/documents/publication/wcms_761763.pdf。

2021年两家企业有外卖骑手641万人，[①]全国外卖骑手约1000万人；[②]滴滴2021年6月发布的招股书显示，该公司在中国年活跃司机1300万人，[③]根据滴滴的市场份额保守估计，整个网约车行业应该有1500万人左右；根据2020年9月国家邮政局负责人的公开介绍，全国大约有400万名快递小哥；[④]货拉拉公司官网显示，“截至2022年8月，货拉拉业务服务范围已覆盖352座中国内地城市，月活司机达66万，月活用户达950万”。[⑤]根据以上数据，在2020—2021年度，仅外卖骑手、网约车司机、快递小哥、货车司机等领域就涉及新就业形态劳动者至少3000万人。

另外，根据面朝研究院数据，从2020年1月到6月，抖音共增加285万名直播主播，快手共增加72万名直播主播，两个平台的主播就超过350万人。[⑥]根据猪八戒介绍，截至2017年年底，该平台签订服务合同人数达600万人，服务提供者人数达到1300万人。[⑦]这仅仅是一家在平台上为自由职业者提供居间服务的公司，当前依托平台向社会提供劳动服务的人员

---

① 其中饿了么114万人、美团527万人。参见《饿了么：2022蓝骑士发展与保障报告》，载新浪科技，https://finance.sina.com.cn/tech/2022-02-25/doc-imcwipih5211382.shtml；《美团截至2021年12月31日年度业绩公告》，载美团网，http://media-meituan.todayir.com/2022033109451317416738886_tc.pdf。

② 参见《给骑手评职称还有多远？》，载新华网，http://www.news.cn/fortune/2022-08/19/c_1128927324.htm。

③ 参见《滴滴出行递交IPO招股书：3年为司机创造6000亿元收入》，载中国证券网2021年6月11日，https://news.cnstock.com/news,zxk-202106-4715846.htm。

④ 参见《国务院新闻办就邮政快递业助力脱贫攻坚有关情况举行新闻发布会》，载中华人民共和国中央人民政府网站，http://www.gov.cn/xinwen/2020-09/21/content_5545219.htm。

⑤ 货拉拉官网，https://www.huolala.cn/about_us.html，2023年3月9日访问。

⑥ 参见面朝研究院：《2020年直播电商数据报告——抖音VS快手》，2020年6月，https://pdf.dfcfw.com/pdf/H3_AP202007021388881330_1.pdf?1593704660000.pdf。

⑦ 参见周畅：《国际劳工组织工作报告11：中国数字劳工平台和工人权益保障》，载国际劳工组织网站2020年11月，https://www.ilo.org/wcmsp5/groups/public/---asia/---ro-bangkok/---ilo-beijing/documents/publication/wcms_761763.pdf。

有多少？这很难统计。

还要看到，当前平台经济已经迅速向家政、建筑等传统领域延伸，这些都涉及数量庞大的劳动者。有些平台只提供居间服务，依托平台信息提供服务的个人属于平台自由职业者；有些平台不仅提供信息，还对劳动者有着不同程度的管理和监督。根据国家信息中心发布的《中国共享经济发展报告（2021）》测算，“2020年共享经济参与者约为8.3亿人，其中服务提供者约为8400万人，同比增长约7.7%；平台企业员工数约为631万人，同比增长约1.3%。”[①]

可以说，中国平台经济发展很快，新就业形态劳动者在全体劳动者中所占比重超过世界上任何一个国家。根据《国际劳工组织工作报告11：中国数字劳工平台和工人权益保障》研究报告，“与其他国家相比，英国的平台从业者仅占就业人口的4%左右；美国未超过1%”。[②]可以得出的一个结论是，随着技术的发展以及疫情的影响，2021年以来平台经济显然在加速发展，新就业形态劳动者的数量也在快速增加。这一人群应该发展到了足以影响整个社会劳动者权益保障大局的程度。

2.新就业形态劳动者权益保障面临的挑战

数字劳工平台的发展为人们就业提供了新的机遇，但也带来了劳动权益保障的很多新问题，ILO2021年数字劳工平台研究报告指出，“平台在

---

① 中国信息中心分享经济研究中心：《中国共享经济发展报告（2021）》，载国家信息中心网站2021年2月19日，http://www.sic.gov.cn/News/557/10779.htm。

② 周畅：《国际劳工组织工作报告11：中国数字劳工平台和工人权益保障》，载国际劳工组织网站2020年11月，https://www.ilo.org/wcmsp5/groups/public/---asia/---ro-bangkok/---ilo-beijing/documents/publication/wcms_761763.pdf。

创造机会的同时，也带来了挑战。对于工人而言，挑战主要在于劳动和收入的规范性、工作条件、社会保护、技能运用、自由结社权和集体谈判权等。上述挑战在从事非正式和非标准工作的工人中非常普遍，且对数字劳工平台从业者的影响日渐增加，而此类工人是劳动力中相对快速增长的群体。新型冠状病毒感染大流行的后果越来越多地暴露出工人面临的风险和不平等，特别是那些依托基于位置的平台的工人”。该报告也特别提到，“健康保险和工伤保险、失业和伤残保险以及养老金或退休金的提供方面仍然存在很大不足。基于应用程序的出租车和配送部门的从业者（尤其是妇女）面临着多种职业安全和健康风险，却很少能获得社会保护”。[①]

从国外的案件来看，最有代表性的是围绕着美国Uber公司及其网约车司机的相关诉讼以及立法政策的演变。2009年，Uber公司在美国成立，当时其将司机归类为独立合同者。2013年，加州的2名Uber司机代表除马萨诸塞州之外的其他所有Uber司机对Uber公司提起集体诉讼，要求确认Uber司机身份问题。这时我国滴滴网约车公司刚开始起步。2016年4月，Uber以约合1亿美金与原告律师达成和解协议，原告随后向法院提交了和解协议的初步批准动议，2016年8月19日，法院以和解协议不公平、不适当、不合理为由驳回了原告的初步批准动议。[②]到目前为止关于这个诉讼我们还没有看到最新的结果。

加州在2019年制定了加州议会5号法案（Assembly Bill No. 5，以下

① 《世界就业和社会展望：数字劳工平台在改变劳动世界中的角色（2021）-执行摘要》，载国际劳工组织网站，https://www.ilo.org/wcmsp5/groups/public/---asia/---ro-bangkok/---ilo-beijing/documents/publication/wcms_772501.pdf。

② 参见张清、钟林燕：《美国优步案例概观及其对我国的启示》，载北大法宝，https://www.pkulaw.com/qikan/2dac49f2b4d2f31aaaec205e8e8f637ebdfb.html，2022年8月27日访问。

简称AB5法案），该法案确认了这些平台公司和司机之间存在劳动关系。[①]为了规避法案的适用，Uber等公司发起第22号提案，投入大量资金去推动全民公决，要求对这几家平台企业进行豁免，不必适用AB5法案。它们为此合计投入2.25亿美元，开展了电视、邮件、手机App等广告宣传。平台企业宁可花两个多亿美元去推动公投，也不想确认劳动者的身份。2021年8月20日，美国加州阿拉米达郡高等法院裁定22号公投违反了加州宪法，侵犯了州宪法明确赋予立法机关监管工伤赔偿的无限权力，否定了全民公投的效力，现在AB5法案又要适用于这些平台公司。[②]

英国在法律上将劳动者分为三类：雇员、非雇员劳动者以及自雇者，非雇员劳动者享有很多基本劳动权利，但自雇者只享有安全健康方面的保护。在英国，Uber认为司机是自雇者，2015年有司机就为此提起了诉讼，认为自己被Uber错误归类为独立合同工。2016年法院一审认定属于劳动者。Uber于2017年、2018年两次上诉，两次被驳回，案件来到英国最高法院。2021年2月，英国最高法院的六位法官作出一致判决，驳回Uber上诉并维持原判。这一历史性判决宣告Uber第四次败诉，为其与司机之间长达5年的法律拉锯战画下了句号。[③]

从2013年2名司机在加州对Uber提起诉讼到现在也还不到10年时间，相关争议并未真正解决。英国法院尽管将Uber司机认定为劳动者，但英国法院依然会根据具体案情来判断某一类平台工作者是否应获得这一身份，一些联系并不紧密的骑手仍然被认定为“自雇者”。就如何保障网约

---

① 参见《美国加州AB5法案生效　给自由职业者带来巨大冲击》，载新浪科技，https://tech.sina.cn/2020-01-05/detail-iihnzahk2074082.d.html。

② 参见周琼：《中美外卖送餐员等新就业形态劳动者权益保护异同》，载新浪财经，https://finance.sina.com.cn/zl/china/2021-08-23/zl-ikqcfncc4476309.shtml。

③ See Mary-Ann Russon, *Uber drivers are workers not self-employed*, Supreme Court rules, BBC News(Feb.19, 2021), https://www.bbc.co.uk/news/business-56123668.

车司机等平台企业下新就业形态劳动者的权益，在美国还主要是从案件或地方立法的角度在关注，在美国联邦层面并未出现明确的立法。特朗普政府时期不赞同给这些网约车司机劳动者待遇，拜登政府赞同给其劳动者待遇。这个问题依然是在讨论的过程中，并未有定论。

欧盟一直重视劳动者的权益保障，但对这个问题，在欧盟内部也没有全面、清晰的立法。法国在很多案件中将外卖骑手认定为雇员；意大利专门立法把劳动权利赋予骑手，但将骑手定义为自雇者；西班牙制定了骑手法案，将骑手认定为劳动者。所以未来各国相关制度如何发展是个复杂的问题，由于法律制度的不确定性，相应骑手维护自身权益的过程将更加复杂艰难。

3.中国外卖骑手的身份演变及维权困局

中国外卖骑手的用工模式经历了三个阶段共八种不同用工形式。其中在第一阶段还是属于传统的劳动关系，最初是餐馆自雇外卖员，餐馆与外卖员形成劳动关系；后来出现了外卖平台，外卖平台开始是自行雇用骑手，后来通过劳务派遣雇用骑手，但不论是自雇还是通过劳务派遣，都存在清晰的劳动关系。

第二阶段开始于2015年年底：10月饿了么平台上线“蜂鸟众包”，12月“美团众包”上线，一种新型用工方式在中国出现了。在这个阶段有两种具体用工方式：平台企业自雇众包骑手或者通过合作公司招募众包骑手。这个阶段，骑手相对灵活，可以接单，也可以不接单，骑手有较大的自主权。但在分析我国众包骑手的问题时，也必须注意两个问题：一是很多众包骑手正在从灵活用工转向黏性用工，主要体现在全职比例攀升、从业年限拉长、工作时间剧增等三个方面，众包骑手对平台企业的经济依赖性明显增强；二是通过合作公司招募众包骑手，出现了骑手权益受到侵害时不知向谁主张权利的现实困境。

第三阶段大约开始于2018年，平台企业陆续将所有自营骑手转成加盟或外包模式；平台企业可能是通过配送商招募专送骑手，也可能是通过合作的配送商将全部或部分业务转包或分包给其他多个公司甚至个人，这样就出现了复杂的用工形式。比如A是平台公司，负责技术开发、设计平台，通过算法管理骑手等劳动者；B公司可能跟劳动者签订了合作协议，但把管理工作转给了C公司，甚至可能出现了D公司。这样从表面来看就无法确定劳动者与哪家公司存在劳动关系，司法实践中经常出现所有涉事公司都否认与自己存在劳动关系的情形。当然更恶劣的情况是"个体工商户模式"，平台公司找了其他所谓的劳务公司，劳务公司在骑手根本不了解情况的背景下，在某个劳动者从来没有去过的地方将其注册成了个体工商户。

2019年年底北京致诚农民工法律援助与研究中心（以下简称中心）受理了一起外卖骑手在工作途中发生交通事故受伤、欲寻求确认劳动关系及工伤认定的法律援助案件。①该案当事人邵某某从2017年10月起成为"饿了么"专送骑手，在北京从事全职外卖配送工作。2019年4月28日晚上11点多，他在工作途中摔伤，经鉴定构成九级伤残。后在律师帮助下，北京昌平劳动仲裁机构认定了其与"饿了么"平台配送商A公司的劳动关系，当事人和律师都很高兴，以为后续可以追讨工伤赔偿了。但A公司在其注册地重庆某基层法院提起了诉讼，当事人从来没有去过重庆，对一位农民工来说，让他去重庆应诉是不现实的。中心协调了成都的律师去办理这起案件，尽管成都的律师在办理农民工法律援助案件方面经验丰富，在办案期间也据理力争，但最后该案在重庆法院一审、二审都败诉了，法院认为

---

① 参见《骑手送餐途中摔伤，工伤认定为何困难重重？》，载中国青年网百家号2021年9月22日，https://baijiahao.baidu.com/s?id=1711584081895519894&wfr=spider&for=pc。

当事人与A公司不存在劳动关系。后来中心律师为了取证，在北京又提起了一起针对保险公司的诉讼。但其在拿到证据后撤诉。经过几位律师评估，认为这起案件很难再走下去了。中心作为中国第一家专门针对农民工提供法律援助的社会组织，在面对这起案件时的无奈不仅体现了新就业形态下劳动者维权的艰难，也反映了律师和司法机关对这种新类型案件缺乏系统、全面的认识。

为了全面了解外卖平台用工模式以及存在的相关问题，中心决定对此开展深入系统的研究。中心组织人员统计分析了截至2021年6月骑手认定劳动关系相关的几乎所有司法判决，并对其中的1907份有效判决进行了分析。2021年9月13日，“致诚劳动者”微信公众号发布了《骑手谜云：法律如何打开外卖平台用工的“局”》的文章。①这篇文章一经发布，在网络上迅速受到广泛关注，几天时间阅读量超过20万人。很多媒体开始予以关注。9月15日一早，承办邵某某案件的律师收到北京昌平区劳动仲裁委的通知，被申请人愿意和解。但在当天的调解过程中，平台企业明确表示与他们没有关系，同时提出了苛刻的保密要求。平台企业这种傲慢的态度激怒了援助律师和农民工，当天的调解不了了之。9月17日上午中心在线上公开发布了《外卖平台用工模式法律研究报告》。②中国人民大学常凯教授在报告发布会上评价：“就我所读过的，这份研究报告是目前针对外卖平台用工问题的最深入的报告。不光是其中丰富的数据、案例，对问题研究的方法、法律的运用、价值观念也非常重要。”“致诚做了一件很好

① 参见《骑手谜云：法律如何打开外卖平台用工的“局”》，载微信公众号“致诚劳动者”，2021年9月13日。

② 参见《1%！外卖平台用工模式法律研究报告发布，这个数字挺扎心》，载北京日报客户端百家号2021年9月18日，https://baijiahao.baidu.com/s?id=1711203695662679680&wfr=spider&for=pc。

的事，这份研究报告提供了相当好的起点。今后企业、学界和政府应该形成合力来共同解决。”

根据中心的研究，在外卖平台自营时，骑手认劳率可达100.00%；当外卖平台将业务外包给一级配送商后，专送骑手认劳率降到81.93%；当配送商将业务再次外包时，专送骑手认劳率跌至47.46%。当灵活用工平台将骑手注册成个体工商户之后，专送骑手认劳率虽回升至58.62%，但相比早期模式仍有显著差距。其中最需要引起注意的是，外卖平台和配送商/众包服务公司的法律隔离效果显著，如今针对外卖平台的认劳率基本控制在1%以内，即使认定劳动关系成立，绝大多数也都是认定与配送商或者其他合作公司存在劳动关系。可见，在几年时间内，外卖平台通过复杂的用工模式，打散了传统用工制度中的管理模式，导致劳动者依法维权更加困难。

中心发布的这篇研究报告引发了社会各界对数字平台下外卖骑手问题的高度关注。很多媒体报道了该报告的主要内容，新华社记者撰写了内参文章，最高人民法院、最高人民检察院、全国总工会等多家单位通过不同方式就此报告相关内容与我们进行沟通交流。最高人民法院《人民司法》杂志的编辑还专门约稿，在2022年3月发表了《平台经济下合作用工模式劳动关系分析——以外卖平台为例》的文章。[①]希望文章能对最高人民法院制定相关司法解释以及各地法院的法官裁决相关案件发挥一定的积极作用。

4.一份与众不同的判决

当中心系统研究这个领域相关案件的时候，发现2018年北京市海淀

---

① 北京致诚农民工法律援助与研究中心课题组：《平台经济下合作用工模式劳动关系分析——以外卖平台为例》，载《人民司法》2022年第7期。

区人民法院所判决的一起案件，确认了一位众包骑手与平台企业的劳动关系。在详细研究这起判决的时候，竟然发现这起判决通篇都能穿透平台企业所设置的层层障碍，以法律的理性捍卫了正义。案件当事人李某某2016年在进行同城“闪送”业务中发生交通事故受伤，申请确认劳动关系。北京市海淀区人民法院在2018年6月的判决中确认了多个具有历史意义的观点：一是不承认平台企业与骑手属于居间合同的民事法律关系，认为公司通过闪送平台分配闪送业务，监督闪送员货物运输之过程，并通过闪送平台向客户直接收取服务费用，决定分配比例，平台的整个经营模式是通过大量提供货物运输服务来获取利润，因此平台公司并不是一家信息服务公司，而是一家从事货物运输业务经营的公司。二是基于劳动法之性质，当事人不可以协议约定的方式排除劳动法之适用，若双方关系之性质指向劳动关系，则用人单位一方以格式条款形式作出的、排除劳动者主要权利的约定无效。三是依据劳动和社会保障部认定劳动关系的三要素，充分阐述了双方之间存在劳动关系的具体理由。①

这份判决更为可贵的是，其论述了在众包这种灵活用工形态下是否影响劳动关系认定的重大前沿法律问题，法院明确指出了注意到“双方之关系与传统劳动关系有一定的区别，具有相对灵活性之特征”。主要表现是，“李某某自主决定是否接单，自主决定使用何种交通工具，无需考勤，同城必应科技公司不限制其工作地点、工作时间、工作量，不向其提供劳动工具”。这是当前众包骑手的鲜明特征，但结合本案，判决跳出这种表面灵活性的现象，从事实出发得出自己的结论，“其一，李某某可以自主决定是否接单，但只要其注册成为闪送员，并决定以此谋生，则其必须通过

---

① 参见李某某与北京同城必应科技有限公司案，北京市海淀区人民法院（2017）京0108民初53634号判决书。

完成一定的工作量来挣取维持生活所需之收入，所以尽管从每一单闪送业务来看，李某某有接单或不接单之自主选择权，但从其整体工作来看，其并无更多的自主选择权。其二，李某某可以决定自己的工作时间，公司无需考勤。但从双方均认可的接单记录来看，李某某在担任闪送员期间，每日基本工作10小时左右（指接单时间起始点），每周平均收入1400元左右。如果李某某要保持这样的收入水平，其对工作时间、工作量并无过宽的自主选择权”。这也是本案的特殊之处，尽管是众包，李某某对是否接单有选择权，但在双方的《合作协议》中明确要求闪送员不得同时为其他平台服务，李某某一直只为这一家平台企业工作，这就导致了李某某对平台企业经济上鲜明的从属性与依赖性。更为重要的是，这份判决明确提出，“灵活安排工作时间的特点本身并不排斥劳动关系的存在，因为劳动关系项下本身有多种用工的工时形式，包括相对灵活的用工工时形式”。据此这份判决指出，“互联网企业不能因其采用了新的技术手段与新的经营方式而不承担本应由其承担的法律责任与社会责任”。“不能因为相关配套制度尚不完善而拒绝向劳动者提供基本权利之救济——如李某某要求确定劳动关系从而获得工伤保险待遇之基本权利。”[①]

这份判决在数百起关于众包骑手的案件中是那么卓尔不群，因此受到了法学界的关注，很多专家学者在文章中提到了这起案件。但遗憾的是，这份与众不同的判决并未得到足够的重视，很多地方同类的案件还是未能认定劳动关系。

---

① 李某某与北京同城必应科技有限公司案，北京市海淀区人民法院（2017）京0108民初53634号判决书。

三、平台复杂用工模式带来的冲击

随着数字经济的快速发展，我国有些平台企业滥用数字权力，不断推动各种复杂就业方式的演变，对国家经济社会发展都带来了各种风险。结合对外卖骑手相关问题的分析，这种风险主要体现在如下方面。

1.合作用工方式人为打碎劳动关系

从对外卖平台用工模式的分析中可以看出，无论是外卖平台将配送业务“外包”给配送商，还是配送商进一步将业务“转包”或“分包”给其他配送商或灵活用工平台，其实质均是相关主体的合作用工。但在外卖平台的主要用工模式中，外卖平台、配送商和/或灵活用工平台实际上合作控制着专送骑手的劳动过程，且外卖平台以直接（App）或间接（配送合作协议）的方式制定专送骑手的工作规则，是整个用工模式的主导者。外卖平台通过这种“表面外包、实质合作用工”的方式对本应从属于外卖平台的专送骑手“去劳动关系化”。许多配送商从外卖平台处“承包”配送业务后，非但不与专送骑手签订劳动合同，反而通过相互之间的转包、分包等合作用工方式将劳动关系进一步打碎。最为过分的是，有些专送骑手被迫注册成个体工商户，使得最初由外卖平台承担的人力成本和用工风险经过层层传递后终于转嫁到本应受到劳动法全面保护的专送骑手自身。

2.外卖平台权责不统一

外卖平台早期商业模式是对餐馆的外卖配送人力资源进行整合，例如原本某个地区的30家餐厅需要分别自雇1名外卖员，经外卖平台整合后，

30家餐厅的外卖配送业务只需外卖平台的10名自营骑手即可完成，因此外卖平台的收益源自其所提升的外卖配送人力资源利用率。占据主导地位的平台企业将配送业务“外包”给配送商，由此逐步产生了外卖平台权责益不统一的局面：平台更多行使管理的权力、享有最大的收益，但无需承担相应的社保开支和用工风险。

3.配送商市场的脆弱和畸变

目前，全国有上千家配送商，它们的主要角色是承担外卖平台扩张过程中极力甩掉的骑手人力成本并起到法律“防火墙”的作用。配送商从外卖平台“承包”配送业务所得的利润与其作为“背锅侠”所应负担的人力成本和用工风险极不相称，这一方面导致配送商市场逐渐产生畸变，即配送商退化成从中抽佣赚钱的“二道贩子”，不与专送骑手建立正式的劳动关系从而逃避社保缴纳义务；另一方面导致配送商市场极其脆弱，骑手权益受到侵害或骑手侵害第三人时，配送商无力承担相应的赔付义务。例如，2020年12月，重庆市第三中级人民法院就配送商重庆市丰渝网络科技有限公司、重庆市锐勃网络科技有限公司与其所管理的85名专送骑手之间的劳动争议连续作出85份判决，支持骑手的一系列劳动权益（双倍工资、带薪年休假工资报酬等）。[①]然而这两家配送商的注册资本仅为15万元和100万元，自判决后早已被陆续列为失信被执行人，其在执行程序中的未履行比例高达99.9%。

---

① 参见中国裁判文书网案件检索，https://wenshu.court.gov.cn/website/wenshu/181217BMTKHNT2W0/index.html?pageId=c0d8fd25acb335a5e10efbaeb09ed8a1&s21=重庆市丰渝网络科技有限公司、重庆市锐勃网络科技有限公司，最后访问于2022年8月27日。

4.灵活用工平台变换手法侵害劳动者权益

尽管我国大力倡导新业态经济下的灵活用工以促进劳动者自主就业，但这并不意味着对原本应当受到劳动法全面保护的专送骑手“去劳动关系化”。不少配送商与灵活用工平台合作，打着“灵活用工”的幌子将专送骑手注册为个体工商户，目的是规避日常税务和社保成本，同时降低用工风险。有些所谓的灵活用工平台与相关政府部门合作推出在线工商注册系统，通过集群注册的方式在与专送骑手签订承揽协议时将其批量自动注册为个体工商户。专送骑手只要上传身份证和银行卡照片，以及由本人录一段视频，即可在数日内获得电子营业执照，完成由劳动者向个体工商户的转变。主要的灵活用工平台包括趣活、好活、订个活、蓝薪卡、优活跃、薪起程、云账户、灵工云、慧用工等。我们以判例中出现的某骑手在江苏省昆山市被注册为“昆山市玉山镇肆贰贰零号好活商户服务工作室”的事实为基础，通过相关网站查询发现，截至2021年8月31日，当地以好活商务服务工作室的名义编码命名且经营范围包括外卖递送服务的个体工商户有60万家。类似操作在全国各地均有发生，如江苏省淮安市有49万家“涟水县朱码镇×××××号订个活商务服务工作室”、广西壮族自治区钦州市有11万家“钦州市中马钦州产业园区×××××城市配送服务部”等。

5.不规范的合作用工损害个人及国家利益

劳动关系认定困难必然导致专送骑手的劳动权益得不到保障。除去工作超过8小时没有加班费、骑手主动离职被扣发工资、配送商违法解雇等侵害骑手劳动权益的情形外，最关键的是配送商未给骑手缴纳社保，这不但导致骑手受伤时所获侵权损害赔偿金或商业保险金明显低于工伤保险赔付数额，还将在未来给骑手带来医疗、养老等负担。外卖平台、配送商或灵活用工平台规避劳动法律责任，本质上是在透支社会保障福利、侵占社会公共资源、将企业私人成本转嫁于社会。“五险一金”是所有企业都必须面对的用工成本，企业利用法律漏洞去劳动关系化的行为，无疑将急速且不合理地扩大我国非正规就业的规模，并从根本上动摇我国劳动用工、社会保障甚至税收征收制度。不规范的合作用工还将使相关企业获得不正当的竞争优势，迫使原本“遵纪守法”的其他公司纷纷效仿“去劳动关系化”，最终在市场上形成“劣币驱逐良币”的效应。

6.骑手劳动数据与个人信息保护

平台经济给普通大众带来了数字化便利，但骑手却无法查阅或复制外卖平台在其劳动过程中收集的各种个人信息，这尤其给准备诉讼的骑手带来取证困难。例如，蜂鸟团队版App只显示最近两个月的跑单记录，骑手签署的合同、考勤排班记录和完整的规章制度等均无法查阅。甚至当骑手与外卖平台或配送商/众包服务公司发生纠纷时，其相关数据也会无故消失。经中国裁判文书网检索，这种现象并非个例：苏州云霆网络科技有限公司与蒙某某确认劳动关系纠纷二审民事判决书中记载，骑手账户已被删除，故无法登录；[①]唐某某与杨某某、宁波裕米企业服务有限公司机动车交通事故责任纠纷一审民事判决书中记载，后台数据显示骑手2019年4月21日的配送数据为0，但其他两名在事发现场的骑手发现该骑手车上还有一单外卖故代其配送，然而该骑手手机App已不能打印事发当时的配送数

① 参见苏州云霆网络科技有限公司与蒙某某确认劳动关系纠纷上诉案，泰州市姜堰区人民法院（2020）苏05民终2639号判决书。

据。[①]此外，我们还在相关案件中发现，一名在北京从事外卖配送工作的骑手的工资薪金个税扣缴义务人包括注册在天津、上海、重庆等地的多家公司，而这些公司并非日常管理骑手的外卖平台或配送商，该名骑手对于其个人信息被分享给其他不相关公司一事既不知情，也未作出明示同意。

我国不仅数字劳工平台从业者规模是世界上最大的，而且很多劳动者对平台形成稳定的经济依赖。《国际劳工组织工作报告11：中国数字劳工平台和工人权益保障》研究报告中指出了我国外卖骑手等趋于全职化以及经济依赖的问题。“在发展之初，共享经济吸引了很多兼职人员和城市就业困难人员，发挥了劳动力市场的‘蓄水池’作用。但随着共享经济市场份额的扩大……外卖骑手中全职人员的比例高达74.5%，工作时间达一年以上的比例为42.9%。”“……在众包平台上，有43%的从业者家庭以他们的收入为唯一来源。相比之下，在英国平台从业者中，收入占家庭全部收入九成以上的比例在2018年仅约9%。”[②]

《国际劳工组织工作报告11：中国数字劳工平台和工人权益保障》研究报告中指出了中国平台企业劳动者面临的一些其他问题，比如，工作时间较长且碎片化，“但一项对外卖骑手的调查显示，只有13%的骑手每天的工作时间在8小时以内；49.5%的骑手工作时间超过10小时；30%的骑手在一周内每天的工作时间都超过10个小时”。[③]高职业伤害风险与社会保障不

---

① 参见唐某某与杨某某、宁波裕米企业服务有限公司机动车交通事故责任纠纷案，四川天府新区成都片区人民法院（2020）川0192民初555号判决书。

② 周畅：《国际劳工组织工作报告11：中国数字劳工平台和工人权益保障》，载国际劳工组织网站2020年11月，https://www.ilo.org/wcmsp5/groups/public/---asia/---ro-bangkok/---ilo-beijing/documents/publication/wcms_761763.pdf。

③ 周畅：《国际劳工组织工作报告11：中国数字劳工平台和工人权益保障》，载国际劳工组织网站2020年11月，https://www.ilo.org/wcmsp5/groups/public/---asia/---ro-bangkok/---ilo-beijing/documents/publication/wcms_761763.pdf。

足，“交通出行平台和外卖配送平台容易发生交通事故，因而从业者有较高的职业风险。在网约车行业，职业风险主要是司机有可能遭遇交通意外事故、疲劳驾驶造成的人身伤害、乘客对司机的人身伤害等。2017年广东省深圳市的数据显示，网约车发生交通事故的概率为7.15%，远高于同期出租车的事故概率1.8%”。① 从业者缺少申诉和维权的渠道，面对平台企业对劳动者的封号处罚，劳动者无法接单，也没有收入，申诉也多会被驳回。在我们所调研的外卖骑手相关问题中，也同样反映了上述相关问题。

可以看到的问题是，在平台企业复杂的用工模式中，平台企业不仅利用了传统企业相对于劳动者的地位优势，还利用了基于平台的数字权力。平台企业不仅在利用数字权力对劳动者进行监督和管理，还可以单方掌控劳动者的相关劳动数据。可以说，利用数字权力对劳动者进行监督和管理是数字时代平台企业与新就业形态劳动者关系的典型特征。另外一个新的现象是，由于相关平台汇聚了大量劳动者，所以平台企业具备了一定程度的与国家权力进行博弈的力量。在面对大量劳动者劳动权益受到损害、社会保险制度被动摇、国家社保基金收入减少的局面，考虑到平台拥有的劳动者数量众多，相关制度的改革对平台企业影响重大，国家公权力也往往谨小慎微，所以相关制度的建立与改革往往是举步维艰。

四、我国保障新就业形态劳动者权益的最新动态

党和国家显然意识到了这个问题的严重程度。2020年5月，习近平

① 周畅：《国际劳工组织工作报告11：中国数字劳工平台和工人权益保障》，载国际劳工组织网站2020年11月，https://www.ilo.org/wcmsp5/groups/public/---asia/---ro-bangkok/---ilo-beijing/documents/publication/wcms_761763.pdf。

总书记在全国政协经济界联组会上指出，对“新就业形态”要顺势而为，“当然这个领域也存在法律法规一时跟不上的问题，当前最突出的就是‘新就业形态’劳动者法律保障问题、保护好消费者合法权益问题等。要及时跟上研究，把法律短板及时补齐，在变化中不断完善”[①]。2021年以来，国家开始采取多项措施，关注新就业形态劳动者权益保障的问题。

1.国家有关部门密集发布相关政策

2021年，国家相关部门发布了大量维护新就业形态劳动者权益的相关政策，比如：2021年6月23日，交通运输部等七部门联合印发《关于做好快递员群体合法权益保障工作的意见》；[②]2021年7月16日，人力资源和社会保障部等八部门联合印发《关于维护新就业形态劳动者劳动保障权益的指导意见》（以下简称56号文）；[③]2021年7月16日，国家市场监督管理总局等七部门联合印发《关于落实网络餐饮平台责任切实维护外卖送餐员权益的指导意见》；[④]2021年10月11日，交通运输部等十六个部门联合印发《关于加强货车司机权益保障工作的意见》；[⑤]2021年11月17日，交通运输部等八个部门联合印发《关于加强交通运输新业态从业

---

① 《全国政协经济界联组会上 总书记这样说》，载中国财经网站，http://finance.china.com.cn/news/special/lianghui2020/20200523/5280520.shtml。

② 《关于做好快递员群体合法权益保障工作的意见》，交邮政发〔2021〕59号，2021年6月23日发布。

③ 《关于维护新就业形态劳动者劳动保障权益的指导意见》，人社部发〔2021〕56号，2021年7月16日发布。

④ 《关于落实网络餐饮平台责任切实维护外卖送餐员权益的指导意见》，国市监网监发〔2021〕38号，2021年7月16日发布。

⑤ 《关于加强货车司机权益保障工作的意见》，交运发〔2021〕94号，2021年10月11日发布。

人员权益保障工作的意见》。[①]在上述五个国家政策中，有四个是针对特定对象：快递员、外卖送餐员、货车司机、网约车司机，56号文则涵盖了所有类型的新就业形态劳动者。在56号文发布后，北京、浙江等多个省、直辖市针对新就业形态劳动者权益保障问题也相继出台了地方措施。

56号文由国家人力资源和社会保障部联合最高人民法院、全国总工会等部门制定。根据该文件，将新就业形态劳动者分为三种类型：（1）完全劳动关系劳动者：符合确立劳动关系情形的，企业应当依法与劳动者订立劳动合同。（2）不完全劳动关系劳动者：不完全符合确立劳动关系情形但企业对劳动者进行劳动管理的，指导企业与劳动者订立书面协议，合理确定企业与劳动者的权利义务。（3）平台自由职业者：个人依托平台自主开展经营活动、从事自由职业等，按照民事法律调整双方的权利义务。尽管这个政策对有些问题阐述得并不非常清楚，但还是为保障新就业形态劳动者劳动权益指明了方向。主要体现在：

一是明确了平台企业的主体责任，该政策第三条规定，“平台企业采取劳务派遣等合作用工方式组织劳动者完成平台工作的，应选择具备合法经营资质的企业，并对其保障劳动者权益情况进行监督。平台企业采用劳务派遣方式用工的，依法履行劳务派遣用工单位责任。对采取外包等其他合作用工方式，劳动者权益受到损害的，平台企业依法承担相应责任”。针对平台企业普遍存在的合作用工问题，明确了在劳动者权益受到侵害时，平台企业要依法承担相应责任，也就是说平台企业要承担责任。但依什么法？承担什么样的责任？是补充责任还是连带责任？政策并未说清

---

① 《关于加强交通运输新业态从业人员权益保障工作的意见》，交运发〔2021〕122号，2021年11月17日发布。

楚，这也给司法实践中办理相关案件带来了困难。

二是明确了对所有劳动者，不论是完全劳动关系还是不完全劳动关系，都要保障基本的劳动权利。该政策特别规定了四个方面的问题：第一，落实公平就业制度，消除就业歧视。企业招用劳动者不得违法设置性别、民族、年龄等歧视性条件，不得以缴纳保证金、押金或者其他名义向劳动者收取财物，不得违法限制劳动者在多平台就业。第二，健全最低工资和支付保障制度，推动将不完全符合确立劳动关系情形的新就业形态劳动者纳入制度保障范围。第三，完善休息制度，推动行业明确劳动定员定额标准，科学确定劳动者工作量和劳动强度。第四，健全并落实劳动安全卫生责任制，严格执行国家劳动安全卫生保护标准，强化恶劣天气等特殊情形下的劳动保护，最大限度地减少安全生产事故和职业病危害。

三是明确了不完全劳动关系劳动者与完全劳动关系劳动者在缴纳社会保险方面的区别。完全劳动关系劳动者的社会保险由用人单位和个人共同负担，对不完全劳动关系劳动者，则要求企业引导和支持劳动者积极自愿缴纳，也就是劳动者要自己支付养老、医疗等社会保险，这是两类劳动者在社会保障方面的重大区别。

2.国家开展保障新就业形态劳动者的行动

2021年9月，人力资源和社会保障部会同交通运输部、市场监督管理总局、全国总工会召开平台企业行政指导会，就维护新就业形态劳动者劳动保障权益对美团、饿了么、滴滴、达达、闪送、货拉拉、满帮、到家集团、阿里巴巴、腾讯等10家头部平台企业开展联合行政指导。要求头部平台企业要“走前头做示范”，积极履行用工责任。要全面摸底依托平台就业的新就业形态劳动者、用工合作企业基本情况，抓紧梳理排查平台用工问题，对照《关于维护新就业形态劳动者劳动保障权益的指导意见》要求制定整改工作方案，明确时间表、路线图，压实工作责任。对存在的问题要及时整改。①

外卖平台通过合作公司要求骑手注册个体工商户的问题受到社会高度关注。2021年9月16日美团公开回应称，已向所有合作商发送《关于禁止要求骑手注册个体工商户的通知》，即日起骑手如果遇到被诱导或强迫注册个体工商户的行为，可以直接致电10101777，将在24小时内跟进处理。针对有关骑手的社会保障问题，美团称："我们将在下周完成所有合作商的承诺签署。目前，我们已积极对接筹备骑手职业伤害保障计划的试点工作。我们将继续从保障骑手收入发放、科学确定劳动强度、完善骑手社会保障、落实安全卫生责任等六个方面保障骑手的劳动权益。"饿了么也明确表态：禁止以任何形式诱导或强迫新就业形态劳动者转为个体工商户规避用工主体责任行为，严格遵守国家相关法律法规和各地有关部门的合规要求。②

3.学术界关于数字时代劳动者权益保障的主要争论

社会各界对我国劳动领域的立法一直存在较大争议。自从2007年《劳动合同法》《劳动争议调解仲裁法》制定以来，相关批评与争议从未停止，其中最有代表性的是常凯教授和董保华教授之间多次公开的争论，《工友》

① 参见《为“小哥”们撑腰！4部门联合出手》，载环球时报百家号2021年9月10日，https://baijiahao.baidu.com/s?id=1710523529934229021&wfr=spider&for=pc。

② 参见《外卖平台强制要求骑手注册个体工商户？美团饿了么接连回应：已明令禁止》，载央广网百家号2021年9月16日，https://baijiahao.baidu.com/s?id=1711023682590718085&wfr=spider&for=pc。

杂志在2016年刊发了《一场没有硝烟的修法之战》，文中介绍了两位专家明显不同的观点。[①]其他专家之间的争论也很尖锐：董保华教授对《劳动合同法》持批评态度，在2016年公开发表了《〈劳动合同法〉的十大失衡问题》一文；[②]2017年钱叶芳教授发表了《也谈劳动合同法的失衡问题——与董保华教授商榷》，相对全面地驳斥了董保华教授的观点。[③]2019年董保华教授发表了《再谈〈劳动合同法〉的失衡问题——对钱叶芳教授商榷的回应》。[④]这三篇文章总的来说全面阐述了围绕《劳动合同法》的相关争议，对很多问题的看法可以说是针锋相对。

新就业形态引发了新问题，新政策也引发了新争论。56号文提出的"不完全符合劳动关系"概念激起了社会各界关于"劳动三分法"的最新争论，有不少学者认为"三分法"时代已经到来，即在劳动法、民法之外，对平台用工设置独立的调整制度；或者说在"劳动者"和"非劳动者"之间创设一种"类劳动者"的中间类型。例如近些年有学者于2021年8月在《经济参考报》发文表示："'不完全符合确立劳动关系情形'是首次出现在我国规范性文件体系中，标志着我国劳动制度正式引入了第三种劳动形态，与之相关的一系列保障措施具有填补'劳动法—民法'之间制度空白的意义，表征着我国劳动法律框架向'劳动三分法'转型。"[⑤]北京致诚农民工法律援助与研究中心当时主要负责研究外卖骑手劳

---

① 参见谭立独、董保华、常凯等：《一场没有硝烟的修法之战》，载《工友》2016年第7期。

② 参见董保华：《〈劳动合同法〉的十大失衡问题》，载《探索与争鸣》2016年第4期。

③ 参见钱叶芳、王冀哲：《也谈劳动合同法的失衡问题——与董保华教授商榷》，载《浙江学刊》2017年第6期。

④ 参见李干、董保华：《再谈〈劳动合同法〉的失衡问题——对钱叶芳教授商榷的回应》，载《兰州学刊》2019年第2期。

⑤ 王天玉：《劳动三分法是怎样形成的》，载中国法学网，http://iolaw.cssn.cn/zxzp/202108/t20210806_5352213.shtml。

动权益保障问题的徐淼还专门撰写了《警惕“三分法”对中国劳动法律制度的危害！与王天玉老师商榷》，文章从三个方面论证了“三分法”的现实危险和潜在后果：一是当前“三分法”的适用范围已被媒体严重曲解和扩大，这可能导致社会各界对平台用工现状和未来改革方向产生错误认识。二是“三分法”过于强调平台用工的独特性，这一思路已经导致大量“劳动者”在司法实践中被错误归为“类劳动者”甚至“非劳动者”，从而使其劳动权益受损。其在文章中介绍了肖竹学者对加拿大、英国、德国、西班牙和意大利等国打破“二分法”、引入“第三类劳动者”制度研究后得出的结论：“通过设立第三类劳动者来解决雇佣与自雇二者间的模糊化问题，在全球范围内并未形成主流之势。不多的立法经验已经反映出该类型设立标准的复杂与实践判定的艰难。……对‘雇佣（劳动关系）—自雇（劳务关系）’二分法的区分在我国都尚未有成熟的立法、理论与实践。在发展背景、制度积累和理论总结完全不同的情况下，贸然借鉴成熟的‘雇佣—自雇’二元体系之下对劳动者的第三种分类，恐怕会让本已混沌不清、迷雾重重的局面更加让人无所适从。”[①]三是“三分法”将进一步加剧“隐蔽性雇佣”的现象，甚至不排除有关企业利用“职业伤害保障试点”的契机有意涵盖本应属于劳动法保护范围的群体，误导劳动权益保障的改革方向。[②]

常凯教授也在多个场合明确反对“三分法”的提法，他于2021年在《中国法律评论》第四期《平台企业用工关系的性质特点及其法律规制》一文中对此有清晰的阐述，他在研究了一些发达国家“第三类劳动者”的相关制度后提出，“不论这些国家的历史文化传统如何不同，都是为了扩

---

① 肖竹：《第三类劳动者的理论反思与替代路径》，载《环球法律评论》2018年第6期。

② 徐淼：《警惕“三分法”对中国劳动法律制度的危害！与王天玉老师商榷》，载微信公众号“致诚律师”，2021年11月2日。

大劳动法律的保护对象，即将劳动法律适用对象，由兼具人身从属性和经济从属性的劳动者，扩大为只有经济从属性的劳动者也可适用。其实，这种劳动法律适用的扩张，在市场经济国家是一个普遍的现象。不仅英德加等诸国如此，美日澳等国也不例外”。[①]

政府、企业、工会和专家之间的争论和关注还在继续，但正如董保华教授在后来回应的文章中所说，“两位教授均认为《劳动合同法》需要修改，但二人对于《劳动合同法》存在的问题有着不同的概况。‘十大失衡’一文认为《劳动合同法》存在‘管制与自治的系统性失衡’，‘十大失衡’是这一系统性失衡的具体表现；钱文认为《劳动合同法》‘立法宗旨鲜明，定位准确’，缺陷在于‘立法技术撑不起立法宗旨的技术性失衡’”。[②]现在的问题是，当前劳动合同法是否真的存在“十大失衡”？哪些制度增加了企业用人成本或影响了企业用工灵活性？在新就业形态下存在哪些亟待解决的问题？随着数字时代的发展，在劳动领域还会面临哪些新的问题？站在数字时代这样新的历史时期，如何系统改革当前劳动法律领域存在的问题？这都是当前社会各界应该关注的问题。

五、构建数字时代劳动者权益保障新制度的建议

尽管党和政府意识到了新就业形态劳动关系对国家经济社会发展的重大影响，但改革的过程是复杂艰难的。一是平台企业引领了新就业形态发

---

① 常凯：《平台企业用工关系的性质特点及其法律规制》，载《中国法律评论》2021年第4期。

② 参见李干、董保华：《再谈〈劳动合同法〉的失衡问题——对钱叶芳教授商榷的回应》，载《兰州学刊》2019年第2期。

展的过程，有些本质上损害劳动者权益但经过包装后看似精美的灵活用工模式混淆了视线，不仅没能及时受到批评和纠正，反而受到鼓励和推广，这加剧了问题的复杂性。二是相比灵活多变的新就业形态，问题的爆发是滞后的，政府以及司法的监督也是滞后的，这导致了国家难以及时制定针对新就业形态的法律制度。三是很多研究和政策是零散、割裂的，我国尚未制定出一套内在逻辑严谨、体系全面科学、内容具体明确的劳动法律制度。四是平台企业汇聚了资本和数字权力，成为影响发展和完善有利于保障劳动者权利法律制度的重要力量。面对如此复杂的局面，如何构建数字时代劳动者权益保障新制度？笔者为此提出十点具体建议。

1.将勤劳致富提升到基本国策的战略高度

党的十九届五中全会强调“扎实推动共同富裕”，在描绘2035年基本实现社会主义现代化远景目标时，明确提出“全体人民共同富裕取得更为明显的实质性进展”。[①]党的二十大报告进一步强调了共同富裕，明确提出中国式现代化是全体人民共同富裕的现代化。中国的共同富裕应该是怎样的共同富裕？应该如何准确理解中央会议的精神？笔者认为，国家及整个社会应该进一步深化认识，大力宣传“劳动光荣”的观念，将勤劳致富上升到基本国策的战略高度，以夯实中华民族实现伟大复兴的根基。主要说明三点理由：

一是古今中外历史上都有为了追求富裕的理想，或者过于放纵资本的贪婪，社会财富增加但只有少部分人富裕，导致社会矛盾激化，或者忽视

① 《中国共产党第十九届中央委员会第五次全体会议公报》，载中华人民共和国中央人民政府网站，http://www.gov.cn/xinwen/2020-10/29/content_5555877.htm。

市场法则，过于强调将财富聚集到国家再实行平均分配，而最后导致经济衰败甚至政权更迭悲剧的发生。所以中央强调，共同富裕不是少数人的富裕，“也不是整齐划一的平均主义”。

二是共同富裕应当是在保护私有财产的基础上，保障绝大多数劳动者的富裕。当前我国面临的一个严峻挑战是，中国社会进入老龄化，劳动年龄人口在减少。自2012年起，我国劳动年龄人口的数量和比重连续7年出现双降，7年间减少了2600余万人。①2018年全国就业人员总量也首次出现下降，年末全国就业人员77586万人，比上年减少54万人。②2019年在没有受到疫情影响的情况下，年末全国就业人口减少115万人。③2020年受到疫情影响，年末就业人口减少2400多万人。④而根据人社部“十四五”规划数据，“十四五”期间新退休人数将超过4000万人，劳动年龄人口净减少3500万人。⑤必须清醒意识到，劳动力正在成为我国最宝贵的资源。所谓共同富裕，国家未来的工作重点应该是保障绝大多数劳动者都能勤劳

① 国家统计局：《统计局：我国劳动年龄人口数量、比重连续7年双降》，载新浪财经，https://finance.sina.com.cn/china/2019-01-23/doc-ihrfqzka0270123.shtml。

② 参见中华人民共和国人力资源和社会保障部：《2017年度人力资源和社会保障事业发展统计公报》，载中华人民共和国人力资源和社会保障部网站，http://www.mohrss.gov.cn/SYrlzyhshbzb/dongtaixinwen/buneiyaowen/201805/P020180521577716650735.pdf；中华人民共和国人力资源和社会保障部：《2018年度人力资源和社会保障事业发展统计公报》，载中华人民共和国人力资源和社会保障部网站，http://www.mohrss.gov.cn/SYrlzyhshbzb/dongtaixinwen/buneiyaowen/201906/P020190610566694719241.pdf。

③ 参见中华人民共和国人力资源和社会保障部：《2019年度人力资源和社会保障事业发展统计公报》，载中华人民共和国人力资源和社会保障部网站，http://www.mohrss.gov.cn/SYrlzyhshbzb/zwgk/szrs/tjgb/202006/W020200608534647988832.pdf。

④ 参见中华人民共和国人力资源和社会保障部：《2020年度人力资源和社会保障事业发展统计公报》，载中华人民共和国人力资源和社会保障部网站，http://www.gov.cn/xinwen/2021-06/04/5615424/files/542bc344000d44c7ae7132a246058c71.pdf。

⑤《人力资源社会保障部关于印发人力资源和社会保障事业发展“十四五”规划的通知》，人社部发〔2021〕47号，2021年6月29日发布。

致富。中央提出，“要鼓励勤劳创新致富”，“重点鼓励辛勤劳动、合法经营、敢于创业的致富带头人”。[①]党的二十大报告强调，“提高劳动报酬在初次分配中的比重，坚持多劳多得，鼓励勤劳致富”。建议中央进一步明确勤劳致富在实现共同富裕事业中的重大意义，并通过完善法律制度给以保障。

三是马克思主义最深刻之处在于揭示了资本的本质，劳动力成为商品，资本榨取劳动者的剩余价值。学者史泽华2015年发表的一篇文章对法国学者皮凯蒂《21世纪资本论》一书进行了点评，他在文章中介绍，“皮凯蒂在《21世纪资本论》中指出，不受干预的自由市场经济的‘拙劣’本性——无论经济增长多么强劲，劳动增值的速度都无法超过资本增值的速度。这样一来，资本主义社会的财富分配方式就会问题越来越大，资本持有者越来越富、劳动生产者则越来越贫穷”。[②]中国在发展社会主义市场经济过程中，应当时刻以资本主义制度固有的内在缺陷为警醒和借鉴。强调勤劳致富，依法保障包括企业家在内的所有个人的财富，但要从法律制度上控制资本的贪婪，保障劳动者的权利。保障劳动者不会沦为资本控制下的商品，而是受到尊重、享有充分权利、能够依靠劳动实现富裕的人，这将成为中国在市场经济条件下对社会主义制度的重大贡献。

2.制定数字时代的劳动法典

新业态只是劳动法治的一个“点”，这个“点”发展迅猛，处理不好

---

① 习近平：《扎实推动共同富裕》，载求是网，http://www.qstheory.cn/dukan/qs/2021-10/15/c_1127959365.htm。

② 史泽华：《〈21世纪资本论〉打击了美国右翼的哪些自信？》，载《红旗文稿》2015年第2期。

会影响整个劳动法治的“面”。解决新业态劳动者权益保障的问题也不能仅仅只盯着这个“点”，如果只聚焦新业态这个“点”而不去思考劳动法治的“面”，不仅解决不了这个“点”的问题，还会激化整个“面”的问题。“千里之堤，溃于蚁穴”，这是事实，也是规律。我国社会已经快速迈入数字时代，过去十多年，我国经济社会形势发生了重大变化，劳动领域的问题也更加错综复杂，当前劳动领域的很多立法都已经不适应当前形势的发展，需要尽快修订。但劳动领域的立法不应该是对单部法律的修修补补，而应该是由中央站在数字时代这一全新的历史时期，从统筹经济社会发展全局的战略高度，通过制定科学系统的《劳动法典》来全面改革。具体主要有三个理由：一是数字时代用工形式发生了巨大变化，依靠传统劳动法律难以解决很多新问题。二是《劳动法典》关系到每位劳动者的尊严和收益，其不仅直观体现着正义，还直接影响着每个家庭的经济富裕与生活幸福。三是《劳动法典》关系到每家企业的成本和治理结构，其不仅影响企业的发展，还直接影响到国家经济的活力。四是中国政治制度的基础是工人阶级，从这个角度来说，《劳动法典》不仅关系到中国的政权性质，也直接影响到党的执政地位。所以，国家制定一部科学的《劳动法典》，不仅影响到我们国家能否实现共同富裕，更关系到我们能否及时应对数字时代给劳动法治带来的挑战，关系到我们是否能够在数字时代实现中华民族伟大复兴的历史使命。

3.扩大劳动法保障范围

当前我国还有部分劳动者不能获得劳动法的保护。我国当前《劳动法》《劳动合同法》最大的问题是将劳动产生的关系划分为劳动关系和劳务关系，这导致大量事实上的劳动者不能获得劳动法律的保障。首先，很多建筑领域的农民工难以获得劳动法的保障。笔者对这个领域接触最多，自2005年建立北京农民工法律援助专门机构以来，处理了大量建筑领域的农民工维权案件。根据全国相关统计数据，2021年我国农民工有29251万人，从事建筑业的农民工比重为19%，折算有5558万多人。[①]由于建筑领域存在广泛的层层转包现象，很多真正从事劳动的农民工主要受包工头直接管理，很难与施工单位签订劳动合同，除非发生权益受到侵害的案件，否则其很难得到劳动法的保障。即使发生诸如欠薪、工伤等权益受到侵害的案件，想要认定与施工单位的劳动关系也非常困难。其次，大量的家政工也难以获得劳动法的保障。据报道，截至2019年年底，中国家政服务市场从业人数已经增长至3271万人，对全国就业带动的贡献率高达4.228%。[②]当前我国鼓励生育二胎、三胎，对月嫂、保姆的需求明显增加。并且，我国已进入老龄社会，老年人对保姆、护工的需求增加，这些因素都将导致未来我国对家政工的需求进一步增加。最后，随着平台经济的发展，大量外卖骑手难以获得劳动法保障。初步统计，全国外卖骑手约1000万人。[③]这是国家最近重点关注的一个群体。总之，在面对新就业形态劳动者权益保障问题时，国家要通过立法来扩大劳动法保障的范围，而不是缩小保障范围，这是国家应该坚持的方向。

---

① 参见《2021年农民工监测调查报告》，载国家统计局网站2022年4月29日，http://www.stats.gov.cn/tjsj/zxfb/202204/t20220429_1830126.html。

② 参见孙慕云：《2021年中国家政服务行业市场现状与发展前景预测 高端家政服务就业前景广阔》，载前瞻经济学人网站2021年5月7日，https://www.qianzhan.com/analyst/detail/220/210507-afafc70f.html。

③《给骑手评职称还有多远？》，载新华网2022年8月19日，http://www.news.cn/fortune/2022-08/19/c_1128927324.htm。

4.建立覆盖广泛、各方利益有效平衡的社会保险制度

当前在我国企业家当中比较普遍的看法是企业社会保险负担过重，认为这加大了企业用工成本，抑制了企业活力，影响了企业竞争力。与此相关的另一个问题是我国很多企业想方设法地逃避社会保险义务。根据人社部的数据，2021年年末全国就业人员74652万人，其中城镇就业人员46773万人。年末全国参加城镇职工基本养老保险人数为48074万人、城镇职工基本养老保险执行企业制度参保人数为42228万人，年末全国参加失业保险人数为22958万人，年末全国参加工伤保险人数为28287万人。[①]由此可以看出，数亿城乡就业人员没有缴纳社会保险，超过4.6亿城乡就业人员尚没有缴纳工伤保险，其中农民工群体缴纳社保的比例一直就很低。从国家统计局、人社部统计公报中查到的最新数据是在2017年，农民工参加城镇职工基本养老保险、城镇职工基本医疗保险、失业保险、工伤保险的比例分别只有22%、22%、17%、27%。分量最重的养老保险和医疗保险比例都只有22%，而救命、救急的工伤保险也只有27%。[②]这是令人遗憾的现象。

笔者建议修改《社会保险法》以建立科学有效的社会保险制度，一是中央加大统筹力度，或者在全国进行统筹，至少实现省级统筹，建立起全

---

① 中华人民共和国人力资源和社会保障部：《2021年度人力资源和社会保障事业发展统计公报》，载中华人民共和国人力资源和社会保障部网站2022年6月7日，http://www.mohrss.gov.cn/SYrlzyhshbzb/zwgk/szrs/tjgb/202206/W020220607572932236389.pdf。

② 参见中华人民共和国人力资源和社会保障部：《2017年度人力资源和社会保障事业发展统计公报》，载中华人民共和国人力资源和社会保障部网站2018年5月21日，http://www.mohrss.gov.cn/SYrlzyhshbzb/dongtaixinwen/buneiyaowen/201805/P020180521577716650735.pdf；国家统计局：《2017年农民工监测调查报告》，载国家统计局网站2018年4月27日，http://www.stats.gov.cn/tjsj/zxfb/201804/t20180427_1596389.html。

国有效衔接的城镇职工养老保险、医疗保险和城乡居民养老保险、医疗保险制度。二是进一步加强顶层制度设计。比如，是否可以根据企业规模来确定保险费率？对初创企业或者中小规模企业是否可以大幅降低保险费率？是否可以在制度上更加鼓励企业年金、商业养老保险等制度？改革社会保险制度，希望实现在降低企业负担、保障劳动者真正受益的基础上，所有企业都能为劳动者缴纳社会保险，缴纳社会保险的人数明显增加，这样国家整个社保基金收入不是减少了，而是增加了，从而实现社保基金可持续支付的良性运转。

5.明确平台用工模式下平台企业的主体责任

无论平台企业用工模式在现实中如何进化和演变，平台企业都在其中起主导作用并从中获得最大利润，平台企业依靠算法成为真正的权力拥有者，事实上享有对合作单位及劳动者的管理权，这主要体现在三个方面。

一是平台企业制定了运作规则。比如在外卖平台中，外卖平台制定的工作规则分散在其与配送商的合作协议和骑手使用的外卖配送App中。有的规则直接适用于骑手，例如配送规范和部分奖惩方案；有的规则则通过配送商间接规范骑手的配送准时率、考勤时间、休假和离职审批等。此外，由于外卖平台对配送费具有极强的定价权，这导致配送商和/或骑手基本上只能遵循外卖平台定期公布的价格表。所以可以看出，外卖平台是骑手配送规范和工作报酬的总决策者，享有制定规则的至高无上的权力。

二是平台企业依靠算法对劳动者进行实时的管理。还是以外卖平台为例，外卖平台开发的算法可以规划骑手的配送路线并计算预计送达时间，原则上骑手需要遵照系统给出的路线和时间完成配送任务。外卖平台还开发了一套数字化管理平台，并将骑手的数据实时分享给各个配送站点，使得配送商也能够按照平台要求对骑手的劳动过程进行线下的、人工的补充管理。此外，外卖平台通过回收差评、投诉等信息反馈，让消费者也参与到对骑手的管理中。通过数字化设备与方式，外卖平台对骑手进行无时不在、无孔不入的管理和监督，并通过配送商和消费者强化这种监督。所以说，外卖平台是通过算法和数字化平台对骑手进行了实际的管理，这种管理的程度超过农业时代、工业时代任何依靠人工进行的管理。

三是平台企业掌握着合作单位以及劳动者所有的数据，利用数据可以对相关劳动者进行画像，并在画像基础上深化管理的流程。所以要看到的是，在数据时代，平台企业依靠数字权力，对劳动者实行了有史以来最为全面、深入的管理，基于权责相一致的原则，平台企业理应承担保障劳动者权益的主体责任。建议相关立法和司法解释进一步明确平台企业的主体责任。平台企业可以对外合作以转移自身的劳动法义务，但这种转移是其与合作方的合同义务，在合作方侵害了劳动者权益时，应当明确其承担连带责任。

6.确认共同劳动关系，以有效应对用工方式多元化的新局面

随着数字经济的发展，我国用工方式日益复杂化，出现了基于平台的复杂用工模式以及企业间的共享用工方式。目前劳动仲裁机构往往不受理劳动者针对多家合作用工主体一同申请劳动仲裁的案件，法院在审理劳动争议案件时也几乎不会同时判决多家合作用工主体共同承担法律责任，这导致了劳动者维权时不知向谁主张权利的局面。比如，在外卖骑手案件中，有些骑手为确认劳动关系需要连续提起仲裁或诉讼，先告A公司，败

诉后再告B公司，甚至可能出现仲裁机构或法院因劳动关系被打碎而最终认定骑手无论与A公司还是与B公司都不构成劳动关系的情况。我国在立法和特定领域的司法实践中，都确认了共同劳动关系的情形，比如根据《劳动合同法》第九十二条第二款规定，用工单位给被派遣劳动者造成损害的，劳务派遣单位与用工单位承担连带赔偿责任；《保障农民工工资支付条例》第三十条第三款和第四款规定，分包单位拖欠农民工工资或者工程建设项目转包拖欠农民工工资的，由施工总承包单位先行清偿，再依法进行追偿。目前合作用工已经成为平台经济下客观存在的新型用工模式，未来立法中应该进一步研究确立共同劳动关系的情形，在当前的司法实践中，劳动仲裁机构和法院应及时调整相关规则，支持鼓励权益受到侵害的平台劳动者同时起诉多家主体，从而补齐法律程序上的短板。

7.建立便捷、高效的劳动纠纷解决机制

多年来，社会各界高度关注我国劳动者维权程序复杂、成本高的问题，其中问题的焦点就是复杂的一裁二审制度。《劳动争议调解仲裁法》虽然规定了对小额诉讼的一裁终局制度，但并未解决这个问题。一般民事案件是两审终审制，但除非小额案件，大多数劳动争议案件是一裁两审制，也就是实质的“三审制”，这增加了劳动者、企业和国家三方的诉讼成本。工伤案件处理起来更加复杂。复杂的案件需要确认劳动关系、工伤认定申请、劳动能力鉴定及工伤待遇索赔等四个程序，所有程序都走一遍，法律规定的最长时间将有6年多。当前很多研究都在关注仲裁与诉讼的关系，而忽视了其中最为重要的一个环节，那就是劳动监察制度。笔者赞同“只审不裁模式”，首先是很多专家都有共识的一些理由：对仲裁员的法律素养缺乏强制要求，有些仲裁员法律素养有限，这影响了仲裁的质

量；一裁终局剥夺了企业上诉的权利；仲裁前置是强制性的，这缺乏民意基础；先裁后审导致程序复杂，人为地增加了处理劳动争议案件的程序和成本。但更主要的理由是，当前劳动仲裁制度与劳动监察制度职能交叉，在人社系统内部将有限的资源分化为两个部门，导致两个系统经常互相推诿，不仅增加了职工维权难度，还通过将违法行为仲裁化，大大降低了违法成本，损害了法律的威慑力，导致了更多侵害劳动者权益案件的发生。造成当前这种局面最主要的原因是人社系统将有限的资源分散到两个部门，不仅增加了备受争议、导致程序复杂的仲裁程序，更削弱了劳动监察队伍。所以笔者建议，通过制定《劳动法典》，全面修改劳动争议调解仲裁法，重新构建劳动纠纷案件的处理程序。将劳动仲裁机构与劳动监察部门、保险稽核等部门合并，建立新的类似“劳动警察”的强有力的劳动监察体系，以处理绝大多数侵害劳动者权益的案件；对于工伤认定，借鉴交警认定交通事故程序，通过劳动监察的调查来确认；从法律上鼓励劳动监察使用简易程序处理案件，以提高案件办理效率；对于违法用工单位拒不改正或情节恶劣的，加大处罚力度，让其付出法律代价。这样不仅能极大地提高劳动争议案件处理的效率，减轻国家、企业和劳动者的负担，而且能从根本上树立起中国劳动法的权威，督促用人单位依法履行保障劳动者权益的责任。

8.建立中国特色的工会维权机制

在中国的劳动法律体系中，我们应该进一步研究工会如何发挥作用的问题。这不仅是一个政治的问题，更是一个法律的问题。工会的作用发挥好了，职工的权益维护好了，就夯实了党执政的根基。制定《劳动法典》，对现行《工会法》进行修订，进一步明确工会的作用以及发挥作用的机制，有助于建立和完善中国特色劳动法律体系。我们要看到，尽管各级工会在维护职工权益方面做了大量工作，也取得了很多成效，但与职工尤其是农民工的期望相比，与新时代对工会工作的要求相比，当前工会维权工作还面临很多现实挑战。首先，工会要把维护职工权益放到更高的战略地位，从工会工作而言，这意味着不再是主要以年节向职工提供米面油等慰问方式关爱职工，而应该是以帮助维护其合法权益，满足其对民主、法治、公平、正义的需要为主要任务。各级工会应该及时转变工作方式，把维护职工权益作为其中心工作来开展。其次，各级工会要在战略层面更好地代表职工权益，工会应该积极开展对策性的战略研究，积极推动相关立法政策的改革，要勇于通过仲裁、诉讼、支持起诉甚至公益诉讼的方式维护职工合法权益。最后，各级工会要让职工有能够寻求帮助维护合法权益的“获得感”，建议全国总工会明确提出要求，每个县工会都要建立一家职工维权中心，每位劳动者在劳动权利受到侵害的时候都可以便捷地获得帮助。

9.平台企业建立有效的劳动者维权救济机制

鉴于平台企业强大的经济及社会影响力，就劳动者权益保障的相关具体法律适用，比如在什么情况下平台企业需要承担法律责任、平台企业在什么情况下与劳动者构成劳动关系、平台企业需要为劳动者缴纳怎样的社会保险等问题，平台企业的数字权力与国家的政治权力和劳动者的劳动权利将进行复杂的博弈，立法回应这些问题需要一个过程。但平台企业既然享有了基于数字的权力，就应该承担起相应的责任，及时解决那些劳动者权利明显受到侵害的个案。《国际劳工组织工作报告11：中国数字劳工平台和工人权益保障》研究报告介绍了德国的一个经验：“2017年，八家总部位于德国的平台企业签署了《众包行为守则》，在这份文件中，签署企业同意将‘当地工资标准’作为平台定价的一个因素，并成立一个‘申诉咨询办公室’，用于处理平台从业者的投诉。”[①]建议平台企业本着善意，依法制定企业内部劳动者权益保障的相关制度，将国家保障劳动者权益的相关法律政策转化为企业内部制度，同时建立有效的劳动者维权申诉机制。在劳动者权益受到侵害时，不应发生平台企业与相关合作方互相推诿，导致劳动者维权成本增加，并可能引发尖锐的社会矛盾的问题，而应在平台企业建立起便捷、有效的申诉机制，及时解决劳动者提出的合理诉求。

10.培育发展新就业形态劳动者权益保障组织

律师服务越来越精细化，在民商事、刑事等很多领域都发展出了专业的律师事务所和律师队伍，但在劳动维权领域，还是只有大量“赤脚医生”，缺乏“专科医院和专业医生”，缺乏“急诊”“专科”的服务。社会上甚至有一种错误观念，认为给农民工提供法律帮助是最简单的法律服务，每个律师都可以做好。不论是在传统的建筑行业，还是在互联网时代的平台经济领域，都有很多企业在背后精心设计各种复杂的系统，以此规避自己的法律责任。面对这种局面，不仅农民工会感到无助，很多并不了解这个领域的律师也难以处理。由于缺乏专业律师来揭示背后精心设计的系统，有时候仲裁员、法官在表面的证据面前也会困惑和迷茫。有那么多的外卖骑手案件败诉，也足以说明缺乏代表他们权益的专业律师来应对这一复杂的问题。当前的现实是，代表本就强大的企业的劳动法律师很强，

---

① 周畅：《国际劳工组织工作报告11：中国数字劳工平台和工人权益保障》，载国际劳工组织网站2020年11月，https://www.ilo.org/wcmsp5/groups/public/---asia/---ro-bangkok/---ilo-beijing/documents/publication/wcms_761763.pdf。

代表本就脆弱的职工尤其是农民工的律师却很弱。建议充分重视公益法律服务机构和专业律师维护劳动者权益、促进社会和谐稳定发展的独特作用。2019年10月，司法部专门发布了促进公益法律服务的政策，其中明确提出："发展公益法律服务机构和公益律师队伍，加强法律服务志愿者队伍建设，提高公益法律服务专业化、职业化水平。"[①]司法部的上述政策为培养劳动权益保障公益法律服务机构和公益律师指明了方向。建议在每个县至少是每个地级市，建立一家服务劳动者尤其是农民工的公益法律服务组织，这些公益法律服务组织不仅可以为劳动者提供专业的咨询，及时调解相关案件，为权益受到侵害的劳动者尤其是农民工提供法律援助，还可以提起公益诉讼，开展实证研究，为国家提供解决问题的意见和建议，推动法律和政策的完善，以保障更广大劳动者的合法权益。

劳动法治对一个国家的发展至关重要，劳动关系的新业态正在给我国传统的劳动法治带来重大冲击，处理不好，将给我国政治经济生活带来巨大影响。遗憾的是，很多人，包括有些法律政策制定者、专家学者、司法人员、工会干部、办案律师等并未意识到新业态的复杂性以及所带来问题的严峻性。什么是劳动法治的新业态？如何平衡新业态下国家、企业与劳动者三方之间利益的平衡？如何避免平台企业出现大范围侵害劳动者权益甚至"爆雷"等影响社会稳定的案件发生？其他发达国家面对新业态劳动者权益保障有哪些经验和教训？如何从根本上解决新业态劳动者权益保障问题，是修修补补地制定相关政策还是对当前劳动法治进行大的变革？这都是当前我们国家必须正视的紧迫问题。

---

① 《关于印发〈关于促进律师参与公益法律服务的意见〉的通知》，司发通〔2019〕105号，2019年10月17日发布。

第五章

数字时代的未成年人保护

网络是未成年人成长的“双刃剑”，负面影响远未充分展现出来。中国、美国等网络发达国家已经暴露出的问题，将成为日益普遍的全球问题。如何发挥网络的正面价值，有效遏制其负面影响，将是数字时代全球未成年人保护事业面临的共同挑战。

随着互联网的产生，未成年人[①]越来越深刻地受到网络的影响。在20世纪后期，由于网络主要是依托固定端的设备，这种影响还是相对有限的。21世纪以来，随着人类社会进入数字时代，未成年人越来越便捷地依靠智能手机上网，网络开始全面地影响未成年人的成长，未成年人保护面临前所未有的复杂严峻局面。

一、数字时代未成年人保护的新形势

在传统的工业时代，未成年人更多地生活学习在家庭和学校中，与社会的接触程度有限。但到了数字时代，这种局面完全改变了，通过数字网络，海量的良莠不齐的信息与未成年人紧密连接，未成年人成长的环境发生了根本性的改变。

---

① 注：在此明确本文关于“未成年人”与“儿童”的用词问题。联合国大会于1989年11月20日通过的《儿童权利公约》第1条规定：“儿童系指十八岁以下的任何人，除非对其适用之法律规定成年年龄低于十八岁。”而《中华人民共和国未成年人保护法》第二条规定：“本法所称未成年人是指未满十八周岁的公民。”除有特别说明外，本文所用“未成年人”与“儿童”为内涵及外延均相同的概念。

1.数字时代未成年人用户的发展

2017年12月联合国儿童基金会（UNICEF）发布了《2017年世界儿童状况——数字时代的儿童》（The State Of The World's Children 2017: Children In A Digital World），该报告介绍："青年人（年龄在15—24岁之间的人群）是上网人口比例最高的群体。世界总人口中，上网人口比例为48%，而在青年人中，这一比例为71%；全世界互联网用户中，约三分之一为18岁以下的儿童与青少年；越来越多的证据表明，儿童接触互联网的年龄越来越小。在一些国家，15岁以下的儿童使用互联网的比例很可能与25岁以上的成年人相当。"①

一定时期内，在世界各国的未成年人使用互联网情况中，欧美等发达国家的未成年人互联网普及率最高。美国皮尤研究中心（Pew Research Center）从2000年到2018年完成了十次美国青少年互联网运用状况的调查，对此，相关研究人员指出："皮尤研究中心2001年第一次的调查结果显示，大约有1700万名12—17岁的美国青少年使用互联网，2000年触网青少年人数占到了该年龄段总人数的73%。""而在2000年之后的时间里，青少年触网人数也实现了大幅度攀升，在2004年时达到2100万人，占到该年龄段的87%，到了2006年这一比例达到了93%。此后，青少年互联网触网比例便在高位保持稳定，2006—2009年青少年触网率稳定在93%；2011—2012年青少年互联网触网率有了小幅度的提升，达到95%；这一数据在2014—2018年保持在98%。"②

---

① 联合国儿童基金会：《2017年世界儿童状况——数字时代的儿童》，载联合国儿童基金会网站2017年12月，https://www.unicef.cn/media/4606/file。

② 郭正正、杨斌艳：《美国青少年互联网运用变化趋势（2000—2018）》，载季为民、沈杰主编：《中国未成年人互联网运用报告（2020）》，社会科学文献出版社2020年版，第379-405页。

但近十几年来，中国未成年人互联网普及率快速提高。根据中国互联网络信息中心在2007年发布的《第20次中国互联网络发展状况调查统计报告》，截至2007年6月，中国网民总人数达到1.62亿，网络普及率12.3%，其中未成年人中有2869万人上网，互联网普及率为8.9%。可以看到，在2007年，我国未成年人互联网普及率还不到10%，低于全国网络普及率3.4%。根据第21次统计报告，不到18岁上网人数达到4001万人；根据第22次统计报告，半年内未成年人上网人数增加948万人。综合计算，到2008年6月，未成年人上网人数达到4949万人，比2007年6月时增加了72.5%。未成年人上网人数快速增长，其上网普及率显然也快速增长。从第23次研究报告起，在其年龄统计中，开始按每10年一个阶段统计，所以没有了不满18周岁的未成年人上网相关统计数据。①

2018年，共青团中央维护青少年权益部和中国互联网络信息中心第一次发布《2018年全国未成年人互联网使用情况研究报告》，随后又发布了2019年、2020年两个研究报告。该报告以不满18岁的小学、初中、高中、职高、中专、技校在校学生为研究样本，并未包括不满6岁群体和非学生样本。可以看出，到2018年我国未成年网民规模达1.69亿人，未成年人的互联网普及率达到93.7%，明显高于同期全国人口的互联网普及率（57.7%）；②到2020年我国未成年网民规模达1.83亿人，未成年人的互联网

---

① 参见中国互联网络信息中心：《第20次中国互联网络发展状况调查统计报告》，2007年7月20日；《第21次中国互联网络发展状况调查统计报告》，2008年1月24日；《第22次中国互联网络发展状况调查统计报告》，2008年7月19日；《第23次中国互联网络发展状况调查统计报告》，2009年1月22日，前述报告均载中国互联网络信息中心网站，http://www.cnnic.net.cn/6/86/88/index.html，第2页。

② 参见《〈2018年全国未成年人互联网使用情况研究报告〉在京发布》，载光明网，https://m.gmw.cn/baijia/2019-03/27/32687754.html。

普及率达到94.9%，高于全国互联网普及率（70.4%）。[①]在2020年9月中国社会科学院新闻与传播研究所、中国社会科学院大学与社会科学文献出版社共同发布的《青少年蓝皮书：中国未成年人互联网运用报告（2020）》中介绍："'中国未成年人互联网运用状况调查'课题组对全国7—18岁的在校学生进行抽样调查，调查显示，未成年人的互联网普及率已达99.2%，显著高于我国总体互联网普及率（64.5%）。"不论根据上述哪个统计数据，一个基本的结论是：未成年人成为数字时代最为活跃的群体，在我国绝大多数未成年人都已经上网，成为数字时代的"原住民"；未成年人触网的年龄越来越小；未成年人网络普及率远远高于成年人。[②]由于皮尤研究中心主要研究的是12—17岁未成年人的上网比例，我国上述调研对象是6—17岁的未成年人，因此我国的调研对象范围更广。综合对比两国情况，至少近些年来，我国未成年人上网的比例不会比美国低。我国未成年人上网比例达到了世界各国中最高的等级。

上述数据统计的是年满6周岁的未成年人，现在要看到的是，不仅绝大多数年满6周岁的未成年人都已经成为网络用户，而且越来越多未满6周岁的学龄前儿童也成为网络用户。根据共青团中央维护青少年权益部和中国互联网络信息中心发布的《2019年全国未成年人互联网使用情况研究报告》数据统计，高中和中职学生首次使用互联网时间在学龄前的比例为15.9%和10.7%；初中生增长至18.8%；小学生首次使用互联网时间在学龄前的比例最高，达到32.9%，这比初中生首次使用互联网时间在学龄前比

① 共青团中央维护青少年权益部、中国互联网络信息中心：《2020年全国未成年人互联网使用情况研究报告》，载中国互联网络信息中心网站2021年7月，http://www.cnnic.net.cn/6/86/116/index.html，第1页。

② 共青团中央维护青少年权益部、中国互联网络信息中心：《2020年全国未成年人互联网使用情况研究报告》，载中国互联网络信息中心网站2021年7月，http://www.cnnic.net.cn/6/86/116/index.html，第1页。

例多14.1%。[①]研究报告的对象是中小学生，而不是学龄前儿童，这说明数据存在明显的滞后性。可以判断，当前学龄前儿童上网比例已经远远超过32.9%的数据。

在中美等国家越来越担忧网络对未成年人负面影响的同时，联合国很多研究在关注“数字鸿沟”的问题，也就是很多发展中国家的未成年人并没有机会接触网络。《2017年世界儿童状况——数字时代的儿童》介绍：“全世界29%的青年人（约3.46亿人）尚未使用互联网；非洲青年的互联网普及率最低，约60%的青年人尚未使用互联网，这一比例在欧洲只有4%。”[②]在近几年全球都深受新型冠状病毒感染影响的同时，这个问题表现得更为突出。2020年12月联合国儿童基金会和国际电信联盟发布了《有多少儿童和年轻人在家中可以使用互联网？》（How Many Children and Young People have Internet Access at Home？）报告。报告显示，全球三分之二的学龄儿童（即13亿3岁至17岁的儿童）在家中无法使用互联网。7.59亿名15岁至24岁的年轻人（即全球63%的年轻人）也面临着类似无法使用互联网的问题。在低收入国家，不到二十分之一的学龄儿童在家中可以使用互联网，而这一比例在高收入国家接近九成。[③]为此联合国儿童基金会执行主任亨丽埃塔·福尔（Henrietta Fore）呼吁，“缺乏互联网连接不仅限制了儿童和年轻人上网的能力，还让他们无法参与到现代经济的竞争当中。这使他们

---

① 共青团中央维护青少年权益部、中国互联网络信息中心：《2019年全国未成年人互联网使用情况研究报告》，载中国互联网络信息中心网站2020年5月13日，http://www.cnnic.net.cn/6/86/116/index.html，第3页。

② 联合国儿童基金会：《2017年世界儿童状况——数字时代的儿童》，载联合国儿童基金会网站2017年12月，https://www.unicef.cn/media/4606/file。

③ See United Nations International Children's Emergency Fund (UNICEF) and International Telecommunication Union (ITU), *How Many Children and Young People have Internet Access at Home? Estimating Digital Connectivity during the COVID-19 Pandemic*, UNICEF (Dec., 2020), https://www.unicef.org/reports/how-many-children-and-young-people- have-internet-access-home-2020.

缺乏与世界的联通。在学校停课的情况下，他们就失去了接受教育的机会。缺乏互联网连接正在牺牲下一代人的未来”。[①]

尽管存在“数字鸿沟”问题，但一个不争的事实是，越来越多的未成年人已经成为网络的用户。正如笔者在数字时代的用户权利部分所讨论的那样，他们中绝大多数人在绝大多数状态下不是传统的消费者，但他们已经成为网络企业尤其是那些大型平台企业的用户。越来越多不到6周岁的低龄未成年人上网，这些无民事行为能力人缺乏基本的自我保护能力，但他们却不得不面临网络连接带给他们的种种风险，这是可怕的。如果说用户权利将是数字时代影响最为广泛的权利保障难题，那么未成年人用户权利将是这一难题中的核心。

2.数字时代对未成年人的机遇与挑战

人类社会进入了数字时代，互联网对未成年人是利大还是弊大？当前再讨论这个问题似乎已经没有现实意义。互联网在人们的日常生活中扮演了越来越重要的角色，想回到没有互联网的日子已经不可能了。未成年人属于网络世界的“原住民”，网络可以满足他们对于学习、娱乐、交友、展示自我等的需求，展示了网络有利的一面：未成年人可以参加网上培训、课程学习和线上交流，网络为他们提供了更多获取知识的途径；网络改变了未成年人的思维方式，他们会运用非线性思维方式思考问题，并透过网状的联系来寻求解决问题的方法，这培养了未成年人的创新能力；网络改变了传统

---

① See United Nations International Children's Emergency Fund (UNICEF), *Two Thirds of the World's School-Age Children Have No Internet Access At Home, New UNICEF-ITU Report Says*, UNICEF (Nov.30, 2020), https://www.unicef.org/press-releases/two-thirds-worlds-school-age-children-have-no-internet-access-home-new-unicef-itu.

的交易和交流模式，未成年人足不出户就与世界建立了快捷联系，能够较好地满足他们观察世界、对外沟通与实现自我价值的需求；未成年人可以放下顾虑，向网友倾诉心事，而不必面对与父母家人沟通的压力与障碍。

但必须看到的是，网络在带给未成年人新的生活、学习和娱乐机会的同时，也带来了各种问题。对未成年人来说，网络是把“双刃剑”，这是未成年人网络保护领域最流行的一句话。现在的问题是，在一个全新的数字时代，未成年人将面临哪些风险和挑战？这个问题在很多国家都已经比较充分地显示出来。《2017年世界儿童状况——数字时代的儿童》报告提出：“互联网和数字娱乐活动激发了巨大的创造力，儿童有更多机会接触内容丰富的信息和娱乐内容，而这也引发了网络依赖和‘屏幕成瘾’等问题。尽管数字技术在很大程度上拓宽了人们自由表达思想的空间，但同时也扩大了仇恨言论和其他负面内容的传播范围，可能改变儿童对世界及对自己的看法。”“这些挑战只会随着数字化技术的延伸和拓展而加剧，而它所带来的各种机遇，也可能会在商业和其他领域被滥用。将来，更多数字设备、在线平台和应用程序会为儿童所用。物联网、人工智能和机器学习的出现创造了新的机遇，但也将带来新的挑战。”

由于国情不同，在不同国家展示的主要风险和问题存在一定差别，比如欧美国家更关注针对儿童的性虐待和性剥削问题，但中国可能更关注网络素养和沉迷问题，但大多数问题都是共性问题。如何保障数字时代未成年人的健康成长，这是人类社会面临的巨大挑战。由于存在“数字鸿沟”，网络普及在世界不同国家存在很大差异，尽管很多风险和挑战已经在世界绝大多数地方出现，但有些问题在网络普及程度不高的发展中国家还并不明显。随着网络应用在未成年人群中快速普及，相信这些问题很快都会暴露出来。

要充分认识到的问题是，数字时代对未成年人影响的研究并不充分。目前国际社会以及各个国家越来越关注那些显性的基于网络侵害未成年人权利的问题，比如隐私泄露、网络欺凌、沉迷以及基于网络的性侵等，但对很多隐性的问题却关注不够。从用户权利的视角来看，在数字时代，面对积聚起庞大数字权力的平台企业，未成年人用户的很多权利都面临着风险。在这里只举一个例子来进行探讨，那就是对未成年人用户身心发育影响的问题。目前国际社会对这个问题的研究并不深入，但欣慰的是已经有专家在关注这个问题。2021年5月19日，医学杂志《儿科研究》（Pediatric Research）发表了一篇关于学龄前儿童的屏幕使用时间与发育和行为表现的研究报告，强调屏幕使用时间与儿童发育之间的关联。报告指出，与每天使用屏幕少于1小时（47%）的儿童相比，使用屏幕2小时（36%）或多于3小时（17%）的儿童出现行为问题、发育迟缓、词汇习得较差的可能性更大。这一调查结果为制定和发布屏幕使用时间指南提供了支持，强调了儿童保育专业人员与儿童家庭共同探讨屏幕使用时间指南的必要性。[①]

数字时代对儿童是机遇还是挑战？尽管大家都在强调这是把“双刃剑”，但站在不同的视角，所关注的重点是完全不同的。平台企业尽管也会强调数字时代带给未成年人的种种风险，但很多企业对此往往都是一种漫不经心的状态，从整个公司战略上并不关注这个问题，它们更多会强调网络带给未成年人的种种机遇。即使出现了严重侵害未成年人权益的案件或事件，也往往只是利用公司强大的影响力进行公关、采取有限程度的改进措施。从未成年人保护的视角看，数字时代带给未成年人的风险是巨大的，很多问题还远远没有暴露出来，相关问题也远远没有引起国家以及国际社会的足够关注。很多国家的政府从经济的视角看，对网络带给未成年人的损害也往往采取默许甚至纵容的态度。由于父母对相关方面的知识了

---

① See Brae Anne McArthur, Suzanne Tough, Sheri Madigan, *Screen Time and Developmental and Behavioral Outcomes for Preschool Children*, Pediatric Research (May 19, 2021), https://www.nature.com/articles/s41390-021-01572-w.

解有限，即使孩子权益受到严重侵害，也很难针对拥有庞大数字权力的平台企业进行有效维权，所以家长们的声音往往是被忽视的。还要看到的是，有些平台企业主导的研究淡化了数字时代带给未成年人的风险，影响了整个社会的态度。站在数字时代这一新的历史节点，未成年人权利保护面临着更加复杂严峻的局面，这不是杞人忧天，而是我们正在面对的现实。

3.对数字时代未成年人保护的特别关注

进入21世纪以来，国际社会对数字时代儿童权利问题给予了更多关注。联合国经社理事会、联合国人权理事会、联合国儿童权利委员会、联合国儿童基金会、国际电信联盟、欧盟等都在相关决议或报告中提出这一问题。比如，2011年联合国经社理事会（ECOSOC）发布的《关于采取预防、保护措施和开展国际合作，防止利用新信息技术虐待和剥削儿童的决议》就强调指出："敦促会员国制定、实施旨在保护和捍卫新信息和通信技术创造的空间中的有关儿童安全、隐私和私密性等权利的公共政策和优秀实践"[①]，"敦促会员国采取措施，包括酌情制定立法，将滥用技术实施儿童性剥削犯罪定为刑事犯罪，并根据国内法和国际法，采取适当措施，从互联网上发现和删除儿童性虐待图像，并协助查明虐待和/或剥削儿童的责任人"[②]。

联合国儿童权利委员会作为在全球治理体系中维护儿童权利的重要机

① United Nations Economic and Social Council, Prevention, Protection and International Cooperation Against the Use of New Information Technologies to Abuse and/or Exploit Children, 48th Plenary Meeting 28 July 2011, Resolution 2011/33.

② United Nations Economic and Social Council, Prevention, Protection and International Cooperation Against the Use of New Information Technologies to Abuse and/or Exploit Children, 48th Plenary Meeting 28 July 2011, Resolution 2011/33.

制，多年来在多个一般性意见中持续关注数字时代给儿童权利带来的风险问题。其在2006年发布的第7号一般性意见《在幼儿期落实儿童权利》中就提出："现代技术的种类，包括以互联网为基础的媒体迅速增加，利用这种技术的机会也大大增加，应引起特别关注。幼儿如果接触到不宜或不当的材料，就特别有危险。委员会促请缔约国管理媒体的制作和发布，以保护幼儿，并促请它们支持父母/养育人履行他们在这方面的育儿责任（第18条）。"[①] 在2013年发布的《关于商业部门对儿童权利的影响方面国家义务的第16号一般性意见》中指出："数字媒体尤其令人关切，因为许多儿童可能使用互联网，但也因此成为暴力受害者，如网络欺凌、网络诱拐、贩运或通过互联网进行的性虐待和性剥削等。"[②] 在2013年《关于儿童享有休息和闲暇、从事游戏和娱乐活动、参加文化生活和艺术活动的权利（〈儿童权利公约〉第31条）的第17号一般性意见》中指出："委员会表示关切的是，有越来越多的证据表明，这类环境以及儿童与这类环境接触花费的时间也有可能使儿童面临严重风险和伤害。例如：接触互联网和社会媒体使儿童面临网络欺凌、色情制品和网络诱拐等风险。许多儿童进入网吧、电脑俱乐部和游戏厅没有充分的进入限制，或没有有效的监管制度；主要由男孩参加的越来越多的暴力电子游戏似乎与进攻行为有关系，因为这类游戏非常吸引人，互动程度很高，并奖励暴力行为。儿童一般反复玩这类游戏，加强了负面学习，结果可能导致降低对他人所受疼痛和伤害的敏感性，以及助长对他人的进攻或伤害行为。越来越多的在线游戏机会可能使儿童在没有过滤屏障或保护的情况下接触到全球用户网络，这也是令

① 联合国儿童权利委员会：《在幼儿期落实儿童权利》，2006年9月20日，CRC/C/GC/7/Rev.1，第35段。

② 联合国儿童权利委员会：《关于商业部门对儿童权利的影响方面国家义务的第16号一般性意见》，2013年4月17日，CRC/C/GC/16，第60段。

人关切的缘由之一。”[①]在2016年发布的《关于在青少年期落实儿童权利的第20号一般性意见（2016年）》中指出：“数字环境也可能使青少年面临各种风险，如网络诈骗、暴力和仇恨言论、针对女孩和同性恋、双性恋、变性和两性青少年的性别歧视言论、网络欺凌、为性剥削进行的诱导、贩运儿童和儿童色情制品、过度性感化以及成为武装组织或极端组织的目标。”[②]2021年联合国儿童权利委员会专门发布了《关于与数字环境有关的儿童权利的第25号一般性意见》，以全面关注数字时代的儿童权利保护问题。[③]

在未成年人网络保护方面，中国整个社会都给予了高度的关注。修订后的《未成年人保护法》于2021年6月1日正式实施，该法增设了“网络保护”专章，规定了国家、社会、学校和家庭要形成合力，培养未成年人的网络素养；规定了网信、公安、教育等政府部门的具体职责；规定了网络保护软件等技术措施的应用；规定了互联网企业要建立便捷、合理、有效的投诉和举报渠道等，这些规定都具有现实意义。国务院要制定专门的《未成年人网络保护条例》，草案已经两次向社会征求意见，这是中国有关未成年人网络保护的第一部行政法规，其中对那些未成年人用户数量巨大、在未成年人群体中具有显著影响力的大型互联网企业规定了特别义务。国家网信办发布的《儿童个人信息网络保护规定》于2019年10月1日正式实施，对通过网络从事收集、存储、使用、转移、披露儿童个人信息

---

① 联合国儿童权利委员会：《关于儿童享有休息和闲暇、从事游戏和娱乐活动、参加文化生活和艺术活动的权利（〈儿童权利公约〉第31条）的第17号一般性意见》，2013年4月17日，CRC/C/GC/17，第46段。

② 联合国儿童权利委员会：《关于在青少年期落实儿童权利的第20号一般性意见》，2016年12月6日，CRC/C/GC/20，第48段。

③ 参见联合国儿童权利委员会：《关于与数字环境有关的儿童权利的第25号一般性意见》，2021年3月2日，CRC/C/GC/25。

等活动进行了专门规制；2021年8月30日国家新闻出版署下发《关于进一步严格管理切实防止未成年人沉迷网络游戏的通知》，这一政策被称为“史上最严防沉迷措施”，为治理未成年人沉迷网络游戏问题奠定了有力的制度基础。①

数字时代的未成年人保护是个复杂的问题。《2017年世界儿童状况——数字时代的儿童》报告提出：“研究人员通常将各种网络风险归为三类——内容风险、接触风险和行为风险。”②这种划分方法的缺点是难以聚焦具体问题，同样的性侵问题，既有内容的风险，也有接触和行为的风险。所以，笔者会结合数字时代用户应该享有的相关权利，对数字时代迫切需要关注的一些重点问题进行研究。希望这些研究不仅对解决我国未成年人保护相关问题具有一定意义，也能够对推进数字时代全球儿童保护事业的发展产生积极作用。

二、数字时代未成年人保护的基本原则

相比成年人，儿童的身心更脆弱，更应该受到特殊保护。从这个角度看，保护未成年人的相关法律具有典型的社会法特征。在这个问题上，全球有着最广泛的共识。《儿童权利公约》在序言部分就强调，“铭记如《儿童权利宣言》所示：‘儿童因身心尚未成熟，在其出生以前和以后均需要特殊的保护和照料，包括法律上的适当保护’”。在数字时代，相比成年

① 《国家新闻出版署关于进一步严格管理切实防止未成年人沉迷网络游戏的通知》，国新出发〔2021〕14号，2021年8月30日发布。

② 联合国儿童基金会：《2017年世界儿童状况——数字时代的儿童》，载联合国儿童基金会网站2017年12月，https://www.unicef.cn/media/4606/file。

人，未成年人面临更多的风险和挑战，所以在数字时代，就更要加强对未成年人的特殊保护。但如何加强数字时代的未成年人保护？是否存在以保护之名侵害未成年人权益的现象？什么才是全面有效的保护？在谈论数字时代的未成年人保护问题时，还是先要讨论几个基本的原则问题。联合国儿童权利委员会在2021年3月发布了《关于与数字环境有关的儿童权利的第25号一般性意见》，该一般性意见明确了在数字时代开展未成年人工作应该遵循的四项基本原则。[①]笔者就结合该意见来对这些原则进行讨论。

1.不歧视原则

该一般性意见明确儿童不受歧视的权利，要求缔约国确保所有儿童以对他们有益的方式，平等有效地进入数字环境。“委员会呼吁各缔约国采取积极措施，防止基于性别、残疾状况、社会经济背景、族裔或民族血统、语言或任何其他原因的歧视，以及对少数群体和土著儿童、寻求庇护的儿童、难民和移民儿童、贩运或性剥削受害儿童和幸存的儿童、接受替代照料的儿童、被剥夺自由的儿童以及处于其他脆弱处境的儿童的歧视。需要采取具体措施，消除女童因性别面临的数字鸿沟，并确保特别关注可接入性、数字素养、隐私和网络安全等问题。”[②]

一个明显的事实是，儿童由于所在国家经济发展程度、家庭经济状态、性别等方面的差异，在享受数字时代发展成果方面面临着巨大的差别，这种差别构成了事实上对部分儿童的歧视。《2017年世界儿童状况——

① 参见联合国儿童权利委员会：《关于与数字环境有关的儿童权利的第25号一般性意见》，2021年3月2日，CRC/C/GC/25。

② 联合国儿童权利委员会：《关于与数字环境有关的儿童权利的第25号一般性意见》，2021年3月2日，CRC/C/GC/25，第11段。

数字时代的儿童》报告提出："弥合数字鸿沟远不止普及互联网这么简单。对于无法使用电脑的儿童来说，他们只能使用手机获得次优的上网体验。缺乏数字信息技能的儿童以及讲少数族裔语言的儿童很多时候无法在网上找到有用的信息；数字鸿沟还反映了目前的经济差距，富裕家庭的儿童从中得到的益处越来越多，而最贫穷、最弱势的儿童却没有享受到数字时代的机遇；性别鸿沟也存在于数字世界中。2017年，全球范围内使用互联网的男性比女性多12%。在印度，女性网民的比例还不到三分之一。"①所以从全球儿童保护事业发展的角度看，解决数字鸿沟、消除数字时代对儿童的歧视将是漫长的历史过程。

我国在《未成年人保护法》修订时特别强调了不歧视原则，该法第三条第二款规定："未成年人依法平等地享有各项权利，不因本人及其父母或者其他监护人的民族、种族、性别、户籍、职业、宗教信仰、教育程度、家庭状况、身心健康状况等受到歧视。"其中"户籍""职业""教育程度""身心健康状况"等都是法律修订时新增加内容，而且将"家庭财产状况"扩展为"家庭状况"，目的在于强调对留守以及父母离异等家庭未成年人的平等保护。

上述法律规定的原则同样适用于数字空间。在数字时代我们更要特别强调不歧视原则，具体而言需要特别注意的是：一是要保障所有未成年人都有机会平等有效地进入数字环境，包括在疫情特殊时期有机会接受在线教育。根据共青团中央维护青少年权益部和中国互联网络信息中心在2021年发布的《全国未成年人互联网使用情况研究报告》，到2020年我国城镇未成年人互联网普及率为95.0%，农村未成年人互联网普及率为94.7%，

---

① 联合国儿童基金会：《2017年世界儿童状况——数字时代的儿童》，载联合国儿童基金会网站2017年12月，https://www.unicef.cn/media/4606/file。

两者差距已经非常微弱。二是不论未成年人有何差异，在网络虚拟空间都应受到平等对待，平台企业不应通过数字画像、信息屏蔽等方式对未成年人区别对待。三是不论是成年人还是未成年人，都要在网络虚拟空间尊重存在差异的未成年人，不能因为未成年人在性别、民族、种族等方面的任何差异而歧视性对待。特别要强调的是，网络上的不良信息以及网络欺凌现象背后反映着典型的歧视问题。怎样建设一个互相尊重和包容的数字社会，是数字时代未成年人保护面临的一个长期挑战。

2. 儿童最大利益原则

这一原则源自《儿童权利公约》第3条规定。我国将其翻译为，“关于儿童的一切行动，不论是由公私社会福利机构、法院、行政当局或立法机构执行，均应以儿童的最大利益为一种首要考虑”。其中“the best interests of the child shall be a primary consideration”被翻译为汉语的“儿童最大利益原则”。第25号一般性意见特别强调，“缔约国应确保在提供、监管、设计、管理和使用数字环境的所有行动中，将儿童最大利益原则作为首要考虑”。“在考虑儿童的最大利益时，缔约国应考虑到儿童的所有权利，包括寻求、接受和传递信息的权利、不受伤害的权利和对他们的意见给予适当考虑的权利，并确保对儿童最大利益原则的评估和所适用标准的透明度。”①

在以往我国关于未成年人保护的各种立法政策讨论以及司法实践中，社会各界对儿童最大利益原则产生各种不同理解，有很多人认为这种说法

① 联合国儿童权利委员会：《关于与数字环境有关的儿童权利的第25号一般性意见》，2021年3月2日，CRC/C/GC/25，第12-13段。

并不符合汉语表述的习惯。基于更加符合汉语习惯并能最大限度体现公约精神的思路，新修订的《未成年人保护法》在尊重公约要求的基础上，规定了保护未成年人应当坚持“最有利于未成年人”的原则。与此原则相关，我国《未成年人保护法》第四条规定了处理未成年人问题的六项基本要求。该条规定：“保护未成年人，应当坚持最有利于未成年人的原则。处理涉及未成年人事项，应当符合下列要求：（一）给予未成年人特殊、优先保护；（二）尊重未成年人人格尊严；（三）保护未成年人隐私权和个人信息；（四）适应未成年人身心健康发展的规律和特点；（五）听取未成年人的意见；（六）保护与教育相结合。”数字时代开展未成年人保护工作也必须坚持儿童最大利益原则，我国在开展相关工作时必须遵守上述六项具体要求。

3.确保儿童生命、生存与发展原则

人们往往把《儿童权利公约》规定的儿童各项权利概括为生存权、发展权、受保护权、参与权，第25号一般性意见在此特别强调了生命权、生存权和发展权。该意见特别强调，“数字环境提供的机会对儿童的发展发挥着越来越重要的作用，可能对儿童的生活和生存至关重要，特别是在危机情况下。缔约国应采取一切适当措施，保护儿童的生命权、生存权和发展权免受威胁”。“使用数字设备不应造成伤害，也不应取代儿童之间或儿童与父母或照顾者之间的面对面互动。缔约国应特别关注技术在儿童生命早期的影响，此时大脑的可塑性最强；此外，社会环境，特别是儿童与父母和照顾者之间的关系，对塑造他们的认知、情感及社会发展至关重要。取决于技术的设计、目的和用途，开始的几年可能需要采取预防措施。应向父母、照料儿童者、教育工作者和其他相关行为者提供关于正当使用数

字设备的培训和建议，同时考虑关于数字技术对儿童的发展，特别是在儿童和青少年早期神经发育关键期的影响的研究。”①

我国在修订《未成年人保护法》时，将原来“未成年人享有生存权、发展权、受保护权、参与权等权利”修改为“国家保障未成年人的生存权、发展权、受保护权、参与权等权利”。简单的文字修改更加明确了国家在保障未成年人实现上述权利方面的责任。在此要特别强调的问题是：一是生命权、生存权是各项权利的基础，《儿童权利公约》第6条规定：“缔约国确认每个儿童均有固有的生命权。缔约国应最大限度地确保儿童的存活与发展。”在数字时代，不仅要防范基于网络发生的各种故意伤害行为，特别是可能的恐怖分子和极端暴力分子实施的针对未成年人的各种犯罪行为，更要特别预防网络上的宣传和煽动自杀、自伤等行为。二是要平衡和全面认知数字时代未成年人的发展权问题。未成年人有权平等地获得数字环境，这是保障儿童发展权的重要内容。但过度参与可能导致对未成年人身心健康的严重损害，父母过早依靠数字产品对孩子的陪伴和教育可能影响孩子情感发育。“数字鸿沟”带来了两个不同的问题：在很多发展中国家儿童缺乏连接网络的机会，但在类似中国这样未成年人网络普及率极高的国家，沉迷网络又成了另一个严重的问题。所以从数字时代的未成年人保护来说，要实现保护与发展两项权利的有效平衡。在弥补“数字鸿沟”的过程中，也要及时提升未成年人的网络素养，强化对未成年人权益的特殊保护。但如何适用这一原则，在具体操作中如何保持这种平衡？在实践中将是一个复杂的问题。

① 联合国儿童权利委员会：《关于与数字环境有关的儿童权利的第25号一般性意见》，2021年3月2日，CRC/C/GC/25，第14-15段。

4.尊重儿童意见原则

《儿童权利公约》确定了儿童的参与权，该公约第12条规定，“1.缔约国应确保有主见的儿童有权对影响到其本人的一切事项自由发表自己的意见，对儿童的意见应按照其年龄和成熟程度给予适当的看待。2.为此目的，儿童特别应有机会在影响到儿童的任何司法和行政诉讼中，以符合国家法律的诉讼规则的方式，直接或通过间接代表或适当机构陈述意见”。第25号一般性意见强调了在数字时代对儿童参与权的特别保护，该意见强调：“数字环境为他们提供了对影响他们的问题发表意见的重要机会。数字技术的使用有助于儿童在地方、国家和国际层面的参与。缔约国应提高对儿童表达意见的数字手段的认识，促进利用这些数字手段，并为儿童在与成人平等的基础上（在需要时以匿名方式）进行参与提供培训和支持，以便他们能够单独和作为一个群体有效地倡导自己的权利。”①

第25号一般性意见还特别强调：“在制定与数字环境有关的儿童权利的立法、政策、方案以及开发服务和培训时，缔约国应让所有儿童参与进来，倾听他们的需要，并对他们的意见予以适当重视。应该确保数字服务提供商积极与儿童接触，采用适当的保障措施，并在开发产品和服务时适当考虑他们的意见。”②在修订《未成年人保护法》时，全国人大常委会对《未成年人保护法（修订草案）》第一次公开征求意见，截至2019年11月25日，共收到37000多人提出的45000多条意见，其中未成年人有17000

---

① 联合国儿童权利委员会：《关于与数字环境有关的儿童权利的第25号一般性意见》，2021年3月2日，CRC/C/GC/25，第16段。

② 联合国儿童权利委员会：《关于与数字环境有关的儿童权利的第25号一般性意见》，2021年3月2日，CRC/C/GC/25，第17段。

多人，提出了21000多条意见，约占总意见数量的45%。[①]这充分体现了未成年人对自身权益的关心关注，充分说明了未成年人权利意识、法律意识的增强。

但在与数字时代未成年人保护相关的议题上，各国在立法时都不得不考虑这样一个问题：从未成年人的角度来看，应该保障他们更多参与的机会，很多保护性的措施侵害了他们参与的权利；但从成年人的角度来看，鉴于未成年人的脆弱性，应该给予他们更多的特殊性保护。比如为了防止未成年人沉迷网络，国家可能要限定未成年人玩网络游戏的时间；为了保护未成年人免受不良信息的侵害，国家可能要求网络服务企业使用各种技术屏蔽措施等；为了避免损害未成年人的身心健康，国家可能禁止低于一定年龄的未成年人担任主播等。但站在未成年人的视角，这些措施可能就损害了他们参与的权利。如何平衡两种观点，如何在保障未成年人参与权的同时实现对他们权利的有效保护？这是进入数字时代以来亟须思考和解决的重要问题。但不论怎样，保障未成年人的参与权应该是数字时代未成年人保护的一个基本原则，在制定任何特殊保护的政策时都应该考虑到这一原则。

三、不良信息对未成年人的影响

数字时代颠覆了传统的教育方式，未成年人可以轻松地从网络上获得各种资讯，传统家长和老师的教育面临严峻的挑战。但网络内容呢？不同

---

① 《未保法修订草案已收到45000多条意见》，载人民网百家号2019年11月28日，https://baijiahao.baidu.com/s?id=1651408603818424360&wfr=spider&for=pc。

国家都意识到了不良网络内容给未成年人思想和心理带来的负面影响。要指出的是，我们在这里讨论的不良信息与国际社会关注的内容风险是一致的，由于我国在相关立法政策中统一使用不良信息的提法，所以我们在本研究中统一表述为“不良信息”。

《2017年世界儿童状况——数字时代的儿童》报告提出：内容风险是指“儿童暴露在不健康、不适宜的内容面前，其中可能包括与性、色情和暴力相关的影像，某些类型的广告，含有种族主义、歧视或仇恨言论的内容，以及宣扬自残、自杀、厌食等不健康行为或危险行为的网站。”[①]2021年10月国际电信联盟的政策简报中介绍了未成年人在接触内容方面的风险，这主要包括：“接触不准确或不完整的信息、不适当甚至犯罪的内容，如接触成人/极端分子/暴力/血腥内容、自虐和自残相关内容、破坏和暴力行为、激进或附和种族主义或歧视性思想。”[②]如何确定网络不良内容的标准？怎样有效管理网络内容？由于各国政治制度以及治国理政的思想存在差异，各国管理制度也都存在巨大的差异。

1.国外对网络不良信息的关注

尽管欧洲社会高度重视言论自由的政治权利，但早在1999年，欧洲议会（European Parliament）和欧盟理事会（European Council）就联合发布了《打击全球网络上的非法和有害内容，促进互联网安全的多年社

① 联合国儿童基金会：《2017年世界儿童状况——数字时代的儿童》，载联合国儿童基金会网站2017年12月，https://www.unicef.cn/media/4606/file。

② See International Telecommunication Union (ITU), *ITU Policy Brief based on the ITU Guidelines on Child online Protection: Keeping children safe in the digital environment: The importance of protection and empowerment*, ITU (Oct. 2021), https://www.itu.int/en/ITU-D/Cybersecurity/ Documents/COP/20-00802_COP-Policy_Brief.pdf.

区行动计划》（Multiannual Community Action Plan on Promoting Safer Use of the Internet by Combating Illegal and Harmful Content on Global Networks），该计划提出：欧盟委员会的决策者们普遍认为，未成年的网络使用者对不良内容的免疫力差，应该避免让其在网上接触到色情、暴力等信息。为了给欧洲的未成年人提供一个更加安全的上网环境，该行动计划提出了五项方针，包括成立举报热线、过滤线上内容、完善相关法规、规范自律行为以及提高公众意识。①

根据英国皇家公共卫生协会（Royal Society for Public Health）发布的文件，青年健康运动（Youth Health Movement）在2017年对1479名14—24岁的受访者进行了一项调查，其调查报告指出，使用Instagram、脸书（Facebook）、Snapchat和推特（Twitter）等社交媒体平台会对这一年龄段的未成年人及青年的心理和精神健康产生负面影响，包括制造身材焦虑，增加孤独感、焦虑感和抑郁感等情绪。②英国2019年的一份报告表明，有害内容和活动对儿童和年轻人尤其有害，人们越来越关注有害内容和活动对儿童心理健康和福祉的潜在影响。英格兰、威尔士和苏格兰的首席医疗官（Chief Medical Officers）提倡采取预防措施来保护儿童免受有害内容的侵害，因为这可能会影响他们的心理健康或发育。③

---

① See Communication from the Commission to the Council, the European Parliament, the European Economic and Social Committee and the Committee of the Regions, final evaluation of the implementation of the multiannual Community Action Plan on promoting safer use of the Internet by combating illegal and harmful content on global networks, EUR-Lex,https://eur-lex.europa.eu/LexUriServ/LexUriServ.do?uri=COM:2006:0663:FIN:EN:PDF.

② See Royal Society for Public Health, *Social Media and Young People's Mental Health and Wellbeing*, Technology and Child Mental Health, May 2017, p.17.

③ See Department for Digital, Culture, Media & Sport and Home Office, *Online Harms White Paper*, the UK Government (Apr.8, 2019), https://www.gov.uk/government/consultations/online-harms-white-paper.

脸书“吹哨人”豪根（Frances Haugen）透露了一项脸书的研究调查结果，13.5%的少女表示Instagram让她们加重了自杀的念头。17%的少女说Instagram让饮食失调变得更糟。脸书（Facebook）自己的研究表明，随着这些年轻女性开始消费这种饮食失调的内容，她们变得越来越沮丧，这实际上使她们更多地使用该应用程序，因此她们最终陷入了恶性的反馈循环，越来越讨厌自己的身体。脸书（Facebook）自己的研究还表明，Instagram不仅对青少年构成危险，还会伤害青少年，而且它明显比其他形式的社交媒体更糟糕。①

2017年7月，《纽约时报》报道了“儿童邪典”情况，引起全美关注。短片的内容如米老鼠被一辆车撞得血溅路口，《冰雪奇缘》里的艾莎公主接受各种开喉咙、开颅手术，由真人扮演动画片中的超级英雄蜘蛛侠捆绑艾莎公主等，将孩子熟悉的卡通人物进行“二次塑造”，衍生出关于捆绑、虐待、流血的内容和真人动漫，大多包含着暴力、色情和低级笑料。在社会各界的强烈抗议下，YouTube开始大规模下线这类视频、封禁账号。到2017年11月，YouTube宣布删除了超过50个相关频道、15万个视频。②

美国1996年制定的《通信规范法》首次通过立法明确对网络色情淫秽信息内容进行规制，防止未成年人接触此类有害信息。《通信规范法》规定了针对故意向不满18岁的儿童发送“淫秽（Obscene）”或“不雅（Indecent）”信息（根据当地社区标准确定）的刑事诉讼理由。禁止故意向未成年人发送或展示包含性或排泄活动或器官的“明显冒犯性

---

① 参见《Facebook吹哨人亮明身份：他们牺牲社会利益赚取利润》，载新浪科技百家号2021年10月5日，https://baijiahao.baidu.com/s?id=1712759720530419782&wfr=spider&for=pc。

② 参见《扫黄打非办清查“儿童邪典视频”专家：视频平台应受罚》，载新华网百家号2018年1月23日，https://baijiahao.baidu.com/s?id=1590336798566681350&wfr=spider&for=pc。

(Patently Offensive)”信息。《通信规范法》对涉及网络淫秽内容的监管尝试在生效后立即引发了巨大争议，被指责侵犯了公民的言论自由。1997年6月美国最高法院对雷诺诉美国公民自由联盟案（Reno v. American Civil Liberties Union）[①]作出终审裁定，判定《通信规范法》违反了美国宪法第一修正案赋予公民的言论自由的权利，法案中关于禁止淫秽内容的条款被废止，只有一项条款经受住了宪法审查的考验，即当时看来有利于保护言论自由的第230条。第230条规定：“交互式计算机服务的提供者或使用者不得被认定为由其他内容提供者所提供信息的出版者或发布者。”[②]根据这一规定，互联网服务的运营商不应被视为出版者或发布者，因而不对使用其服务的第三方言论承担法律责任。该法案第230条同时赋予了互联网平台企业豁免权，使其不会因出现在其平台上的内容或删除部分内容而遭到起诉，这一条款放任了网络上不良信息的蔓延。

2000年美国通过的《儿童互联网保护法》(Children's Internet Protection Act，CIPA)，确认了过滤方法的正当性，规定要求学校、地方教育机构、公共图书馆在联网“计算机”上安装色情过滤系统，否则将无法获得政府提供的资金。美国立法机关本想限制网络上所有的淫秽色情内容，但在联邦最高法院裁定其违宪的背景下，只能退而求其次，通过规范学校等公共场所的计算机，来为未成年人提供一个相对健康的网络空间。随着手机等智能终端的应用，未成年人可以更便捷地随时使用自己的手机、平板等设施上网，这一法案的成效由此大打折扣。

---

① Reno v. American Civil Liberties Union, 521 U.S. 844 (1997).

② See Section 230 of the Communication Decency Act: “No provider or user of an interactive computer service shall be treated as the publisher or speaker of any information provided by another information content provider.”

2.中国对网络不良信息的关注

随着国外对“儿童邪典”的封禁，有些视频流入了国内，并衍生出中国版“儿童邪典片”，不仅将文字语言换成了中文，还仿制拍摄、剪辑、制作、传播系列视频，甚至将孩子作为拍摄对象。2018年2月，对舆论曝光网上流传“邪典”视频，全国“扫黄打非”办公室部署开展“邪典”等涉儿童色情信息网络专项整治，清理有害信息37万余条，对提供传播视频的多个互联网平台予以行政处罚并曝光，严厉查处制作“邪典”视频的企业，有关负责人被刑事拘留。[①]2018年，中央电视台曝光了快手、火山小视频等网站发布有“未成年妈妈”的视频内容。[②]后来相关公司因此受到调查，公司主要负责人也公开道歉。

中国青少年研究中心相关研究者2017年在《预防青少年犯罪研究》杂志发表了《网络不良信息与未成年人权益保护的研究报告》，研究报告的基础是中国青少年研究中心开展的“网络不良信息与未成年人保护”课题调研，这是目前比较少的就此开展专题研究的文章，该文章介绍：“83.1%的人认为网络不良信息对未成年人影响很大，其中对未成年人影响较大的网络不良信息主要是淫秽色情信息（90.1%）、暴力恐怖信息（78.8%）和价值观扭曲信息（76.1%）。”“与普通未成年人相比，未成年犯在犯罪前对网络暴力信息的模仿和转发的比例较高，其中，模仿的占21.7%，比普通未成年人高出近20个百分点；转发给朋友或同学的占21.5%，比普通未成年人高出17个百分点。由此可见，网络暴力信息对未成年人犯罪行为模式

① 《2018年我国“扫黄打非”工作十件大事》，载新华网百家号2018年12月29日，https://baijiahao.baidu.com/s?id=1621172065662153220&wfr=spider&for=pc。

② 参见《网络直播频现“未成年妈妈”等不良视频 涉事平台已作相应整改》，载央广网百家号2018年4月3日，https://baijiahao.baidu.com/s?id=1596729812286718846&wfr=spider&for=pc。

具有一定的原因力。”“网络不良信息所传播的扭曲的价值观念、偏差的行为模式会影响未成年人的价值判断标准，诱发违法犯罪心理，导致未成年人出现不良行为和犯罪行为。在所调查的未成年犯中，41.1%的未成年犯认为自己犯罪是受网络不良信息的影响。其中，受网络暴力恐怖信息影响的占65.5%，受网络色情信息影响的占56.4%，受网络虚假信息影响的占24.9%，受价值观扭曲信息影响的占20%。个案访谈也证实了这一点。”[①] 根据2018年2月中国青年报的报道，2017年发生在湖南的一起惨案就是起因于未成年人接触了暴力电子游戏后，为了体验虚拟世界杀人的“刺激快感”，将23岁的女邻居残忍杀害。在案发前的几个月时间内，这名15岁的未成年人接触了多种暴力游戏，对其中一款名为“侠盗飞车”的游戏尤其沉迷。在这款游戏的情节设定中，玩家可以扮演“黑社会”杀人。案发后这名未成年人供述其作案是为了体验一下真的杀人是什么感觉，是不是像在游戏中一样既简单又有快感。[②]

根据共青团中央维护青少年权益部发布的《2020年全国未成年人互联网使用情况研究报告》，在2020年全国65.5%的未成年网民未在上网过程中遭遇过不良信息，较2019年（54.0%）提升11.5个百分点。其中，血腥、暴力或教唆犯罪内容比例下降最为明显，从2019年的19.7%下降至2020年的10.4%，下降了9.3个百分点。尽管相关不良内容都有下降，但还是有超过一半的未成年人在上网时遭遇过不良信息，其中遭遇过淫秽色情内容的有14%，自杀自残等消极思想内容的有12.1%，歪曲传统文化或历史人物内容的有10.7%，宣扬邪教和封建迷信内容的有8.5%，含有吸毒和违禁药

---

① 郭开元：《网络不良信息与未成年人权益保护的研究报告》，载《预防青少年犯罪研究》2017年第4期。

② 袁汝婷、苏晓洲：《网络“死亡游戏”真实上演——青少年沉迷暴力电子游戏调查》，载《中国青年报》2018年2月8日，第3版。

物的有7.1%等。[①]

尽管我国严打网络上明显的淫秽色情内容，但一些游戏、漫画、视频、小说中还是存在相关问题。有些平台含有“软色情”“打色情擦边球”类的内容，虽然在法律上难以将这类内容界定为淫秽色情信息，但是其充满挑逗、诱惑意味，给人性暗示，这严重影响了未成年人的身心健康。未成年人自杀也已成为影响未成年人身心健康的一个社会问题，有一些网络死亡游戏已经对未成年人的学习、生活造成很大影响，如臭名昭著的蓝鲸游戏等。恐怖主义、分裂主义、极端主义不但会给未成年人的心理、生理造成极大的伤害，也会影响社会的稳定与和谐。更严重的是，一些低俗、颓废的内容扭曲了未成年人的人生观、世界观和价值观，影响了未成年人身心健康成长。

3.中国相关立法政策对网络内容的规范

《未成年人保护法》在社会保护和网络保护两章都强调了国家鼓励有利于未成年人健康成长内容创作，并提出了“影响未成年人身心健康”和“有害未成年人身心健康”两个标准。在社会保护一章第五十条规定了有害未成年人身心健康内容的主要情形，该条规定：“禁止制作、复制、出版、发布、传播含有宣扬淫秽、色情、暴力、邪教、迷信、赌博、引诱自杀、恐怖主义、分裂主义、极端主义等危害未成年人身心健康内容的图书、报刊、电影、广播电视节目、舞台艺术作品、音像制品、电子出版物和网络信息等。”在网络保护一章第六十七条规定网信等部门确定影响未

---

① 共青团中央维护青少年权益部、中国互联网络信息中心：《2020年全国未成年人互联网使用情况研究报告》，载中国互联网络信息中心网站2021年7月，https://www.cnnic.net.cn/6/86/116/index.html。

成年人身心健康网络信息的种类、范围和判断标准，该条具体规定："网信部门会同公安、文化和旅游、新闻出版、电影、广播电视等部门根据保护不同年龄阶段未成年人的需要，确定可能影响未成年人身心健康网络信息的种类、范围和判断标准。"在该法第八十条第一款和第二款分别规定了网络企业对两种不同情况应当采取的措施，"网络服务提供者发现用户发布、传播可能影响未成年人身心健康的信息且未作显著提示的，应当作出提示或者通知用户予以提示；未作出提示的，不得传输相关信息。网络服务提供者发现用户发布、传播含有危害未成年人身心健康内容的信息的，应当立即停止传输相关信息，采取删除、屏蔽、断开链接等处置措施，保存有关记录，并向网信、公安等部门报告"。

《互联网信息服务管理办法》《互联网文化管理暂行规定》《互联网视听节目服务管理规定》等法规规章都规定了相关内容的标准。《未成年人节目管理规定》具体规定了未成年人节目不得包含的内容，该规定第九条规定："未成年人节目不得含有下列内容：（一）渲染暴力、血腥、恐怖，教唆犯罪或者传授犯罪方法；（二）除健康、科学的性教育之外的涉性话题、画面；（三）肯定、赞许未成年人早恋；（四）诋毁、歪曲或者以不当方式表现中华优秀传统文化、革命文化、社会主义先进文化；（五）歪曲民族历史或者民族历史人物，歪曲、丑化、亵渎、否定英雄烈士事迹和精神；（六）宣扬、美化、崇拜曾经对我国发动侵略战争和实施殖民统治的国家、事件、人物；（七）宣扬邪教、迷信或者消极颓废的思想观念；（八）宣扬或者肯定不良的家庭观、婚恋观、利益观；（九）过分强调或者过度表现财富、家庭背景、社会地位；（十）介绍或者展示自杀、自残和其他易被未成年人模仿的危险行为及游戏项目等；（十一）表现吸毒、滥用麻醉药品、精神药品和其他违禁药物；（十二）表现吸烟、售烟和酗酒；（十三）表现违反社会公共道德、扰乱社会秩序等不良举止行为；（十四）渲染帮会、黑社会组织的各类仪式；（十五）宣传、介绍不利于未成年人身心健康的网络游戏；（十六）法律、行政法规禁止的其他内容。以科普、教育、警示为目的，制作、传播的节目中确有必要出现上述内容的，应当根据节目内容采取明显图像或者声音等方式予以提示，在显著位置设置明确提醒，并对相应画面、声音进行技术处理，避免过分展示。”《网络信息内容生态治理规定》规定了违法信息和不良信息的标准，这两个标准对于保护未成年人免受不良信息的侵害也有重要意义。

中国建立了由中宣部牵头、多部门联动的全国“扫黄打非”联动机制。在数字时代，全国“扫黄打非”联动机制的主要使命是构建清朗的网络空间。根据公开数据，2021年，在其协调下，全国共处置淫秽色情等各类有害信息1900万条，网络空间进一步清朗；全年各地有关部门共查处“扫黄打非”相关案件1.3余万起，其中网络案件4500余起，有力打击了违法犯罪活动。其中于2021年6月至10月开展的“净网”集中行动，着重清理网络直播、网络游戏、网络文学、网络社交、弹窗广告等5个领域的网络有害信息，共取缔关闭违法网站11万余个。[①]

遗憾的是，从全球儿童保护领域来看，对于不良信息对未成年人负面影响的研究是远远不够的。随着网络的快速发展尤其是未来元宇宙的发展，网络不良内容对未成年人的负面影响将更为严峻，笔者认为至少有三方面的问题：一是网络不良信息与犯罪的关系。中国青少年研究中心相关研究人员的研究提出网络不良信息诱发了违法犯罪心理，导致未成年人出现不良行为和犯罪行为，两者之间存在明显的正向影响关系。[②]但从国际

---

① 参见《全国“扫黄打非”办公室公布2021年度“扫黄打非”工作十大数据》，载中国扫黄打非网2022年1月10日，https://www.shdf.gov.cn/shdf/contents/767/441869.html。

② 参见郭开元：《网络不良信息与未成年人权益保护的研究报告》，载《预防青少年犯罪研究》2017年第4期。

社会来看，这种研究还远远不够。尽管美国社会深受暴力犯罪的影响，但网络上肆虐的暴力游戏与暴力犯罪之间是否有明显的正向关系？特朗普在任总统时关注了这一问题，但并未采取实质性的措施。二是不良信息与精神疾病的关系。近年来，无论是临床试验、学术研究，还是媒体报道，都热切关注进入数字时代以来，大规模使用互联网及电子通信设备给人类精神健康造成的负面影响。尽管越来越多的事例在说明这一问题，但仍然缺乏有说服力的全面研究。艾米·奥本（Amy Orben）在2020年发表了一篇综述性的研究《青少年、屏幕和社交媒体：对评论和关键研究的叙述性回顾》，对过去几年发表的80多篇文章进行研究后发现：数字技术的使用，特别是社交媒体与心理健康之间的关联是负面的，但非常微弱，数字技术使用与福祉（Well-being）之间的联系仍不清晰。①就以联合国为核心的广泛的国际社会而言，对网络影响精神健康的研究严重不足。即使是世界卫生组织这样关注全球精神卫生问题的权威机构，对此也缺乏足够的重视。世界卫生组织公布了自2005年至2022年连续18年的《世界卫生数据》（World Health Statistics），却并未涉及数字时代网络在改变人们生活方式的同时对其身心健康带来的影响；②其于2001年首次出版《精神卫生地图集》（Mental Health Atlas），并在2005年、2011年、2014年、2017年及2020年进行了数次更新，却始终未关注精神卫生领域在数字时代的新动态；③其于2012年发布的《精神卫生综合行动计划（2013—2030）》

---

① See Amy Orben, *Teenagers, screens and social media: a narrative review of reviews and key studies*, 55 Social Psychiatry and Psychiatric Epidemiology 407, 407–414 (2020).

② See World Health Organization (WHO), *World Health Statistics*, WHO (May 20,2021), https://www.who.int/data/gho/publications/world–health–statistics.

③ See World Health Organization (WHO), *Mental Health Atlas*, WHO (Oct.8, 2021), https://www.who.int/publications/i/item/9789240036703.

（Comprehensive Mental Health Action Plan 2013—2030）[①]、于2022年发布的《世界精神卫生报告：改变所有人的精神卫生》（World Mental Health Report：Transforming Mental Health for All），越来越强调精神健康对人类发展的重要意义，却并未关注数字时代给人类健康带来的更加复杂的新背景、新问题和新挑战。[②]此外，早在2014年，世卫组织就针对过度使用互联网、电脑、智能手机及类似电子设备造成的“行为成瘾（Behavioural Addictions）”问题在东京召开大会，随后发布了相关会议报告，但这一尝试却缺乏有效的后续跟进措施，此后三年虽又陆续在韩国、中国香港及土耳其举办同主题大会，却再未发布后续相关研究报告。[③]三是不良信息与极端思想的关系。尽管很多国家都高度关注恐怖思想、仇恨言论等，但由于各国对恐怖主义、仇恨言论定义的标准不同，这导致了在现实生活中，在网络上恐怖、极端、仇恨的言论依然非常普遍。

未成年人只有在成长过程中受到良好价值观的引导和教化，人类文明才能得以传承和发扬。当前世界各国都越来越认识到的一个问题是，平台上极端、仇恨、虚假等不良信息给未成年人的价值观及身心健康带来了越来越严重的负面影响，但如何规制却面临巨大的分歧。西方很多国家过于强调的言论自由将成为规制网络不良信息的强大阻力。如何全面理解联合国人权公约的相关规定？如何保障用户言论自由的权利？我们在用户权利部分专门进行了讨论。可以明确的是，不论依据联合国相关公约，还是根

---

① See World Health Organization (WHO), *Comprehensive Mental Health Action Plan 2013–2030*, WHO (Sep.21, 2021), https://www.who.int/publications/i/item/9789240031029.

② See World Health Organization (WHO), *World Mental Health Report: Transforming Mental Health for All*, WHO (Jun.16, 2022), https://www.who.int/publications/i/item/9789240049338.

③ See World Health Organization (WHO), *Meeting Report: Public Health Implications of Excessive Use of the Internet, Computers, Smartphones and Similar Electronic Devices*, WHO (Sep.9, 2015), https://www.who.int/publications/i/item/9789241509367.

据世界各国相关法律，言论自由从来都不是绝对的。为了传承人类文明，为了保障未成年人受到人类文明的有效熏陶，世界各国都应当高度重视不良信息对未成年人的负面影响问题，都应该及时采取法律措施给以规制。

四、针对未成年人的网络欺凌

不良信息是静态的，针对的是网上所有人，未成年人作为用户可以选择忽视；但网络欺凌是动态的，针对的是特定人，受到侵害的未成年人很难回避。随着人类社会进入数字时代，尤其是元宇宙的普及，未成年人将面临更加复杂的网络欺凌局面。根据联合国儿童基金会介绍：在30个国家中，有三分之一以上的年轻人报告称受到网络欺凌，有五分之一的人因此逃学。[①]所以如何理解网络欺凌以及由此给未成年人带来的伤害，将是数字时代未成年人保护的重要课题。

1. 国际社会对未成年人网络欺凌问题的关注

联合国儿童基金会在报告中引用了美国网络欺凌研究中心（Cyberbullying Research Center）对网络欺凌的定义，即“通过使用电脑、手机和其他电子设备，故意且重复性地对他人造成伤害”[②]。例如：在社交媒体上散播

---

① See United Nations International Children's Emergency Fund (UNICEF), *Protecting Children Online: Every Child must be Protected from Violence, Exploitation and Abuse on the Internet*, UNICEF (Feb.10, 2022), https://www.unicef.org/protection/violence-against-children-online.

② See United Nations International Children's Emergency Fund (UNICEF), *The State of the World's Children 2017: Children in a Digital World*, UNICEF (Dec. 2017), https://www.unicef.org/reports/state-worlds-children-2017.

关于他人的不实言论或发布令他人难堪的照片；通过即时通信平台向他人发送具有伤害性或威胁性的信息；冒充他人并以他人名义发送恶意信息。

网络欺凌给未成年人的身心带来严重的伤害。联合国儿童基金会在2019年2月发布警告称，全球有70.6%的15岁至24岁年轻网民正面临网络暴力、欺凌和骚扰的威胁，并呼吁采取协调行动，解决和预防针对儿童与年轻人的网络暴力行为。[①]为什么网络欺凌会引起世界范围的广泛关注？首先网络欺凌的方式包括但不限于利用电子邮件、即时通信工具（如QQ）、网上聊天室、手机短信、社交网站、微博、微信、网络投票工具等网络沟通与通信工具，传播他人的流言蜚语、谣言、令其难堪的图片和视频，或者擅自将他人的个人信息、隐私公之于众，导致被欺凌者的信息被大肆泄露。其次网络传播不受时空的限制，很容易在短时间内大范围传播，后果难以控制。而未成年人正处于成长的重要阶段，网络给其造成的伤害后果往往更为严重和持久，也更容易使未成年人发生学业表现差、产生较低的自尊感以及其他生理心理健康问题，甚至引发自杀、自伤等行为，严重伤害未成年人的身心健康。

国际电信联盟在《保护上网儿童政策制定者指南》中指出："尽管欺凌现象远在互联网出现之前就已存在，但网上欺凌行为的规模、范围和持续性的增加，可能会进一步加剧对受害者来说已经令人颓丧且往往有害的经历。网络欺凌被定义为通过使用计算机、手机和其他电子设备造成的故意和反复伤害。它经常与在学校或其他地方发生的离线欺凌并行发生，它可能具有额外的种族主义、宗教或性别歧视层面，并且可能通过诸如账户

---

① See Safer Internet Day: *UNICEF calls for concerted action to prevent bullying and harassment for the over 70 per cent of young people online worldwide*, UNICEF(Feb.4, 2019), https://www.unicef.org/press-releases/safer-internet-day-unicef-calls-concerted-action-prevent-bullying-and-harassment.

黑客、在线传播照片和视频以及全天候有害信息和内容的公布构成离线伤害的延伸。总的来说，网络欺凌是一个社会问题，而不是犯罪性质的问题，解决网络欺凌的政策需要一个整体的方法，包括学校、家庭以及至关重要的儿童自身。”①

2. 一些国家对未成年人网络欺凌问题的关注

美国网络欺凌研究中心是一家专门致力于研究网络欺凌问题的机构，由萨米尔·兴都佳（Sameer Hinduja）博士（佛罗里达大西洋大学）和贾斯汀·W. 帕钦（Justin W. Patchin）博士（威斯康星大学欧克莱尔分校）共同成立和领导。他们自2002年以来一直在研究网络欺凌，并于2005年首次推出专门的网站。他们将网络欺凌定义为：“通过使用计算机、手机和其他电子设备造成的故意和反复伤害。”②在2021年他们所做的最新调研中，大约有46%的学生报告说他们一生中经历过网络欺凌。当被问及过去30天内经历的特定类型的网络欺凌时，网上流传的谣言（33.2%）和刻薄或伤害性的评论（28.7%）仍然是最常报告的部分。42%的人报告称，在过去30天内曾两次甚至多次受到网络欺凌。③郭正正和杨斌艳撰写的《美国青少年互联网运用变化趋势（2000—2018）》一文介绍：“相比于网络欺凌研究中心，皮尤研究中心2018年的最新调查数

---

① See the International Telecommunication Union (ITU), *Guidelines for Policy-Makers on Child Online Protection 2020*, ITU (2020), https://www.itu-cop-guidelines.com/_files/ugd/24bbaa_b5fec426d50d4a21b721489099b5781f.pdf.

② See Cyberbullying Research Center, *What is Cyberbullying*, Cyberbullying Research Center(Jun.1, 2021), https://cyberbullying.org/what-is-cyberbullying.

③ See Cyberbullying Research Center, *2021 Cyberbullying Data*, Cyberbullying Research Center(Jun.1, 2021), https://cyberbullying.org/2021-cyberbullying-data.

据更为大胆，它们认为在所有的美国青少年中，大约有59%的人受到过网络欺凌。”[①]美国2009年关于《梅根·梅尔网络欺凌预防法》（Megan Meier Cyberbullying Prevention Act）的法案明确，实施网络欺凌适用刑法上的骚扰罪，将处以罚金或判处两年以下有期徒刑或两者并处，并承担相应的损害赔偿责任，规定“任何人在跨州或跨国贸易交流中，利用电子手段进行严重的、重复的和敌对的行为，意图强迫、恐吓、骚扰，或对他人造成实质性的精神困扰的，根据本法处以罚款或不超过两年的监禁，或两者并处”[②]。

澳大利亚在2015年通过了《加强网络安全法案》（Enhancing online safety Act）[③]，创设了专门负责保障儿童网络在线安全的机构，建立了要求网络社交媒体及时移除针对未成年人网络欺凌在线资料的制度，赋予该机构各种执法权力以发现和调查包括网络欺凌在内的未成年人网络受伤害案件。为提高学校、监护人以及儿童参与开展网络欺凌防治的意识，澳大利亚发起了国家安全学校项目。该项目由教育、培训、就业以及青少年事务委员会发起，主要在全国的中小学校开展预防针对未成年人的网络欺凌。[④]该项目要求每个学校都设立预防和应对网络欺凌的政策。如果学校没有建立或者执行这些政策，学校将被认为没有尽到照管义务而需要对网络欺凌事件的发生承担法律责任。此外，澳大利亚设立了电子安全专员办公

---

① 郭正正、杨斌艳：《美国青少年互联网运用变化趋势（2000—2018）》，载季为民、沈杰主编：《中国未成年人互联网运用报告（2020）》，社会科学文献出版社2020年版，第379–405页。

② See the Bill of H.R.1996, 111th Congress 1st Session, 2 April 2009.

③ *How the Online Safety Act Supports Those Most at Risk*, the Esafety Commissioner of the Australian Government, https://www.esafety.gov.au/diverse-groups/how-online-safety-act-protects-those-most-at-risk, last visited on 15 August 2022.

④ See Department of Education, Department of Employment and Workplace Relations of the Australian Government, *National Safe School Framework*, Australian Government, https://www.education.vic.gov.au/about/programs/bullystoppers/Pages/teachres.aspx, last visited on 15 August 2022.

室（Office of the eSafety Commissioner），作为国家安全学校框架的一部分，为澳大利亚儿童提供在线安全教育，为遭受网络欺凌的澳大利亚年轻人提供投诉服务和儿童求助热线，并处理非法在线内容。[①]此外，澳大利亚《2021年线上安全法案》扩大了线上服务提供商的责任，要求行业制定新的法规来规范非法和受限内容。包括最严重的有害材料，如显示对儿童性虐待或恐怖主义行为的视频，以及不适合儿童的内容。[②]

新西兰2015年出台的《有害数据通信法案》（Harmful Digital Communications Act 2015）也采取了类似澳大利亚的做法，通过立法创建新的机构和机制应对该类问题。例如建立新的政府部门以帮助受到网络欺凌的网络使用者，该机构可以将此类案件移送给地区法院，引入48小时内的网络在线内容删除程序，受害者可以要求网络服务提供商在该时限内移除对其有害的在线信息。[③]

此外，在2013年菲律宾就出台了《反欺凌法案》，要求学校建立和执行反对网络欺凌的政策，对于不建立相应政策和应对机制的学校，教育行政部门可以给予行政处罚。2014年新加坡通过的《反骚扰保护法案》对网络欺凌以及追踪行为给予了犯罪化处理。[④]

---

① See Internet Society, *Mapping Online Child Safety in Asia–Pacific*, Internet Society(Jul. 2017), https://www.internetsociety.org/wp-content/uploads/2021/01/Online-Child-Safety-in-Asia-Pacific-report-final.pdf.

② Learn About Online Safety Act, the Esafety Commissioner of the Australian Government, https://www.esafety.gov.au/diverse-groups/how-online-safety-act-protects-those-most-at-risk, last visited on 15 August 2022.

③ See Harmful Digital Communications Act 2015 (Version as at 9 March 2022), New Zealand Parliamentary Counsel Office, https://www.legislation.govt.nz/act/public/2015/0063/latest/whole.html.

④ See Internet Society, *Mapping Online Child Safety in Asia–Pacific*, Internet Society(Jul. 2017), https://www.internetsociety.org/wp-content/uploads/2021/01/Online-Child-Safety-in-Asia-Pacific-report-final.pdf.

3.我国对网络欺凌问题的重视

我国对欺凌的定义与国际社会的定义存在一定差异。新修订的《未成年人保护法》第一百三十条第三项规定，“学生欺凌，是指发生在学生之间，一方蓄意或者恶意通过肢体、语言及网络等手段实施欺压、侮辱，造成另一方人身伤害、财产损失或者精神损害的行为”。教育部在2021年6月1日公开发布、于9月1日实施的《未成年人学校保护规定》第二十一条第二款规定，“学生之间，在年龄、身体或者人数等方面占优势的一方蓄意或者恶意对另一方实施前款行为，或者以其他方式欺压、侮辱另一方，造成人身伤害、财产损失或者精神损害的，可以认定为构成欺凌”[①]。对比国外欺凌的定义，我国并不强调反复多次性的问题。所以在我国针对未成年人的网络欺凌主要是指依托网络实施的对未成年人的欺压、侮辱行为。

近些年来网络欺凌的问题受到社会高度关注。2018年团中央维护青少年权益部、中国社会科学院社会学研究所和腾讯公司发布的《中国青少年互联网使用及网络安全情况调研报告》显示，在青少年面临的诸多网络风险当中，遇到过网络欺凌的青少年比例最高，达71.11%，其中以网络嘲笑和讽刺、辱骂或者用带有侮辱性的词汇的形式比例最高，其余表现形式还有恶意图片或者动态图、语言或者文字上的恐吓等，遭遇场景多样化，包括社交软件、网络社区、短视频和新闻评论区域等。[②]一些影响恶劣的网络欺凌案件也多次引发社会广泛关注。2014年12月，广东省1名女孩因偷了一件价值89元的衣服，被店主蔡某将店内监控视频截图发布在微博上，该微博发出不久后，网友就扒出了该女孩的具体信息，包括其学校、家庭住址和

① 《未成年人学校保护规定》，中华人民共和国教育部令第50号，2021年6月1日发布。

② 《〈中国青少年互联网使用及网络安全情况调研报告〉发布》，载央广网百家号2018年5月31日，https://baijiahao.baidu.com/s?id=1601973878130131292&wfr=spider&for=pc。

微博昵称等，其偷衣服这件事以一种惊人的速度传播。后来该女孩跳河自杀身亡。当地法院一审认为店主蔡某的行为致女孩不堪受辱跳河自杀，情节严重，构成侮辱罪，判处蔡某有期徒刑一年。[①]2015年6月，四川资阳有几张照片在QQ、微博上流传甚广。照片中，3名女生包围着1位上身全裸的女生在自拍，其中1名白衣女生和另1名黑衣女生比出“剪刀手”。而照片中的受害女生则低着头，用手臂遮挡着自己的胸部。6月24日，资阳市乐至警方通过其官方微博通报了关于网曝“四川初中女生被羞辱”事件的调查处理情况：根据相关法律，对陈某等3人分别给予行政拘留并处罚款的行政处罚；对另2名未满14周岁的涉事人员进行批评教育，并责令相关监护人加强教育管理。[②]

一个不容回避的现象是，有些网上欺凌行为经常与线下的实际欺凌行为紧密相连，网络扩大了线下欺凌的影响，给被欺凌者带来更严重的心理创伤。要强调的是，在互联网上反复取笑、嘲弄他人或者利用邮件、文本通信等方式不断骚扰、威胁以及在网上散布其不愿意披露的个人信息、资料等照片行为均可以构成网络欺凌。共青团中央维护青少年权益部、中国互联网络信息中心共同发布的《2020年全国未成年人互联网使用情况研究报告》显示，2020年未成年网民在网上遭到讽刺或谩骂的比例为19.5%；自己或亲友在网上遭到恶意骚扰的比例为7.2%；个人信息未经允许在网上被公开的比例为4.9%。[③]

在司法实践中经常出现的问题是，有未成年人及其家长发现网络上有

---

① 参见刘亚：《朴素正义感下的阴影》，载《检察日报》2015年9月18日第5版。

② 参见《四川一女生被拍裸照羞辱　3名施暴女孩被行拘》，载央广网，http://news.cnr.cn/native/gd/20150625/t20150625_518956694.shtml。

③ 共青团中央维护青少年权益部、中国互联网络信息中心：《2020年全国未成年人互联网使用情况研究报告》，载中国互联网络信息中心网站2021年7月，http://www.cnnic.net.cn/NMediaFile/old_attach/P020210720571098696248.pdf，第25-26页。

针对自己的欺凌，可能是恶劣的侮辱，也可能是明显、长期的嘲讽，在向网络平台或司法机关举报时，平台或司法机关往往认为程度或后果并未达到违法犯罪的标准，不予及时处理。这种局面加重了对未成年人造成的伤害，也放任了网络欺凌现象的发生。所以不论网络平台还是司法机关，都需要增强对网络欺凌问题的敏感性。基于这样的背景，新修订的《未成年人保护法》从两个角度对此作出了规定。首先规定了禁止此类行为，任何组织或者个人不得通过网络以文字、图片、音视频等形式，对未成年人实施侮辱、诽谤、威胁或者恶意损害形象等网络欺凌行为；其次规定了救济方法，遭受网络欺凌的未成年人及其父母或者其他监护人有权通知网络服务提供者采取删除、屏蔽、断开链接等措施。网络服务提供者接到通知后，应当及时采取必要的措施制止网络欺凌行为，防止信息扩散。当然，在遭受网络欺凌后，未成年人及其家长有权及时向公安机关报告。

随着数字时代的发展，网络欺凌的问题将更为严峻。欺凌的本质是以强凌弱，是人类作为生物的一种原始本性。所以防止针对未成年人的欺凌，本质上还是教化，也就是引导和帮助未成年人用文明的、相互尊重和包容的、法治的方法来建立彼此的关系，处理彼此的矛盾。但从国家以及全球治理的视角来看，这又是一个基本的法律问题，也就是如何依法为孩子们建设一个免受欺凌的成长环境。网络欺凌往往发生在孩子们大多使用的数字平台上，作为一个基本的法律原则，各国要通过立法强化平台企业为孩子们建设文明安全网络环境的法律责任。比如，平台企业要担负社会责任，推动创作更多体现尊重、和谐、包容的优秀产品，从正面教育和引导孩子杜绝欺凌；平台企业要制定更为清晰的政策，组建专业的团队，及时对网络欺凌进行处理，采取措施关心和帮助那些遭受欺凌的孩子，以避免损害后果的扩大。因为平台企业的放纵和不同情形的过错，导致网络欺凌损害后果扩大的，平台企业应该承担法律责任。

五、未成年人的网络沉迷问题

我国很早就关注未成年人沉迷网络带来的相关问题。早在2009年，中国青少年研究中心就开展了《关于未成年人网络成瘾状况及对策的调查研究》，该研究显示，网瘾未成年人占未成年人网民的6.8%，男性未成年人网瘾比例高于女性未成年人。[①]2018年发布的《青少年成瘾行为调研报告——基于2017/2018青少年健康行为网络问卷调查数据分析》指出，18%的青少年每天玩电子游戏的时间超过4~5个小时，留守儿童有网瘾的比例高于非留守儿童。[②]2018年世界卫生组织将电子游戏成瘾列为精神疾病的一种，认为该成瘾行为的表现就是不能控制自己参与网络游戏的时间，导致对其他事情失去兴趣，严重到已经影响其个人、教育、职业等正常发展的程度，并且这种症状在12个月内表现明显。[③]我国中科院院士陆林在国家卫健委2018年9月25日例行新闻发布会上发言介绍，“据统计，全世界范围内青少年过度依赖网络的发病率是6%，我们国家的比这个稍高，接近10%左右。”[④]凡是互联网高度普及的国家，现在都不得不面对未成年人沉迷网

① 参见中国青少年研究中心课题组：《关于未成年人网络成瘾状况及对策的调查研究》，载《中国青年研究》2010年第6期。

② 参见《调查：中国二成青少年有电子游戏成瘾现象或风险》，载环球网百家号2018年7月2日，http://baijiahao.baidu.com/s?id=1604837063300163749&wfr=spider&for=pc。

③ See World Health Organization (WHO), *Addictive behaviours: Gaming disorder*, WHO (Oct.22, 2020), http://www.who.int/features/qa/gaming-disorder/en/.

④ 《国家卫生健康委员会2018年9月25日例行新闻发布会文字实录》，载国家卫生健康委员会网站，http://www.nhc.gov.cn/wjw/xwdt/201809/26a20e0a78e245ab849cb14d34d6ec4a.shtml。

络的现实挑战。

1. 国外对网络沉迷问题的关注

2017年英国皇家公共卫生协会在《社交媒体与青少年健康》的研究报告中指出，16—24岁的人中91%使用社交媒体，社交媒体被描述为比香烟和酒精更令人上瘾，其中一个重大负面影响表现在，在过去25年中年轻人的焦虑和抑郁率上升了70%，社交媒体的使用也与焦虑、抑郁和睡眠不佳的发生率增加有关。①

美国学者在2018年的一篇文章中指出，在美国针对8至12年级青少年（样本量为506820人）和13至18岁青少年自杀死亡的两项具有代表性的调查中，2010年至2015年，未成年人抑郁症状、自杀相关行为和自杀的比例有所上升，尤其是女性。在新媒体（包括社交媒体和智能手机等电子设备）上花费更多时间的未成年人更有可能出现心理健康问题；在“非屏幕”活动（如面对面的社交互动、运动/锻炼、家庭作业、纸质媒体、参加宗教仪式）上花费更多时间的未成年人出现心理问题的可能性较小。自2010年以来，未成年人使用新媒体、看屏幕的时间增加，“非屏幕”活动时间减少，这可能是抑郁、自杀增加的原因。②

郭正正和杨斌艳撰写的《美国青少年互联网运用变化趋势（2000—2018）》一文介绍：“值得注意的是，皮尤研究中心从2014年开始统计

---

① See Royal Society for Public Health(RSPH), *#Status of Mind Social Media and Young People's Mental Health and Wellbeing*, RSPH(May, 2017), https://www.rsph.org.uk/static/uploaded/d125b27c-0b62-41c5-a2c0155a8887cd01.pdf.

② See Jean M. Twenge, Thomas E. Joiner, Megan L. Rogers, Gabrielle N. Martin, *Increases in Depressive Symptoms, Suicide-Related Outcomes, and Suicide Rates Among U.S. Adolescents After 2010 and Links to Increased New Media Screen Time*, 6 Clinical Psychological Science 3, 3-17 (2018).

‘始终在线上’的青少年比例，该数值达到24%。如果与2014年拥有智能手机的青少年比例结合起来看的话不难发现，正是智能手机的广泛普及催生了‘几乎一直在网上’的青少年，这一比例也在之后的四年里迅速上升，在2018年达到了45%，直逼‘一天多次’上网的青少年比例。随着‘物联网’时代的到来，未来这一数值还会继续上升，超过‘一天多次’上网的青少年比例。”①根据该文中另一非营利公益组织常识（Common Sense）的介绍，与2015年相比，2019年青少年平均每天的上网时间由6小时40分钟增加到了7小时22分钟。随着越来越多美国未成年人花费更多的时间在网络的虚拟空间，未成年人沉迷网络游戏的问题引发了一些自杀案件，其中美国的几起诉讼值得我们关注。

在一起案件中，根据原告的指控：克里斯朵夫（Christopher）从小喜欢汽车、摇滚乐、户外活动，他在2012年就有了Facebook、Instagram、Snapchat等社交媒体账号，2014年时开始沉迷。他会整日整夜盯着自己的手机，即使第二天需要上学，也仍然经常凌晨3点下线。2014年12月他的双腿开始疼痛，2015年1月4日，他的家人都在清理圣诞节装饰时，他回到自己的房间，给他最好的朋友发了一条消息后，一手拿着步枪，一手拿着手机自杀身亡。在诉讼中原告代理律师提出，元宇宙平台和Snap在明知社交媒体可能导致青少年沉迷、造成生理和心理损害的情况下仍然如此设计并推销它们的社媒软件，没有尽到保护未成年人的责任；在2007—2018年间12—16岁未成年人自杀率增长146%，有研究表明大量使用社交媒体会导致青少年抑郁、形成自杀想法、睡眠时间减少。②

---

① 郭正正、杨斌艳：《美国青少年互联网运用变化趋势（2000—2018）》，载季为民、沈杰主编：《中国未成年人互联网运用报告（2020）》，社会科学文献出版社2020年版，第379-405页。

② See Dawley v. Meta Platforms, Inc. et al, No. 2:22-cv-00444.

在另一起案件中，亚历克西斯（Alexis）在11岁成为Instagram用户，之后她开始沉迷于社交媒体，每天盯着上面的各种内容看。由于每天都在接受如何变美、你应该怎样穿搭等消息，自信的亚历克西斯开始有抑郁情绪、经常生气、疏离家人，并进一步恶化为上瘾、焦虑、抑郁、自残、饮食障碍和自杀的念头。当“吹哨人”豪根发出消息后，一家人才发现了问题的缘由并提起诉讼。[①]还有一起案件情况是：11岁的赛琳娜（Selena）极端沉迷于Instagram和Snapchat已有2年多，在父母将她的电子设备没收时，她会离开家以使用社交媒体。在她选择自杀前的几个月，由于一天24小时不断收到各种消息，她每天的睡眠时间不断减少。赛琳娜收到了许多成年男性用户带有性暗示的信息，并且在Snapchat上发出了自己十分暴露的图片，这些图片被泄露给了她的同学，这使她在学校感到更加尴尬并被嘲讽。她也因为需要紧急心理干预而住院、多次因为网络沉迷而接受心理治疗，但问题并未有效解决，最后自杀身亡。原告指控赛琳娜的自杀是由“社交媒体软件设计中的缺陷、疏忽和不合理的危险特征所导致的”。[②]

根据媒体报道，2022年5月，加利福尼亚州议会批准了一项法案，该法案将使社交媒体公司对伤害沉迷于其娱乐内容的未成年人承担责任。Instagram和TikTok等平台可能会被要求支付高达2.5万美元的罚款。根据法案提出者乔丹·坎宁安（Jordan Cunningham）的说法，“对儿童进行不受约束的社会实验的时代已经结束，我们将保护儿童”。[③]

---

① See Kathleen Alexis and Jeffrey Spence v. Meta Platforms, Inc. No. 3:22-cv-03294.

② See Rodriguez v. Meta Platforms, Inc. et al, No.4:22-cv-00401.

③《加州新法案将允许父母因儿童成瘾而起诉社交媒体平台》，载网易网2022年5月27日，https://www.163.com/dy/article/H8C345PR0511BLFD.html。

2.在中国就游戏沉迷对大型平台企业提起的公益诉讼

多年前，我国未成年人沉迷网络游戏以致引发恶性案件的报道就经常见诸报端。在一起案件中，广东一名13岁的网瘾少年两年行窃200多次，为了继续打游戏，在两年间被抓了8次。[①]因为迷恋网络游戏大肆挥霍家中钱财的案件也多有发生。安徽省六安市一名17岁的少年迷上一款网络游戏，一个半月竟花掉了全家近26万元的积蓄。[②]

在我国的网络游戏中，腾讯的《王者荣耀》最具有代表性，这款游戏在2015年上线，很快就吸引了大量未成年人参与，也很快引发了很多未成年人沉迷其中。2017年6月，杭州一名13岁的学生因玩《王者荣耀》被父亲教训后从四楼跳下。此前4月底，有媒体报道称，广州一17岁少年狂打手游《王者荣耀》40小时，诱发脑梗，险些丧命。[③]在2017年人民日报、新华社等主流媒体多次发文，指出《王者荣耀》这款游戏给未成年人带来的种种问题。比如，2017年7月3日人民网刊登题为《人民网一评〈王者荣耀〉：是娱乐大众还是“陷害”人生》的文章称，《王者荣耀》正在面向社会不断释放负能量，质疑其到底是娱乐大众还是“陷害”人生；[④]7月4日人民网刊登《人民网二评〈王者荣耀〉：加强“社交游戏”监管刻不

---

① 参见《广东一13岁网瘾少年两年行窃200多宗　被抓8次》，载中国青年网，http://news.youth.cn/jsxw/201602/t20160223_7663592.htm。

② 参见《安徽一少年沉迷网游　一个半月花近26万》，载环球网百家号2018年2月26日，https://baijiahao.baidu.com/s?id=1593417575569727600&wfr=spider&for=pc。

③ 《王者荣耀乱象：小学生群体沉迷　少年打40小时险丧命》，载中华网，https://news.china.com/socialgd/10000169/20170703/30892063.html。

④ 参见《人民网一评〈王者荣耀〉：是娱乐大众还是“陷害”人生》，载人民网，http://opinion.people.com.cn/n1/2017/0703/c1003-29379751.html。

容缓》一文来呼吁对社交游戏的监管；[①]7月6日，人民网刊登《人民网三评〈王者荣耀〉：过好“移动生活”倡导健康娱乐》。[②]尽管受到社会各方的质疑以及主流媒体的批评，但由于游戏能够带来巨大利益，《王者荣耀》等游戏的发展并未受到多大影响。

2019年，167位家长因自家孩子沉迷网络游戏，向全国人大代表提交了《关于针对加强网络游戏管理及尽快立法的请愿书》，家长们心痛地指出，“网络游戏成瘾后果严重，危害与毒品相似”，列举了“网瘾少年杀人事件”等相关报道。[③]在北京青少年法律援助与研究中心举办的一次内部未成年人“网络保护”专章立法研讨会上，还专门邀请其中的代表参加了会议，两位家长代表的发言让所有参会人员都深受触动。腾讯2020年智能手机游戏收入和个人电脑客户端游戏收入分别为1466亿元和446亿元，尽管并没有《王者荣耀》这款游戏的占比，但显然这款游戏在中国未成年人群体中最为流行，该款游戏在2020年前十个月的日活跃用户平均达到1亿人。[④]其中在2017年5月的一份数据中，《王者荣耀》全部2亿多用户中，19岁以下用户量就达到5165.7万人。[⑤]这款游戏影响着庞大的未成年人群，影响着腾讯公司巨额的利益。

2021年6月1日，在新修订的《未成年人保护法》正式实施的当天，北

---

① 参见《人民网二评〈王者荣耀〉：加强“社交游戏”监管刻不容缓》，载人民网，http://opinion.people.com.cn/n1/2017/0704/c1003-29382531.html?ivk_sa=1024320u。

② 参见《人民网三评〈王者荣耀〉：过好“移动生活”倡导健康娱乐》，载人民网，http://opinion.people.com.cn/n1/2017/0706/c1003-29387722.html。

③ 参见《网络游戏成瘾严重危害青少年身心健康，专家呼吁加快立法拯救网瘾青少年》，载中国教育新闻网，http://www.jyb.cn/rmtzgjyb/201904/t20190430_230060.html。

④ 参见《腾讯2020年财报：日赚3.36亿，投资公司公允价值达9819亿》，载中国经营报百家号2021年3月25日，https://baijiahao.baidu.com/s?id=1695195199982192029&wfr=spider&for=pc。

⑤ 参见《手机游戏“王者荣耀”用户规模超过两亿 日活跃用户超5000万》，载央广网—中国之声网站，http://china.cnr.cn/xwwgf/20170617/t20170617_523806018.shtml。

京青少年法律援助与研究中心（以下简称中心）的两位律师就去了北京市第一中级人民法院，向法院提交了起诉腾讯公司的公益诉讼法律文书。[①]这起公益诉讼主要提出了六项具体的诉讼请求，分别是：判令被告重新评定其开发运营的手机网络游戏《王者荣耀》的适龄等级，并采取技术措施，不得让不适龄未成年人接触该游戏或游戏功能；判令被告删除、整改其开发运营的手机网络游戏《王者荣耀》应用程序及官方网站中不适宜未成年人浏览的内容；判令被告对《王者荣耀》手机网络游戏中扭曲历史人物形象的游戏角色进行整改；判令被告对未成年用户屏蔽《王者荣耀》手机网络游戏中诱导沉迷的内容及设定，包括但不限于应用程序推送广告、游戏启动广告、商城中诱导性充值广告、默认开启获取未成年用户微信或QQ好友信息的选项等；判令被告成立专项基金，帮助沉迷《王者荣耀》等由被告开发运营的手机网络游戏的未成年人戒除网瘾，并采取有效措施，支持、帮助上述未成年人健康成长；判令被告将《王者荣耀》全部游戏收益的10%用于建设农村留守儿童户外活动场所及组织开展适宜未成年人的课外活动。

2021年6月1日上午，中心在微信公众号“致诚儿童”上发布了《社会组织对腾讯公司提起未成年人保护民事公益诉讼》的文章，副标题是《全国首例由社会组织提起的未成年人保护民事公益诉讼》。[②]团中央权益部就中心提起公益诉讼事件在其官方微信公众平台发文，并发起投票，88%的网友认为“确实该管管了”。有网友评论：“前些天去广西乡镇小学走访，发现孩子们周末绝大部分时间都贡献给了网络游戏，游戏已经切

---

① 参见《北京一社会组织就〈王者荣耀〉对腾讯公司提起公益诉讼》，载北京日报客户端百家号2021年6月1日，https://baijiahao.baidu.com/s?id=1701347917228783362&wfr=spider&for=pc。

② 《社会组织对腾讯公司提起未成年人保护民事公益诉讼》，载微信公众号“致诚儿童”，2021年6月1日。

实影响了农村儿童的人际互动模式。”“作为文化消费的游戏，内在的商业逻辑就是鼓励没日没夜的节奏裹挟、条件反射、个体带入和情感依赖，在这样巨大的诱惑面前，大人尚且无法抵抗，小孩怎么可能做到张弛有度。”[①]6月2日中心召开新闻发布会，共有30余家媒体参加了会议。《中国青年报》《新京报》《中国新闻周刊》《经济观察报》《北京日报》等主流媒体对本次诉讼进行了报道。《中国教育报》评论，“这起诉讼再次反映出一个现实：游戏企业拥有大量青少年用户群体，游戏公司应进一步反思企业使命，履行社会责任，将全方位构筑未成年人保护体系作为公司和行业发展的战略之举”。[②]

2021年8月3日，新华社下属《经济参考报》发布《经参调查·锐度|网络游戏长成数千亿产业》一文，这篇文章引发社会重大关注，将未成年人网络游戏沉迷问题推向风口浪尖。文中强调，“网络游戏对未成年人渗透率不断提升的背后，是我国日益壮大的游戏产业。随着游戏产业发展突飞猛进，对未成年人的吸引力越来越强，使得网络游戏防沉迷难度不断加大。”[③]

3.《未成年人沉迷手机网络游戏现象调研报告》

在提起公益诉讼后，北京青少年法律援助与研究中心陆续接到很多家长反映孩子沉迷网络游戏的电话。中心组织律师和研究人员深度访谈了一

① 《北京一社会组织就〈王者荣耀〉对腾讯公司提起公益诉讼》，载微信公众号“团中央权益部”，2021年6月1日。

② 《游戏企业要有保护孩子的真心》，载中国教育新闻网百家号2021年6月9日，https://baijiahao.baidu.com/s?id=1702048982204876110&wfr=spider&for=pc。

③ 《经参调查·锐度|网络游戏长成数千亿产业》，载新华社百家号2021年8月3日，https://baijiahao.baidu.com/s?id=1707064730739350851&wfr=spider&for=pc。

些家长，也接到了一些家长的来信。在对103位家长深度访谈和49位家长来信进行系统分析的基础上，中心向社会公开了近五万字的《未成年人沉迷手机网络游戏现象调研报告》。

在调研的152位向中心投诉反映孩子沉迷于网络游戏的家长中，梳理后发现约有65%的孩子每天打游戏超过10个小时，其中8%的孩子超过15个小时，时间最长的一个16岁男孩，连续玩游戏30多个小时。报告总结了游戏带给这些孩子的十个危害，但归纳起来，就是严重损害了这些孩子的身心健康。长时间玩游戏导致很多孩子眼睛近视，有人过早患有肠胃疾病，并伴随消瘦或肥胖等问题。山东一位爸爸介绍说，“孩子沉迷游戏后身体情况发生了很大变化，现在他过度肥胖，身高1米8，体重200斤”。部分孩子开始出现颈椎病、腰椎间盘突出等疾病。相比身体的伤害，心理的问题更为严重，这些孩子情绪暴躁易怒，精神萎靡颓废，现实交往能力严重弱化，有些长期关在自己房间玩游戏，有些已经患上抑郁症。由于身心俱损，所以不可避免地会影响学业，有的孩子学习成绩一塌糊涂，有的干脆休学或辍学。①

沉迷游戏不仅毁了孩子，也毁了家庭。家长们普遍反映因为游戏问题，孩子经常与家人出现言语冲突，家庭关系紧张。一个深切的感受是，沉迷游戏扭曲了这些孩子的人性。有的孩子经常以污言秽语辱骂家长，有的孩子甚至对父母拳脚相加、拔刀相向，以致有的母亲不敢一个人和孩子相处。有的孩子为了对抗父母的管教，以自杀、自伤或者离家出走等方式相威胁，最常见的威胁方式就是跳楼，贵州孙妈妈的丈夫两年前意外离世，她一个人照顾着孩子，在发现孩子沉迷游戏后，她曾尝试加强对孩子

---

① 《〈未成年人沉迷手机网络游戏现象调研报告〉发布》，载微信公众号“致诚儿童”，2021年8月10日。

的管理，但失败了，她说："后来，发现玩游戏后，我就开始管教孩子，希望他能够好好学习，然而孩子非但不听话，反而威胁说要跳楼，这样的情况大概发生过3次……"

在调研过程中，尽管也发现父母或祖辈教育方式方法不当等问题，但发现的主要问题是，游戏对孩子们的诱惑太大了。上海一个村委会干部反映："大家都在批评家长，但是我该做的，我都努力去做了。我找过心理医生，打过孩子，没收过手机，我做了各种我想到的、能做的工作，但是手机网络游戏对孩子的诱惑太大了，我真的没有办法了。"①根据团中央权益部发布的《2020年全国未成年人互联网使用情况研究报告》，有62.5%的未成年网民会经常在网上玩游戏，其中玩手机游戏的比例为56.4%，在工作日玩手机游戏日均超过两小时的达到13.2%。②如何解决这些孩子以及家庭面临的困境？如何预防和减少手机网络游戏对孩子们成长的负面影响？这个问题复杂、迫切而且严峻。

4. 中国干预网络沉迷的立法政策

2019年10月，国家新闻出版署发布了《关于防止未成年人沉迷网络游戏的通知》，通知对网络游戏企业提出了多项要求，其中在时间方面的规定是："严格控制未成年人使用网络游戏的时段、时长。每日22时至次日8时，网络游戏企业不得以任何形式为未成年人提供游戏服务。网络游戏

---

① 《〈未成年人沉迷手机网络游戏现象调研报告〉发布》，载微信公众号"致诚儿童"，2021年8月10日。

② 共青团中央维护青少年权益部、中国互联网络信息中心：《2020年全国未成年人互联网使用情况研究报告》，载中国互联网络信息中心网站2021年7月，https://cnnic.cn/NMediaFile/old_attach/P020210720571098696248.pdf，第20—21页。

企业向未成年人提供游戏服务的时长，法定节假日每日累计不得超过3小时，其他时间每日累计不得超过1.5小时。”[①]新修订的《未成年人保护法》也明确规定，每日22时至次日8时不得向未成年人提供游戏服务。

当然新修订的《未成年人保护法》还就防止未成年人沉迷网络游戏作出了很多新的规定。第六十八条第一款规定了政府相关部门的责任，该条规定：“新闻出版、教育、卫生健康、文化和旅游、网信等部门应当定期开展预防未成年人沉迷网络的宣传教育，监督网络产品和服务提供者履行预防未成年人沉迷网络的义务，指导家庭、学校、社会组织互相配合，采取科学、合理的方式对未成年人沉迷网络进行预防和干预。”第七十四条第一款规定：“网络产品和服务提供者不得向未成年人提供诱导其沉迷的产品和服务。”在上述原则性规定基础上，《未成年人保护法》还就此确立了三项新的制度。

一是明确规定了学校对手机等智能终端产品的管理权限。关于学生带手机到学校的问题，一些国家都早就对此作出了禁止性规定，比如意大利早在2007年就颁布了一道全国禁令，一旦发现学生在校违规使用手机，在劝说无效的情况下，校方可视情节轻重，对学生处以没收手机或取消期末考试资格等惩罚。我国教育部、国家卫健委等八部门曾于2018年8月印发《综合防控儿童青少年近视实施方案》，明确提出：“严禁学生将个人手机、平板电脑等电子产品带入课堂，带入学校的要进行统一保管。”[②]由于手机是学生个人物品，到校后如何管理涉及学生对自己财产管理权的问题，对此最好有全国统一的法律规定，为此修订后的《未成年人保护法》

---

① 《国家新闻出版署关于防止未成年人沉迷网络游戏的通知》，国新出发〔2019〕34号，2019年10月25日发布。

② 《教育部等八部门关于印发〈综合防控儿童青少年近视实施方案〉的通知》，教体艺〔2018〕3号，2018年8月30日发布。

明确规定："未经学校允许，未成年学生不得将手机等智能终端产品带入课堂，带入学校的应当统一管理。"

二是明确了网络游戏中的电子身份认证制度。在中国未成年人网络保护的政策以及实践中，为了强化未成年人网络保护，首先要确定未成年人的身份，以致不惜使用指纹登录、核验身份信息、动态巡查等各种措施。问题是，通过各种方式确认身份，网络公司就不可避免地收集了未成年人的大量个人信息，那么如何保障这些信息不会被滥用？又如何保障这些信息不会被泄露？为了更好地平衡未成年人身份确认与隐私权保护两者之间的关系，最好的方法就是由国家主导建立统一的身份信息认证系统。修订后的《未成年人保护法》第七十五条第二款明确规定："国家建立统一的未成年人网络游戏电子身份认证系统。网络游戏服务提供者应当要求未成年人以真实身份信息注册并登录网络游戏。"统一的电子身份认证制度是法律创设的一项新的重大制度，是为了平衡个人信息和隐私保护以及预防未成年人沉迷网络游戏而进行的重大制度探索。

三是规定了对游戏产品的分类管理制度。关于网络游戏分级分类管理的问题一直是在与未成年人保护相关的各种立法政策中讨论的重点、难点问题。很多国家都对游戏采取了分级管理的方式，比如美国娱乐软件定级委员会制定了游戏分级制度，分为两个部分："一个部分是位于游戏产品包装背面的内容描述，用特定的词组描述游戏画面所涉及的内容，如暴力、血腥以及游戏中人物对话是否粗俗等。另一个部分是位于游戏包装正面的等级标志，共分7个级别，基本按年龄划分，以游戏适合的年龄段英文首字母命名。按照分级规定，特定等级的游戏产品只能卖给特定年龄的消费者。"[①]我国目

---

① 张宁：《疫情之下，美英如何防止学生沉迷网络》，载微信公众号"中国教育学会"，2020年11月5日。

前对网络内容的管理基本上都是概括性规定，没有形成根据年龄不同的分级分类管理制度。在国家有关部门就未成年人网络保护条例和未成年人节目管理规定等草案讨论的过程中，对这个问题都有过多次热烈的讨论。修订后的《未成年人保护法》第七十五条第三款规定："网络游戏服务提供者应当按照国家有关规定和标准，对游戏产品进行分类，作出适龄提示，并采取技术措施，不得让未成年人接触不适宜的游戏或者游戏功能。"

2021年北京青少年法律援助与研究中心就未成年人沉迷网络游戏提起的公益诉讼以及后来发布的研究报告受到社会广泛关注。2021年8月底国家新闻出版署下发了《关于进一步严格管理切实防止未成年人沉迷网络游戏的通知》，通知最主要的一条是，"所有网络游戏企业仅可在周五、周六、周日和法定节假日每日20时至21时向未成年人提供1小时网络游戏服务，其他时间均不得以任何形式向未成年人提供网络游戏服务"[①]。媒体直接将其称为"史上最严"防沉迷规定。

网络沉迷是数字时代未成年人保护面临的复杂问题，由于各国未成年人网络普及程度以及成长环境的差异，这个问题在世界各国对未成年人的负面影响程度不同。但平台企业所追求的用户黏性决定了未成年人面临更大沉迷的风险，随着元宇宙的发展，未成年人网络沉迷的问题将会更加严峻。沉迷网络更多地表现为一种"温水煮青蛙"式的慢性伤害，损害不是突然爆发的，而是逐渐加剧的。所以在这个过程中如何采取有效措施，预防和减少沉迷现象，将是未来国家、平台企业以及家长和学校都要努力解决的问题。

---

① 《国家新闻出版署关于进一步严格管理切实防止未成年人沉迷网络游戏的通知》，国新出发〔2021〕14号，2021年8月30日发布。

六、数字时代对未成年人的性侵

数字时代对未成年人性侵犯罪的问题将更为复杂，各国相关立法存在很大差异，各国处理的相关违法犯罪也有很大区别。2017年4月媒体报道，日本警察厅的数据显示，2016年使用社交网站时遭遇儿童色情与儿童卖淫犯罪儿童数量在日本全国范围内已超过1700人。据日本警察厅称，未成年受害人数去年为1736人，创下了从2008年开始统计以来的新高。受害儿童中94.8%为女性。从犯罪种类上来看，对儿童施加淫秽行为且违反《青少年保护培育条例》的犯罪受害者有662人，比例最高；被胁迫裸体摄影等儿童色情的受害者有563人；儿童卖淫的受害者有425人。从社交网站分类上来看，推特（Twitter）有446人，同前年相比增加了2倍，为最多；聊天型网站“GYARURU”有136人；免费通话聊天软件LINE有124人。[①]

2020年韩国爆发的N号房案件受到国际社会高度关注：犯罪分子利用即时通信软件，建立多个秘密聊天房间，将被威胁的女性作为性奴役的对象，并在房间内共享非法拍摄的性视频和照片。在该案件中，多达74名女性受到性侵，其中还有16名未成年女性，年龄最小的受害者刚刚11岁，加入所谓“房间”共享儿童色情信息的用户竟然多达26万人。[②]2017年一项针对丹麦、匈牙利和英国儿童的研究发现，6%的儿童在未经他们许可的情况下被分享了他们的露骨照片，25%的人曾遭受以性生活为主题的网络谣言，31%的人看到同龄人创建虚假个人资料以分享第三方的色情照

① 《推特成日本儿童性犯罪重灾区　受害儿童数再创新高》，载海外网，http://news.haiwainet.cn/n/2017/0421/c3541093-30872140.html。

② 《“N号房”警示：在社交网络中，如何教会未成年人保护自己？（父母老师都得知道）》，载中国教育报百家号2020年4月16日，https://baijiahao.baidu.com/s?id=1664095392036122562&wfr=spider&for=pc。

片。更令人担忧的是，9%的人曾受到同龄人的性威胁。①

我国最高人民检察院发布的《未成年人检察工作白皮书（2014—2019）》介绍，2017年至2019年，检察机关起诉成年人强奸未成年人犯罪分别为7550人、9267人、12912人，2018年、2019年同比分别上升22.74%、39.33%，起诉猥亵儿童犯罪分别为2388人、3282人、5124人，同比分别上升37.44%、56.12%，起诉强制猥亵、侮辱未成年人犯罪分别为665人、896人、1302人，同比分别上升34.74%、45.31%。②根据最高人民检察院《未成年人检察工作白皮书（2021）》介绍的数据，到2021年，检察机关起诉强奸未成年人犯罪17917人，起诉猥亵儿童犯罪7767人，起诉强制猥亵、侮辱未成年人犯罪2167人。相比2019年又有很大提高。③数据的变化很难说明目前中国类似犯罪真实发生的情况，只能说明目前司法机关加大了对类似犯罪的打击力度，更多类似犯罪受到了处罚。这些数字反映了当前我国性侵未成年人犯罪的发展情况，但与网络相关的性侵未成年人犯罪面临哪些具体情况，我国与国际社会的关注存在哪些差异，未来我们应该如何来加强和完善我国的相关立法，这都是我们需要认真研究的。

1. 准确理解与未成年人性侵相关犯罪的一些概念

联合国《儿童权利公约》第34条规定："缔约国承担保护儿童免遭

---

① See Broadband Commission for Sustainable Development of the International Telecommunication Union (ITU), *Child Online Safety: Minimizing the Risk of Violence, Abuse and Exploitation Online*, October 2019, p.31.

② 最高人民检察院：《未成年人检察工作白皮书（2014—2019）》，载中华人民共和国最高人民检察院网站，https://www.spp.gov.cn/xwfbh/wsfbt/202006/t20200601_463698.shtml#2。

③ 参见最高人民检察院：《未成年人检察工作白皮书（2021）》，载中华人民共和国最高人民检察院网站，https://www.spp.gov.cn/xwfbh/wsfbt/202206/t20220601_558766.shtml#2。

一切形式的色情剥削和性侵犯之害，为此目的，缔约国尤应采取一切适当的国家、双边和多边措施，以防止：（A）引诱或强迫儿童从事任何非法的性生活；（B）利用儿童卖淫或从事其他非法的性行为；（C）利用儿童进行淫秽表演和充当淫秽题材。”基于公约第34条规定的三种情况，国际社会经常使用三个概念：性虐待（Sexual Abuse）、性剥削（Sexual Exploitation）、制作及传播以儿童为对象的色情制品，我国综合性表述往往是性侵害。在此要特别介绍两个与此概念相关的专业问题。

一是国际语境中的“线上儿童性剥削”。2016年儿童性剥削机构间工作组（Interagency Working Group on Sexual Exploitation of Children）在卢森堡通过的《保护儿童免受性剥削与性虐待的术语指南》（Terminology Guidelines for the Protection of Children from Sexual Exploitation and Sexual Abuse，又称“卢森堡指南”）指明：“线上儿童性剥削”是指利用互联网对儿童实施的性剥削，即对儿童实施的具有“性剥削”本质的、在某个或某些阶段与“线上”相关的所有行为。“线上儿童性剥削”包括了所有使用信息和通信技术导致儿童遭受性剥削的，或者致使记录着性剥削内容的图片以及其他材料被制作、购买、出售、持有、散发或传播的行为。例如，在儿童受害者在线时诱使、操纵、威胁受害者在网络摄像头前进行性行为等性剥削；在线识别引诱潜在的儿童受害者，以期对他们实施线上或线下性剥削；在线上散发、传播、进口、出口、提供、出售、持有或在“明知”的情况下故意在线上获取对儿童性剥削材料。①

二是对“儿童性剥削”相关表述的纠正。国际社会越来越形成一种共识，当谈论“儿童性虐待与性剥削”时，有些术语的使用本身对儿童就具

---

① See Interagency Working Group on Sexual Exploitation of Children, *Terminology Guidelines for the Protection of Children from Sexual Exploitation and Sexual Abuse*.

有“污名化”之嫌，如“儿童色情”（Child Pornography）、“童妓”（Child Prostitute）、“儿童卖淫”（Child Prostitution）。当使用这些词时，往往主观上是把儿童作为此类违法犯罪的参与者，而非受害人对待。大家认为，“儿童色情”“儿童色情制品”等概念对儿童有污名化，这些概念构成对儿童的歧视。为此，2016年儿童性剥削机构间工作组专门编纂《保护儿童免受性剥削与性虐待的术语指南》，对术语使用进行规范，倡导使用“儿童性剥削或性虐待材料”（Child Sexual Exploitation Material or Child Sexual Abuse Material）取代“儿童色情制品/材料”（Child Pornography Material），用“卖淫类行为中对儿童的性剥削”（Child Exploitation in/for Prostitution）取代“童妓”“儿童卖淫”等。[①]这一点也得到了包括联合国儿童权利委员会、国际刑警组织、联合国儿童基金会等国际社会层面的认可和推动。正如国际刑警组织在其官方网站上提示：“国际刑警组织欢迎在该领域发展统一和国际公认的术语，特别是在执法活动的背景下……以避免轻视对儿童的性虐待和剥削。”[②]

在我国，我们已经认识到这种概念可能对儿童群体的伤害，所以《刑法修正案（九）》废除了嫖宿幼女罪，与不满14周岁幼女发生性关系的，不论是否支付钱财，一律按强奸罪从重处罚。但“儿童色情”“儿童色情制品”的提法还非常普遍，立法和司法领域还很少讨论“儿童性剥削”的问题，为了避免对儿童群体的污名化以及方便对此类概念的理解，我们希

---

① See Interagency Working Group on Sexual Exploitation of Children, *Terminology Guidelines for the Protection of Children from Sexual Exploitation and Sexual Abuse*, adopted in Luxembourg, 28 January 2016.

② See International Criminal Policy Organization (INTERPOL), *INTERPOL supports new Guidelines on child sexual exploitation and abuse terminology*, INTERPOL(Jun.14,2016), https://www.interpol.int/News-and-Events/News/2016/INTERPOL-supports-new-Guidelines-on-child-sexual-exploitation-and-abuse-terminology.

望社会各界未来不要再使用“儿童色情”和“儿童色情制品”的提法，而是采取“儿童性剥削”以及“以儿童为对象的色情制品”的表述。

2.线上引诱、线下实施的强奸、猥亵犯罪

在很多案件中，犯罪分子都利用了即时通信工具将受害人加为好友，通过社交网络进行线上联络，以引诱、迷信、恐吓为手段，在线下对受害人实施了猥亵的不法侵害。

最高人民法院于2018年发布了一起典型案例：2013年4月至2014年8月，被告人王某通过网络聊天、电话联系等方式，或经张某（另案处理，已判刑）、侯某某（未满14周岁）等人介绍，以暴力、胁迫等强制手段强行与多名未成年被害人发生性关系，或明知多名被害人是不满14周岁的幼女仍与之发生性关系，先后对14名被害人实施奸淫23次，其中不满14周岁的幼女11人。法院经审理认为，被告人王某采用暴力、胁迫手段强行与多名未成年被害人发生性关系，或明知多名被害人是未满14周岁的幼女仍与其发生性关系，其行为已构成强奸罪。王某系累犯，依法应当从重处罚。被告人王某的行为致使被害人的身心受到极大摧残，其犯罪性质和情节极其恶劣，社会危害极大，罪行极其严重，应当予以严惩。依照《刑法》等相关规定，以强奸罪判处被告人王某死刑，剥夺政治权利终身。最高人民法院经复核，依法核准被告人死刑。[①]

---

① 《最高人民法院发布依法严惩侵害未成年人权益典型案例》，载中华人民共和国最高人民法院网站2020年5月18日，https://www.court.gov.cn/zixun-xiangqing-229981.html。

3.是否公开性侵未成年人罪犯的个人信息?

2020年3月韩国警方将"N号房"事件嫌犯赵周彬(音译)公开示众,据说,这是韩国首次引用《性暴力犯罪处罚等相关特例法》规定,公开犯罪嫌疑人信息的案例。韩国公开该犯罪嫌疑人信息,在我国也受到广泛关注,有人呼吁这种做法,也有人反对这种做法。如果类似案件发生在我国,我们会如何处理,是否也要公开犯罪嫌疑人以及罪犯个人信息?

研究这个问题,大家就会想到美国的"梅根法案"。1996年美国"梅根法案"确立了一个原则,就是为了保护未成年人的权益,有效预防针对未成年人的性犯罪,要公开性侵罪犯的个人信息,让罪犯付出更大代价。2016年我国浙江慈溪市检察院率先推动这种公开性侵未成年人罪犯个人信息的制度,对符合条件的实施严重性侵害未成年人行为的犯罪人员,在其刑满释放后或者假释、缓刑期间,通过发文各单位的门户网站、微信公众号、微博等渠道对其个人信息进行公开,方便公众随时查询。[①]当时这一制度也引发了媒体的热议。有人支持这种做法,有人则反对,认为公开性侵未成年人罪犯个人信息侵犯了其人权。评判这一问题的关键是要维护谁的权利。如果站在最有利于未成年人的视角,为了保障儿童的权益,就应当让这些罪犯付出更大的代价。

我国新修订的《未成年人保护法》并未规定可以公开性侵未成年人罪犯的个人信息,但规定了信息查询和从业禁止制度。该法在"政府保护"一章第九十八条明确规定:"国家建立性侵害、虐待、拐卖、暴力伤害等违法犯罪人员信息查询系统,向密切接触未成年人的单位提供免费

---

① 参见《浙江慈溪:探索性侵未成年人犯罪信息查询机制》,载中华人民共和国最高人民检察院网站,https://www.spp.gov.cn/spp/zdgz/202103/t20210318_513080.shtml。

查询服务。”与该条相对应，《未成年人保护法》在“社会保护”一章规定了“密切接触未成年人的单位”录用查询以及每年定期查询两项具体制度。第六十二条规定：密切接触未成年人的单位招聘工作人员时，应当向公安机关、人民检察院查询应聘者是否具有性侵害、虐待、拐卖、暴力伤害等违法犯罪记录；发现其具有前述行为记录的，不得录用。密切接触未成年人的单位应当每年定期对工作人员是否具有上述违法犯罪记录进行查询。通过查询或者其他方式发现其工作人员具有上述行为的，应当及时解聘。为保障上述规定的落实，在“法律责任”部分明确规定了违反上述义务要承担的法律责任，密切接触未成年人的单位违反上述规定，未履行查询义务，或者招用、继续聘用具有相关违法犯罪记录人员的，由教育、人力资源和社会保障、市场监督管理等部门按照职责分工责令限期改正，给予警告，并处五万元以下罚款；拒不改正或者造成严重后果的，责令停业整顿或者吊销营业执照、吊销相关许可证，并处五万元以上五十万元以下罚款，对直接负责的主管人员和其他直接责任人员依法给予处分。

我国立法并未规定公开性侵罪犯个人信息的制度。在某种程度上，我国的信息查询和从业禁止制度是一种权利的平衡，既可以让性侵害、拐卖、暴力伤害等违法犯罪人员远离未成年人生活学习的环境，从而最大限度地保障未成年人安全健康成长，又可以让相关违法犯罪人员付出更大代价。但要提出的是，对于那些多次性侵未成年人的犯罪分子，是否有必要公开其个人信息？在2018年我们向全国人大提供的《未成年人保护法》修订专家建议稿中，我们不仅提出了信息查询和从业禁止制度，还具体建议：“对多次性侵未成年人的罪犯或者刑满释放后再次实施性侵未成年人犯罪的，人民法院应当在终审判决时向社会公开其姓名、照片、籍贯、犯罪罪名等基本信息。”

4.持有以儿童为对象的色情材料是否违法？

互联网观察基金会（Internet Watch Foundation，IWF）是一家科技引领的儿童保护组织，其最主要的工作是评估、报告和删除网上儿童性虐待和性剥削的图片和视频。其在2021年的年度报告中介绍，在过去25年中，它们分析了接到的180万个报告，其中97万个被确认为儿童性虐待或性剥削的图片或视频被删除。在2021年，其评估了361062个报告，其中70%也就是252194个报告的图片或视频被删除。在2021年分析的性虐待或性剥削的色情制品中，97%涉及女孩，比往年女孩所占比例更大。另外要看到的是，约70%的色情制品涉及的是11岁到13岁的儿童，可见这个年龄的儿童更容易面临风险；儿童自制的性虐待制品占有很大比例，超过70%包含这类内容；涉及60%11-13岁女孩曾被引诱、胁迫或鼓励自制性虐待制品。①

很多国家在刑法中规定对持有儿童色情材料行为的处罚。比如：英国法律规定，拍摄、制作、分销、展示或拥有一张年龄不足18岁的未成年人的不雅图像或虚假图像是违法的，最高处以10年有期徒刑。美国在司法实践及立法中也均对儿童色情信息进行了特殊规范。美国联邦最高法院于1990年作出的Osborne v. Ohio判决，认为要想彻底瓦解儿童色情和性侵市场，对单纯持有儿童色情制品的处罚也是非常必要的。②自1996年以来，美国通过了《通信规范法》《儿童在线保护法》《儿童互联网保护法》等法律，规定在网上下载及在电脑里保存儿童色情资料，都会被定罪。2003年发布的《禁止奴役当代儿童的起诉救济和其他手段法》还规定，持有虚拟合成

---

① See Internet Watch Foundation (IWF), *The Annual Report 2021*, IWF, https://annualreport2021.iwf.org.uk/trends/, last visited on 16 August 2022.

② See Osborne v. Ohio, 495 U.S. 103 (1990).

的儿童色情信息也构成犯罪。[①]另外，美国国会于2008年对1996年的《儿童色情防治法》进行了修订，加入了“试图观看”这一条款，使更多的浏览可能被判持有而获罪。

我国目前并没有对这类问题的特别立法。最高人民法院、最高人民检察院的司法解释只规定了对于利用互联网、移动通信终端制作、复制、出版、贩卖、传播淫秽电子信息的行为进行定罪处罚，但未对持有行为进行规范。新修订的《未成年人保护法》第五十二条规定，“禁止制作、复制、发布、传播或者持有有关未成年人的淫秽色情物品和网络信息”。这是我国在立法层面第一次规定禁止持有以未成年人为对象的色情制品，这是一个重大进步，但并未规定具体的法律责任，所以未来落实起来还将非常困难。教育部发布的《未成年人学校保护规定》第二十四条第二款规定，学校应当采取必要措施预防并制止教职工以及其他进入校园的人员持有包含淫秽、色情内容的视听、图文资料。在法律责任部分明确规定，违反这一规定应当依法予以开除或者解聘；有教师资格的，由主管教育行政部门撤销教师资格，纳入从业禁止人员名单。

5.对未成年人的线上性引诱

根据媒体报道，2021年，英国防止虐待儿童协会（National Society for the Prevention of Cruelty to Children，NSPCC）公布的研究结果显示，53%的在线诱导犯罪发生在Facebook及旗下平台，包括Instagram和WhatsApp，每周有24起事件。自2017年以来，英国警方在Facebook所属

① 参见赵秀红：《怎样避免社交网络儿童性侵害——访北京市青少年法律援助与研究中心主任佟丽华》，载《中国教育报》2020年4月15日，第4版。

的应用程序上记录了5120起儿童诱骗犯罪。英国防止虐待儿童协会通过向英国各地的警察部队提出关于与儿童发生性接触罪行的信息自由请求获得了这些数据，自2017年以来，英国的法律已经对这些罪行进行了界定。对于未被报告的诱导犯罪的数量，该慈善机构在一份新闻稿中说，它认为前述数字“只是冰山一角”。①

北京青少年法律援助与研究中心曾经对69个存在性引诱行为的案件进行统计分析，其中有56个案件属于对未成年人进行的线上性引诱行为，占比超80%。有45个案件施害人在线上与儿童接触后提出线下见面，最终线下对受害人进行猥亵、强奸等侵害。此外有11个案件，施害人并没有采取行动与被引诱儿童见面，而是继续依附网络平台猥亵儿童。在统计的69个案件中，有一半的线上性引诱是通过即时通信软件QQ进行的，如果将微信、手机短信和电话计算在内，通过即时通信软件进行的性引诱占线上性引诱的63%。在统计的69个案件中，被害人为女性的案件共56件，涉及至少204名被害人，被害人为男性的案件共10件，涉及58名受害人。②

在统计的69个案件中，一对一引诱的案件共42起，涉及42名被害人，一对多引诱的案件共27起，至少涉及227名被害人。这类案件中，施害人针对不特定的对象“广撒网”，然后等待受害人“上钩”。例如，在蒋某某猥亵儿童案中，被告人通过虚构身份，谎称代表影视公司招聘童星，在QQ聊天软件上结识31名女童（年龄在10—13岁），以检查身材比例和发

---

① 《英国慈善机构：Facebook及旗下应用被用于5000多起儿童诱骗犯罪中》，载网易新闻2021年10月26日，https://www.163.com/dy/article/GN7HU2S30511BLFD.html。

② 参见北京青少年法律援助与研究中心：《我国未成年人性引诱案例统计分析：69起案件，269个儿童的人生》，载北京青少年法律援助与研究中心网站2020年7月6日，https://chinachild.org。

育状况等为由，诱骗被害人在线拍摄和发送裸照。并谎称需要面试，诱骗被害人通过QQ视频聊天并裸体做出淫秽动作，对部分女童还以公开裸照相威胁，逼迫对方与其继续裸聊。蒋某某还将被害人的裸聊视频刻录留存。其他以“招募童星”“提供工作机会”为名义的性引诱案件中同样存在类似特征。[①]

随着互联网的发展，针对未成年人的性引诱日益成为一种严重威胁未成年人身心健康及安全的行为。在传统时代，父母或者其他监护人可以教育、帮助未成年人提防“陌生人”，有效保障未成年人人身安全。但在当前互联网时代，恋童癖以及一些潜在的违法犯罪分子在线上引诱未成年人，与其建立联系，“陌生人”“犯罪分子”有时就在家中，甚至就在孩子的卧室中，孩子随时面临受到性侵害的风险，但家长几乎很难察觉。这是我们必须意识到的时代变化给孩子们带来的巨大风险，韩国爆发的“N号房”事件应该给我们足够的警示。

针对未成年人的性引诱主要是指那些基于性目的引诱未成年人的活动，其与传统大家认知中的性骚扰不同：性骚扰主要是指成年人之间通过言行在违背对方意愿情况下的“骚扰”行为，但性引诱主要是指成年人针对未成年人、以性活动为目的建立联系的言行。针对未成年人的性引诱开始的时候并不是直接的性骚扰或者猥亵，而是通过观察了解未成年人的兴趣爱好、满足其需求以赢得未成年人的信任，而后通过赠送礼物、满足需求等方式形成情感依赖，并通过鼓励孩子做一些父母并不同意的事情以在情感上隔离父母与孩子，最后才是加入以性为主题的交往内容。在这个过程中，即使父母发现，也毫无办法，因为依靠当前我国的法律，并没有相

① 北京青少年法律援助与研究中心：《我国未成年人性引诱案例统计分析：69起案件，269个儿童的人生》，载北京青少年法律援助与研究中心网站2020年7月6日，https://chinachild.org。

关法律禁止这种引诱的过程及行为。

有关国际组织调研，截至2017年2月，全球已经有63个国家对此进行了立法。[①]我国现有立法主要是打击强奸、猥亵等已经对儿童实施了性侵害行为的犯罪，但针对未成年人的性引诱并不强调侵害后果，是行为犯。世界上很多国家打击这类行为，不仅是要最大限度地预防更严重侵害后果的发生，还因为这种引诱行为本身就侵害了国家以及家庭对未成年人教育、管理和保护的完整性，置孩子于危险的境地。在我国的未成年人保护法中，并未明确提出禁止对未成年人性引诱。笔者建议未来对相关立法予以完善；建议在刑法中，明确规定引诱儿童成为一个单独的罪名，通过刑法对这种行为加以打击。

6.传播淫秽色情制品的犯罪

推特（Twitter）公司因为传播以儿童为对象的色情制品受到广泛关注。一方面，推特（Twitter）公司近些年也在发布专门政策，采取专项措施，以解决针对儿童的色情制品传播问题。2018年推特（Twitter）出台了一项全新的政策，全面禁止出现包括未成年人色情的图形描述，或者性暗示和视觉描绘，也禁止外挂涉及未成年人色情与儿童性剥削的网站。但另一方面，近些年来，推特（Twitter）也一直面临着来自各国对其相关问题的指责。

2019年11月，总部位于英国的互联网观察基金会（IWF）的一份报告显示，社交媒体空间中近一半的儿童性剥削内容正在推特（Twitter）

---

① See International Centre for Missing & Exploited Children (ICMEC), *Online Grooming of Children for Sexual Purposes: Model Legislation & Global Review*, ICMEC, https://www.icmec.org/wp-content/uploads/2017/09/Online-Grooming-of-Children_FINAL_9-18-17.pdf.

上公开分享。该报告称，在过去三年中，该组织在社交媒体、搜索引擎和云服务上发现的49%关于利用儿童的图像、视频和URL链接都在推特（Twitter）上。[①]2021年3月，加拿大儿童保护中心（Canadian Centre for Child Protection，C3P）组织了遭受儿童性剥削的一群幸存者，在镜头面前讲述推特（Twitter）在保护儿童免受性剥削方面的不力表现。加拿大儿童保护中心之所以选择向推特（Twitter）施压，是因为该中心认为推特（Twitter）是在这个问题上表现最差的社交平台。[②]2020年，美国寻找失踪与受剥削儿童中心（National Center for Missing & Exploited Children，NCMEC）从美国的科技公司获取儿童照片，其中包含了2100万张儿童受性虐待的照片。这些照片中的2000万张来自脸书（Facebook）。[③]

我国并没有专门打击以儿童为对象的色情制品的罪名。但我国与很多国家不同，对所有淫秽色情制品采取严厉打击的态度。我国《治安管理处罚法》第六十八条规定，“制作、运输、复制、出售、出租淫秽的书刊、图片、影片、音像制品等淫秽物品或者利用计算机信息网络、电话以及其他通讯工具传播淫秽信息的，处十日以上十五日以下拘留，可以并处三千元以下罚款；情节较轻的，处五日以下拘留或者五百元以下罚款”。我国刑法有两个罪名，一是第三百六十三条第一款规定的制作、复制、出版、贩卖、传播淫秽物品牟利罪；二是第三百六十四条第一款规定的传播淫秽

---

① See Internet Watch Foundation (IWF), *The Annual Report 2021*, IWF, https://annualreport2021.iwf.org.uk/trends/, last visited on 16 August 2022.

② See Canadian Centre for Child Protection (C3P), *Survivors of child sexual abuse material (CSAM) call out Twitter on its birthday for the spread of their devastating assault videos and imagery*, C3P(Mar.18,2021), https://www.protectchildren.ca/en/press-and-media/news-releases/2021/happy-15th-birthday-twitter.

③ 《Facebook等平台成儿童性犯罪孳生地，官方频表态问题频出》，载腾讯新闻，https://view.inews.qq.com/a/20220118A07NWF00。

物品罪。

最高人民法院、最高人民检察院曾在2004年发布了《关于办理利用互联网、移动通讯终端、声讯台制作、复制、出版、贩卖、传播淫秽电子信息刑事案件具体应用法律若干问题的解释》，2010年，最高人民法院、最高人民检察院再次就此类犯罪发布司法解释，其中重点就涉及未成年被害人的此类犯罪降低了标准，比如，原来司法解释规定制作、复制或传播20个淫秽视频文件构成犯罪，新司法解释规定，制作、复制或传播含有不满14周岁未成年人的淫秽电子信息，10个视频文件就构成犯罪。新司法解释明显加强了对未成年人的保护力度。①

在司法实践中，国家对制作、传播淫秽色情物品也一直持严厉打击的态度。网络平台传播淫秽物品可能导致严重后果。“快播”曾经是我国早期著名的视频平台，2011年其在全国市场占有量排名第一。但到了2013年11月，北京市海淀区文化委员会在快播公司的服务器中发现大量淫秽视频，2014年4月，公安介入，公安部督办。案发后，公司法定代表人王某潜逃至境外。后通过国际刑警组织的协助，王某在韩国被抓获并被押解回国。2016年9月，海淀法院作出一审判决，深圳快播公司犯传播淫秽物品牟利罪，判处罚金1000万元；被告人快播公司法定代表人王某，犯传播淫秽物品牟利罪，判有期徒刑3年6个月，罚金100万元。②案件引发社会广泛关注，也导致了这样一家著名平台企业的衰落直至破产。

2022年8月，根据中国青年网消息，在公安部治安管理局指挥部署下，

---

① 参见《关于办理利用互联网、移动通讯终端、声讯台制作、复制、出版、贩卖、传播淫秽电子信息刑事案件具体应用法律若干问题的解释（二）》，法释〔2010〕3号，2010年2月2日发布。

② 参见《2016年推动法治进程十大案件之“快播”传播淫秽物品牟利案》，载央视网新闻，http://m.news.cctv.com/2017/04/23/ARTI4D2lyQts3SBOpptf6PpU170423.shtml。

15个省区市公安机关开展集中收网，成功破获一起传播淫秽物品牟利案，打掉一个搭建运营淫秽色情漫画App牟利的犯罪团伙，抓获64名骨干成员，摧毁6款淫秽漫画App，查冻涉案资金5100余万元，实现对案件人员链、技术链、资金链的“全链条”打击。以刘某、张某等人为首的犯罪团伙搭建运营6个App，利用爬虫机器人从日本、韩国等境外网站下载相关淫秽漫画后翻译上传，在境内未成年学生群体经常浏览的漫画、游戏、小说等网站进行引流推广，并针对近期中小学暑期放假预谋加大推广力度。该团伙招募百余名代理人员，诱惑未成年学生群体付费观看，平台付费会员逾百万人，其中部分为学生群体，累计充值逾百万笔，涉案金额逾亿元。①

7.依托互联网的“线上猥亵”

最高人民检察院2018年发布的指导性案件（检例第43号）介绍了一起案件：2017年1月，骆某使用化名，通过QQ加了13岁女童小羽为好友。聊天中得知小羽是初二学生后，骆某仍通过言语恐吓，向其索要裸照。小羽被迫按其要求自拍裸照10张，并通过QQ传送给骆某。骆某以在网上公布小羽的裸照相威胁，要求与其见面并在宾馆开房，企图实施猥亵行为。后因小羽报案，骆某在依约前往宾馆的途中被抓。2017年6月5日，骆某因涉嫌犯猥亵儿童罪被提起公诉。法庭认定骆某强迫被害女童拍摄裸照，并通过QQ获得裸照的行为不构成猥亵儿童罪。但骆某以公开裸照相威胁，要求与被害女童见面，准备对其实施猥亵，因被害人报案未能得逞，该行为构成猥亵儿童罪，系犯罪未遂。2017年8月14日，该案一审判决，认定

① 《这款APP诱惑未成年学生付费观看淫秽漫画　公安部组织指挥抓获犯罪嫌疑人64名》，载中国青年网，http://news.youth.cn/fzlm/202208/t20220811_13913507.htm。

骆某犯猥亵儿童罪（未遂），判处有期徒刑一年。针对这一判决结果，检方认为在事实认定、法律适用上均存在错误，并导致量刑偏轻。骆某利用网络强迫儿童拍摄裸照并观看的行为构成猥亵儿童罪，且犯罪形态为犯罪既遂。2017年8月18日，检方向当地中级人民法院提出抗诉。检方认为，骆某的行为已经侵害了儿童人格尊严和心理健康，且骆某获得并观看了儿童裸照，猥亵行为已经实施终了，应认定为犯罪既遂。根据相关规定，采取胁迫手段猥亵儿童的，依法从严惩处。2017年12月，法院终审判决，认定骆某犯猥亵儿童罪，判处有期徒刑二年。①

最高人民法院2018年6月公布的“乔某某以视频裸聊方式猥亵儿童案”介绍，被告人乔某某为满足其不良心理需要，于2014年3月至8月，在自住房电脑上，通过登录QQ添加不满14周岁的幼女为好友，并冒充生理老师以视频教学为名，先后诱骗多名幼女与其视频裸聊。最后以猥亵儿童罪对其定罪处罚。②

最高人民法院、最高人民检察院的指导案例，确认了在网络虚拟空间，施害人虽然与被害儿童没有直接身体接触，但如果实施了猥亵行为，依然可以构成猥亵儿童罪。这是中国司法机关为应对网络快速发展给儿童带来的风险能动履职的行为。各地司法机关应充分认识到线上猥亵给未成年人带来的伤害，及时立案查处相关违法犯罪，加大对此类犯罪的打击力度，以有效净化网络空间。

---

① 参见《第十一批指导性案例（检例第43号）》，载中华人民共和国最高人民检察院网站，https://www.spp.gov.cn/spp/jczdal/201811/t20181118_399377.shtml。

② 参见《最高法公布利用互联网侵犯未成年人权益十大案例》，载央广网百家号2018年6月2日，https://baijiahao.baidu.com/s?id=1602118250610459935&wfr=spider&for=pc。

七、数字时代未成年人的隐私和个人信息保护

联合国儿童基金会副执行主任法图玛塔·恩达耶女士提出，未成年人在网上留下的“数字足迹”可能会面临个人信息和隐私泄露的风险，但是未成年人及其父母往往无法完全理解，也不能作出有效的风险应对。[①]从世界范围来看，通过制定较为完善的法律法规来保护未成年人个人信息是发达国家的普遍做法，其中美国于1998年通过了《儿童在线隐私保护法》（Children's Online Privacy Protection Act, COPPA）并于2013年7月修订了相应规则、欧盟于2018年5月实施了《通用数据保护条例》，上述法律均对儿童个人信息保护作出了严格的规定。

1.美国儿童隐私和个人信息保护模式

COPPA确定的重要原则就是要求特定网站和网络服务在收集、使用或透露不满13岁儿童个人信息前应履行“通知并取得同意”义务，即通知儿童父母并取得父母同意的事先义务。联邦贸易委员会（Federal Trade Commission，FTC）负责儿童网络隐私保护的执法，根据网络运营者的类型对他们在识别用户年龄的义务上有不同的要求。FTC在判断一个网站或网络服务是否针对儿童时，不仅以其运营者的主观意愿或单方面宣称为准，还会结合各种客观因素，如该网站或网络服务的主题、内容（包括视频、音频、是否包含卡通人物或其他儿童感兴趣的因素、是否使用童星或童模等）、语言、广告，以及该网站或服务的实际观众构成，来综合进行判断。

---

① 佟丽华：《中国未成年人网络保护立法“六问”》，载《群言》2019年第6期。

不同运营者的识别用户年龄义务有明确区分。针对儿童的网站和网络服务运营者必须将全部用户视作儿童对待，履行对父母“通知并取得同意”的义务。针对普通观众的网站和网络服务运营者则仅在“实际知晓”某用户为儿童（如接到父母投诉）时才需对其父母履行“通知并取得同意”义务，或删除该用户的个人信息，而不需主动调查用户年龄。FTC为了确保COPPA得到实施而出台了《企业六步合规计划》(A Six-Step Compliance Plan for Your Business)，对于被判定为“针对儿童”，但不以儿童为“主要观众”的网络运营者，规定了“事先进行年龄筛查（have conducted an age-screen of the person）”是在未经父母同意的情况下收集信息的正当理由。①

在验证方式上有具体的要求。识别出儿童用户后，COPPA要求运营者取得“可验证的父母同意”，即在现有技术背景下，通过合理方式来验证儿童父母的身份。目前经FTC确认的合理方式包括：由儿童父母签署同意书、使用网络支付系统、拨打免费电话、视频通话、提供身份证并与政府数据库核对（核对后立即删除身份信息）、回答一系列个性化问题、提交一张带照片的身份证明和一张不同的照片并经人脸识别技术核对等。为了避免监护人在受到强迫的情况下做出同意的选择，COPPA要求运营者为儿童父母提供仅同意收集和使用儿童个人信息，但不同意向第三方透露儿童个人信息的选项，还禁止运营者将对于某项活动来说非合理必要的个人信息的提供作为参与此项活动的前提条件。此外，COPPA还规定了儿童父母对儿童个人信息的查阅权、撤回同意并要求删除权。

为了给行业更多的自我管理空间，COPPA规则允许行业组织等起草

① See Federal Trade Commission (FTC), *A Six-Step Compliance Plan for Your Business*, FTC, https://www.ftc.gov/business-guidance/resources/childrens-online-privacy-protection-rule-six-step-compliance-plan-your-business#step1, last visited on 16 August 2022.

具有自我管理性质的COPPA规则合规指南，这些指南经报FTC批准后被称为“安全港”项目，网站或网络服务经营者只要遵守了经FTC批准的安全港项目指南，即被视为符合了COPPA规则的要求。这些指南能为网站或网络服务经营者在执行层面提供具体的指引。

美国这一模式对儿童信息保护提出了较高要求，但也存在缺陷。对于被判定为针对儿童又不以儿童为主要用户的网站来说，儿童可以轻易通过谎报年龄的方式规避年龄筛查，后续因“实际知晓”而附带的“通知和取得同意”义务对运营者的责任要求较低，这些运营者可以通过消极不作为的方式避免“实际知晓”。也就是说，美国法律并未规定网络运营者身份识别义务，儿童年龄主要是通过其主动申报。这种模式的优点是能够更好地保护儿童及其监护人的个人隐私权利，避免为了识别身份而过度收集儿童及其监护人个人信息，缺点是容易放纵儿童通过谎报年龄的方式上网，难以有效落实对儿童的其他网络保护内容。

为加强对儿童及未成年人在线隐私和个人信息保护，2022年7月27日，美国参议院商务、科学和交通委员会通过了修订1998年COPPA的第S.1628号法案，新修订的法案主要强调了以下问题：一是要求扩大受在线隐私保护的未成年人范围。法案要求修改COPPA保护未成年人的年龄规定，将COPPA关于“十三周岁以下（under the age of 13）”的规定修改为“十六周岁以下（under the age of 16）”。与此同时，法案要求对COPPA的标题进行修改，由原来的“《儿童在线隐私保护法》（Children's Online Privacy Protection Act）”改为“《儿童及未成年人在线隐私保护法》（Children and Teens' Online Privacy Protection Act）”，并在所有关于“儿童（Child）”的表述后补充“及未成年人（or Minor）”。二是法案要求提高运营商的保护责任。法案要求将《儿童在线隐私保护法》中运营商识别儿童的标准由“实际知晓（Actual Knowledge）”是儿童改为

"推定知晓（Constructive Knowledge）"是儿童。法案规定禁止网站、在线服务、在线应用程序或针对儿童及未成年人的移动应用程序的运营商在推定用户是儿童或未成年人的情况下收集用户的个人信息。三是法案新增了禁止向儿童及未成年人进行定向营销的相关规定。规定网站、在线服务、在线应用程序或移动应用程序的运营商出于定向营销的目的使用、向第三方披露或汇编儿童及未成年人的个人信息是违法的，并对禁止针对儿童和未成年人的定向营销进行了分别规定。四是法案新增了禁止向儿童及未成年人销售不符合网络安全和数据安全标准的互联网连接设备的相关规定。要求从法案颁布之日起1年开始，任何人不得出售不符合委员会制定的适当网络安全和数据安全标准的互联网连接设备，要求互联网连接设备的制造商应公开"隐私控制面板（A Privacy Dashboard）"，详细说明如何收集和使用个人信息。五是法案进一步明确了运营商收集和使用个人信息以及向父母及未成年人提供信息的相关治理原则。法案明确父母及未成年人有权质疑在线个人信息的准确性，运营商应删除或更正不准确的个人信息，建立消除用户个人信息的相关机制并让用户了解这些机制。[①]

2.欧盟儿童隐私和个人信息保护模式

欧盟GDPR在引言和正式条款中有多处针对儿童个人信息保护的内容，其中第8条专门规定儿童对处理其个人信息的同意问题。在同意年龄上，GDPR允许欧盟各成员国在13周岁至16周岁的范围内自主决定同意年

---

① See the Bill of S. 1628, 117th Congress, 27 July 2022.

龄的下限。[1]对于低于同意年龄的儿童用户，个人信息控制者必须经他们的父母同意或授权后才能处理他们的信息。[2]

在监管对象上，第8条的规定适用于直接向儿童提供的信息社会服务，在实际判断中既要考虑网络经营者主观表示的服务对象是否包括18周岁以下的儿童，也要考虑网站内容、营销方式等客观证据。但在具体实施上，比如在英国会将不设18周岁年龄限制的网络服务视为“直接向儿童提供的”，[3]但GDPR没有COPPA中“实际知晓”这一相对较低的适用标准，因此相比COPPA在监管对象范围上的要求更严。

在年龄识别上，欧洲数据保护委员会（The European Data Protection Board，EDPB）认为网络经营者必须通过合理的努力、结合现有技术和行为的内在风险性来验证用户的年龄以及儿童父母的身份，选择与该行为的性质和风险性相适应的验证方法，避免在年龄验证过程中过度处理用户个人信息。[4]GDPR并没有具体列出一些可行的验证儿童父母身份的方法。根据EDPB的指导意见，在低风险的情况下通过电子邮件来验证父母的身份也许即足够，而在高风险的情况下可能还需要更多的证据。EDPB认为

① See Article 8 (1) of the General Data Protection Regulation: “Where point (a) of Article 6(1) applies, in relation to the offer of information society services directly to a child, the processing of the personal data of a child shall be lawful where the child is at least 16 years old. Where the child is below the age of 16 years, such processing shall be lawful only if and to the extent that consent is given or authorised by the holder of parental responsibility over the child. Member States may provide by law for a lower age for those purposes provided that such lower age is not below 13 years.”

② 在这里，“个人信息控制者”（controller）是GDPR对那些决定个人信息处理之目的和方法的主体的称谓，与COPPA下“运营者”的概念类似。

③ The UK Information Commissioner’s Office (ICO), *What are the Rules about an ISS and Consent?*, ICO, https://ico.org.uk/for-organisations/guide-to-data-protection/guide-to-the-general-data-protection-regulation-gdpr/children-and-the-uk-gdpr/what-are-the-rules-about-an-iss-and-consent/, last visited on 16 August 2022.

④ See Article 8 (2) of General Data Protection Regulation.

可信赖的第三方验证服务有助于减少个人信息控制者自身需处理的个人信息数量。另外，GDPR还允许网络运营者为追求“正当利益”而在未经儿童父母同意的情况下处理儿童个人信息，但强调应顾及儿童的利益、基本权利和基本自由。①

在同意条件上，GDPR有着非常细致、明确的要求：（1）同意应是自愿给出的，不应存在强迫、欺骗、恐吓、威胁等情形。如果被认定为强迫同意，个人信息控制者将可能面临高额处罚。（2）同意应是具体的，应明确信息处理的目的且以满足该目的必要性为限。当对于个人信息的处理存在多个目的时，原则上针对每个信息处理目的或操作都要取得单独的同意，但服务于相同目的的多项个人信息处理行为则可以被概括同意。②（3）同意应是在完全知情基础上的，应明确同意范围且条款简洁清晰。GDPR特别强调，向儿童提供的信息（包括索取对处理其个人信息的同意的请求）尤其应采用简洁、透明且易于辨认和接触的形式，并使用儿童可以轻易理解的清楚而平白的语言。③（4）同意应是清晰明确的，应通过清晰的确认行为作出，比如可以主动勾选同意但不得以预勾选或沉默、不作为的方式。④

在个人信息使用上，由于儿童的成熟度和理解力较低，更容易在网络环境中受到剥削，EDPB认为，那些足以影响儿童选择和行为的纯自动化判断都有可能会对儿童产生较大影响，因此通常情况下应避免对儿童进行“用户画像”并用于行为定向广告等营销目的。⑤

---

① See Article 6 (1) of General Data Protection Regulation.

② See Recitals 32 and 43 of General Data Protection Regulation.

③ See Article 12 (1) of General Data Protection Regulation.

④ See Articles 4(11), 5(1b), (c), 7(4), 12(1), 13, 14 and Recitals 32, 42, 43, 58 of General Data Protection Regulation.

⑤ See Recital 71 of General Data Protection Regulation.

在违法处理上，GDPR明确允许公民和社会组织针对个人信息控制者的违规行为提起侵权诉讼，寻求损害赔偿。而行政罚款金额可高达违规者全球年收入额的4%或2000万欧元，以二者较高为准，远高于COPPA。[①]与COPPA的“安全港”项目相仿，GDPR也规定了行为准则和认证机制。经监管机构批准后，行业组织可以通过行为准则实施行业自我管理，认证机构可以提供GDPR合规认证、个人信息保护标识等服务。[②]

欧盟的GDPR是一部全面的个人信息保护立法，更侧重于强调一般个人信息主体的权利，没有专门规定儿童父母的权利。但在个人信息主体的权利和个人信息控制者的义务等方面均有着远比COPPA更为细致、充分且严格的要求，注入了更多新的理念。GDPR尤其在对同意的四项要求（自愿给出的、具体的、在完全知情基础上的、清晰明确的）上比COPPA规则中的一次性“通知并取得同意”等标准更为严格。GDPR明确了网络经营者验证儿童年龄及其父母身份的义务，同时强调了在验证过程中要避免过度处理个人用户信息，并对侵害隐私权规定了严重的法律后果。

一个最新的案例是，根据美联社2022年9月5日报道，爱尔兰数据保护委员会（Ireland’s Data Protection Commission）于5日（周一）通过电子邮件表示，其于上周五作出最终决定，对Instagram公司因不当处理未成年人个人数据而处以4.05亿欧元的罚款，约合28.17亿元人民币。爱尔兰监管机构的调查集中在Instagram如何显示13岁至17岁用户的个人详细信息，包括电子邮件地址和电话号码。同样拥有Facebook的Instagram母公司Meta表示，虽然它在整个调查过程中与监管机构“充分接触”，但

---

① See Articles 79, 80, 83(4) and (5) of General Data Protection Regulation.

② See Articles 40–43 of General Data Protection Regulation.

"我们不同意这笔罚款的计算方式，并打算对其提出上诉"。[①]

3.我国未成年人隐私和个人信息保护模式

自2012年起，《全国人民代表大会常务委员会关于加强网络信息保护的决定》《网络安全法》以及国家网信办发布的规章等逐步要求"信息发布、即时通信等服务"，通过"后台实名、前台自愿"的方式获取用户的真实身份信息。为了满足未成年人网络安全的需求，我国立法政策在未成年人身份识别上提出了很多具体要求。但问题是，身份识别的过程需要收集个人相关信息，所以对如何保护未成年人的隐私和个人信息又带来了挑战。国家互联网信息办公室于2019年8月发布了《儿童个人信息网络保护规定》，该规定于2019年10月1日正式施行。这个规定至少在三个方面对互联网企业提出了明确的要求。

首先，该规定在第九条、第十条、第十四条具体规定了收集儿童个人信息必须经过监护人同意的制度。第九条规定了监护人同意的基本制度，"网络运营者收集、使用、转移、披露儿童个人信息的，应当以显著、清晰的方式告知儿童监护人，并应当征得儿童监护人的同意"。第十条第一款规定了网络运营者必须同时提供拒绝选项，并要明确告知相关具体内容。第十条第二款和第十四条规定了告知事项发生实质性改变以及确需超出约定目的、范围使用的，要再次征得儿童监护人的同意。

其次，该规定明确规定了保护儿童个人信息的一些具体要求。比如，第八条规定了网络运营者要设置儿童个人信息保护的专门人员、专门规则

---

① See the Associated Press, *Irish Watchdog Fines Instagram 405M Euros in Teen Data Case*, U.S. News(Sept. 5, 2022), https://www.usnews.com/news/business/articles/2022-09-05/irish-regulators-fine-instagram-405m-euros-for-data-breach.

和用户协议；第十三条明确提出了采取加密等措施；第十五条规定了网络运营者要对儿童个人信息特殊保护、严控访问权限、建立内部审批制度、避免儿童个人信息在企业内部滥用或者由此引发对外泄露问题。

最后，该规定特别规定了儿童个人信息删除的问题，也就是被遗忘权制度。所谓被遗忘权，就是孩子信息被收集，父母也同意了，但是过一段时间父母不同意了，希望删除，那么网络运营者就应该无条件地删除。这个规定明确了请求删除的相关要求。其中第二十条不但规定了网络运营者违法、违反约定、超出目的范围或必要期限收集、存储、使用、转移、披露儿童个人信息时，儿童或者其监护人可以要求删除，也规定了儿童或者其监护人通过注销等方式终止服务或者监护人撤回同意时，也可以请求删除。第二十三条规定了网络运营者停止运营产品或服务时，要删除其所持有的儿童个人信息。

总的来看，该规定的出台非常必要和及时，对加强未成年人网络保护具有重大意义。但也要看到，该规定保护的是不满14周岁儿童的个人信息，对那些满14周岁不满18周岁的未成年人个人信息如何保护？如何避免孩子盗用监护人的同意权？父母提出撤回同意或请求删除孩子个人信息是否方便？父母或其他监护人怎样了解网络运营者超出目的范围或必要期限收集、存储、使用、转移、披露儿童个人信息？所以笔者建议，一是全面加强对不满18周岁未成年人个人信息的保护，认真研究各个年龄阶段需要保护的信息内容，区分年龄确定要特别保护的重点内容。二是完善监护人同意制度，参考美国和欧盟的规定，以“合理性”和“现有技术水平”作为标准，采取多途径、全方位的验证模式，包括邮件、传真、金钱交易凭证、视频连线、身份证等，把监护人同意制度真正落到实处。三是引导制定行业执行标准。虽然国家已对儿童个人信息保护作出了专门规定，但是如何落地执行是更为重要的。如果没有具体的执行要求，仅依靠单个企业自身力量，难以把握执行标准，可能会出现执行不到位或执行成本太高影响企业积极性的情况，最终无法有效落实该规定。建议由相关行业协会出台执行该规定的具体操作标准，推动和引导企业执行。

八、未成年人网络消费问题

数字时代未成年人消费问题与数字支付密切相关。由于当前数字支付在全球并未普及，所以在很多国家未成年人网络消费问题并不突出。但在我国，由于微信、支付宝等便捷的数字支付方式的普及，未成年人不当消费问题开始受到社会广泛关注。

1. 未成年人不当的网络消费及危害

以《王者荣耀》这款游戏在2015年上线为标志，在随后几年里，我国未成年人为游戏充值、购买各种虚拟装备等问题非常严重。当时媒体报道了很多类似案件，比如：2018年1月初，17岁的安徽少年将其银行卡与打游戏的账户绑定，随时打游戏随时充钱，其将家人存放在其银行账户的全家近26万元的储蓄，在不到两个月时间内在网上充值消费购买一款游戏的虚拟武器装备。[①]浙江一名11岁的男孩由于与父亲有个共同的微信账号，

---

① 参见《安徽一少年沉迷网游　一个半月花近26万》，载环球网百家号2018年2月26日，https://baijiahao.baidu.com/s?id=1593417575569727600&wfr=spider&for=pc。

在知道了支付密码后，在三个月的时间内共花了超过10万元购买游戏币。[①]江苏一名15岁的少年沉迷网络游戏，偷偷将自己的QQ账号绑定了父母的银行卡，在一年时间内花费了将近10万元用于充值游戏，其父母还误以为其银行卡遭到了盗刷。[②]

近几年，网络直播打赏的问题日渐突出。根据媒体报道，湖北襄阳一位14岁男孩在父亲不知情的情况下用手机给某平台主播打赏了4万余元，后在民警帮助下将钱追回。[③]司法部2022年8月发布的人民调解指导案例显示，宁波市海曙区张某女儿张某甲8周岁，平时用奶奶的手机上网课、做作业。2021年3月，张某在检查张某甲的在线作业时发现了十几条消费提醒短信，显示前一晚消费了8万余元。经询问，张某甲承认自己在两个知名直播软件平台注册账号，并不时给主播点赞“打赏”。[④]

随着网络的快速发展，这几年网络上有些新的未成年人不当消费问题也受到社会广泛关注。比如，如何避免未成年人在网络上不当参与盲盒抽奖？盲盒是指消费者在不能提前得知具体产品款式的情况下，付费后随机抽取产品的一种娱乐形式。如今盲盒抽奖已经不局限在线下，网络盲盒抽奖也已非常流行。有些盲盒抽奖带有赌博性质，对未成年人有很大吸引力。根据中国青年报2022年6月的一篇报道，近年来线上盲盒消费问题引发公众关注。不少家长通过投诉平台“进入黑猫投诉”反映，

---

① 参见《11岁儿子用父亲手机玩游戏　买装备3个月花10万》，载环球网2015年10月19日，https://m.huanqiu.com/article/9CaKrnJQFGI。

② 参见《熊孩子玩网游1年花10万　其父母误以为卡被盗刷》，载央广网，http://news.cnr.cn/native/gd/20151112/t20151112_520488549.shtml。

③ 参见《4万积蓄被打赏父亲怒扇儿子耳光，民警追回后送男孩试卷》，载光明网，https://m.gmw.cn/baijia/2022-08/14/1303090841.html。

④ 参见《司法部发布人民调解工作指导案例》，载中华人民共和国司法部网站，http://www.moj.gov.cn/pub/sfbgw/fzgz/fzgzggflfwx/fzgzrmcycjfz/202208/t20220802_461084.html。

其未成年子女下载了盲盒App并进行了消费，数额不等，多则上万元、少则几十元。[①]近些年未成年人不当消费漫画、小说的问题也引发社会各界的关注。一些漫画、小说充斥暴力、软色情等内容，诱导了未成年人参与不当消费。

未成年人不当网络消费给一些家庭带来额外的高额经济损失。未成年人在未征得父母或其他监护人同意的情况下进行高额游戏充值或直播打赏的行为无疑会给家庭带来严重的经济损失。有些未成年人陷入网络游戏充值、盲盒抽奖等不当消费，长时间纠结在不当消费的沉迷与惶恐中，严重影响其身心健康。不当消费也引发了一些新的纠纷。目前这些纠纷的难点是父母往往主张是未成年人利用其账号不当消费，企业往往以现有证据无法证明是未成年人还是其父母消费为理由进行抗辩。有些纠纷无法依靠网络的投诉举报程序以及双方的协商等方式解决，于是纠纷进入法院。根据北京互联网法院2022年5月发布的《未成年人网络司法保护情况报告》，目前进入司法程序的案件类型以充值打赏类为主，自2018年9月成立以来，北京互联网法院共受理涉未成年人网络纠纷76件，年龄最小的受侵害者仅为5岁。其中，充值打赏类案件占比达到75%，游戏充值、直播打赏案件占比最高，涉案金额最高达61万元。[②]

2.我国政府相关部门治理未成年人网络不当消费的努力

未成年人不当消费问题是随着数字经济的发展不断快速变化的。总

---

① 参见《有未成年人一夜消费过万买盲盒　企业可自行修改盲盒App后台中奖率》，载新浪财经，http://finance.sina.com.cn/jjxw/2022-06-01/doc-imizirau5973217.shtml。

② 参见《“首互未来”北京互联网法院未成年人网络司法保护情况报告》，载中华网法制频道，https://law.china.com/fzzx/13004230/20220526/42392316_all.html。

的来看，中国政府相关部门能够针对有关问题，及时制定相关政策予以治理，从而避免了相关问题无序发展的局面出现。

国家重点整治了未成年人沉迷网络游戏的问题，也就从根本上解决了未成年人不当网络游戏消费的问题。未成年人沉迷网络游戏的高峰应该是2016年到2019年，这一时期大量未成年人沉迷以《王者荣耀》为代表的网络游戏，并为此支付了大量费用。2019年10月国家新闻出版署发布了《关于防止未成年人沉迷网络游戏的通知》，这是我国就防止未成年人沉迷网络游戏发布的第一个专门政策。该政策明确要求：同一网络游戏企业所提供的游戏付费服务，8周岁以上未满16周岁的用户，单次充值金额不得超过50元人民币，每月充值金额累计不得超过200元人民币；16周岁以上未满18周岁的用户，单次充值金额不得超过100元人民币，每月充值金额累计不得超过400元人民币。[①]在一定程度上，该政策遏制了未成年人沉迷网络游戏并大量支付费用的局面，但相关问题并未得到根本解决。2021年8月国家新闻出版署再次发布《关于进一步严格管理切实防止未成年人沉迷网络游戏的通知》，严格限定了未成年人玩网络游戏的时间，严格防止未成年人沉迷网络游戏的政策也从根本上解决了未成年人不当网络游戏消费的问题。[②]

针对未成年人不当打赏的问题，国家广播电视总局在2020年发布了《关于加强网络秀场直播和电商直播管理的通知》，明确要求“未成年用户不能打赏”。[③]2021年国家互联网信息办公室等部门发布《关于加强网络

---

① 《国家新闻出版署关于防止未成年人沉迷网络游戏的通知》，国新出发〔2019〕34号，2019年10月25日发布。

② 《国家新闻出版署关于进一步严格管理切实防止未成年人沉迷网络游戏的通知》，国新出发〔2021〕14号，2021年8月30日发布。

③ 《国家广播电视总局关于加强网络秀场直播和电商直播管理的通知》，广电发〔2020〕78号，2020年11月12日发布。

直播规范管理工作的指导意见》，该政策性意见明确要求“不得向未成年人提供充值打赏服务”，“建立未成年人专属客服团队，优先受理、及时处置涉未成年人的相关投诉和纠纷，对未成年人冒用成年人账号打赏的，核查属实后须按规定办理退款”。[①]未成年人打赏问题进入国家治理的轨道。

针对近两年来社会关注的未成年人盲盒抽奖等问题，2022年8月国家市场监督管理总局发布了《盲盒经营活动规范指引（试行）（征求意见稿）》。[②]该指引第二十一条规定，盲盒经营者不得向8周岁以下未成年人销售盲盒。向8周岁及以上未成年人销售盲盒商品，应通过销售现场询问或者网络身份识别等方式，确认已取得相关监护人的同意。盲盒经营者应以显著方式提示8周岁及以上未成年人购买盲盒应取得相关监护人同意。鼓励地方有关部门出台保护性措施，对小学校园周围的盲盒销售模式包括距离、内容等进行具体规范。

针对未成年人不当消费问题，政府相关部门及时采取了治理措施。但不可回避的问题，一是有些企业采取纵容的方法，并未全面有效贯彻国家相关政策；二是确实存在有些未成年人利用成年人如父母、爷爷奶奶等身份进行账号认证以及不当消费的问题。全面治理这个问题，需要国家、企业、家庭相关各方都担负起相应的责任。

3. 我国法律对处理未成年人不当消费问题的规定

我国《民法典》规定，不满8周岁的未成年人为无民事行为能力人，

---

① 《关于印发〈关于加强网络直播规范管理工作的指导意见〉的通知》，国信办发文〔2021〕3号，2021年2月9日发布。

② 《为盲盒经营活动立新规　市场监管总局发布征求意见稿》，载新华网客户端百家号2022年8月17日，https://baijiahao.baidu.com/s?id=1741404757070763579&wfr=spider&for=pc。

已满8周岁不满18周岁的未成年人为限制民事行为能力人，除了独立实施纯获利益的民事法律行为或者与其智力、精神健康状况相适应的民事法律行为，其实施的其他民事法律行为需要经过法定代理人同意或者追认。2022年3月最高人民法院发布了九件未成年人保护的典型案例，其中一件案例就是未成年人不当网络消费案件。14周岁的原告李某某在父母不知情的情况下，通过某平台先后七次从被告经营的网店“× 游戏”购买374个游戏账号，共计支付36652元，上述游戏账号内的装备都是皮肤、面具、小花裙子等。原告父母次日发现后，及时与被告经营网店的客服人员联系，表示对原告购买游戏账号及付款行为不予追认并要求被告退款，但被告不同意全额退款。法院经审理认为，原告李某某案发时未成年，属于限制民事行为能力人，购买游戏账号支付36652元的行为，显然与其年龄、智力不相适应，李某某的法定代理人亦明确表示对该行为不予追认，故原告李某某实施的购买行为无效，判决被告向原告全额返还购买游戏账号款36652元。①

但目前在处理类似纠纷的过程中，确实面临着很多现实问题：一是对于限制民事行为能力人来说，消费多大的数额符合未成年人年龄、智力理解的程度？不同家庭消费能力和消费习惯都会影响未成年人对消费数额的理解。二是网络消费行为在很多情况下是即时消费的行为，例如能够继续打游戏或者用尽购买的武器装备等，与一般意义上的物品和服务交易方式存在明显区别。而且目前网络交易基本都是通过第三方支付平台完成的支付，尤其在目前快捷支付、免密支付的情况下，只要通过父母等成年人的账号，未成年人便可以完成网上交易。那么这种通过成年人账号支付的行

① 《最高法：未成年人高额购买网络游戏账号被判返还》，载中国青年网百家号2022年3月1日，https://baijiahao.baidu.com/s?id=1726083393249188868&wfr=spider&for=pc。

为如何定性？现实中既存在未成年人私下盗用父母账号支付的情况，也存在父母消费后以未成年人名义要求退费的情况，所以很多纠纷处理起来都会比较复杂。

九、技术在未成年人保护中的作用

在数字时代，面对海量的信息，不可能都通过人工方式来开展未成年人网络保护工作。过滤器以及各种监管软件在未成年人保护领域都在发挥着越来越重要的作用。

1. 美国技术性监管方式发挥的作用

《美国青少年互联网运用变化趋势（2000—2018）》一文中介绍："从皮尤研究中心连续几年的报告中可以发现，移动互联网普及前后，即2010年前后是父母对孩子的上网管控方式发生变化的分水岭。如果说2010年之前技术性管控方式更为普遍的话，那么在这之后非技术性管控方式逐渐成为主流。技术性管控方式指的是利用过滤器或者监控软件等技术工具来对孩子的上网行为进行管理，而非技术性管控方式主要包括谈话、订立规则、检查孩子浏览过的内容等方法。皮尤研究中心2001—2007年调查显示，在21世纪互联网普及的最初几年里，父母对青少年的网络管控主要是对其上网内容和时间进行管理，主要采取的方法有将电脑放置在家里的公共空间中、和孩子一起上网、订立上网规则、孩子上网后检查孩子浏览的网页以及给电脑安装过滤器等。技术过滤器是在2000年12月21日美国通过《儿童互联网保护法》（the Children's Internet Protection Act）之后得到广泛推广的，尽管其过滤效果仍存在缺陷，但使用由服务商提供过滤器的家长在2000—2007年逐年增加，从2000年的41%增加到2004年的54%，并在2007年保持在53%。”“大部分青少年的父母在2012年的调查中表示他们最关心的就是孩子在网上做什么以及他们的行为是否会被监控。针对上述担忧，绝大多数家长表示会依靠个人参与，采用非技术性方案如谈话的方式和孩子交流关于上网的安全和风险问题，比如应该看些什么、如何分享、如何与他人相处，等等。采用这一方式的家长比例在2011年和2015年都保持在了94%”，“而使用技术性手段及锁定、过滤或监控等方法监管孩子的父母比例从2011年起就逐年下降，在2015年时只有不到40%”。[①]

从美国的做法中我们能够看到，首先，技术性监管方式也是一种普遍的管理和保护未成年人的方式；其次，在不同阶段，父母采用技术性监管方式的程度不同。随着网络的日益普及，越来越多的父母开始采用与孩子沟通、陪伴孩子等非技术性的管理方式。

2.我国未成年人网络保护软件的应用

我国很多硬件设备都事先安装了未成年人网络保护软件。比如：华为手机、平板电脑内置的未成年人网络保护软件称为“健康使用手机”。用户需在手机设置中开启，该功能无法卸载，也无须另行安装。根据介绍，该软件不仅能帮助用户自己平衡手机使用时间，更关键的是能帮助孩子合理使用手机，如为孩子制定使用时间限制规则、实时查看家人位

---

① 郭正正、杨斌艳：《美国青少年互联网运用变化趋势（2000—2018）》，载季为民、沈杰主编：《中国未成年人互联网运用报告（2020）》，社会科学文献出版社2020年版，第379-405页。

置、引导孩子浏览合适内容等。苹果手机、平板电脑、笔记本电脑中内置的未成年人网络保护软件称为“屏幕使用时间”。用户需在设备的“设置”中开启，该功能无法卸载，也无须另行安装。总的来说，苹果设备的“内容访问限制”与华为设备的“帮助孩子合理使用手机”功能相近。小米手机、平板电脑中的未成年人网络保护软件为“风筝守护”。该软件并非内置，用户在设置中开启该功能时需跳转至应用商城下载该软件。该软件在首次使用时需要绑定未成年人的设备，在绑定完成后，才可提供相关保护功能。vivo手机、平板电脑（含子品牌IQOO）内置的未成年人网络保护软件为“儿童模式”，该软件预装在设备中，用户可以在设备桌面找到该程序并使用。OPPO手机、平板电脑（含子品牌Reno）内置的未成年人网络保护软件为“儿童空间”，该软件预装在设备中，用户需要在设置中手动开启。总的来看，华为、苹果在未成年人网络保护软件方面做得相对成熟，一方面，其软件中包含了未成年人常用的时间管理、内容管理等主要功能；另一方面，华为、苹果通过在应用商城、音视频软件中引入年龄分级，能够更加科学地根据未成年人的年龄段作出更适宜的管理。

我国抖音、快手等主要社交平台也都采取了未成年人保护相关措施。比如，在短视频平台方面，抖音、快手响应了“清朗·整治网络直播、短视频领域乱象”[①]等专项行动。除进行集中整治外，短视频平台日常也利用技术手段保护未成年人免受不良信息侵扰。特别要提出的是，在国家有关部门的推动下，很多平台企业都建立了“青少年模式”。抖音、抖音极速版“青少年模式”功能较为健全，包含时间管理、权限管理、消费管理等

① 参见中央网信办、国家税务总局、国家市场监督管理总局：《关于开展“清朗·整治网络直播、短视频领域乱象”专项行动的通知》，2022年4月15日发布。

功能；抖音、抖音极速版“亲子守护”平台满足了家长异地管理的需求；通过每日首次使用弹窗等较为显著的方式引导、提醒用户使用“青少年模式”；强制引导14周岁以下实名认证用户进入“青少年模式”。

3.我国相关法律政策的发展

在数字时代，为了加强对未成年人的特殊保护，就必须使用某些技术方式。但在多大程度上使用技术方式？使用过于严苛的技术方式，比如极高标准的拦截软件，将过度拦截相关信息，导致未成年人接触内容的匮乏、单调；使用过于宽松的拦截方式，又将导致大量不良信息给未成年人带来负面影响。所以如何把握一个合适的度，将是平台企业以及监管部门面临的一个持续挑战。

新修订的《未成年人保护法》第七十四条第二款规定，网络游戏、网络直播、网络音视频、网络社交等网络服务提供者应当针对未成年人使用其服务设置相应的时间管理、权限管理、消费管理等功能。这一规定为我国相关政府部门推动平台企业建设青少年模式提供了法律依据。该法第六十九条第二款规定，智能终端产品的制造者、销售者应当在产品上安装未成年人网络保护软件，或者以显著方式告知用户未成年人网络保护软件的安装渠道和方法。这一规定对相关企业安装未成年人网络保护软件提出了要求。

当然，技术只是一种措施，只有将技术措施与人工手段结合起来，才能真正有效保障未成年人的权益。只有开展更多的研究，才能制定更精准的标准，技术措施才能更好地发挥作用；只有投入更多的人力资源，加强人工服务的能力，才能弥补技术措施的不足，及时屏蔽、清除不良内容，为未成年人建设一个清朗的网络环境。

十、数字时代未成年人网络保护的其他问题

数字时代未成年人保护涉及很多具体复杂的问题，很多问题都是全球的共性问题，本书只能具体讨论一些这个领域的重点问题。除了上面已经讨论的重点问题，还有很多问题需要关注。本书再提出三个具体问题。

1.如何认识网络世界与现实世界的关系?

互联网发展成为现实世界基础上的虚拟社会，将与现实世界紧密融合，数字时代的未成年人保护也不仅仅是网络问题，还将会涉及现实世界中未成年人保护领域的各种问题。在我国现实世界未成年人保护领域基础还很薄弱的背景下，数字时代的未成年人保护就会更加复杂、艰难。

比如，现实世界我们是否建立起有效的未成年人保护机制？未成年人在权益受到侵害的时候，是否能够获得有效的服务？现实世界面临的很大问题是，面对需要特别关爱服务的留守儿童、进城务工人员子女、残障儿童，谁来为他们提供具体的服务？在未成年人遭受家庭暴力、学生欺凌或者性侵后，谁能给受害者提供专业的法律、心理、社工等综合服务？由于我们缺乏专业的服务机构以及专业的服务人员，导致有些很好的法律政策难以得到有效落实，有时未成年人的权益难以得到有效的保障。这些困境中的未成年人在现实中缺少关爱，就会花费更多时间在网络虚拟空间，也就更容易受到色情、暴力等不良信息的影响，更容易在网络上实施欺凌或者成为欺凌的受害者。当最后演化成未成年人受到侵害或者违法犯罪的案件时，表面看来是网络保护问题，但其实与现实问题密切相关。

再有，大家都高度关注的网络成瘾问题。这个问题与另一个看似不相

关的现实问题密切相关。孩子不上网，到哪里去玩呢？现实世界有哪些可以吸引孩子玩耍的地方呢？每到暑期，在农村都会发生孩子游泳溺亡的事故，社会总在强调安全以及父母的管理责任问题。但在盛夏，不让孩子去游泳，让孩子去哪里玩耍呢？在城市规划中，是否为孩子建设了足够的公共玩耍、嬉戏场所？由于缺乏室外玩耍的空间，室外玩耍面临溺亡、交通事故等各种危险，父母也认为孩子留在家里最安全，于是在孩子很小的时候，智能电子产品就成为陪伴孩子成长的最亲密伙伴，游戏的虚拟空间就成为给孩子带来快乐的最好场所。

所以，要清醒看到的是，数字时代带来了未成年人保护的很多新问题，但很多问题也是现实世界的反映。数字时代激化、放大了原有的现实世界中的未成年人保护问题，使这些问题以更尖锐的方式呈现在社会面前，但现实世界中的未成年人保护问题也还是客观存在的。所以说，数字时代的未成年人保护离不开现实世界的努力，将现实社会的未成年人问题都归咎于互联网，不仅是草率的，也是不能解决问题的。我们只有全面构建现实世界的未成年人保护制度体系，才能有效推进数字时代未成年人保护事业的发展。

2.如何平衡多方共治中各方的责任问题？

现在越来越多的人意识到，对未成年人的网络保护不能单靠政府、企业、家庭、学校中的任何一方来完成，多方共治理念已经深入人心。国际电信联盟多年来一直高度关注数字时代的儿童保护问题，在它所关注的儿童保护的参与方以及利益攸关方中，明确列举了父母或监护人、教育工作、业界、研究团体和非政府组织、执法机构、宽带以及移动和网络运营商、社会服务机构、医疗卫生机构、政府部委、儿童保护组织的作用，并为此专门出版了《保护上网儿童政策制定者指南》《保护上网儿童业界指南》《保护上网儿童父母和教育工作者指南》，具体列明了参与方和利益攸关方在保护上网儿童方面的具体责任。[①]按照我们的框架体系来归纳，主要就是父母或其他监护人、学校和老师、企业、社会组织、政府以及司法机关的责任。

但现实中的问题是，各方到底应该承担怎样的责任？如何平衡政府、企业、家庭、学校各方的责任？站在不同的视角就会提出不同的看法。政府希望通过推动立法、制定政策，不仅督促企业承担更多责任，也希望家长、学校发挥有效作用；越来越多的企业在承认自身要承担更多责任的基础上，也希望政府、家长、学校要积极履责；面对越来越离不开互联网的孩子，很多父母手足无措，纷纷呼吁国家要立法、企业要担责。在这样一项复杂、全新、艰巨的挑战面前，每一方都希望其他几方发挥更多作用。但如何平衡各方的主要职责？如何有效发挥政府、企业、家庭、学校各方的正面作用，最大程度地为未成年人营造一个风清气正的网络空间？这或许是一个要长时间讨论和博弈的问题。从发展的角度来看，这里有几个关键的问题应该强调。

一是未成年人的网络素养问题。人类社会正在快速进入数字时代，未来一代的生活和工作都将越来越离不开网络。要清醒认识到的是，当下孩子是否具备良好的网络素养，不仅将影响着他们参与未来社会竞争的能力，也会影响一个国家的竞争力。《2017年世界儿童状况——数字时代的儿童》介绍了约旦难民营里一位母亲说的话，“在我们那个年代，文盲是指不识字。现在，不会使用互联网的人也可以称作‘文盲’。我不希望

---

① See International Telecommunication Union (ITU), *Guidelines for Policy-Makers*, *Guidelines for Industry*, *Guidelines for Parents and Educators*, ITU, https://www.itu-cop-guidelines.com, last visited on 16 August 2022.

孩子成为这类人。这一点很重要。我们希望孩子有更好的未来”。但在数字时代，“儿童需要什么技能和特质来规避网上风险，尽可能获得更多机会？针对这一问题，许多家长、教师、决策者及学者都给出了自己的回答。这些回答可归为两大类宽泛的概念——‘数字（和媒体）素养’及‘数字公民’”[①]。在该研究报告中，对数字素养以及数字公民也并没有确定的定义。在我国近些年的立法政策中，我们统一强调的是培养未成年人的网络素养。可以说，培养未成年人的网络素养，是培养数字时代数字公民的基本内容。我国新修订的《未成年人保护法》为此明确规定：“国家、社会、学校和家庭应当加强未成年人网络素养宣传教育，培养和提高未成年人的网络素养，增强未成年人科学、文明、安全、合理使用网络的意识和能力，保障未成年人在网络空间的合法权益。”“未成年人的父母或者其他监护人应当提高网络素养，规范自身使用网络的行为，加强对未成年人使用网络行为的引导和监督。”正在制定的《未成年人网络保护条例》也将重点关注这一问题。网络素养将成为数字时代公民的基本素养，公民要逐渐适应数字时代工作生活的新方式以及新要求。法律政策指明了方向，但如何有效培养未成年人的网络素养将是一个复杂的过程。

二是企业的主体责任问题。在数字时代，大型平台企业制定了平台规则，主要行使着对平台内相关参与方的管理责任，获取着平台发展带来的主要收益，所以不可避免地要承担提供安全健康的相关产品和服务的责任。尤其是各种社交信息平台更要担负起保障未成年人健康成长的责任。《未成年人网络保护条例（征求意见稿）》对未成年人用户数量巨大、在未成年人群体中具有显著影响力的重要互联网平台企业提出了一些特别的

---

① 联合国儿童基金会：《2017年世界儿童状况——数字时代的儿童》，载联合国儿童基金会网站2017年12月，https://www.unicef.cn/media/4606/file。

要求，这是必要和及时的。建议未成年人用户数量巨大、在未成年人群体中具有显著影响力的平台企业要健全和完善相关未成年人保护的内部制度，建立平台企业负责人主导的内部未成年人保护机制，明确具体负责相关未成年人保护工作的部门，建立便捷、有效的未成年人保护投诉机制，加大开展未成年人保护相关工作的资源投入，为全面推进平台以及整个社会的未成年人保护工作作出积极贡献。

三是加强政府和司法机关的监管问题。受到资本以及各种因素的影响，有些政府部门甚至司法机关在面对大型平台企业损害未成年人权益的行为时，做得不尽如人意。只有加强传统政治权力对平台企业数字权力的有效监督，才能保障平台企业健康发展。新修订的《未成年人保护法》针对“网络保护”规定的网络服务企业的相关义务，在“法律责任”部分规定了严厉的法律责任，该法第一百二十七条规定：“信息处理者违反本法第七十二条规定，或者网络产品和服务提供者违反本法第七十三条、第七十四条、第七十五条、第七十六条、第七十七条、第八十条规定的，由公安、网信、电信、新闻出版、广播电视、文化和旅游等有关部门按照职责分工责令改正，给予警告，没收违法所得，违法所得一百万元以上的，并处违法所得一倍以上十倍以下罚款，没有违法所得或者违法所得不足一百万元的，并处十万元以上一百万元以下罚款，对直接负责的主管人员和其他责任人员处一万元以上十万元以下罚款；拒不改正或者情节严重的，并可以责令暂停相关业务、停业整顿、关闭网站、吊销营业执照或者吊销相关许可证。”只要相关政府部门严格依法监督，就能有效督促相关企业积极履行职责。当然，对于相关平台企业侵害未成年人合法权益的问题，检察机关和相关社会组织也可以及时提起公益诉讼，以法治手段督促企业更好地开展未成年人保护工作。

3.加强国际合作促进未成年人保护与企业共同良性发展

尽管近些年来很多人唱衰“全球化”，世界似乎更会呈现“诸侯割据”的局面。但应该清醒认识到的是，世界政治经济文化已经高度关联，数字化将不可避免地继续深入推进“全球化”的进程。在这个全新的时代，大型平台企业将成为全球治理的重要力量，在推进全球治理的进程中扮演重要的角色。这种新的全球治理体系为推进全球未成年人保护事业的发展带来了新的挑战与机遇。

数字时代全球儿童保护事业面临的挑战是：大型平台企业受到资本的驱使，为了追逐利益可能不择手段，将儿童保护放在一个口头高度重视、实际并不重视的位置；网络不良信息严重影响儿童人生观、价值观和世界观的形成，游戏以及元宇宙还将导致更多未成年人严重沉迷网络虚拟空间，最终严重损害儿童的身心健康；虚拟空间给儿童带来各种安全风险，社交网络引发的性剥削等问题将更加突出；很多跨国案件的办理更加困难，因为犯罪分子在其他国家导致案件无法侦破的情况将日益普遍；各国的关注重点、法律政策存在重大差异，国际合作面临各种现实困难。在大型平台企业数字权力的影响下，国际社会可能更加难以形成有效的合力来推进儿童保护事业的发展。

但任何事物的发展都有两面性，数字时代在给全球儿童保护事业带来各种挑战的同时，不可避免地也会带来各种机遇。比如：每个国家、每个平台的儿童保护工作都将更加透明公开，国际社会可以更加清楚地观察和了解世界各国儿童保护工作面临的挑战；因为很多案件是跨国的，比如在联合国儿童基金会的报告中提到菲律宾一名12岁女童在网上裸聊的案件中，被要求裸聊从而付费的申请者至少来自美国、澳大利亚、英国以及中国四个国家，[1]这种局面也对国际合作提出了新的迫切要求；数字时代所依托的数据非常便捷地跨越国界，这为数字时代的国际合作提供了新的工具、赋予了新的力量。

所以笔者建议在数字时代，加强未成年人保护，要进一步加强国际合作。比如，探讨制定数字时代新的儿童权利公约，以构建更强有力的国际儿童保护新机制；加强国际儿童保护战略研究，针对数字时代儿童保护的新特点开展更加务实的研究；加强在国际层面政府、企业与社会组织的合作，探讨在全球开展儿童保护工作的新模式；加强对发展中国家儿童保护领域的支持力度，帮助发展中国家培养更多的儿童保护专业人才等。总之，面对数字时代对儿童保护工作带来的新挑战和新机遇，只有深刻认识儿童保护对未来数字时代健康发展的重要意义，勇于迎接挑战，才能抓住机遇，建设一个相比工业时代更加美好的世界。

---

① See United Nations International Children's Emergency Fund (UNICEF), *The State of the World's Children 2017: Children in a Digital World*, UNICEF (Dec.8, 2017), https://weshare.unicef.org/archive/The-State-of-the-World-s-Children-2017--Children-in-a-Digital-World-2AMZIFINXA8N.html.

第六章

数字时代的公益慈善

中国平台企业在中国创新和发展了数字时代公益慈善的形式。如何制定符合数字时代特征的公益慈善法律制度，如何创新和引领数字时代公益慈善在全球的发展，不仅将影响到中国平台企业，也将影响到中国以怎样的角色和方式参与全球治理的进程。

公益慈善属于社会法领域的典型内容。从社会法的视角，公益慈善具体应该包括哪些内容？研究数字时代的公益慈善，具体应该关注哪些内容？这是首先就要确定的框架。我国全国人大制定的法律体系为研究这一问题指明了方向。在我国全国人大制定的27部主要社会法中，关于公益慈善的有5部，分别是：1993年制定、2017年修订的《红十字会法》，1999年制定的《公益事业捐赠法》，2016年制定的《慈善法》《境外非政府组织境内活动管理法》（于2017年修正）和2021年制定的《家庭教育促进法》。之所以将《家庭教育促进法》也归类在公益慈善领域，是因为两部公益慈善的专门立法都明确规定了要促进教育事业的发展。从上述五部法律可以看出，我们研究数字时代的公益慈善，将主要研究两个领域的问题：首先就是公益慈善相关问题，《公益事业捐赠法》和《慈善法》规定了相关法律制度。其次就是研究社会组织相关问题，目前全国人大已经对境外社会组织在我国开展活动进行了立法，并就我国红十字会这一特殊类型的社会组织专门立法，这表明全国人大将社会组织相关立法确定为社会法。

关于公益慈善的定义不同的人有不同的理解，我国为此制定了两部专门的法律。《公益事业捐赠法》第三条规定本法所称公益事业是指非营利的事项，并为此列举了四种情形；《慈善法》第三条明确了法律所称的慈善活动是指自然人、法人和其他组织以捐赠财产或者提供服务等方式，自愿开展的公益活动，并为此列举了六种情形。上述两部法律的规定中，公益慈善活动都包括以下四类：一是帮扶老弱病残等困难人群；二是促进教育、科学、文化、卫生、体育等事业的发展；三是救助灾害；四是保护环境。但主要区别是，在《公益事业捐赠法》中公益事业包括救助灾害中的困难群众和个人的活动、社会公共设施建设以及促进社会发展和进步的其他社会公共和福利事业，而《慈善法》中的慈善活动还包括救助自然灾害、事故灾难和公共卫生事件等突发事件造成的损害。由于《慈善法》关于慈善活动的最后兜底条款还包括符合本法规定的其他公益活动，可见依据上述法律，很难清晰界定公益活动与慈善活动的边界。所以在本章中，我们并不对公益慈善进行区分。

数字时代不仅为国家治理以及经济发展方式带来了颠覆性的变化，在不到十年时间里，对公益慈善领域也产生了重大影响。数字时代我国公益慈善领域发生了哪些重大变化？如何看待这些变化对我国相关立法和国家监管带来的挑战？如何建立与数字时代相适应的监管方式？培育社会组织对国家经济社会发展有哪些重大意义？为什么在数字时代更要强调社会组织的发展？这是本章希望具体讨论的主要问题。

一、数字时代我国公益慈善事业的现状

人类社会进入数字时代以来，对世界各国公益慈善领域都产生了重大影响。比如大型平台企业脸书，它不仅建设了专门关于社会影响和捐助的网站，为非营利组织提供元宇宙相关产品服务，也支持个人发起筹款活动等。根据脸书的报告，截至2020年年初，它已经帮助人们为非营利组织

筹集超过30亿美元的资金。[①]2021年12月苹果公司发布消息，庆祝员工捐赠项目成立十周年。在10年中通过该计划，它为全球3.9万个组织筹集了近7.25亿美元——仅2021年一年，就有超过1.2亿美元分发给全球各地的组织。通过该项目筹集的资金包括6.8万名员工完成了近200万小时的志愿者工作。[②]作为最有代表性的开展慈善众筹的平台，根据GoFundMe的报告，截至2019年，自2010年以来，从其网站上1.2亿位资助者那里筹集了超过90亿美元的善款。[③]

特别要看到的是，数字时代我国公益慈善事业取得了重大发展。我国通过立法构建起数字时代慈善募捐的基本法律制度，一些平台企业积极推动公益慈善事业发展，创新开展各类公益慈善项目，为我国数字时代公益慈善事业的发展带来了新的生机与活力。

1.数字时代我国公益慈善的法律框架

关于公益慈善事业的法律既要包括规范公益慈善组织的法律也要包括规范公益慈善事业行为的法律。2000年前后我国制定了《社会团体登记管理条例》（1998年发布）、《民办非企业单位登记管理暂行条例》（1998

---

① See *People Raise Over $2 Billion for Causes on Facebook*, Meta(Sept.19,2019), https://about.fb.com/news/2019/09/2-billion-for-causes/.

② See *Apple marks a year of giving in the communities it calls home*, Apple(Dec.14,2021), https://www.apple.com/ca/newsroom/2021/12/apple-marks-a-year-of-giving-in-the-communities-it-calls-home/#:~:text=In%20addition%20to%20the%20contributions,China%20Foundation%20for%20Poverty%20Alleviation.

③ See *GoFundMe Announces Its Community Has Made More Than 120 Million Donations, Raising Over $9 Billion for People and Causes*, GoFundMe(May 6, 2021), https://www.gofundme.com/c/featured-stories/gofundme-announces-its-community-has-made-more-than-120-million-donations-raising-over-9-billion-for-people-and-causes.

年发布）和《基金会管理条例》（2004年发布）等三部关于规范社会组织登记管理的行政法规，多年来国家一直在推动三部条例的修订工作。2018年8月民政部发布了《社会组织登记管理条例（草案征求意见稿）》，新的条例征求意见稿将原来三部条例进行整合，统一登记管理制度。但4年时间过去，国家并未发布修订过的社会组织登记管理制度。所以在社会组织的登记管理方面，我们仍旧使用原有的三个登记管理条例。随着我国社会快速迈入数字时代，我国公益慈善领域制定的最重要的一部法律就是《慈善法》。《慈善法》不仅规定了慈善组织、定义了慈善行为，还对开展慈善活动进行了全面规范。

数字时代公益慈善领域一个重要的问题就是利用互联网开展公开募捐的问题。是否所有社会组织都可以利用互联网公开募捐？如何对此进行规制？一个重要的历史背景是，慈善法先后经过近10年的调研、起草和论证，在这个过程中立法者得以了解网络慈善领域的很多新方法和新问题：几家大型头部企业已经在公益慈善领域创新开展了很多活动，比如腾讯2007年开通了“腾讯公益”平台，2015年开始了“99公益日”活动；新的个人大病求助平台出现，2014年轻松筹公司成立，2016年水滴筹公司成立；等等。所以2016年颁布实施的《慈善法》针对利用网络开展公开募捐活动构建了一套新的法律制度，这套新的法律制度具体包括三个资质确认和一个备案管理。

一是开展公开募捐首先必须符合慈善组织的资质要求。只有符合《慈善法》规定的慈善组织这一基本条件，才能开展慈善公开募捐。根据《慈善法》的规定，慈善组织有两类：一类是根据慈善法直接登记为慈善组织的；另一类是慈善法生效前已经设立的基金会、社会团体、社会服务机构等非营利组织，可以向其登记的民政部门申请认定为慈善组织，民政部门应当自受理申请之日起二十日内作出决定。也就是说，已经登记的社会组织可能被认定为慈善组织，也可能不被认定为慈善组织；不被认定为慈善组织的，不能开展公开募捐活动。截至2022年1月27日，全国慈善组织数量已达11260家。①

二是慈善组织还必须具有开展公开募捐的资格。并不是所有的慈善组织都可以开展公开募捐，慈善组织想要申请开展公开募捐，必须申请并获得开展公开募捐的资格。《慈善法》第二十二条规定，“慈善组织开展公开募捐，应当取得公开募捐资格。依法登记满二年的慈善组织，可以向其登记的民政部门申请公开募捐资格。民政部门应当自受理申请之日起二十日内作出决定。慈善组织符合内部治理结构健全、运作规范的条件的，发给公开募捐资格证书；不符合条件的，不发给公开募捐资格证书并书面说明理由。法律、行政法规规定自登记之日起可以公开募捐的基金会和社会团体，由民政部门直接发给公开募捐资格证书”。为完善对申请公开募捐资格和开展公开募捐活动的管理，民政部在2016年发布了《慈善组织公开募捐管理办法》，其中第五条第一款规定：“依法登记或者认定为慈善组织满二年的社会组织，申请公开募捐资格，应当符合下列条件：（一）根据法律法规和本组织章程建立规范的内部治理结构，理事会能够有效决策，负责人任职符合有关规定，理事会成员和负责人勤勉尽职，诚实守信；（二）理事会成员来自同一组织以及相互间存在关联关系组织的不超过三分之一，相互间具有近亲属关系的没有同时在理事会任职；（三）理事会成员中非内地居民不超过三分之一，法定代表人由内地居民担任；（四）秘书长为专职，理事长（会长）、秘书长不得由同一人兼任，有与本慈善组织开展活动相适应的专职工作人员；（五）在

---

① 《全国慈善组织超1万家 社会组织数量将突破百万大关》，载腾讯网，https://new.qq.com/rain/a/20220128A03C7J00。

省级以上人民政府民政部门登记的慈善组织有三名以上监事组成的监事会；（六）依法办理税务登记，履行纳税义务；（七）按照规定参加社会组织评估，评估结果为3A及以上；（八）申请时未纳入异常名录；（九）申请公开募捐资格前二年，未因违反社会组织相关法律法规受到行政处罚，没有其他违反法律、法规、国家政策行为的。”可以看出，民政部为申请公开募捐资格设定了严格的条件。获得公开募捐资格的社会组织主要是基金会，根据民政部2020年年底的数据，在8432家基金会中，获得公开募捐资格的有2136家，仅占25%。[①]按照这样的比例，到目前我国具有公开募捐资格的慈善组织应该不会超过3000家。

三是开展互联网公开募捐必须在符合资质要求的网络平台上。《慈善法》第二十三条规定了可以在互联网上发布募捐信息、开展募捐活动，但这并不意味着慈善组织可以在所有网络平台上开展慈善募捐活动。《慈善法》要求：“慈善组织通过互联网开展公开募捐的，应当在国务院民政部门统一或者指定的慈善信息平台发布募捐信息，并可以同时在其网站发布募捐信息。”2016年，民政部发布了《民政部关于指定首批慈善组织互联网募捐信息平台的公告》。2016年8月以来民政部已经发布三批慈善组织互联网募捐信息平台，总数有32家，其中公司背景的23家，社会组织背景的9家。具体是：2016年8月公布的第一批13家中9家是公司背景，4家社会组织背景的分别是：中国慈善联合会的中国慈善信息平台、北京恩玖非营利组织发展研究中心的基金会中心网、上海联劝公益基金会的联劝网、广州市慈善会的广州市慈善会慈善信息平台。[②]2018年5月发布的第二批9家

① 参见《2020年民政事业发展统计公报》，载中华人民共和国民政部网站2021年9月10日，https://images3.mca.gov.cn/www2017/file/202109/1631265147970.pdf。

② 参见《民政部关于指定首批慈善组织互联网募捐信息平台的公告》，载中华人民共和国民政部网站2016年8月31日，https://xxgk.mca.gov.cn:8445/gdnps/pc/content.jsp?mtype=1&id=13192。

中7家是公司背景，2家社会组织背景的分别是：中华思源工程扶贫基金会和国务院扶贫办指导建设的中国社会扶贫网。[①]2021年11月发布的第三批10家中7家是公司背景，3家社会组织背景的分别是：中国青少年发展基金会、深圳市平安公益基金会和佛山市顺德区慈善组织联合会。[②]2018年6月，民政部发布434号公告，接受了中国慈善信息平台、基金会中心网的退出申请。[③]所以当前共有30家民政部指定的慈善组织互联网募捐信息平台，其中社会组织背景的只有7家。

开展公开募捐除了要具备上述三项法定资质，开展公开募捐的活动还要进行备案。《慈善法》第二十四条规定："开展公开募捐，应当制定募捐方案。募捐方案包括募捐目的、起止时间和地域、活动负责人姓名和办公地址、接受捐赠方式、银行账户、受益人、募得款物用途、募捐成本、剩余财产的处理等。募捐方案应当在开展募捐活动前报慈善组织登记的民政部门备案。"民政部《慈善组织公开募捐管理办法》规定了在民政部门备案的具体程序以及异地备案等情况。

2.数字时代我国公益慈善事业的发展

社会组织是开展公益慈善事业的重要组织形式。21世纪尤其是党的十八大以来，我国社会组织取得快速发展。2012年我国社会组织总量只有

---

① 参见《第二批慈善组织互联网募捐信息平台遴选结果公示》，载中华人民共和国民政部网站2018年4月19日，https://www.mca.gov.cn/article/xw/tzgg/201804/20180400008632.shtml。

② 参见《民政部关于指定第三批慈善组织互联网募捐信息平台的公告》，载中华人民共和国民政部网站2021年11月15日，https://xxgk.mca.gov.cn:8445/gdnps/pc/content.jsp?mtype=1&id=15174。

③ 参见《民政部关于发布慈善组织互联网公开募捐信息平台名录的公告》，载中华人民共和国民政部网站2018年6月4日，https://www.mca.gov.cn/article/xw/tzgg/201806/20180600009425.shtml。

32万家，但到了2020年年底社会组织发展到89.4万家。根据民政部2020年民政事业统计公报，截至2020年年底全国有社团374771家，有基金会8432家，有民办非企业单位510959家。[①]这些社会组织为我国公益慈善事业的发展作出了重要贡献。

近些年来，我国公益慈善事业快速发展。根据《慈善蓝皮书：中国慈善发展报告（2021）》，相关测算数据显示，2020年全国社会公益资源总量预测为4100亿元，较2019年增长18.85%，其中社会捐赠总量为1520亿元，彩票公益金总量为959.84亿元，志愿者服务贡献价值折现为1620亿元，分别较2019年增长10.14%、−15.80%、79.28%。[②]作为代表数字时代的典型载体，互联网募捐信息平台为公益慈善事业募集了越来越多的善款。根据谢琼教授《中国网络慈善的创新价值与未来发展》一文中对民政部公开发布相关数据的统计，在民政部指定的互联网募捐信息平台上筹集的善款额2017年超过25.9亿元，占社会捐赠总量1499亿元的1.7%；2018年超过31.7亿元，占社会捐赠总量1128亿元的2.8%；2019年超过54亿元，占社会捐赠总量1330亿元的4.1%；2020年为82亿元，占社会捐赠总量1520亿元的5.4%；2021年互联网募集的善款近100亿元。[③]

在我国公益慈善事业发展进程中，网络公益慈善受到社会越来越广泛的关注。在2022年5月中国互联网公益峰会上，时任民政部副部长王爱文介绍，截至目前，我国网民规模超过10亿人，互联网普及率达到73%，已经形成了全球最为庞大、生机勃勃的数字社会。在公益慈善领域，数字技

① 参见《2020年民政事业发展统计公报》，载中华人民共和国民政部网站2021年9月10日，https://images3.mca.gov.cn/www2017/file/202109/1631265147970.pdf。

② 参见杨团、朱健刚主编：《慈善蓝皮书：中国慈善发展报告（2021）》，社会科学文献出版社2021年版，第5-6页。

③ 谢琼：《中国网络慈善的创新价值与未来发展》，载《社会保障评论》2022年第3期。

术与慈善事业的深度融合，极大地提高了公众参与慈善的便利性和快捷性。近三年来，每年都有超过100亿人次点击、关注和参与互联网慈善。2021年，通过互联网募集的善款接近100亿元，比2020年增长了18%。统计数据显示，得益于互联网数字技术的发展，2017年至今，中国通过互联网募集的善款在5年间从25亿元增长到近100亿元，增长了近3倍。①

3.中国平台企业的创新和引领作用

腾讯、阿里等平台企业带头推动公益慈善事业的发展。阿里创始人马云和腾讯创始人马化腾分别成立了自己的基金会。根据2020年阿里公益财报，由阿里巴巴合伙人发起成立的公益基金数量超过10个，当年各项抗疫投入总计超33亿元人民币，其中，投入超20亿元用于医疗物资采购、运输、疫苗研发等，所捐赠物资涵盖了除南极洲之外的所有大洲，物资总量超2亿件。②2021年腾讯分两期宣布向“共同富裕”投入资金1000亿元，其中第一期投入500亿元用于“可持续社会价值创新”，主要用于基础科学、教育创新、碳中和、FEW（食物、能源与水）、养老科技和公益数字化等领域；③第二期投入500亿元启动“共同富裕专项计划”，主要用于基础民生领域。④阿里巴巴随后也宣布启动“阿里巴巴助力共同富裕十大行

---

① 《2021年中国网民通过互联网募集善款近100亿元同比增长18%》，载央广网，http://tech.cnr.cn/techyw/technews/20220520/t20220520_525832170.shtml。

② 参见《5亿人的爱心成绩单！阿里巴巴发布2020财年公益“财报”》，载新浪网，https://finance.sina.com.cn/stock/usstock/c/2020-07-13/doc-iivhuipn2694754.shtml。

③ 参见《腾讯发布新蓝图可持续社会价值创新成为核心战略》，载腾讯网，https://new.qq.com/rain/a/20210421A04U1U00。

④ 参见《四个月1000亿！腾讯启动“共同富裕专项计划”》，载腾讯网，https://new.qq.com/rain/a/20210823A09ABH00。

动”，将在2025年前累计投入1000亿元，助力共同富裕。[①]虽然两家公司并未明确具体如何投入1000亿元，是经营性行为还是非营利的慈善捐赠，但从“共同富裕”的目标以及所确定的具体项目领域来看，明显存在“利公”性质，对促进中国公益慈善事业的发展有着明显的积极意义。

依托平台优势推动数字时代公益慈善事业的发展。腾讯在2007年就创建了“腾讯公益”平台，依托其在社交网络领域的重大影响，带动了大量普通人参与公益慈善。根据媒体介绍，“腾讯公益”平台自2007年开通以来，截至2022年5月20日，已收到超180亿元的善款，6亿多人次捐献爱心，超11万个项目获得帮助。[②]根据2022年5月时任民政部副部长王爱文的介绍，在“腾讯公益”平台上，2021年共有1.5亿人次捐出54.46亿元善款[③]，而在2017年，则为6312万人次捐出了16.3亿元。5年间，人次增长至2.4倍，捐赠额更是剧增至3.3倍。阿里主要是发挥在电商领域的影响力，动员数量庞大的卖家与买家参与公益慈善。根据2020年阿里公益财报，在2020财年阿里经济体公益平台上累计产生公益捐赠超100亿笔，累计为公益机构筹款超22亿元，其中超6成爱心捐赠已被记录在区块链。[④]

创新发展了中国的公益慈善方式。中国最有代表性的网络公益创新项目应该是腾讯的“99公益日”。2015年腾讯发起这个创新项目，其创新

---

① 《继腾讯后阿里也投千亿助力共同富裕：在2025年前累计投入》，载澎湃网2021年9月2日，https://www.thepaper.cn/newsDetail_forward_14326074。

② 《数字技术助力公益，近三年来每年有百亿人次在网上做公益》，载公益中国网，http://gongyi.china.com.cn/2022-05/23/content_41979019.htm。

③ 参见《2022年中国互联网公益峰会在线上举办》，载中华人民共和国民政部网站2022年5月23日，https://www.mca.gov.cn/article/xw/mtbd/202205/20220500041907.shtml。

④ 参见《5亿人的爱心成绩单！阿里巴巴发布2020财年公益“财报”》，载新浪网，https://finance.sina.com.cn/stock/usstock/c/2020-07-13/doc-iivhuipn2694754.shtml。

点主要体现在三个方面：一是搭建了一个公开透明的平台，各方都可参与其中；二是腾讯率先提供配捐资金，在第一年发起时就主动捐赠9999万元；三是鼓励公益机构参与，号召企业和个人捐赠。这个项目一发起就取得了良好效果，当年有205万人参与，获得公众捐赠1.28亿元，加上腾讯的配捐资金，共筹资2.28亿元。此后，该项目获得快速发展，到2021年的99公益日，共计超过6870万人次通过腾讯公益平台捐出善款35.69亿元，加上腾讯公益慈善基金会的6亿元资金支持，总共募得善款41.69亿元。7年时间，参与人数增加32.5倍，募集善款增加17倍。[①]同时，腾讯推出的"好人标签"也充分利用了大数据带来的影响。在2022年5月的一场公开活动中，腾讯上线"好人标签"功能，根据用户过往在平台上参与捐款、捐步、月捐、一起捐等各类公益行动的数据，为用户确定"好人标签"。同样的捐赠金额，享有"好人标签"的用户可比普通用户获得更多配捐额度。[②]阿里的员工利用业余时间和公安部联合打造的团圆系统，根据其2020年公益财报累计成功找回4300名儿童；[③]阿里还向贫困县派出"脱贫特派员"，帮助贫困县在网络上销售农产品，依靠平台的力量帮助农民脱贫。[④]

平台企业拓展了公益慈善的广度。腾讯除了捐款还推出了运动捐步、一起捐、捐声音、捐早起、捐阅读时间等公益活动。公开资料显示，2021

① 参见《聚焦共同富裕，99公益日共募得善款41.69亿元》，载腾讯新闻，https://new.qq.com/rain/a/20210910A05CKL00。

② 参见《腾讯公益平台新上线"好人标签"，你属于哪一种？》，载江南日报网，https://www.jntimes.cn/xxzx/202205/t20220520_7550892.shtml。

③ 参见《5亿人的爱心成绩单！阿里巴巴发布2020财年公益"财报"》，载新浪网，https://finance.sina.com.cn/stock/usstock/c/2020-07-13/doc-iivhuipn2694754.shtml。

④ 参见《阿里巴巴集团5年投入100亿助力扶贫攻坚》，载腾讯新闻，https://new.qq.com/rain/a/20200924A0AOU500。

年全年，腾讯公益用户收集的小红花总共有4.6亿朵，其中，通过捐步做公益的人次（2.3亿），大大超过了通过捐款做公益的人次（1.5亿）。[①]2021年7月河南全省爆发大范围强降雨时，腾讯上线了《待救援人员信息》的文档，一天多时间文档就“自发”更新了270余版，访问量达650多万次，该文档被网友们称为“救命文档”。[②]阿里通过小游戏、捐步、志愿项目、公益宝贝、蚂蚁森林、蚂蚁庄园等方式推动整个社会参与公益慈善。

二、数字时代我国公益慈善事业发展面临的挑战

美国劳埃德·H.迈耶（Lloyd H. Mayer）教授在2022年夏季的印第安纳大学学报上发表了《规范慈善众筹》（Regulating Charitable Crowdfunding）的文章，文章开篇就指出：“慈善众筹是一种全球性的、快速发展的筹款新方法，用于帮助有需要的慈善机构和个人。虽然众筹已经存在了数百年，但众筹与早期的努力不同的是，它成本低，实施速度快，覆盖范围广。作为这些优势的体现，它现在每年通过数百个互联网平台，包括Charidy、Facebook、GoFundMe和GlobalGiving，从数千万捐赠者那里筹集数十亿美元。”[③]劳埃德·H.迈耶教授在文章中还指出：“慈善众筹也有它的缺点。捐赠者可能会误解受益人将如何使用筹集到的资金，或者一场捐款运动可能会意外地压垮一个小慈善机构，或大大超过个人的需求。也有公然欺诈的案

① 参见《腾讯公益2021年筹款超54亿，小红花迎来重磅升级》，载腾讯新闻，https://new.qq.com/rain/a/20220105A05C8B00。

② 参见《河南暴雨中 一个救命文档的24小时：250多万次访问创纪录》，载腾讯新闻，https://new.qq.com/rain/a/20210722A07WYD00。

③ Lloyd H. Mayer, *Regulating Charitable Crowdfunding*, Indiana Law Journal 2022, Vol. 97, pp.1375–1438.

例，以及对洗钱和恐怖主义融资的担忧。”[①]为此，他在文章中重点讨论了未来应该如何进行法律规制的问题。

当前人类社会已经处在一个新的发展时代，现在的问题是，很多人并未意识到数字时代对国家治理带来的种种挑战。在公益慈善领域，我们同样面临着这样的问题。数字时代的众筹给公益慈善事业的管理带来了哪些新的挑战？当前还有哪些因素在制约着数字时代公益慈善事业的发展？我国数字时代公益慈善事业的相关制度和方法暴露出哪些需要改革的问题？这些都是我们目前必须思考的。

1.对公开募捐的管理制度是否科学？

2020年我国慈善组织通过20家互联网募捐平台共筹集善款逾82亿元，但是其所占比例还是非常有限，不足5%。[②]我国网民超过10亿人，数字购物、数字支付已经成为中国当前消费的主要方式，网络公开募捐是否还有更大的发展空间？是哪些因素制约了网络公开募捐？如何改革限制网络公开募捐的方式？这是我们目前必须研究的问题。

《慈善法》制定于2016年，尽管当时我国已经处于蓬勃发展的数字时代，立法者也已经初步了解了网络公开募捐的形式、特点和问题，但毕竟网络募捐还处于发展初期阶段，所以当时法律所确定的公开募捐制度还并不完全符合数字时代的要求，《慈善法》确立开展网上公开募捐要求的三个资格确认以及活动备案的制度并不符合数字时代的特点。对开展网上公

① Lloyd H. Mayer, *Regulating Charitable Crowdfunding*, Indiana Law Journal 2022, Vol. 97, pp.1375–1438.

② 参见《2020年度中国慈善捐赠报告（精简版）》，载中国慈善联合会网站2021年11月26日，http://www.charityalliance.org.cn/news/14364.jhtml。

开募捐的资格进行管理是必要的，但目前的管理流程过于复杂。目前我国有超过90万家社会组织，但被认定为慈善组织的社会组织只有1万家，其中具有网上开展公开募捐资格的慈善组织不超过3000家，①这种层层审批不仅耗费了民政部门大量的人力、物力，也最终限制了慈善组织开展网上公开募捐的资格和能力。

应当看到的是，依据当前《慈善法》的规定，只有获得开展公开募捐活动的资格才能在指定的募款平台以及自己的网站上开展募捐活动。那么问题是，获得了慈善组织资格认定，但并未获得公开募捐资格，是否可以在自己的网页上公开开展募捐活动？严格依据当前《慈善法》的规定，没有获得公开募捐资格的慈善组织是不能在自己的网页上开展募捐活动的。这种限制显然过于严苛。欣慰的是，尽管当前大量社会组织都在利用自己的网页或者微信号等宣传开展相关募款活动，但民政部门也并未处理。应该看到的是，目前的管理体制不论对于政府主管部门来说，还是对于慈善组织来说，都耗费了大量精力在处理相关资格认定等日常管理工作上，未能集中精力利用数字的便利更好开展慈善募捐活动。

2.水滴筹、轻松筹等大病筹款平台带来的挑战

2022年6月27日成都商报旗下《红星新闻》发表了一篇《“职业筹款人”抽走7成救命捐款，这还算哪门子慈善？》的文章。文章介绍，“记者调查发现，在一些购物平台和社交平台上，都有大病众筹‘职业推广人’的存在，他们抽成低则50%，最高达到了70%，有些‘筹款推广人’甚至

---

① 参见《2020年民政事业发展统计公报》，载中华人民共和国民政部网站2021年9月10日，https://images3.mca.gov.cn/www2017/file/202109/1631265147970.pdf。

要求，在筹款链接中填写其提供的收款账户”。文章指出，“一旦大病众筹里充满了虚假的欺骗，信任受损对捐赠意愿的影响，会真正伤害到那些亟须求助的病人。导致的结果可能是，‘职业筹款推广人’赚得盆满钵满，而大病众筹则陷入信任危机中”。[①]6月28日，水滴筹再次发布声明表示，从未授权任何第三方组织或个人向筹款人提供所谓的推广服务。对于“职业筹款推广人”这种灰色链条，水滴筹表示将进一步完善风控机制，封堵恶意推广，并配合公安机关严厉打击筹款推广过程中的诈骗行为。[②]

2014年9月北京轻松筹网络科技有限公司成立，目标聚焦在大病求助领域，这是我国第一家为大病个人提供网络筹款帮助的平台企业。2016年6月轻松筹公司与中国红十字基金会合作，设立“中国红十字基金会轻松筹微基金”。水滴筹在2016年也以公司形式成立，刚开始通过“水滴互助”项目构建起网络互助社群，后来通过水滴筹发布筹款信息，并通过网络、朋友圈进行传播。由于不收取任何手续费，两种方式帮助其在短时间内获得了大量用户。后来由于各种社会争议，其取消了“水滴互助”项目，目前水滴公司主要有水滴筹、水滴保险商城两项业务，其中最有社会影响力的业务是水滴筹（社交筹款平台），截至2020年12月31日，据说超过3.4亿人通过水滴筹进行了捐助。由于其早期主要宣传的是帮助经济困难的大病患者公开募款，且不收取任何手续费，以致很多人误认为其是慈善组织。但其不是公益慈善组织，其主要模式是借助“公益活动”吸引用户获得流量，再对用户进行保险业务推销，从而实现流量变现获得收入。根据公开介绍，截至2020年11月8日，水滴保险商城上线以来累计完成的年化

---

① 熊志：《评论|“职业筹款人”抽走7成救命捐款，这还算哪门子慈善？》，载网易2022年6月27日，https://www.163.com/dy/article/HASN9NDM051492T3.html。

② 《水滴筹：对大病筹款灰色链条“零容忍”》，载腾讯新闻，https://new.qq.com/rain/a/20220628A0850000。

签单保费突破200亿元，累计保障用户数近1.4亿人。[①]2021年5月水滴公司在美国上市。

北京轻松筹公司的轻松筹在2016年、水滴公司的水滴筹在2018年分别被民政部遴选指定为慈善组织互联网募捐信息平台。但近些年来，围绕这两家公司的争议从未停止。除了上述媒体报道的“职业筹款推广人”问题，两家公司还面临着很多人对其筹款人背景信息不准确、对所筹款项花费无法监督等指责。2019年5月相声演员吴某臣妻子在水滴筹发起众筹活动，网友先后质疑其所筹费用过高、吴某臣及家人在北京拥有两房一车等财产；[②]2020年4月有网友爆料水滴筹和轻松筹因扫楼“抢生意”引发斗殴。[③]2019年北京市朝阳区人民法院审结一起全国网络个人大病救助纠纷案件，被认为是全国首例类似案件。[④]莫某儿子生病，在水滴筹平台上筹款15万多元。水滴筹公司接到举报，称莫某并未将款项全部用于儿子的治疗，存在隐瞒家庭财产的情况。法院开庭审理后确认，莫某孩子患病情况基本属实，但莫某将10万元用于偿还债务，隐瞒了名下有车的情况，隐瞒了其从其他基金会获得救助的情况，后判决其违反约定用途，将筹集善款挪为他用，构成违约，判令全部返还筹集的善款并支付相应利息。[⑤]上述

---

① 参见《水滴赴美IPO：三年累亏近12亿 3.4亿人捐赠了370亿》，载新浪财经，https://finance.sina.com.cn/money/insurance/xzdt/2021-04-18/doc-ikmxzfmk7479158.shtml。

② 参见《德云社演员水滴筹平台发起百万筹款 有房有车惹争议》，载中国财经，https://finance.china.com.cn/industry/20190506/4970214.shtml。

③ 参见《疑因“扫楼”互殴，水滴筹回应殴打轻松筹员工：当事人停职反省，被拘12日》，载财经网2020年4月17日，https://news.caijingmobile.com/article/detail/415270?source_id=40。

④ 参见《全国首例网络个人大病求助纠纷案一审宣判：判令全额返还筹款》，载北京市朝阳区人民法院网站2019年11月8日，http://cyqfy.bjcourt.gov.cn/article/detail/2019/12/id/4699845.shtml。

⑤ 参见《筹款人隐瞒财产筹15万善款 被判全额返还并支付利息》，载今日头条2019年11月20日，https://www.toutiao.com/article/6761291950629847563/?wid=1678165312807。

争议引发了社会对网络平台上是否存在诈捐、挪用善款等问题的担忧。

严格依法来说，水滴筹、轻松筹等公司搭建线上个人大病求助平台，并不属于《慈善法》规定的慈善活动。但应当看到三个基本的问题：一是最初制定的慈善法并未规范网上个人求助，法律所规定的慈善法定义有其局限性；二是从捐赠者角度而言，向大病求助平台上的求助个人进行赠与，或者向慈善组织发起的公开募捐项目进行捐赠，其本质上是一样的，都是捐赠者出于慈善目的采取的利他行为；三是从社会角度而言，当这些个人求助平台上出现了诈捐、挪用等问题后，同样对捐赠者造成伤害，同样影响捐赠者未来捐赠的积极性，客观上损害公益慈善事业的发展。法律没有规定不能成为我们忽视甚至漠视这种现象的借口，从数字时代国家公益慈善事业健康发展的角度，我们必须对这种法律上尚未规范的问题给以足够的关注。

尽管水滴筹、轻松筹等大病求助平台在2018年曾经发布自律倡议书和自律公约，明确提出抵制通过造谣、炒作、制造“悲情戏”、践踏求助人尊严等手段传播个人大病求助信息。[①]但笔者对这种声明持观望态度，问题关键是这种大病求助平台可能存在三个难以调和的矛盾。一是希望获得社会舆情关注但又不被指责制造“悲情戏”的矛盾。很多平台企业获得流量的内在逻辑是利用了人们愤怒、猎奇、同情、悲悯等情绪，这也是脸书对在平台上全面查处仇恨言论以及虚假信息并不特别积极的原因。水滴筹等公司之所以引发社会的广泛关注以及大量人的捐款，主要原因是通过“职业筹款推广人”或被称为志愿者等所谓地面服务人员代书，渲染甚至夸大了大病者个人的悲情、苦难，进而激发了人们的同情

---

① 参见《轻松筹、水滴筹等四家大病求助平台签署自律公约》，载腾讯网，https://new.qq.com/rain/a/20200818A0S1XW00。

心和悲悯情怀，于是参与了网上的捐款行动。如果没有“悲情戏”，都是理性平淡的介绍，那会有多少人关注和参与呢？二是公司借助平台追求利润与公益慈善的矛盾。公司到底是关心大病个人获得捐款、公共利益还是关注获得流量以更好实现公司利润？在腾讯、阿里这些已经具备主营业务、依靠主营业务积累了庞大用户的平台企业，两者或许是统一的，但类似水滴筹这种要凭借对公益慈善的宣传来获得用户的企业，两者就可能存在不可调和的矛盾。三是公司商业操作与公益慈善两种完全不同管理模式的矛盾。国家对公益慈善有着相对严格的管理，慈善组织要遵循开展公益慈善活动的基本要求，但企业并不受到上述任何法律及道德的约束，企业相关人员也缺乏开展公益慈善活动的专业知识。所以，完全以企业的模式，来管理数字时代复杂的大病线上筹款活动，很难避免出现各种各样的问题。在数字时代，类似水滴筹这种平台能否被指定为慈善组织互联网募捐信息平台？什么样的企业可以被指定为慈善组织互联网募捐信息平台？被指定具备资格后应该如何对其进行管理和监督？这些都是当前面临的复杂问题。

很多专家学者撰写文章对以水滴筹、轻松筹为主要特征的网络筹款活动进行研究，其中《利公还是利他：中西方公益众筹“公益”表征差异及其社会根源》这篇文章为我们提供了一个新的视角。文中提出：“利他性质的慈善众筹在我国公益众筹项目中占据绝大部分比例，利公性质的公共物品众筹却发展迟缓，一定程度上偏离了自身的‘公共性’价值。《中国众筹行业发展报告（2017）》显示，成功融资项目融资额前十的项目中七个为利他性质的慈善类项目。与之对比，西方公益众筹的实践类型更加多元，不仅包括利他性质的慈善众筹，还包括利公性质的公民众筹和公共物品众筹。西方四大公益众筹平台Citizinvestor，IOBY，Neighborly和Spacehive综合数据显示，众筹项目中绝大部分并非慈善众筹，而是公园、教育、食品、环境保护、城市更新、绿色技术发展、城市便利设施等公共福利项目。除了上述综合平台外，西方还有为数众多的垂直性专业众筹平台，服务于图书馆完善、邻避冲突解决、科研基金筹集、公共文化产品等细分性公共领域。”[①]“利他”更关注困境中的个人，“利公”更关注公共利益，但困境中个人的福祉本身就应该属于公共利益，所以中西方众筹中对“利他”和“利公”侧重点的区别，应该反映了不同国家不同发展阶段不同文化的差异。

网络公开筹款成为公益慈善领域最受关注的现象。数字时代便利了个人的参与，悲情故事感染或者唤醒了人们内心中的善良，动员了大量普通人积极参与针对其他处于困境中个人的捐款捐物。这种“利他”性质的公益有助于对个人道德的教化和社会文明的传播。但这种依靠情感的公益慈善又不可避免地面临着巨大的风险。一次大的负面舆情如同海啸，负面影响难以估量。2011年6月郭某美事件爆发，不仅很快影响了中国红十字会系统的捐助，也影响到了中国整个公益慈善行业。2011年全国接收国内外款物捐赠总额约为845亿元，相较2010年下降18.1%；[②]2012年全国接收国内外款物捐赠总额约为817亿元，较2011年再下降3.31%。[③]即使是那些并未持续发酵的负面舆情，也都在消磨着大量普通人的善意与同情心。类似的负面舆情多了，将从根本上影响整个社会参与公益慈善的热情，为我国公益慈善事业的发展带来无法估量的损失。

---

① 张泉：《利公还是利他：中西方公益众筹“公益”表征差异及其社会根源》，载《理论导刊》2020年第6期。

② 参见《2011年全国接收国内外社会各界捐赠总额约845亿元》，载中华人民共和国中央人民政府网站，http://www.gov.cn/jrzg/2012-06/28/content_2172581.htm。

③ 参见《2012年中国接收慈善捐赠817亿元》，载北京市慈善基金会网站2013年11月7日，https://www.bca.org.cn/web/article/root/3069.html。

3.如何培育数字时代的专业社会组织?

党的十九大报告及修改后的党章都明确提出我国社会主要矛盾已经发生转化，“在现阶段，我国社会的主要矛盾是人民日益增长的美好生活需要和不平衡不充分的发展之间的矛盾”。这是党在新时代对我国社会发展阶段的科学判断。初期阶段，我国社会主要解决的是人民的基本生活需求，包括衣食住行等，具体到公益慈善领域，可能就需要重点关注扶贫、大病救助、助学等领域。到了新阶段，需要满足人民群众对美好生活的向往，党的十九大报告指出：“人民美好生活需要日益广泛，不仅对物质文化生活提出了更高要求，而且在民主、法治、公平、正义、安全、环境等方面的要求日益增长。”与新发展阶段相适应，公益慈善领域不仅要关注对困境人群的物质救助，而且要更加关注“利公”以及各领域的专业服务问题。遗憾的是，我们看到了社会主要矛盾的转化，但与之相适应的公益慈善新理念以及社会服务新体系并未有效建立起来。

笔者20多年来积极推动公益法律服务，深切感受到，20多年过去，我国社会最缺乏的是对人的专业服务。从供给侧的角度而言，我国对人尤其是对困境人群服务能力弱、专业水平低，这是当前国家发展面临的最大短板。我国现在有2.9亿多名农民工，[①]他们在外打工面临着各种困难。尤其是面对平台经济的发展，他们相对用人单位或者说平台的脆弱性更为凸显。但有多少专业人员在为他们提供服务呢？我国有3亿多名未成年人，国家制定了大量好的法律政策，但谁去落实这些法律政策呢？有多少专业人员去为留守儿童、城市流动人员子女、遭受校园欺凌的学生、遭受性侵

① 参见《图表：2021年全国农民工数量增加691万人》，载中华人民共和国中央人民政府网站，http://www.gov.cn/xinwen/2022-04/29/content_5688167.htm。

等其他伤害的孩子提供专业服务呢？互联网的快速发展正在给所有未成年人成长带来严峻影响，高比例孩子出现精神抑郁问题，各地都发生一些孩子自杀现象，国家和社会意识到了问题，但谁去提供专业服务以解决这些问题呢？2020年我国65岁及以上老龄人口约有1.9亿人，[①]我国有残障人员约8500万人，[②]这些人很多都存在各种困难，但谁去为他们提供服务呢？如何满足这些人对美好生活的向往呢？现在鼓励妇女生育二孩、三孩，但如何有效减轻妇女生育孩子的各种压力呢？谁能为这些女性提供各种专业服务呢？社会上还有很多问题，比如各种社会矛盾化解问题，多年过去，还只是党委、政府的干部冲在前线，他们很累，但问题都解决了吗？家庭教育立了法，但谁是专业人员呢？谁去开展相关的家庭教育指导呢？

服务不是抽象的道理和说教，而是具体细致的工作。讨论服务以及道理都是容易的，但实际中解决任何一个人的案件或问题都是复杂的。贵州毕节四个留守儿童自杀的案件，[③]当地学校和乡镇都有慰问，但那种简单的、传统的方法解决不了当前孩子们面临的复杂问题，这需要有专业人员去开展耐心细致的服务。政府不可能增加太多编制去培养专业社会服务人才，要想解决好上述社会服务问题，只能大规模培育服务类社会组织。但谁来培育服务类社会组织呢？国家是否意识到了社会组织在公益慈善事业发展中以及国家经济社会建设中的重要作用呢？谁来为社会组织的发展提供资金呢？社会组织如何吸引高素质人才呢？社会组织能为高素质人才提

① 参见《2020年度国家老龄事业发展公报》，载中华人民共和国国家卫生健康委员会网站2021年10月15日，http://www.nhc.gov.cn/cms-search/xxgk/getManuscriptXxgk.htm?id=c794a6b1a2084964a7ef45f69bef5423。

② 参见国务院新闻办公室：《平等、参与、共享：新中国残疾人权益保障70年》，载中华人民共和国中央人民政府网站，http://www.gov.cn/zhengce/2019-07/25/content_5414945.htm。

③ 参见《悲剧是如何发生的？——贵州毕节4名儿童集体喝农药自杀事件调查》，载中华人民共和国中央人民政府网站，http://www.gov.cn/xinwen/2015-06/12/content_2878443.htm。

供怎样的薪水福利呢？如果在宏观政策、资金保障、人才培养等方面都缺乏有效的支持，那社会组织又怎么能够发展起来呢？

还要看到的是，尽管中国已经成为世界第二大经济体，但中国背景的国际性社会组织非常缺乏。国际协会联盟出版的《国际组织年鉴（2021—2022）》显示，世界范围内的国际组织总数为74250个，其中非政府间国际组织为66425个，政府间国际组织为7825个。[①]但中国背景的国际性社会组织有多少家呢？中国政府目前按国际性社会组织批准的刚刚超过40家。[②]根据联合国经济和社会事务部数据库最新统计，截至目前有6155家社会组织具有咨商地位，中国有86家（包括香港19家、台湾1家、澳门3家），而美国有1214家，印度有305家，相比之下，中国显然太少。[③]即使是获得联合国咨商地位的社会组织，很多也只是获得了资格，参与联合国相关机制还处在起步阶段，更多是单方的宣讲，还没能真正参与到全球治理的议程中。2004年联合国名人小组向联合国提交的专题报告《我们人民：民间社会、联合国和全球治理》就明确提出了南北方社会组织发展不平衡问题：在联合国活跃的社会组织主要来自发达国家；这些社会组织的总部也主要是在发达国家；在联合国体系中，发展中国家的社会组织很不发达，发展中国家的社会组织以及困境人群的声音容易被忽视。[④]多年过去，这种局面并未得到根本改变，中国作为最大的发展中国家，也依然面

---

① See Union of International Associations, *The Yearbook of International Organizations*, Annual Subscription for Libraries and Institutions Worldwide published by Brill, UIA's publisher 2021.

② See Union of International Associations, *The Yearbook of International Organizations*, Annual Subscription for Libraries and Institutions Worldwide published by Brill, UIA's publisher 2021.

③ See Union of International Associations, *The Yearbook of International Organizations*, Annual Subscription for Libraries and Institutions Worldwide published by Brill, UIA's publisher 2021.

④ 参见联合国与民间社会关系知名人士小组：《我们人民：民间社会、联合国和全球治理》，载联合国网站2004年6月11日，https://documents-dds-ny.un.org/doc/UNDOC/GEN/N04/376/40/PDF/N0437640.pdf?OpenElement。

临社会组织参与全球治理严重滞后的问题。

所以当前的局面是，尽管我国已经有了90多万家社会组织，[①]但数量并不能有效说明问题，我国社会组织的发展与国家经济发展的程度和数字时代发展的进程并不协调：很多社会团体来自体制内的事业单位，在减少了体制赋予的权力后，并未适应国家治理体系现代化的需要，在推动和引领相关行业健康发展方面发挥的作用并不充分；很多基金会同时开展筹资和项目执行，并未培养出与数字时代相适应的设计项目、筹款以及资助其他服务类社会组织的能力；服务类社会组织受到资金的制约，普遍规模小、专职人员少、服务能力弱；国内社会组织对参与全球治理以及跨国开展公益慈善项目的专业知识少、经验匮乏。如何适应数字时代发展的要求，培育出与国家经济社会发展相协调的专业社会组织？这将是未来我国公益慈善领域面临的重大挑战。

三、对发展数字时代我国公益慈善事业的建议

人类社会发展已经进入了一个新的时代，中国经济社会发展也已经进入了一个新的阶段。在这新时代、新阶段，如何发展我国的公益慈善事业呢？党的二十大报告特别强调，“引导、支持有意愿有能力的企业、社会组织和个人积极参与公益慈善事业”，党的二十大报告明确了大力发展公益慈善事业的基本要求，那么如何贯彻落实这种要求呢？这需要从理念、制度、方法三个层面去全面统筹考虑。

---

① 参见《我国社会组织登记总数已突破90万家》，载腾讯网，https://new.qq.com/rain/a/20210120A0AMSI00。

1.站在全球化的视角构建与数字时代相适应的管理制度

建议国家大力支持中国背景的国际性社会组织积极参与全球公益慈善事业。数字时代一个大的特点就是很多平台企业突破传统国家的界限，要参与全球经济社会的发展。以脸书为例，其全球月活跃用户近30亿人，但在美国只有1.8亿多人，超过90%用户分布在全球各地。[①]传统上欧美国家通过大量资金支持国际性社会组织发挥作用，形成国家、跨国公司和国际性社会组织共同参与全球治理的“三驾马车”。在快速发展的数字时代，美国不仅大型平台企业在全球治理体系中发挥着越来越重要的作用，美国及相关平台企业也支持着大量国际性社会组织的发展，从而奠定了数字时代美国的全球影响力。比如，由微软创始人比尔·盖茨及其前妻梅琳达于2000年成立的比尔和梅琳达·盖茨基金会，其致力于为全球处于最弱势境地群体的生命改善创造机会，拥有超过130个国家/地区的受赠者和合作伙伴，为促进全球健康与发展事业作出了重大贡献。[②]此外，1919年成立于英国的国际救助儿童会在2021年通过自身及合作伙伴直接触及了3800万名儿童，应对了57个国家的78起突发事件，涉及2850万人，其中包括1670万名儿童。在2021年总收入13.35亿美元，总支出也近13亿美元。[③]这些公益慈善活动改善了所在国家百姓的日常生活，从细微处树立起所在国家以及相关企业的良好形象。

---

① See Statista, *Leading countries based on Facebook audience size as of January 2023*, Statista, https://www.statista.com/statistics/268136/top-15-countries-based-on-number-of-facebook-users/, last visted on 23 Avgnt 2022.

② See the introduction in the website of Bill & Melinda Gates Foundation, https://www.gatesfoundation.org/our-work, last visited on 23 August 2022.

③ See Save the Children International (SCI), *Trustees' Report, Strategic Report and Financial Statements for 2021*, Save the Children International, https://resourcecentre.savethechildren.net/pdf/SCI-Trustees-report-and-financial-statements-2021.pdf/, last visited on 23 August 2022.

习近平外交思想的核心理念是构建人类命运共同体、推动构建新型国际关系，他在联合国日内瓦总部的大会上演讲时提出构建人类命运共同体："构建人类命运共同体是一个美好的目标，也是一个需要一代又一代人接力跑才能实现的目标。中国愿同广大成员国、国际组织和机构一道，共同推进构建人类命运共同体的伟大进程。"①党的二十大报告进一步提出，"推动构建人类命运共同体"，强调"构建人类命运共同体是世界各国人民前途所在"。不同国家的不同企业或社会组织在全球开展公益慈善活动有着不同的目标，但如果只是以狭隘的视野去追求自身的利益，那在国际社会就很难找到朋友，所开展的公益慈善活动也很难取得重大成果。建议以构建人类命运共同体思想为指引，重塑新发展阶段的国际公益慈善观；建议尽快制定国际性社会组织登记管理办法，不仅要依法简化登记手续，而且要在税收、资金来源、境外人员招聘、日常项目管理等方面强化服务和支持，以切实发展一批具有广泛国际影响力的国际性社会组织；建议大力支持中国企业和社会组织"走出去"开展公益慈善活动，树立起新时代中国企业和社会组织的良好国际形象。

加强政府、企业与社会组织的互动，共同推动国际性社会组织的发展。在全球治理体系中，国际政府间组织、跨国公司、国际性社会组织与各国的政府、企业、社会组织是紧密互动的利益相关方。很多国际性社会组织都是一些企业支持发展起来的。我们熟悉的社会责任标准（Social Accountability 8000）最早就是欧美的企业和国际性社会组织联合发起，最早授权经济优先权委员会（Council on Economic Priorities，CEP）来具体负责维护和推广这一标准。1997年年初经济优先权委员会成立了Council on Economic Priorities

① 习近平：《共同构建人类命运共同体——在联合国日内瓦总部的演讲》，载人民网，http://politics.people.com.cn/n1/2017/0119/c1001-29033860.html。

Accreditation Agency（CEPAA），由CEPAA负责制定具体标准。2001年，CEPAA更名为社会责任国际（Social Accountability International，SAI），所以社会责任国际作为一家在全球有重大影响力的国际性社会组织，其所推广的标准背后是部分企业和国际性社会组织共同的价值观和追求。[①]当前中国平台企业发展迅速，不论在数字经济领域，还是在网络公益慈善方面，都走在世界前列。建议大型平台企业要有全球视野，要探索支持或参与成立相关国际性社会组织，以更好参与标准制定、在相关领域凝聚国际共识、引领相关行业健康发展，在全球治理体系中发挥积极作用。

以统一的逻辑和理念管理和规制社会组织的发展。当前我国在管理和规制国内外的社会组织以及公益慈善活动方面还存在一些难以自洽的问题，建议要研究和思考以下问题：一是协调国内外社会组织治理的观念和思路。一方面我国鼓励和支持社会组织“走出去”，另一方面又对境外社会组织在国内活动实施特别管理的制度，两者应该如何统筹？这是未来国家要研究和思考的问题。二是如何统筹社会组织、慈善组织与慈善组织互联网募捐信息平台的管理。目前是民政部门在管理社会组织以及慈善组织，对社会组织以及慈善组织都制定了严格的管理制度，但很多企业可以获得慈善组织互联网募捐信息平台资格，民政部门负责遴选、指定慈善组织互联网募捐信息平台，但对其并没有行政处罚的权力，对其违法违规行为只能依靠其他政府部门来处理。所以问题是，是否有必要建立这种复杂的管理体制？如何通过改革管理制度让更多的社会组织甚至慈善组织具有公开募捐资格、让更多的企业平台可以发布公开募捐信息？社会组织本身就是非营利组织，那么是否可以通过立法明确具备

① See the introduction in the website of Social Accountability International, https://sa-intl.org/about/, last visited on 23 August 2022.

某些条件的社会组织就是慈善组织，从而省略民政部门的认定程序？是否可以通过立法赋予更多平台公开发布募款信息的权利？三是网络个人求助，如何在保障公民个人求助权利的基础上加以规范，如何避免诈捐、套捐、逼捐、挪用捐款等损害公益慈善事业信用的现象发生。建议国家要加大研究力度，尽快制定一套符合数字时代要求的逻辑自洽的公益慈善事业管理制度。

赋予所有慈善组织公开募款资格。数字时代给全球以及国家治理带来的重大变化就是要充分发挥数据的作用，通过数据使公益慈善更公开透明，最终建立有公信力的信用体系。所以管理的重点应当是简化传统的资格审批，强化对公益慈善行为及后果的监督。一是我国对慈善组织采取严格确认的制度。并不是所有社会组织都是慈善组织，要么申请登记为慈善组织，要么已经成立的社会组织可以申请认定为慈善组织。在我国已有的90多万家社会组织中，仅有1万家被认定为慈善组织。所以成为慈善组织本来就经历了一个精挑细选、严格审批的过程。二是法律规定了慈善组织严格的责任，但并未赋予其相应的权利。比如，慈善组织依法要承担更全面的信息公开义务，要在指定时间、指定信息平台公开包括财务会计报告在内的各种信息；慈善组织的年度公益支出和管理费用要根据《关于慈善组织开展慈善活动年度支出和管理费用的规定》执行。既然对慈善组织规定了严格的资格确认以及管理的制度，那就应该赋予其更大的开展公益慈善活动的自主权，包括赋予其自主开展公开募捐的资格、自行设计开展公开募捐活动的形式及内容等，这样才能有效促进数字时代公益慈善事业的发展。当然，公开募捐意味着公众将有更多的机会对慈善组织进行监督，民政部门可以从日常资格审查的繁杂事务中腾出手来加强对其违法违规行为的监管。

2.继续发挥平台企业的创新引领作用

数字平台企业要树立深度参与公益慈善的职业伦理。表面来看，平台企业与其他任何企业一样，没有法定义务开展公益慈善活动。在任何国家，也很难制定专门的法律要求网络平台企业必须从事公益慈善事业。但在道德伦理甚至法律理论层面，笔者认为大型网络平台企业相比其他企业，更应该开展公益慈善活动。要充分认识到，平台企业的财富是建立在广大用户的数据基础之上。当前很多专家从民事法律视角对数据权进行了充分的讨论。有专家认为应该使用户对其个人数据享有财产权；还有专家提出截然相反的观点，认为赋予用户财产权将形成壁垒，阻碍数据的使用，最终扭曲市场经济；清华法学院申卫星教授提出用益物权的概念，数据所有权归用户，但使用、收益的权利归企业。[①]不论专家有着怎样的观点，企业事实上实际占有、使用着广大用户的数据并从中获益。从这个角度来说，大型平台企业的巨大收益主要来自广大用户的数据权益。腾讯微信有12亿多用户，[②]阿里年度活跃消费者总数也超过13亿人。[③]尽管这些大型平台企业也是由一批优秀的企业家经过复杂的市场竞争发展起来的，国家及社会应该充分肯定这些企业家的贡献，尊重平台企业的市场主体地位，但也要看到，这些大型平台企业的成就是建立在免费、自由使用广大用户的数据基础之上。随着平台规模的扩大，其公共服务的属性就逐渐突显。法律应该保障平台企业的财产权益，但认为财富都绝对属于企业股东

---

① 参见申卫星：《论个人信息权的构建及其体系化》，载《比较法研究》2021年第5期。

② 参见《微信及WeChat合并月活用户数达12.883亿　同比增长3.8%》，载新浪科技，https://finance.sina.com.cn/tech/2022-05-18/doc-imcwiwst8113069.shtml。

③ 参见《阿里发布2022财年年报：全球年度活跃消费者13.1亿》，载腾讯网，https://new.qq.com/rain/a/20220726A01THX00。

的认识也是狭隘的。大型平台企业应该逐渐树立起数字时代的职业伦理，尊重用户数据权益的价值，通过积极主动开展公益慈善活动以回馈社会。

推动相关平台企业积极参与公益慈善事业。我国很多平台企业在全球经济领域都取得了显著成就，但在公益慈善领域所开展的工作却差异巨大。中国互联网协会发布的《中国互联网企业综合实力指数（2021）》[①]介绍了中国100强互联网企业，阿里、腾讯分列第一、第二，它们都在公益慈善领域作出了重大贡献。但随后的很多企业，比如排在第三的百度、第四的京东、第五的美团、第六的字节跳动、第七的拼多多、第八的网易、第九的快手，它们在公益慈善领域开展了哪些有广泛社会影响的项目呢？这种巨大的差异值得相关平台企业从战略上进行思考。建议国家和社会推动相关平台企业积极参与公益慈善事业，将参与公益慈善事业的成效作为评价企业的重要指标；在处理平台企业违法违规行为时，将其参与公益慈善事业的情况作为考量因素，对那些为公益慈善事业的发展作出重大贡献的，要依法酌情减轻或免除处罚。中国相关平台企业也应该主动作为，从观念上认识到参与公益慈善事业对企业自身良性发展的重大意义，从战略上研究规划本企业参与公益慈善的重点领域、具体方法，积极推动和参与公益慈善事业的发展。对此要特别提出的是，整个社会要积极培育尊重和保护公益慈善行为的环境。数字时代一个可怕的现象是很多人不仅对困境中的人和公益事业漠不关心、无所作为，而且以极其挑剔的眼光发表各种不负责任的指责和批评意见，让积极开展公益慈善的企业或个人谨小慎微，甚至望而却步。挑剔别人、进行批评永远是容易的，身体力行、解决问题永远是困难的。面对落水者，并不能要求所有人都不惧生死跳水救人，哪怕打个电话

---

① 参见《中国互联网企业综合实力指数（2021）》，载中国互联网协会网站，https://www.isc.org.cn/resource/editor/attached/file/20211126/20211126153906_76073.pdf。

报警、伸出一根竹竿搭救，这种行为都闪烁着人性的光辉，值得赞美。所以，整个社会对那些多年来持续积极推动公益慈善事业的企业应该给予充分的肯定，只有这样才能激励更多平台企业积极参与到这项伟大的事业中来。

平台企业应当首先做好本行业特别需要的公益慈善事业。比如，类似腾讯、抖音、快手等在未成年人领域有重大影响、未成年用户占有很大比例的平台企业，首先就应该在未成年人领域积极开展公益慈善活动。尽管腾讯在中国公益慈善领域创新开展了很多项目，对推动数字时代中国公益慈善事业的发展发挥了重要作用，但其在未成年人保护领域显然做得还很不够。因为很多未成年人沉迷《王者荣耀》等游戏，严重影响了这些孩子身心健康成长。如果腾讯不能对这些受其产品影响的孩子重点开展公益慈善活动，那即使在其他领域开展再多的活动，也难以洗刷掉这种历史的污点。类似美团、饿了么、滴滴这些以外卖骑手、网约车司机为主要劳动力的平台企业，就应当首先在关爱劳动者以及他们家人方面开展公益慈善活动。忽视本领域，在其他热点领域开展公益慈善活动，不仅容易引发企业主要目的是宣传自身的公众质疑，还将从根本上影响企业的可持续健康发展。建议平台企业首先要研究本企业的特点以及易受影响的人群，结合易受影响的人群重点开展公益慈善活动。

平台企业要主动孵化专业社会组织的发展，形成在公益慈善领域与专业社会组织良性互动的局面。除了笔者一直强调的平台企业要积极参与或者创建国际性公益慈善组织以外，平台企业要积极参与培育孵化国内社会组织的相关工作，具体内容可以包括：一是积极参与中国相关行业协会的工作，比如参与制定相关行业标准，支持、参与行业协会发起的公益慈善项目等。二是积极推动、培养资助型基金会的发展，为一些基金会提供技术支持，在利用自己的平台帮助基金会开展筹资工作的同时，帮助基金会建立起以数据为基础的公益慈善项目管理制度。三是大力支持专业服务类社会组织，培养、孵化一批具有一定规模、专业服务能力过硬的社会组织。专业社会组织发展起来，将成为帮助平台企业推动公益慈善事业甚至解决企业自身发展中带来社会问题的重要积极力量，所以不仅对国家和社会有益，对企业自身来说也意义重大。

微软创始人比尔·盖茨资助特定领域的经验值得中国大型平台企业借鉴。根据媒体报道，2000年以来，盖茨基金会共支出792亿美元赠款。在2022年7月盖茨宣布向其基金会再捐资200亿美元，到2026年将年度赠款支出提高到每年90亿美元。[①]这些钱都做什么去了呢？ 2020年盖茨及其前妻梅琳达·盖茨女士在公开信中介绍了他们关注的重点领域：健康和教育，以及未来还要重点关注的两个领域：盖茨关注的重点是气候变化，梅琳达关注的重点是性别平等。[②]从2019年他们的公开信中可以看到，他们通过持续资助国际性社会组织，与国际政府间组织以及各国社会组织合作，为公共卫生领域带来了重大改变。他们分别支持了疫苗联盟和全球反艾滋病、结核病和疟疾基金。到2019年，疫苗联盟已经帮助7.6亿名儿童注射疫苗，避免了1300万名儿童死亡，它还带动更多的疫苗以更低的价格进入市场，比如，一种保护儿童避免五种致命感染死亡的疫苗，从原来的3.65美元降到了现在的不到1美元。他们总结20年的慈善经历，认为当时建立疫苗联盟是个最棒的决定，他们为看到投资已经获得的回报感到振奋。全球反艾滋病、结核病和疟疾基金也取得了令人瞩目的成功。仅仅在2018年，在该机构资助的国家，就有1900万人接受了救命的艾滋病治疗。[③]

---

① 参见《比尔·盖茨本月将再捐200亿美元：未来将捐出所有财富，退出富豪榜》，载澎湃网2022年7月14日，https://www.thepaper.cn/newsDetail_forward_19008365。

② See Bill and Melinda Gates, *Why we swing for the fences*, GatesNotes（Feb.10,2020), https://www.gatesnotes.com/2020-Annual-Letter?WT.tsrc=BGEM.

③ See Bill and Melinda Gates, *We didn't see this coming*, GatesNotes (Feb.12,2019), https://www.gatesnotes.com/2019-Annual-Letter.

可以看出盖茨基金会的基本经验：一是长期持续关注重点领域，有明确的目标；二是立足资助，发起人持续为基金会提供资金，基金会本身并不具体开展项目工作；三是资助相关专业社会组织来具体开展工作，基金会与相关专业社会组织形成良性互动。久久为功，多年过去，该基金会为推动全球公共卫生事业作出了重大贡献。

要积极培育公益慈善领域的网络筹款平台。当前很多慈善组织互联网募捐信息平台本身不是慈善组织，甚至不是社会组织，但其获得了更广泛的发布公开募捐信息的资格，这必将导致监管的困难以及发展中容易出现各种问题。从未来发展的角度来看，国家和社会应当培育发展一批公益慈善领域的网络筹款平台。这些平台有着专业的管理团队，依托数字技术建立起规范的募捐信息发布、内容审核、资金发放以及项目监管等制度，在社会上有着良好的公信力。由于这种网络筹款平台主要依靠数字技术进行管理，所以可以成为国家推动公益慈善事业的新生力量。对于腾讯、阿里等企业建立的互联网募捐信息平台，可以探索由其基金会进行管理和运作，企业提供技术、平台和资源等方面的支持，这些基金会有可能率先发展成为在公益慈善领域有重大影响的网络筹款平台。当然平台企业从体制机制上对商业行为与公益慈善行为进行分割，从防控企业风险的角度来看也是必要的。

建议中国平台企业将推动全球儿童保护事业的发展作为参与全球公益慈善事业的重点优先领域。劳动者保护、环保、妇女权益等众多公益慈善领域，可能存在很多争议，甚至是截然对立的观点，但在儿童保护领域全世界有着广泛的共识；除美国外所有国家都签署批准了联合国《儿童权利公约》，不仅国际社会、各国政府普遍关注儿童权益，不同文化背景的父母也都高度关注儿童权益，儿童权益是最能触动人类情感的议题；当前人类社会发展中面临着各种复杂的问题，儿童不仅是这些问题的直接受害者，也是未来解决这些问题的希望。建议中国平台企业勇于搭建全球儿童保护的新平台，对数字时代全球儿童保护面临的挑战开展战略研究，支持不同发展程度的国家分享经验、研讨问题，在发展中国家培育专业社会组织，依托专业社会组织培养专业人才，切实推动和引领数字时代全球儿童保护事业取得新的发展。

3.培育更多专业的社会组织

要充分认识社会组织在现代国家治理体系中的重要作用。在数字时代，人们可以更为便捷地参与国家和社会的治理。但在这个过程中，情绪等非理性的因素容易带动舆论的节奏，看似很简单的一篇文章、一个视频就可能引爆舆情，世界各国极端的思想容易放大和蔓延，全球治理中不确定的因素显著增加。党的十九大确定了“党委领导、政府负责、社会协同、公众参与、法治保障”的国家治理体系，党的十九届四中全会又增加了“民主协商”和“科技支撑”，这种国家治理体系顺应了数字时代的进程，符合国家治理体系现代化的要求。但要看到，在党委领导、政府负责、法治保障方面我们已经有了清晰的战略和具体的发展步骤，如何有效破解“社会协同、公众参与”这个命题，将是数字时代中国社会发展面临的重大挑战。笔者认为其中的关键是，我们对社会组织的作用和价值认识还不够充分，社会组织参与国家乃至全球治理的探索还不够充分，对在数字时代如何培育和管理社会组织的研究还不够充分。要充分认识到，如同经济发展要有各种类型的企业一样，“社会协同、公众参与”的关键是健康社会组织的培育和发展。没有健康的社会组织，“社会协同、公众参与”就容易成为一盘散沙，在数字时代就容易表现为各种非理性的情绪宣泄，社会就容易更加充满不确定性。所以，在数字时代，大力发展专业社会组织，将有效完善国家治理体系的短板，引导和疏解社会个体的各种情绪，增加社会理性的力量和确定性因素。

要充分认识社会组织以及公益慈善事业对经济社会发展的综合贡献。一是促进共同富裕。党的二十大报告特别强调了共同富裕是中国特色社会主义的本质要求，明确提出“中国式现代化是全体人民共同富裕的现代化”。大家普遍认为，在市场主导的第一次分配、政府主导的第二次分配基础上，公益慈善实现了社会财富的第三次分配。党的二十大报告明确提出“分配制度是促进共同富裕的基础性制度”，在“完善分配制度”部分明确了要引导和支持公益慈善事业发展的内容，确认了发展公益慈善事业对实现我国共同富裕的重要意义。二是弘扬社会积极健康的主流文化。数字时代资本的贪婪和逐利性并未减弱，相反有更加垄断及全面渗透的趋势。发展社会组织以及公益慈善事业有助于弘扬仁爱、环保及修身养性的文化，支持和帮助每个人的尊严都受到尊重，使每个人的潜力都能得到发挥，让每个人都愿意成为社会建设的积极参与者。三是促进经济及就业的全面发展。2016年有相关学者做过一个研究，全国社会组织增加值总量约2789亿元，占当年GDP的0.37%。[①]在2014年，美国社会组织对GDP的贡献率是12%，也有人说是9%。美国约翰霍普金斯公民社会研究中心2013年的一份报告显示，非营利组织是世界各国的主要雇主和就业增长的主要来源。该报告统计了16个国家的数据后发现，非营利组织平均贡献占国家GDP的4.5%，大致相当于这些国家建造业的GDP贡献，其中6个国家的非营利组织雇用了总劳动力的10%及以上。[②]四是带动国家经济社会的可持续发展。比如，根据联合国儿童基金会的数据，在儿童免疫促进方面每投

---

① 《报告：2016年全国社会组织超10%为非活性组织》，载第一财经2018年7月17日，https://www.yicai.com/news/5439564.html。

② See Bloomberg School of Public Health of Johns Hopkins, *Nonprofits a Major Source of Employment Growth Globally*, Johns Hopkins(Mar.11,2013), https://publichealth.jhu.edu/2013/lester_nonprofits.

入1美元，回报最高可达60美元[①]；对儿童的身体、精神和性暴力给全球经济带来了7万亿美元的负担（占全球国民生产总值的3%—8%）。[②]UNICEF委托的一项关于中国儿童虐待经济成本分析研究的初步估算显示，2010年中国因儿童虐待造成的经济损失约为1220亿美元，相当于2010年中国GDP的2.06%（仅是健康相关的损失），严重超出了因糖尿病和缺血性心脏病造成的伤残调整生命年损失。[③]如果按照这一比例计算，2020年我国GDP总量超过100万亿元，仅儿童受虐的健康相关损失就超过2万亿元。开展更多未成年人保护服务，优化其成长环境，可以为国家经济社会可持续发展夯实根基。所以要充分认识到，大力培育社会组织，不仅能全面促进民生事业的发展，更好满足人民群众对美好生活的向往，对国家经济建设也具有重大意义。

进一步明晰社团、基金会及社会服务机构的定位，推动相关社会组织健康发展。当前一个明显的现象是，不论是社团、基金会还是社会服务机构，都在开展具体服务的项目工作，彼此界限并不清晰。在很多国家也并不需要明确社团、基金会或社会服务机构的不同定位，社会组织的定位以及主要工作方向是由理事会通过的章程确立的。但要清醒认识到的是，我国政治体制及国家治理体系与很多国家存在根本区别，我国是中国共产党领导的中国特色社会主义国家，国家治理体系的核心是坚持党的领导。社

---

① 参见《促进儿童大脑发育　助力缔造美好未来》，载联合国儿童基金会中国官网2017年5月17日，https://www.unicef.cn/press-releases/fuelling-childrens-brains-power-them-future。

② See Paola Pereznieto, Andres Montes, Lara Langston, Solveig Routier, *The Costs and Economic Impact of Violence against Children*, ChildFund Alliance, https://cdn.odi.org/media/documents/9178.pdf, last visited on 22 August 2022.

③ 参见《联合国儿童基金会：儿童虐待给亚太地区国家每年带来2090亿美元经济负担》，载联合国儿童基金会中国官网2015年6月2日，https://www.unicef.cn/press-releases/child-maltreatment-asia-pacific-costing-countries-us-209-billion-each-year-says-unicef。

会组织的定位和发展首先就要遵循这种国家政治制度以及治理体系。忽视政治制度及国家治理体系的差异来讨论社会组织的定位，必将导致拧巴的结局。正是基于我国政治制度以及国家治理体系，法律设立了三种类型的社会组织，三类社会组织在定位上应该有着明显的区别：社团具有结社性质；基金会做好筹资工作；社会服务机构重点在为社会提供服务。如果混淆彼此之间的界限，那么就会出现很多复杂的局面：各类社会组织都开展具体服务项目，导致的结果就是普遍缺乏专业人才、专业服务能力弱；由于社团和基金会自身也开展具体服务项目，社团在制定行业标准、引领行业发展以及基金会筹资方面的专业化程度都难以提高；更重要的是，社团的政治功能混同在基金会和社会服务机构，导致基金会和社会服务机构的政治敏感度增加。所以，未来科学的制度设计是，社团不应发展成为慈善组织，社团资金应该主要来源于政府购买服务、会费以及会员捐赠等；基金会的主要功能就是筹资以及针对服务类社会组织开展捐助和监督项目的执行；社会服务机构主要就是开展具体的服务工作。清晰的定位不仅有助于国家监督和管理，也能促进不同类型的社会组织健康可持续发展。建议国家在修订完善社会组织登记管理的法律制度时，不论是分类立法，还是统一立法，都首先要遵循我国政治制度以及国家治理体系的基本要求，认识到三类主体的差别，通过立法明确不同主体的定位、主要功能以及发展方向。

要大力发展专业服务类社会组织。国家发展进入了新时代，社会主要矛盾已经发生转化，这就需要加强国家提供专业服务的能力。万事都靠政府、民众遇到所有困难都找政府，政府将不堪重负。希望依靠政府来提供各种社会服务，只能导致政府公职人员规模越来越大，投入大、效率低。现代国家治理模式应该是小政府、大社会，其核心就是政府行使管理职权、将服务交给社会。服务类社会组织在法律上是非营利性质，其资产带有公共资产性质，所以既能保持相对中立性，其必须通过优质高效服务获得政府及社会支持，又能避免商业资本的贪婪及逐利性，所以这是最佳模式。多年来笔者一直呼吁政府加大购买社会组织服务的力度。假如每年中央政府拿出1000亿元，各级政府再拿出1000亿元，国家综合投入2000亿元来购买社会组织的服务，按每家社会组织平均10人、每人每年平均20万元预算，2000亿元投入就可以培育10万家服务类的社会组织，就可以促进100万人就业。这不仅将从根本上提升中国民生工作尤其是针对老人、儿童、残疾人、农民工服务的质量，还将有效促进就业，推动经济在更高层面上健康发展。

数字时代将是一个全新的时代。平台企业引领了数字经济的发展。在世界各个国家，相比数字经济的快速发展，国家治理以及公益慈善事业都是滞后的，很多国家法律政策的制定者对数字时代公益慈善事业的规律及特点还缺乏基本的认识。在一个全新的时代，中国公益慈善事业能够取得怎样的发展呢？中国公益慈善事业能够引领全球公益慈善事业的发展吗？2020年我国GDP总量已经超过美国GDP总量70%，当年我国全年捐赠人民币1520亿元，美国全年慈善捐赠达到4714亿美元，是我国的20倍。[①]尽管存在人口基数差异、发展阶段不同等客观原因，但从国际性社会组织数量以及慈善捐赠数额这些显性指标存在的巨大差异来看，我国公益慈善事业的发展还有巨大空间。欣慰的是，中国平台企业深度参与了公益慈善事业的发展，很多项目在全球都具有创新意义，成为推动我国公益慈善事业发展的一支重要新生力量，我国慈善法已经在探索数字时代开展网络募捐的制度设计，这些都为我国加快数字时代公益慈善领域变革、实现公益

---

① 参见《2020年度美国慈善捐赠：基金会捐赠增长最多，企业捐赠40年最低》，载公益时报2021年7月30日，http://www.gongyishibao.com/html/cishanjuanzeng/2021/07/18177.html。

慈善事业的跨越发展奠定了基础。在这个全新的时代，任何领域都可能发生日新月异的变化。我们期待中国公益慈善事业能够勇立时代潮头，解放思想，胸怀天下，充分利用数字时代的各种优势，创新设计扎根中国、面向全球的各种公益慈善项目，引领全球公益慈善事业取得新的更大发展！

第七章

数字时代的公益诉讼

大力发展公益法尤其是公益诉讼制度，以法治的方式来应对国家以及平台企业的数字权力，应该成为数字时代法治建设的重要战略。构建起检察机关和社会组织共同参与、紧密配合的公益诉讼制度，将是中国在数字时代为人类社会法治建设作出的重大贡献。

数字权力最大的特点就是权力高度聚集于大型平台企业，与之相对应的用户则处于高度分散状态，每个用户被摄取的权利都是微小的。即使用户权利受到较为严重的侵害，单个用户维护权利的成本也是巨大的。相比维护权利所需要付出的巨大代价以及可能的维权成果，绝大多数用户都会选择放弃。这种局面更加助推了平台企业权力的聚集，从而形成高度聚集的平台企业数字权力与高度分散的用户权利之间的不对称关系。在法治轨道上如何维护用户权利呢？公益诉讼显然是最佳的选择。公益诉讼是代表不特定的分散的个体依法维权的典型方式，恰好可以应对这种不对称状态。在某种程度上，笔者认为公益诉讼应该成为社会法要研究的重点内容，成为维护社会法价值的重要法治方式。

公益诉讼这个概念最早产生于20世纪70年代的美国，[①]但公益诉讼制度并不是产生于美国，而是源自罗马法。[②]从人类社会法治发展的历程来看，这一制度有着悠久的历史。但遗憾的是，作为体现法治价值的经典制度设计，公益诉讼从未真正发达。在21世纪初，公益诉讼的概念在我国受到重视，媒体将很多公民个人提起的有社会影响力的诉讼称为公益诉讼，很多专家学者也开始研究公益诉讼。但不论是在立法司法层面，还是在法

① See Chayes Abram, *The Role of the Judge in Public Law Litigation*, 89 Harvard Law Review 1281, 1281 (1976).

② 参见周枏：《罗马法原论》，商务印书馆2014年版，第958页。

学研究层面，当时这个概念以及相关的制度都并未发展起来。近些年来，随着我国检察公益诉讼的创新发展，具有我国特色的公益诉讼制度再次受到社会各界的关注。随着人类社会快速进入数字时代，笔者认为世界各国都应该以更开阔的视野重新审视公益诉讼制度，研究公益诉讼制度背后的理论逻辑、在不同国家发展的情况、在不同法律制度体系中的作用以及局限，推动公益诉讼制度在数字时代的勃兴。

一、什么是公益法？

研究公益诉讼，首先就要研究公益法。公益诉讼是公益法的重要内容，公益法是公益诉讼制度的理论和价值支撑。那什么是公益法？公益法与社会法是怎样的关系？为什么研究公益诉讼首先就要研究公益法？2005年9月笔者和白羽律师出版了《和谐社会与公益法》一书，这是国内较早研究公益法、公益法律组织和公益诉讼的图书。[①]撰写这本书已经是近20年前的事情，回过头来看这本书，其中的很多观点依然具有很强的现实意义。

1.公益法的定义

顾名思义，“公益法”就是追求公共利益的法，就是追求最大多数人最大利益的法，就是保障最大多数人获得最大物质和精神需要的法。从这个角度出发，“公益法”甚至包括了所有的法。但“公益法”的本意显然

---

① 参见佟丽华、白羽：《和谐社会与公益法》，法律出版社2005年版。

不是这样，从这个概念的产生到被广泛应用，其有着现实的历史背景。[①]

公益法（Public Interest Law）这个词在20世纪60年代在美国开始被广泛使用。美国哥伦比亚大学原公益法研究所执行主任埃德温·雷科什（Edwin Rekosh）教授认为，公益法不是描述一个法律实体或法律领域，这个词更主要的是描述公益律师代表谁，而不仅是他们的工作内容。取代以往只代表强有力的经济利益，公益律师选择代表的更主要是那些无人代表的个人。结果是，作为公益律师一个明显特征就是为那些生活在贫困状态下的人提供法律服务。这个词的内容已经拓展，目前主要指律师或非律师根据综合目标确定的内容广泛的活动。包括公民权利、公民自由、妇女权利、消费者权利、环境保护等。然而，作为美国公益律师普遍保持着的一个道德界限就是"为小人物而战"，也就是代表那些社会上无人代表或易受伤害的群体。20世纪八九十年代，公共利益法律的概念在其他一些国家被广泛采用。在南非有一个强大的公共利益法律群体，比如他们成为反种族隔离活动的一部分。在不同的国家如英国、印度、孟加拉国、菲律宾、澳大利亚、智利和阿根廷以及世界的很多地区都有公共利益法律中心、组织和网络。忽略在不同背景下的含义以及在不同行为中的名字，"公共利益法律"倾向于指一系列一致的主题、价值和目标。[②]

在我国的法学研究中，原来并未有人专门研究公益法。但我国的传统文化决定了我国专家学者一直高度重视如何依法保障公共利益，相关法学专家也对公共利益有很多阐述。在《和谐社会与公益法》这本书里，我们介绍了很多专家学者对公共利益的理解，比如，孙笑侠教授在其2001年

① 参见佟丽华、白羽：《和谐社会与公益法》，法律出版社2005年版，第14页。

② See Edwin Rekosh, Kyra A. Buchko, Vessela Terzieva, *Pursuing the Public Interest: A Handbook for Legal Professionals and Activists*, New York: Public Interest Law Initiative In Transitional Societies, Columbia University School of Law, 2001, p.1.

出版的《法的现象与观念》一书中指出："公共利益是独立于个人利益之外的一种特殊利益。社会公共利益具有整体性和普遍性两大特点。换言之，社会公共利益在总体上是整体的而不是局部的利益，在内容上是普遍的而非特殊的利益。"[①]韩大元教授在其《宪法文本中"公共利益"的规范分析》一文中指出，"公共利益、社会利益与国家利益是有区别的……公共利益与社会利益之间的界限主要在于'社会利益具有功利性与排他性'，社会利益不一定代表公共利益的要求"。[②]

社会法与公益法的本质都是维护在社会中处于相对弱势境地群体的权益。在分析相关专家学者对公共利益理解基础上，在《和谐社会与公益法》一书中，我们讨论了公共利益与国家利益的关系，分析了"弱势群体"的概念，指出公共利益本质上就是在社会中处于相对弱势境地群体的利益。只要在社会中处于相对弱势境地群体的利益得到了保障，公共利益就得到了实现。从历史发展来看，权势和财富使人处于强势，既没有权势也没有财富的人大多数处于弱势。所以研究怎样保障公共利益，本质上就是研究怎样保障既没有权势也没有财富的绝大多数在社会中处于相对弱势境地群体的利益。当然，我们也讨论了"弱势群体"的相对性，比如，享有一定权力的公职人员或者拥有一定财富的人，相对很多普通人是"强势群体"，但在成为一家大型企业的消费者时，或者面对生活环境被污染的困境时，就往往成为"弱势群体"。[③]在此基础上，我们提出"公益法"的表面意思是维护公共利益的法，其实是追求最大多数人最大利益的法，其本质是依法保障在社会中处于相对弱势境地群体权益的法。公益法的核心追求，是给"弱势群体"以更多权利，给"强势群体"以更多责任，以实现两者在

---

① 孙笑侠：《法的现象与观念》，山东人民出版社2001年版，第46页。

② 韩大元：《宪法文本中"公共利益"的规范分析》，载《法学论坛》2005年第1期。

③ 参见佟丽华、白羽：《和谐社会与公益法》，法律出版社2005年版，第9-14页。

法律面前的相对平等，从而最终实现公共利益。在本书中笔者反复强调，社会法是保障在社会中处于相对弱势境地群体权益的法律，本质上是通过法律制度以约束权力和资本的放肆并对在社会中处于相对弱势境地群体给以特殊保护，从而实现最大多数人尤其是那些处于弱势地位人群的福祉。所以社会法的本质也是维护在社会中处于相对弱势境地群体的权益。从这个角度而言，社会法与公益法的本质是一样的，都是要通过维护在社会中处于相对弱势境地群体的权益，来满足最广大人民群众的根本利益，从而实现社会公平正义。

当我们理解了公益法的本质后，我们就会发现，虽然公益法的概念在20世纪60年代在美国开始被广泛使用，但公益法的思想早就蕴含在古今中外的法治思想以及相关制度之中。比如，在2000多年前，我国《左传》（襄公十九年）就记载："妇人无刑；虽有刑，不在朝市。"就是说，对妇人不用：黥、劓、刖等肉刑，也不公开处死刑。[①]罗马法强调在缔结婚姻事务中对未成年人的保护。罗马法以25岁为成年，并规定适婚龄为男子14岁、女子12岁。达到适婚龄而不及成年的人即为未成年的已适婚人。鉴于他们虽有行为能力，然阅历尚浅，经验不足，极易受人欺蒙而有损其正当权益，共和末期法律规定了对未成年适婚人的两种保护方式：其一，规定"凡利用其经验缺少而为欺诈行为者，当受'不名誉'惩戒"；其二，未成年适婚人可提出"诈欺的抗辩"，从而免除履行义务。[②]观察古今中外法治发展的历史，公益法的思想早就存在，但公益法并未以一个专有的法律概念发展起来。基于传统封建专制政治制度的局限，当时公益法也不可能真正发展起来。在特定的历史条件下，公益法的概念在美国产生，并

① 张晋藩编著：《中国法制史》，群众出版社1982年版，第51页。

② 米健等：《罗马法基础》，中国政法大学出版社1987年版，第69页。

迅速在世界很多国家传播开来。但美国概念下的公益法有着其鲜明的国家以及时代特征，那就是过于强调来自民间的律师及社会组织的作用，相对忽视国家在公益法发展进程中的作用，忽视公益法相关的法律制度建设。这种局限导致的结果就是，在特定的历史条件下，公益法或许能够发挥重大的作用，比如提起或成功胜诉一起有重大社会影响的案件，基于判例法的效力影响国家某些方面法律的变革。但是，从国家发展的整个进程来看，其对国家法律制度的影响还是有局限的，最终能够保障的弱势群体权益也是有局限的。

公益法与社会法在本质上都是要维护在社会中处于相对弱势境地群体的权益，但两者在很多方面也存在明显的区别。社会法概念开始于19世纪末的德国，最早是为了维护劳动者的权益，劳动法及社会保障法是其基础和核心内容；公益法的概念主要开始于20世纪60年代的美国，最早就是为了“小人物而战”，要依法维护社会上那些无人代表或者易受伤害的群体。社会法有着相对完整的系统，在世界上大多数国家成为单独的法律学科，很多专家学者在进行研究；公益法并未发展成受到普遍认可的学科体系，研究这一领域的专家学者也相对很少。社会法的重点主要在立法的完善和学术研究的规范，对如何实现的程序和方法关注不够；公益法对所关注问题背后的立法和学术研究关注不够，其更强调的是一种方法，也就是公益法律组织和公益律师代表在社会中处于相对弱势境地人群去依法维护权益。所以综合来看，公益法更强调的是方法和实践，其在一定程度上弥补了传统社会法体系强大但实践不足的缺陷，可以发展成为社会法体系中新的重要内容。

从世界各国公益法的发展看，其主要侧重五个领域：一是公益法律组织，也就是法律类社会组织的发展。受到观念、资金等各种因素的制约，很多国家的公益法律组织都并不发达。二是公益诉讼，尽管很多国家都认识到了公益诉讼在实现法治方面的重大意义，但由于缺乏专业的公益法律组织以及专业的公益律师，有价值的公益诉讼依然很少。三是公益律师，由于律师主要是一个自收自支的行业，这导致了在世界各个国家，律师商业氛围过重，律师主要是为付得起费用的企业、政府或个人服务，致力于公益事业的律师太少，专业化程度以及影响力也有限。四是法律援助，法律援助是政府付费为贫弱人群提供的减免收费服务，是国家公共服务的组成部分。在我国法律援助是免费的法律帮助，所以法律援助是政府出资支持的公益法律服务。受到观念、财政能力以及管理方式的影响，各国法律援助的范围以及效果都存在很大差异。五是法学教育，大多数法学院校开设法律职业伦理方面的课程，也有一些院校设立诊所教育课程，很少一些院校开设公益法课程，所以从法学教育来看，公益法也并不发达。[①]

到了数字时代应该更加重视公益法的发展。正如我们在《和谐社会与公益法》一书中所讨论的，“强势群体”与“弱势群体”是相对的概念。在很长的历史时期内，往往享有政治权力或财富的人是“强势群体”，当人类社会进入了数字时代，拥有数字权力的平台企业以及背后的大股东、高级管理人员成为新的“强势群体”。很多拥有一定财富、行使一定公共权力的人，看似是强势群体，但相对掌握了大量个人信息和数据的平台企业来说，也往往处于弱势境地。平台企业依靠对用户信息和数据的掌控能力，成为数字时代新的权力拥有者。在数字时代，聚集了资本和技术优势的平台企业，其所拥有的数字权力更加庞大，相对受到影响的人群就更为广泛。大量数字平台的用户、受到平台权力影响的劳动者和未成年人等特定人群，如何去维护自身权益呢？在全面发展社会法的进程中，完全可以通过大力发展公益法，使其发展成为制约数字权力的重要法治力量。

---

① 参见佟丽华、白羽：《和谐社会与公益法》，法律出版社2005年版，第21—28页。

2.公益法在其他国家的发展

公益法在世界很多国家都有不同程度的发展，埃德温·雷科什教授介绍，20世纪80、90年代，公共利益法律的概念在其他一些国家被广泛采用。在南非有一个强大的公共利益法律群体，比如他们成为反种族隔离活动的一部分。在不同的国家如英国、印度、孟加拉国、菲律宾、澳大利亚、智利和阿根廷以及世界的很多地区都有公共利益法律中心、组织和网络。忽略在不同背景下的涵义以及在不同行为中的名字，“公共利益法律”倾向于指一系列一致的主题、价值和目标。[①]但从笔者过去多年的观察来看，公益法在世界很多国家都并不发达。总体来看，美国公益法发展的路径、价值以及面临的挑战等问题都非常有代表性。

美国建国以后一直存在的最大问题就是种族隔离，黑人、印第安人与白人严重不平等。1861年开始的持续四年的南北战争通过血腥战争的方式推动了黑人解放运动，但当时种族隔离问题依然根深蒂固。“二战”以后，美国进入民权时代，黑人、印第安人主张平等的运动此起彼伏，当时社会矛盾异常尖锐复杂，各地都爆发了大规模的游行示威，一些地方开始采用激进的武装起义的斗争方式。暴力活动异常猖獗，马丁·路德·金被刺杀以前，在家中多次遭受枪击。在这种特定的历史背景下，20世纪60年代，美国民权运动蓬勃发展起来。作为美国民权运动中的法治因子，美国公益法运动快速兴起。人们认为开创和推动公益法发展的代表人物之一是路易斯·布兰代斯（Louis Brandeis），其在就任美国大法官之前是一名律师，在1905年的一次演讲中，他指出，“有能力的律师很大程度上把他

---

① See Edwin Rekosh, Kyra A. Buchko, Vessela Terzieva, *Pursuing the Public Interest: A Handbook for Legal Professionals and Activists*, New York: Public Interest Law Initiative In Transitional Societies, Columbia University School of Law, 2001, p.1.

们自己变成了大公司的附庸。他们忽视了利用自己的能力去保障普通民众的义务”[①]。20世纪六七十年代，与公益法的概念被广泛应用相伴，很多法学院校的毕业生开始寻求对社会事务施加影响力，他们称自己为公益律师（Public Interest Lawyer），以区别于路易斯·布兰代斯所批评的“大公司附庸”的律师。[②]

今天，在美国，对“公共利益法律”的概念具有不同的解释。那些利用美国法律体系推动和保护人权、为保护环境而斗争以及维护消费者权益的非政府组织（NGO）把自己称为公益法律组织。一大批律师通过为无力支付律师费的人提供无偿法律帮助的方式实践着公益法律。在美国广泛建立起来的法律诊所教育为法学院的学生提供了良好的实习法律的机会，学生不仅能参与一些基础的法律事务，而且可能参与更加复杂的如妇女权利、反歧视法律、环境保护以及其他公共法律事务。一些法学院建立了公共利益法律中心以推动法学院学生从事公共利益法律职业。律师协会和律师事务所的无偿服务项目为商业律师参与公共利益法律活动捐献时间提供了机会。[③]

可以说，在20世纪60年代前后，美国面临的社会矛盾极为复杂，公益法的快速发展成为和平解决当时社会矛盾的法治力量。很多专门的公益法律社会组织发展起来，越来越多的律师不再只关注私利，而是开始投身于公益法律服务，职业化、专业化的公益律师引导、帮助各种人群通过法律方式去维护权益，把大量复杂尖锐的矛盾纠纷引导到法庭。1954年，美国联邦最高法院就布朗控诉当地教委案件作出裁决，裁定公立学校实行种

---

① See Louis D. Brandeis, *The Opportunity in the Law*, Minnesota Legal History Project, http://www.minnesotalegalhistoryproject.org/assets/Brandeis%20-%20%20(1905).pdf, last visited on 27 August, 2022.

② 佟丽华、白羽：《和谐社会与公益法》，法律出版社2005年版，第15页。

③ See Edwin Rekosh, Kyra A. Buchko, Vessela Terzieva, *Pursuing the Public Interest: A Handbook for Legal Professionals and Activists*, New York: Public Interest Law Initiative In Transitional Societies, Columbia University School of Law, 2001, p.1.

族隔离政策是违宪的，这一裁决极大地树立了黑人、印第安人依法维权的信心。[①]伴随更多专职公益律师的发展，美国民权运动走上了法治化轨道，美国社会逐渐稳定下来。现在美国大约有100万名律师，其中仅仅社会化的公益律师就有1万多人，其主要资金来源是政府购买服务和社会捐助。

但要看到的问题是，进入21世纪以来，随着美国政治更加分裂，民主、共和两党斗争更加尖锐，美国社会重新进入一个复杂的状态。种族问题依然严峻，贫富分化问题加剧，大型平台企业侵蚀了广大用户的权益。但在这个过程中，公益法并未实现新的勃兴。过于深厚的政治以及商业氛围严重笼罩着美国的司法界。2022年6月美国联邦最高法院裁决推翻了被认为是具有历史意义的保障女性堕胎权的“罗诉韦德案”，媒体报道美国总统拜登称，这项判决让美国倒退到150年前。[②]在解决当前美国社会种种问题的过程中，并未看到本应代表在社会中处于相对弱势境地群体利益的公益法有大的作为，这是令人遗憾的。

3.中国公益法的发展

在中国律师制度发展的早期，中国律师就展现出了关心国家命运、关注公共利益的优秀品质。中华人民共和国首任司法部部长史良在20世纪30年代就成为抗日救国的先驱，办理了不少保障妇女权益的案件。[③]著名“劳工律师”施洋，面对当时反动势力以及资本家的种种胁迫，勇敢维护

---

① 参见任东来、陈伟、白雪峰：《美国宪政历程：影响美国的25个司法大案》，中国法制出版社2004年版，第214—215页。

② 参见《美最高法院推翻“罗诉韦德案”判决，拜登：美国倒退150年》，载观察者网2022年6月25日，https://www.guancha.cn/internation/2022_06_25_646295.shtml。

③ 参见《司法部第一任部长史良速写：一代女杰的铁血丹心》，载中新网，https://www.chinanews.com.cn/cul/news/2010/03-03/2148702.shtml。

工人的权益，1923年被北洋军阀处决。[①]可以说，中国律师的先辈们，在20世纪二三十年代就展现出不畏生死推动公益法来维护广大人民群众权益的高贵品质。

1992年武汉大学法学院万鄂湘教授推动建立武汉大学社会弱者权利保护中心，可以看作是改革开放后中国公益法最初发展的标志性事件。[②]但中国公益法的发展有着与美国公益法发展不同的路径。美国主要是由个别律师、公益法律组织自下而上推动公益法的发展，中国特色社会主义制度的根本属性是要维护最广大人民群众的根本利益，所以从国家的角度就要大力推动公益法的发展。1997年1月修订的《刑事诉讼法》确立了刑事法律援助制度，要求对没有律师辩护的未成年人、盲聋哑人、可能判处死刑的被告必须提供法律援助；1996年年初司法部明确提出建立和完善中国的法律援助制度。[③]作为公益法的核心内容，中国法律援助制度正式确立下来。在1999年中国全年批准办理法律援助案件总数为117545件，刚刚超过10万件。根据司法部消息，据不完全统计，2020年全国法律援助机构共办结法律援助案件近140万件，受援人216万余人次，接待群众咨询近1500万人次。[④]2022年1月《法律援助法》正式实施，进一步扩大了法律援助案件范围，国家推动的公益法制度进一步发展起来。

---

① 参见《施洋：心系劳苦大众的“劳工律师”》，载中华全国总工会网站，https://m.acftu.org/wjzl/gysl/gyslrwcl/202108/t20210810_784604.html?7OkeOa4k=qAkxcarvRCwvRCwvR4B5E8fNzlhi6YdLSxxmwm5kXe9qqqqqqqqqqqqqRa。

② 参见《万鄂湘：与法相随逐梦路，不忘初心好扬帆》，载人民政协网，http://www.rmzxb.com.cn/c/2017-12-07/1892389.shtml。

③ 参见《中国法律援助制度诞生的前前后后（十一）》，载司法部法律援助中心网站，http://www.moj.gov.cn/pub/sfbgw/jgsz/jgszzsdw/zsdwflyzzx/flyzzxzcxx/zcxxfyzl/201906/t20190624_188960.html。

④ 《2020年全国法援机构办结法律援助案件近140万件》，载中华人民共和国司法部网站，http://www.moj.gov.cn/pub/sfbgw/jgsz/jgszjgtj/ggflfwglj/ggflfwgljtjxw/202103/t20210301_349654.html。

近些年来，国家越来越重视公益法的发展。2019年10月司法部发布了《关于促进律师参与公益法律服务的意见》，该政策明确提出，“发展公益法律服务机构和公益律师队伍，加强法律服务志愿者队伍建设，提高公益法律服务专业化、职业化水平。各律师协会普遍设立公益法律服务专门委员会，鼓励设立未成年人保护等领域的公益法律服务专业委员会”。“倡导每名律师每年参与不少于50个小时的公益法律服务或者至少办理2件法律援助案件。”[①]这是中国司法部第一次就公益法律服务专门发布政策，对推进包括公益诉讼在内的公益法律服务具有重大意义。

二、公益诉讼的发展

公益诉讼是公益法的重要内容。受到观念等各种因素的制约，我国对公益诉讼以及公益法的研究都还处于起步状态。但随着数字时代的发展，公益诉讼的价值日益凸显出来。

1. 公益诉讼的定义及在其他国家的发展

在21世纪初的几年，我国有多位专家学者开始关注公益诉讼研究问题，其中颜运秋教授比较早地对这个问题开展了全面系统的研究。2002年他在中国检察出版社出版了《公益诉讼理念研究》一书，2019年经过修订后的《公益诉讼理念与实践研究》在法律出版社再次出版。综合一些专家

---

① 《关于促进律师参与公益法律服务的意见》，载中华人民共和国中央人民政府网站，http://www.gov.cn/xinwen/2019-10/23/content_5444206.htm。

学者的研究，大家普遍有一个共识，公益诉讼源于罗马法。颜运秋教授认为“古代罗马法学家把法分为公法和私法，诉讼也被分为‘公诉’和‘私诉’两种”。他在书中指出：“有学者归纳了古代罗马法中的公益诉讼有如下特点：（1）公益诉讼的原告可以是不特定的人，既可以是无利害关系的人，也可以是有利害关系的人。如果原告有多人，由法官选择的适宜人选作为原告。（2）原告起诉的目的不是为自己的利益，而是为维护社会公共利益、维护法律的尊严及社会公正。（3）原告可以起诉的违法行为范围较宽泛，既有民事侵权行为，也有其他违法行为、犯罪行为。（4）原告在胜诉后可以受到奖励，而不是得到赔偿。（5）公益诉讼的作用是对国家机关执法的补充，而不是取代国家机关的执法。”①

在《和谐社会与公益法》一书中，我们介绍了国内一些专家对公益诉讼概念的理解。如郎贵梅教授认为，“所谓公益诉讼是指任何组织和个人都可以根据法律的授权，对违反法律，侵犯国家利益、社会公共利益的行为向法院起诉，由法院追究违法者法律责任的活动。公益诉讼可分为刑事公益诉讼、经济公益诉讼、行政公益诉讼、民事公益诉讼、劳动公益诉讼等”。②吴光裕认为，“所谓公益诉讼，是指特定的国家机关和相关的组织、个人，根据法律的授权，对违反法律法规侵犯国家利益、社会利益或不特定的多数人利益的行为，向法院提起诉讼，由法院依法追究其法律责任的活动。简单地说，公益诉讼是相对于保护个体权利的私益诉讼而言的”。③王斐民先生也持同样观点：“所谓公益诉讼是指特定的国家机关和相关的组织和个人，根据法律的授权，对违反经济法律、法规侵犯国家利

---

① 颜运秋：《公益诉讼理念与实践研究》，法律出版社2019年版，第104–105页。

② 《法律该不该给公益诉讼亮红灯》，载新浪网，https://news.sina.com.cn/w/2003-06-22/0505248867s.shtml。

③ 吴光裕：《积极探索公益诉讼机制》，载《检察日报》2002年8月23日。

益、社会利益或不特定的他人利益的行为，向法院起诉，由法院依法追究其法律责任的活动。”[①]上述三人的观点基本上是一致的，主要明确了两个问题：公益诉讼的原告可以是国家机关，也可以是相关组织或个人；侵害的都有国家利益、社会公共利益（吴光裕、王斐民表述为社会利益）。但有一点小的差异，吴光裕、王斐民两位专家在国家利益、社会利益后面加上了“不特定多数人利益”。

颜运秋教授在书中全面地讨论了公共利益、公益诉讼等概念，他认为：“公益诉讼是有关组织和个人根据法律授权，就侵犯国家利益、社会公益的行为提起诉讼，由法院依法处理违法的司法活动。”他在书中不仅介绍了美国的公益诉讼制度，也重点介绍了大陆法系一些国家公益诉讼的制度。比如：“团体诉讼是处理多数人利益受侵犯时的一种特别的救济方式，在德国比较普遍。在德国，将具有共同利益的众多法律主体提起诉讼的权利‘信托’给具有公益性质的社会团体，由该社会团体提起符合其章程、设立目的的诉讼。”“法国的团体诉讼也源于公益保护，进而被用于私权的社会保护，如消费者保护和环境保护。”“在意大利民事诉讼和行政诉讼的范围内，有一种叫做团体诉讼的制度，它是被用来保障那些超个人的利益或者能够达到范围很广的利益。”“在日本，公益诉讼被称为民众诉讼，它是指‘请求纠正国家或者公共团体机关的不符合法规的行为的诉讼，并且是以作为选举人的资格或者其他与自己的法律上的利益无关的资格提起的诉讼’。”[②]

尽管很多人也在研究美国的公益诉讼，但本质上，美国公益诉讼有其特殊的历史背景和含义。徐卉站在美国公益诉讼发展历史的角度诠释了这

---

① 王斐民：《浅析公益诉讼》，载《检察日报》2002年1月8日理论版。

② 颜运秋：《公益诉讼理念与实践研究》，法律出版社2019年版，第107–115页。

一概念，她认为，“事实上，公益诉讼一词始于20世纪60年代，美国在经历了剧烈的社会变革后，伴随着公益运动的展开而广泛使用该术语。由于当时美国的众多社会制度均面临挑战，因而出现了各种尝试改革的方案，设立了众多的公益法律机构及类似的倡导制度，它们都是为了环境、消费者、女性、有色人种、未成年人及类似的诸多社会公共利益而展开活动，由此而进行的诉讼被称为公益诉讼”。“公益诉讼并不是一种单独的诉讼形式，而是一个以诉讼目的为基准界定的概念，旨在描述公益律师、公益团体所进行的诉讼活动。公益诉讼是依托于社会正义的概念，以及视法律为社会变革工具的意愿，以公益律师和公益法团体为主体展开的诉讼活动。公益诉讼包括了战略诉讼和为贫困者提供的法律援助。”①所以，“公益诉讼”这一用语却是哈佛大学法学院教授艾布拉姆·蔡斯（Abram Chayes）在20世纪70年代才首次使用的。艾布拉姆·蔡斯教授在使用“公益诉讼”一词时，将其界定为“律师通过法院命令或裁判改革法律规则、执行法律和强调公共规范等方式参与社会变革的实践行为”。②

综合以上分析，结合对公益法概念的分析以及公益诉讼这个概念产生的历史背景和社会期望，在《和谐社会与公益法》一书中，我们认为，公益诉讼是指为了弱势的不特定多数人利益、起诉强势组织或个人的诉讼。③具体来说，站在新的时代，笔者认为应该对公益诉讼有个更为全面的理解。一是古今中外关于公益诉讼有不同的称谓，其源自古代的罗马法，具有长期的历史渊源。但公益诉讼的概念伴随美国民权运动以及美国一些著名的公益诉讼案件被快速传播开来，受到世界各国的关注。二是公益诉讼

---

① 徐卉：《关于公益诉讼的若干理论问题》，载《中国社会科学院院报》2003年11月11日。

② Chayes Abram, *The Role of the Judge in Public Law Litigation*, Harvard Law Review, Vol.89, p.1281(1976).

③ 参见佟丽华、白羽：《和谐社会与公益法》，法律出版社2005年版，第150页。

要保护的是公共利益，结合前面概念的分析，这里所说的公共利益与国家利益和个人利益都有区别，本质上是要保护在社会中处于相对弱势境地群体的权益。三是关于到底谁有权来提起公益诉讼，古今中外的法律制度都有不同。有权提起公益诉讼的可能是国家机关，也可能是社会组织或个人。所以，我们不能简单地说公益诉讼源自美国，在罗马法时期美国尚未建立。在美国的公益诉讼也有特定的意义，这与其他国家关于公益诉讼的定义也有明显的差别。尽管清晰的定义对发展和完善法律制度有重大意义，但概念是依附制度发展的。没有科学有效的制度，再完美的概念也终究只是某个人或某些人的观念。中国不应陷入对公益诉讼概念的争论，而是应该积极发展中国特色公益诉讼法律制度，在数字时代勇于赋予其新的内涵，为促进数字时代的法治尤其是约束平台企业的数字权力发挥积极的作用。

2.中国公益诉讼制度的发展

2000年前后，在消费者权益保护、环境污染等领域，中国出现了一些带有重大社会影响的诉讼，这些诉讼当时也被很多人称为公益诉讼。笔者代理一名未成年人在1999年就烟草损害问题提起了一起针对国家管理部门和大型烟草公司的诉讼；[①]河北乔占祥律师就铁路春节期间涨价问题在北京第一中级人民法院针对当时的铁道部提起了诉讼。[②]这些诉讼都受到社会各界广泛关注，推动了相关问题的解决。但严格来说，当时我国法律上并未确立专门的公益诉讼制度。2012年《民事诉讼法》修正，明确规定了

① 参见佟丽华、白羽:《和谐社会与公益法》，法律出版社2005年版，第166–174页。
② 参见佟丽华、白羽:《和谐社会与公益法》，法律出版社2005年版，第175–190页。

社会组织有权提起公益诉讼的制度。该法第五十五条规定：“对污染环境、侵害众多消费者合法权益等损害社会公共利益的行为，法律规定的机关和有关组织可以向人民法院提起诉讼。”这是我国民事公益诉讼立法的重大突破，标志着中国在法律制度上正式确认了公益诉讼制度。

由于公益诉讼需要耗费大量人力、财力，对专业要求很高，真正具备提起公益诉讼能力的社会组织很少，很多地方法院对公益诉讼有畏难情绪，所以在2012年《民事诉讼法》确立公益诉讼制度后，人民法院受理的“有关机关和有关组织”提起的公益诉讼很少，公益诉讼未能有效发挥保障公共利益的作用。在这种背景下，中国检察机关公益诉讼制度快速发展起来。2014年党的十八届四中全会提出“探索建立检察机关提起公益诉讼制度”。①2015年中央深改组第十二次会议明确提出，探索建立检察机关提起公益诉讼制度。②2015年、2016年检察机关对公益诉讼制度进行了试点，2017年民事诉讼法、行政诉讼法进行修订时正式确立了这一制度。这样，具有鲜明中国特色的检察公益诉讼制度正式建立和发展起来。2019年司法体制改革后，最高人民检察院新设立了公益诉讼厅，这应当是世界各国最高检察机关设立的唯一的公益诉讼厅，充分体现了我国对公益诉讼制度的高度重视。③《最高人民检察院关于开展公益诉讼检察工作情况的报告》指出：“党中央对公益诉讼检察工作高度重视。习近平总书记在党的十八届四中全会上专门对建立这一制度作了说明，突出强调‘由检察机关提起公益诉讼，有利于优化司法职权配置、完善行政诉讼制度，也有利于

---

① 《四中全会权威访谈：探索建立检察机关提起公益诉讼制度》，载央广网，http://china.cnr.cn/yaowen/201410/t20141030_516689138.shtml。

② 参见《习近平主持深改组第12次会议：把想改革的干部用起来》，载观察者网，https://www.guancha.cn/politics/2015_05_05_318465.shtml。

③ 参见《司法供给侧改革助力公益诉讼，满足人民追求公平正义的需求》，载网易号2019年1月5日，https://3g.163.com/dy/article/E4OR7VOG05148UCS.html。

推进法治政府建设’。在致第二十二届国际检察官联合会年会暨会员代表大会的贺信中，习近平总书记再次深刻指出：‘检察官作为公共利益的代表，肩负着重要责任’。”①

检察公益诉讼制度建立以来，检察机关积极履职，在维护公共利益方面发挥了重要作用。根据最高人民检察院的介绍，“2017年7月至2022年6月底，共立案公益诉讼案件67万余件，其中，民事公益诉讼5.8万件，行政公益诉讼61.4万件。从历年办案数量看，2018年突破10万件，2019年为11万余件，2020年达到15万余件，2021年为16.9万件，2022年1至6月为10.1万件。从办案效果看，共督促恢复被毁损的耕地、林地、湿地、草原约786万亩，回收和清理各类垃圾、固体废物4584万余吨，追偿修复生态、治理环境费用93.5亿元；督促查处、回收假冒伪劣食品约182万千克，查处、回收假药和走私药品约6万千克；督促保护、收回国家所有财产和权益的价值约159.5亿元，追缴国有土地出让金约337.2亿元，收回被非法占用国有土地5.8万亩”。②

所以要看到的是，我国的公益诉讼不仅是一些律师和社会组织为了公共利益而提起的诉讼，而是发展成为一项重大的法律制度。这项制度具有鲜明的中国特色，主要表现在：一是党和政府高度重视公益诉讼制度，将公益诉讼制度作为以法治思维和法治方式推进国家治理体系和治理能力现代化进程的一项重要制度安排。二是我国法律明确规定了公益诉讼制度，公益诉讼成为我国法律制度体系中的重要内容。三是在我国不仅社会组织可以提起公益诉讼，检察机关也可以提起公益诉讼，从民

---

① 《最高人民检察院关于开展公益诉讼检察工作情况的报告》，载中华人民共和国最高人民检察院网站，https://www.spp.gov.cn/spp/tt/201910/t20191024_435925.shtml。

② 《最高检发布检察机关全面开展公益诉讼五周年工作情况》，载最高人民检察院网上发布厅，https://www.spp.gov.cn/xwfbh/wsfbt/202206/t20220630_561637.shtml#1。

间和国家两个视角推进和发展公益诉讼制度，这不仅强化了公益诉讼原告的诉讼能力，也丰富和发展了公益诉讼制度的内涵。四是我国公益诉讼既可以是民事公益诉讼，也可以是行政公益诉讼。从应对数字权力的角度看，不仅可以针对平台企业提起公益诉讼，也可以针对相关政府部门提起公益诉讼。五是我国公益诉讼反映着我国法治的本质追求，我国要建设的是中国特色社会主义法律制度，其本质特征就是要维护最广泛人民群众的根本利益，公益诉讼制度就是为了实现我国法治的这种本质特征而设计的一种诉讼制度。

3.国内外针对平台企业发起的公益诉讼

目前在欧美国家开始出现一些针对平台企业提起的公益诉讼。比如，2015年4月，芝加哥律师杰伊·埃德尔森（Jay Edelson）在伊利诺伊州库克县起诉脸书公司，理由是脸书公司在未经用户许可的情况下，从用户上传的照片中收集并储存了脸部和其他生物特征数据，这违反了美国伊利诺伊州的《生物识别信息隐私法》。2021年2月，美国加州联邦法官正式批准了"脸书侵犯用户隐私"案的和解协议，同意脸书公司向160万用户支付共计6.5亿美元的赔偿金，以解决这一集体诉讼纠纷。[①]在英国，2015年谷歌子公司DeepMind与伦敦Royal Free NHS基金信托会达成一项合作，DeepMind自英国国家医疗服务体系（National Health Service，NHS）处获取临床医疗数据并将其应用于一款名为Stream的手机软件测试中，目的是帮助医生更快获取急性肾衰竭患者的信息。然而，

① 参见《脸书赔偿160万用户6.5亿美元：侵犯用户隐私 每人至少获赔345美元》，载腾讯网，https://new.qq.com/rain/a/20210309A08XC800。

这一数据传输行为并未获得患者同意。2022年有英国律师事务所在英格兰和威尔士高等法院向谷歌提起集体诉讼，这起诉讼也显然带有公益诉讼的性质。[①]

近些年我国一些地方的消费者协会针对平台企业侵犯消费者权益问题提起了公益诉讼。2016年10月，中国生物多样性保护与绿色发展基金会向杭州市中级人民法院提起公益诉讼，原告起诉认为，被告速美公司在淘宝销售可以使机动车尾气年检得以蒙混过关的“年检神器”系列产品，是以弄虚作假的方式帮助尾气不合格的车辆规避汽车尾气年度检测，使得原本尾气超标的车辆得以蒙混过关继续上路，其行为存在严重的违法性，对我国大气污染防控工作造成了极为严重的影响，依法应当承担侵权责任。被告淘宝公司作为网络交易平台经营者，未能按照《互联网信息服务管理办法》《网络交易管理办法》等规定建立或执行有效的检查监控制度，导致速美公司通过淘宝公司所设立的第三方交易平台将大量非法产品销入市场，致使广大人民群众的身体健康及社会公共利益遭受严重损害，应当承担连带责任。要求被告速美公司停止生产相关产品，被告淘宝公司停止为速美公司提供交易服务，两被告承担连带生态环境修复费用、律师费等支持，并要求两被告在全国性媒体上向社会公众赔礼道歉。2019年6月杭州市中级人民法院作出判决，认定速美公司行为构成损害社会公共利益，应承担相应的侵权责任：在判决生效之日起十五日内，在国家级媒体上向社会公众道歉（内容需经本院审核）；判决生效之日起十五日内，向原告支付律师费、差旅费、相关工作人员必要开支等150000元；判决生效之日起十五日内赔偿大气污染环境修复费用

① 参见《谷歌擅获160万名英国患者数据被起诉！相关软件于去年关停》，载腾讯网，https://new.qq.com/rain/a/20220525A03N0600。

3500000元（款项专用于我国大气污染环境治理）。法院认为速美公司发布的相关信息具有一定的隐蔽性，淘宝公司尽到了身份审查、事前提醒等审查义务，并在发现上述情形后及时采取删除措施，无法认定其帮助速美公司实施了侵权行为，所以并未支持原告要求其承担连带责任的诉讼请求，但一审法院在判决中特别指出，淘宝公司对于卖家在其平台销售的类似上述本身不属于禁售品，但产品可能用于违法目的的行为，应加强检索、监管，有效履行网络运营服务商的法定职责，尽到应尽的社会责任。尽管中国生物多样性保护与绿色发展基金会后来就淘宝公司不承担连带责任问题提起了上诉以及申请了申诉，但最终浙江省高级人民法院、最高人民法院均维持了原判决。[①]这是一起典型的消费者协会针对广大消费者权益问题向网络销售类平台企业提起的公益诉讼，尽管法院最终并未判决平台企业承担法律责任，但相信对所有网络销售类平台企业来说也是一个巨大的警醒。

江苏省消费者权益保护委员会诉北京百度网讯科技有限公司（以下简称“百度公司”）民事公益诉讼案件也受到社会广泛关注。江苏省消费者权益保护委员会经调查确认，“手机百度”“百度浏览器”两款软件在用户安装前未告知用户所获取的各种权限及获取信息的目的、方式、范围，未取得用户同意就获取了诸如“访问电话状态、定位、访问联系人通讯录信息、读取短信内容、接收短信”等各种权限，并利用上述权限违法获取用户个人信息，被告的行为违反了《消费者权益保护法》《网络安全法》《江苏省消费者权益保护条例》的相关规定，在约谈无效的情况下，2017年12月，江苏省消费者协会针对百度公司提起公益诉讼。百

---

① 参见《2019年度人民法院环境资源典型案例》，载中华人民共和国最高人民法院网站2020年5月8日，https://www.court.gov.cn/zixun-xiangqing-228361.html。

度公司在提交答辩状期间，对管辖权提出异议，认为就被告住所地而言，百度公司住所地位于北京市，案件管辖权应该在北京海淀区法院。南京市中级人民法院经审查认为，根据《最高人民法院关于适用〈中华人民共和国民事诉讼法〉的解释》《最高人民法院关于审理利用信息网络侵害人身权益民事纠纷案件适用法律若干问题的规定》，利用信息网络侵害人身权益提起的诉讼，由侵权行为地或者被告住所地人民法院管辖。侵权行为实施地包括实施被诉侵权行为的计算机等终端设备所在地，侵权结果发生地包括被侵权人住所地。本案系消费民事公益诉讼，针对的是众多不特定消费者的合法权益，亦包括南京市辖区内的不特定消费者。原告系在接到南京市消费者的投诉后提起本案诉讼，故本院依法对本案享有管辖权，所以驳回了百度公司对本案管辖权提出的异议。2018年“3·15”前夕，江苏省消费者协会以百度公司App整改到位为由，撤回了这起诉讼。①

近些年来，我国检察机关高度关注平台企业数字权力问题，针对平台企业以及政府主管部门提起了一些公益诉讼。2020年8月杭州市检察院发布全国首份《互联网检察公益诉讼白皮书》。白皮书显示，2019年以来，杭州全市检察机关共办理互联网领域公益诉讼案件435件。但其中民事公益诉讼案件仅14件，行政公益诉讼诉前程序421件。从案件范围上来看，食品药品安全领域426件，占比高达92.8%；督促收缴侵犯公民个人信息的行政处罚86万余元。②2021年4月，最高人民检察院发布检察机关个人信息保护公益诉讼典型案例，其中多起行政公益诉讼案件，都是针对相关

---

① 参见《江苏消保委对百度“涉侵犯消费者隐私”撤诉：APP整改到位》，载澎湃网2018年3月24日，https://www.thepaper.cn/newsDetail_forward_2028107。

② 《浙江杭州：2019年以来办理互联网领域公益诉讼案件435件》，载中华人民共和国最高人民检察院网站，https://www.spp.gov.cn/spp/zdgz/202009/t20200917_480196.shtml。

企业违法收集个人信息，监督行政机关依法履职。但在一起案件中，不仅涉及行政公益诉讼，还提起了民事公益诉讼。[①]2019年5月，浙江省杭州市余杭区人民检察院（以下简称余杭区院）在开展公民个人信息保护专项监督行动中发现，App强制授权、过度索权、超范围收集个人信息等问题突出，针对辖区内企业开发经营的10余款App存在违法违规收集用户个人信息的行为，向相关行政机关发出诉前检察建议，督促行政机关依法整治并开展专项治理。在跟进监督过程中，余杭区院发现，对于公民个人信息被App违法收集后的处置问题，众多受侵害用户的合法权益无法通过行政公益诉讼得到维护，遂决定通过民事公益诉讼的路径解决这一问题。2019年10月16日，余杭区院对某网络科技有限公司研发的音乐视频教学类App侵害个人信息的违法行为立案调查。通过走访询问、提取电子数据、同步录像固证等方式，发现该款App存在强制索取"访问设备上的照片、媒体内容和文件"及手机设备号等权限行为，涉及违法违规获取、存储用户个人信息数量千万条。余杭区院委托第三方机构开展社会调查，近九成受访者认为个人信息被侵害对其正常生活和工作造成影响。余杭区院经公告，没有法律规定的机关和有关组织提起诉讼，遂在2020年6月向杭州互联网法院提起民事公益诉讼，诉请被告某网络科技有限公司停止违法违规收集、储存、使用个人信息并公开赔礼道歉。后双方当庭达成调解协议，被告立即删除违法违规收集、储存的全部用户个人信息1100万余条；在《法治日报》及案涉App首页公开赔礼道歉；承诺今后合法合规经营，若存在违反协议约定的行为，将自愿支付50万元违约金用于全国性个人信息保

① 参见《最高检发布检察机关个人信息保护公益诉讼典型案例》，载中华人民共和国最高人民检察院网站，https://www.spp.gov.cn/spp/xwfbh/wsfbt/202104/t20210422_516357.shtml#1。

护公益基金的公益支出。[①]

最高人民法院新修订的《民事案件案由规定》在2021年1月1日开始施行，新的案由规定在“公益诉讼”项下增加了“未成年人保护民事公益诉讼”的案由。[②]依据这样的法律规定，北京青少年法律援助与研究中心在2021年6月1日针对腾讯《王者荣耀》这款游戏对未成年人的侵害提起了公益诉讼，法院接受了案件全部材料，[③]中间代理律师也多次就此案立案相关情况与法院进行沟通，但截至2022年10月1日，法院既没有说立案，也没有说不立案。2021年8月6日海淀区人民检察院发布公告，认为腾讯公司微信产品“青少年模式”不符合《未成年人保护法》相关规定，侵犯未成年人合法权益，涉及公共利益，请拟提起诉讼的有关机关和社会组织主动与检察院联系，后来腾讯公司积极整改，海淀区检察院最终并未提起诉讼。[④]

综合国内外的情况来看，针对平台企业的公益诉讼还很少，影响也还很有限。从检索我国相关案例库可以看出，这类诉讼，一是很少；二是诉讼提出的问题还不够深刻，并未触及平台企业“算法黑箱”、利用数字技术侵犯未成年人和劳动者权利等滥用数字权力的核心问题；三是法院在这个问题上总体来说相对保守。公益诉讼还并未发展成为制约平台企业滥用数字权力的有效法治力量。

---

① 《浙江省杭州市余杭区人民检察院诉某网络科技有限公司侵害公民个人信息民事公益诉讼案》，载中华人民共和国最高人民检察院网站，https://www.spp.gov.cn/spp/jcgyssljgrxxbh/202104/t20210422_527821.shtml。

② 《最高人民法院关于修订〈民事案件案由规定〉的决定》，法〔2020〕346号，2020年12月29日发布。

③ 参见《社会组织对腾讯公司提起未成年人保护民事公益诉讼》，载微信公众号“致诚儿童”，2021年6月1日。

④ 参见《突发！北京海淀区人民检察院对腾讯提起民事公益诉讼，腾讯紧急回应》，载澎湃网2021年8月7日，https://www.thepaper.cn/newsDetail_forward_13927243。

三、对发展公益诉讼应对数字权力的建议

为什么在数字时代要更加重视公益诉讼？应该如何发展和完善中国特色公益诉讼制度？社会组织在中国公益诉讼制度体系中应该发挥怎样的作用？有专家学者提出应该就检察公益诉讼先行专门立法，这个思路是否科学？社会组织与检察机关在公益诉讼中应该是怎样的关系？对此有一些具体的建议。

1.在数字时代进一步发展公益诉讼制度的重大意义

在数字时代如何约束平台企业的数字权力是个全新的课题，对各国政府来说都是巨大的考验。相对平台企业来说，政府和司法机关对数字经济及数字权力运作的过程以及逻辑都缺乏足够的了解。这种局面导致了依靠传统方法难以有效监督平台企业健康发展。特别要看到的是，单纯依靠政府的监管不仅容易存在滞后性，也容易出现不确定性。政府有时不积极履职，有时可能滥用权力，这种权力行使的不确定性容易给平台企业的发展带来困扰。所以从法治建设的视角看，要依靠法治的力量加强对平台企业的规范，既要保障其合法权利，也要防止其滥用数字权力。公益诉讼恰好可以发挥这种作用，形成依法监督平台企业以及政府主管部门的法治力量。发展和完善公益诉讼制度，是在数字时代约束数字权力的重要法治手段。

强化对平台企业数字权力的约束，才能在保障用户权益的基础上促进平台企业健康发展。蛋壳公寓项目2015年年初在北京启动，之后迅速在全国各地推广开来，2020年年初在美国上市，上市当天市值27.4亿美元。2020年11月，因拖欠房东房租与租客退款，蛋壳公寓陷入讨债风波。后来

政府和司法机关不得不成立专门团队来处理相关问题，2021年蛋壳公寓从美国退市。[①]管家帮成立于2006年，多次被冠以“家政行业领跑者”的称号，后来出现大面积欠薪问题。[②]在这些平台企业快速发展的过程中，最缺乏的就是有效的监管，权力有如脱缰的野马，最后不仅拖垮了企业，严重损害了广大用户的权益，也引发了社会矛盾，破坏了社会的和谐稳定。所以，健全和完善公益诉讼制度，就是要强化对平台企业的法律监督，避免这种悲剧局面的出现。

健全和完善公益诉讼制度也是我国政治制度的必然要求。我国是社会主义制度，社会主义法治要坚持以人民为中心、全心全意为人民服务，要以维护和实现最广大人民群众的根本利益为宗旨。我国的政治制度决定了我国法律的本质特征，决定了我国法律制度要最大限度维护公共利益。新时代党和政府强调要更好满足人民群众对民主、法治、公平、正义等美好生活的向往，党的二十大报告提出：中国式现代化是要“坚持把实现人民对美好生活的向往作为现代化建设的出发点和落脚点，着力维护和促进社会公平正义”。这都要求在构建国家法律体系中进一步加强对公共利益的保护。所以，党的宗旨、国家的政治制度以及新时代发展的要求都决定了我国要更加重视公益诉讼在保障人民群众根本利益中的重要作用。为此，党的二十大报告专门提出要“完善公益诉讼制度”，这不仅是我国检察公益诉讼制度快速发展的政治保障，也是对社会组织参与公益诉讼制度提出的基本要求。所以，不论从立法的角度，还是从司法运作的过程，都应该更加重视公益诉讼在国家治理体系中的作用，更加积极主动地利用公益诉

---

① 参见《蛋壳公寓摘牌：上市445天连续爆雷火速退市　百亿市值灰飞烟灭》，载新浪财经，https://finance.sina.com.cn/wm/2021-04-07/doc-ikmxzfmk5436079.shtml。

② 参见《拖欠员工薪水、“套路”引导贷款，管家帮阿姨们的钱去哪了？》，载新浪财经，https://finance.sina.com.cn/tech/2021-01-30/doc-ikftpnny2934766.shtml。

讼这一法治手段来维护公共利益。

发展公益诉讼制度有助于促进数字时代各国以及全球法治发展的进程。在数字时代，由于平台企业也拥有了数字权力，各国以及全球治理进程中权力的结构发生了重大变化，如何在新的权力结构下加强法治建设，将是对世界各国以及全球治理最大的挑战。大力发展公益诉讼制度，以法治的方式来应对国家以及平台企业的数字权力，应该成为数字时代法治建设的重要手段。从中国的视角看，通过大力发展公益诉讼，不仅能够有效完善数字时代国家的法治建设，也能为数字时代全球治理贡献中国智慧。当然也要看到，在其他很多国家，社会组织在公益诉讼制度中发挥着重要的作用。随着平台企业的发展尤其是国家之间基于利益发生的纠纷日益增多，在其他国家不可避免地将会出现社会组织针对中国平台企业提起公益诉讼的案件。那将是一种复杂的局面。目前中国了解、熟悉相关公益诉讼的社会组织少之又少。支持社会组织积极参与国内公益诉讼，不仅是更好维护公共利益的需要，也是积累经验、更好参与全球治理的需要。

2. 将数字权力的滥用作为公益诉讼的重点领域

哪些领域可以提起公益诉讼在我国是个逐渐发展的过程，2012年《民事诉讼法》规定可以针对“污染环境、侵害众多消费者合法权益等损害社会公共利益的行为”提起公益诉讼。那么问题是，法律只列举了“污染环境、侵害众多消费者合法权益”两种具体情形，后面表述为“等损害社会公共利益的行为”，这里的“等”是否只包括前面两种法律明确列举的公益诉讼情形呢？在中国立法以及法律解释中，长期存在“等内”和“等外”的争论。但观察中国当前的法律，立法机关越来越多地使用“等外”

来概括那些无法详细列举的行为。笔者认为，2012年《民事诉讼法》第五十五条关于公益诉讼的规定显然属于这种情况。法律只列举了“污染环境、侵害众多消费者合法权益”两种情形，是因为损害社会公共利益的行为显然还有很多，法律不可能一一列举，所以，在列举上述两种具体情形的基础上规定“等损害社会公共利益的行为”。这种规定显然不能机械地理解为只对上述已经列举的两种情形才有权提起公益诉讼。如果真的是这样，那就完全没有必要再加“等”字。

2018年最高人民检察院发布的《检察机关民事公益诉讼案件办理指南（试行）》中规定的受理案件范围还主要是“破坏生态环境和资源保护、食品药品安全领域侵害众多消费者合法权益等损害社会公共利益的行为”。但到了2019年10月，《最高人民检察院关于开展公益诉讼检察工作情况的报告》中就指出，河北、内蒙古、吉林、黑龙江、山东、河南、湖北、湖南、广西、云南等省级人大常委会作出关于加强检察公益诉讼工作的决定（以下简称《专项决定》）。[①]对具有地方立法性质的10个省的《专项决定》进行梳理，不难发现：在“等外”领域的探索上，各省专项决定中都体现出对公益诉讼新领域的探索，如河北、内蒙古、河南、湖北、广西、云南、山东七省、自治区都将安全生产、文物和文化遗产保护、电信互联网涉及众多公民个人信息保护等领域作为检察机关公益诉讼的受案范围。

2019年10月党的十九届四中全会明确提出“拓展公益诉讼案件范围”，[②]对此要充分认识到的是：首先，这是对民事诉讼法关于公益诉讼案

① 参见《最高人民检察院关于开展公益诉讼检察工作情况的报告》，载中华人民共和国最高人民检察院网站，https://www.spp.gov.cn/spp/tt/201910/t20191024_435925.shtml。

② 《党的十九届四中全会〈决定〉（全文）》，载环球网2019年11月5日，https://china.huanqiu.com/article/9CaKrnKnC4J。

件的权威表述，民事诉讼法关于公益诉讼的规定显然是“等外”，但在实践中，受到各种因素的影响，公益诉讼的案由太窄了，所以中央不得不强调要“拓展公益诉讼案件范围”。其次，不仅是检察机关要拓展公益诉讼案件范围、人民法院要积极拓展公益诉讼受案范围，社会组织也要积极拓展公益诉讼案件范围。最后，检察机关积极探索“等外”公益诉讼制度的发展，有效保障了公共利益，受到了全国人大以及社会各界的充分肯定。

最高人民检察院2020年9月出台《关于积极稳妥拓展公益诉讼案件范围的指导意见》，根据该政策，未来检察机关关注新领域案件的主要范围将包括：全国人大及其常委会明确要求的新领域案件，主要是指安全生产、公共卫生、生物安全、妇女儿童及残疾人权益保护、网络侵害、扶贫、文物和文化遗产保护等领域公益损害案件。地方性法规支持探索的新领域案件。中央层面改革文件等要求研究探索的其他新领域案件，比如安全生产、重点领域质量安全、证券领域、就业性别歧视以及相关组织、个人通过大众传播媒介或者其他方式贬低损害妇女人格等问题。参照指导性案例、借鉴典型案例办理同类新领域案件，比如2020年重点发布的安全生产、文物和文化遗产保护、网络侵害（个人信息保护）等新领域典型案例。[①]可以看到，网络侵害已经被全国人大及其常委会明确列入检察机关要重点关注的新领域案件。在很多省市人大常委会作出的关于加强检察公益诉讼工作的决定中，也都明确要求检察机关积极稳妥开展个人信息保护领域公益诉讼。在这样的背景下，2021年4月，最高人民检察院发布了11起检察机关个人信息保护公益诉讼典型案例，其中多起都是行政公益诉讼

---

① 参见《关于印发〈关于积极拓展公益诉讼案件范围的指导意见〉的通知》，最高人民检察院第八监察厅2020年9月18日发布。

案件，主要是针对相关企业违法收集个人信息的情况，督促行政机关依法履职。[①]

还要提出的一个问题是，针对垄断问题，我国未来是否也可以探讨通过公益诉讼的方式来解决？当前针对反垄断问题，在欧洲往往是通过欧盟或者各国罚款的方式解决。2004年3月欧盟委员会以微软公司违反欧盟公平竞争法为由，对其处以近5亿欧元的罚款，2008年2月微软因未能执行2004年欧盟的反垄断裁决，被欧盟处以8.99亿欧元罚款。至此，欧盟以违反反垄断法和未执行反垄断裁决为名对微软处以总计16.8亿欧元的罚款。[②]欧盟针对谷歌先后发起三起反垄断处罚：第一起因为谷歌搜索结果页面顶部显示待售商品，欧盟认为其压制了其他小型购物比较服务，对其处以24亿欧元罚款；第二起因为其对安卓系统的管理，对其罚款43.4亿欧元；第三起因为涉及谷歌广告，对其罚款15亿欧元。[③]但在美国针对反垄断问题，则主要是通过诉讼的方式来解决，也就是检察官提起反垄断的诉讼。1998年5月美国司法部和20个州总检察长起诉微软非法阻挠竞争，以保护和扩大其软件垄断。2000年4月法官认定微软垄断成立，后来经过复杂的诉讼，微软同意与第三方公司共享其应用程序编程接口，达成和解协议。[④]欧洲和美国反垄断的诉讼可以给我们一定的启示。在美国的语境下，这类检察官提起的反垄断诉讼不会被称为公益诉讼。但认真分析这类

① 参见《最高检发布检察机关个人信息保护公益诉讼典型案例》，载中华人民共和国最高人民检察院网站，https://www.spp.gov.cn/spp/xwfbh/wsfbt/202104/t20210422_516357.shtml#1。

② 参见《微软无视欧盟反垄断裁决 再遭9亿欧元重罚》，载客户世界网站2015年7月12日，https://www.ccmw.net/article/27840.html。

③ 参见《欧盟三罚谷歌共764亿》，载大公报网站，http://www.takungpao.com/news/232111/2021/0411/573238.html。

④ 参见《微软垄断案大事回顾（1990年—2007年）》，载凤凰资讯，https://news.ifeng.com/opinion/special/gates/news/200806/0626_3888_619240.shtml。

诉讼的原告以及所要解决的问题，笔者认为本质上还是公益诉讼，与我国检察机关所提起的公益诉讼具有很大的相似性。在未来，为了加强对垄断问题的规制，我国是否可以综合欧美的方法，一方面对有些明显的垄断问题，可以通过行政执法的方式解决。另一方面对于那些存在争议较大，或者行政执法机关怠于履职的案件，鼓励和支持检察机关通过提起公益诉讼的方式解决。

另外要特别看到的是，传统上很多国家公益诉讼制度一个重点领域就是保障消费者的权益。比如颜运秋教授介绍："在德国，承认团体诉讼最有名的法律是反不正当竞争法。1965年以前，该法只承认被告的竞争者以及事业团体具备原告资格。尽管如此，法院还是认为该法目的不但在于在竞争过程中杜绝不公平交易行为，而且在于保障普通消费者的利益。多数情况下，竞争者和事业团体都不会真正提起诉讼。所以1965年原告资格也同样赋予了消费者团体，它们也可以要求禁止不公平交易的行为，这项实验取得了相当大的成功。"[①]垄断不仅破坏了公平交易的秩序，更侵害了消费者的权益。所以从保障消费者权益的角度看，可以授权消费者团体针对垄断企业提起公益诉讼。到了数字时代，平台企业垄断的程度更加严重，相应更加严重危害广大用户的权益。从保护用户权益的角度看，在数字时代不仅应当大力发展用户团体，还应该授权相关组织有权提起公益诉讼。当然，鼓励和支持发展用户团体不仅是只发展类似消费者协会的社会组织，还应该发展未成年人保护、老年人权益保护、个人信息和隐私保护等类社会组织，授权相应社会组织在本专业领域有权提起公益诉讼。

---

① 颜运秋：《公益诉讼理念与实践研究》，法律出版社2019年版，第107页。

3.培育专业社会组织应对数字权力的滥用

民事诉讼法并未明确规定哪些类型的“机关和组织”有权提起公益诉讼。最高人民法院《关于审理环境民事公益诉讼案件适用法律若干问题的解释》对此作出了基本规定，该司法解释第二条规定，“依照法律、法规的规定，在设区的市级以上人民政府民政部门登记的社会团体、基金会以及社会服务机构等，可以认定为环境保护法第五十八条规定的社会组织”。第五条规定，“社会组织在提起诉讼前五年内未因从事业务活动违反法律、法规的规定受过行政、刑事处罚的，可以认定为环境保护法第五十八条规定的‘无违法记录’”。[①]最高人民法院的上述规定被概括为社会组织提起公益诉讼的三个核心标准：一是社会组织要在设区的市级民政部门登记注册；二是社会组织成立期限要满五年；三是社会组织在过去五年没有违法记录。

目前最高人民法院也只是对审理环境公益诉讼的社会组织资格有明确的规定，对在其他损害社会公共利益领域提起公益诉讼的社会组织资格没有任何的规定。那么，什么样的社会组织在其他领域有资格提起公益诉讼呢？是任何相关社会组织都有资格提起公益诉讼，还是要参照上述环保领域的标准执行呢？目前没有明确的答案。既然中央明确了要“拓展公益诉讼案由范围”，那意味着中央意识到了公益诉讼对维护公共利益的重大价值。目前社会组织提起公益诉讼不是太多了，而是太少了。从鼓励和支持社会组织提起公益诉讼的角度出发，建议最高人民法院统一社会组织提起公益诉讼的资格标准，适度降低五年的标准。

---

① 《关于审理环境民事公益诉讼案件适用法律若干问题的解释》，法释〔2015〕1号，2015年1月6日发布。

要特别强调的是，除了检察机关提起的公益诉讼，目前在国内只有很少的消费者组织和环保类社会组织提起了一些公益诉讼。从应对数字权力滥用的角度，建议未来培育和支持下列相关组织有权对平台企业提起公益诉讼：一是消费者权益保护组织，依据消费者权益保护法，有权代表消费者向平台企业提起公益诉讼。消费者协会要意识到时代的重大变化，积极研究平台企业数字权力给消费者权益带来的影响，勇于针对侵害消费者权益的行为提起公益诉讼。二是发展和培育数字时代的用户权益组织，鼓励和支持其代表用户提起相关公益诉讼。三是鼓励劳动者及未成年人等特定群体权益保护领域、环境保护领域的相关社会组织提起公益诉讼。通过培育相关领域专业社会组织的发展，引导相关社会组织通过公益诉讼这种法治方式来维护相关群体的权益。

4.推动社会组织与检察机关在公益诉讼领域的合作

关于社会组织与检察机关在提起公益诉讼时应该是怎样的关系？目前国内对这个问题研究得还很不够，司法实践中也缺乏有价值的探索。《最高人民检察院关于开展公益诉讼检察工作情况的报告》指出："加强与行政机关、社会组织协作联动，支持社会组织有序有效发挥公益保护作用。"①

最高人民法院、最高人民检察院在2020年12月修订的《关于检察公益诉讼案件适用法律若干问题的解释》第二条规定，人民法院、人民检察院办理公益诉讼案件主要任务之一是"督促适格主体依法行使公益诉

① 《最高人民检察院关于开展公益诉讼检察工作情况的报告》，载中华人民共和国最高人民检察院网站，https://www.spp.gov.cn/spp/tt/201910/t20191024_435925.shtml。

权”，与“一般规定”中这一任务相对应，在“民事公益诉讼”部分特别规定了诉前公告制度。也就是说，人民检察院在履行职责中发现破坏生态环境和资源保护，食品药品安全领域侵害众多消费者合法权益，侵害英雄烈士的姓名、肖像、名誉、荣誉等损害社会公共利益的行为，不是直接就提起公益诉讼，而是在提起公益诉讼前，“应当依法公告，公告期间为三十日”。公告期满，法律规定的机关和有关组织、英雄烈士的近亲属不提起诉讼的，人民检察院可以向人民法院提起诉讼。[①]根据上述规定，对民事公益诉讼，在诉讼前检察机关首先要依法公告。当然，对侵害英雄烈士等的姓名、肖像、名誉、荣誉的民事公益诉讼案件，检察机关知道本人或者其近亲属的，也可以直接征询英雄烈士等的近亲属的意见。但这种诉前公告的制度表明了检察机关对公益诉讼的一种态度，也就是只有在公共利益受到侵害，相关组织或个人并未提起诉讼时，检察机关才会提起公益诉讼。

综合上述报告以及“两高”关于公益诉讼案件的解释，我们可以比较清晰地定位社会组织和检察机关在公益诉讼尤其是民事公益诉讼中的关系：第一，两者是互相补充的关系，检察公益诉讼不是为了要取消或者削弱社会组织提起的公益诉讼，而是要通过合作，共同推动中国公益诉讼法律制度的发展。受到社会组织发展不足、能力弱等因素的制约，单纯依靠社会组织很难推进公益诉讼制度的发展，《民事诉讼法》提出的“有关机关和有关组织”难以担负起公益诉讼的使命，为了更好保障公共利益，国家赋权检察机关，要求检察机关来推动和加强公益诉讼制度的发展。所以可以说，国家大力发展检察机关的公益诉讼制度，就是要弥补社会组织提

---

① 《最高人民法院、最高人民检察院关于检察公益诉讼案件适用法律若干问题的解释》，法释〔2020〕20号，2020年12月29日发布。

起公益诉讼能力的不足，加强和改善公益诉讼制度的发展，以通过法治手段更好保障公共利益。第二，社会组织不仅要积极履行职责，依法对损害社会公共利益的行为提起公益诉讼，也要积极支持检察机关提起的公益诉讼。社会组织根植于民间，对民生以及公共利益受损等情况有着更直观的感受，更容易发现公益诉讼的线索，在某些领域也具备相关专业知识，所以可以积极向检察机关提供公益诉讼的线索，为检察机关的公益诉讼提供专业的支持等。第三，检察机关发现公共利益受到侵害的，要通过发布公告甚至直接约谈等方式，提醒甚至督促相关社会组织提起公益诉讼。第四，在相关社会组织提起公益诉讼时，如果该社会组织受到能力不足等条件制约，或者人民法院该受理的而不受理，可以向检察机关提出申请，请求检察机关支持其提起公益诉讼；检察机关认为必要时，也可以主动支持社会组织提起公益诉讼。第五，在确实没有其他组织或个人提起诉讼，社会公共利益又确实受到了侵害时，检察机关可以自己作为原告依法向人民法院直接提起公益诉讼。

针对腾讯公司微信产品“青少年模式”存在的问题，在2021年8月北京市海淀区人民检察院发布的公告中称：“现根据《中华人民共和国民事诉讼法》第五十五条第二款、《最高人民法院、最高人民检察院关于检察公益诉讼案件适用法律若干问题的解释》第十三条第一款的规定发出公告，请拟提起民事公益诉讼的机关和社会组织在本公告发出三十日内将有关情况书面反馈本院。”①这是一件具有历史意义的公告。检察院通过发布公告而不是自己直接起诉，至少表明了以下态度：一是公开提出平台企业存在侵犯未成年人合法权益的问题，有助于督促平台企业正视问题；二是

① 《突发！北京海淀区人民检察院对腾讯提起民事公益诉讼，腾讯紧急回应》，载澎湃网2021年8月7日，https://www.thepaper.cn/newsDetail_forward_13927243。

检察机关并未直接提起公益诉讼，公告督促有关机关和社会组织可以提起公益诉讼，明晰了彼此的边界；三是表明了检察机关对未来社会组织提起公益诉讼支持的态度，有助于发挥社会组织在公益诉讼中的作用。这样的公告透明、有力，充分反映了检察机关依法维护未成年人合法权益的决心和态度。

所以，笔者并不建议就检察公益诉讼进行专门立法。公益诉讼不仅涉及检察机关，还涉及法院及社会组织。笔者建议，国家应该尽快制定《公益诉讼法》，通过立法全面构建起我国科学的公益诉讼制度，这一制度至少要明确以下相关问题：一是公益诉讼案件的范围。建议立法在充分列举的基础上，以“其他损害公共利益的行为”作为兜底条款。二是公益诉讼的管辖。尤其是在当前平台企业跨地区甚至跨国家经营的情况下，要对管辖权问题作出规定。这种规定既要避免各地滥用诉权情况的出现，又要避免地方保护主义，要充分保障受害者行使诉权的便利。三是要鼓励和支持社会组织提起诉讼。要对提起公益诉讼的社会组织资格作出明确规定，避免司法机关限制社会组织诉权情况的出现。四是要明确规定检察机关在公益诉讼中的作用，检察机关不仅有权提起公益诉讼，有权也有义务支持社会组织提起公益诉讼，同样有权监督其他司法机关依法履职。五是对法院受理和审理公益诉讼案件作出更加具体的规定，帮助法院克服目前在面对公益诉讼时的畏难情绪。六是要对公益诉讼相关损害赔偿作出特别的规定。公益诉讼取证难，诉讼成本高；受损害人数多、人员分散。公益诉讼与一般民事诉讼在损害赔偿方面存在很大区别，法律应当对此作出明确规定。只有通过立法明确公益诉讼相关具体制度，才能充分发挥检察机关、人民法院和社会组织在公益诉讼中的作用，才能更好推动公益诉讼制度的发展，才能构建起完整科学的公益诉讼制度体系。

最后，要看到的是，公益诉讼面对的往往都是强势的企业和政府部门，所以不论在任何国家，公益诉讼制度的发展都面临着很多挑战。中国全面发展公益诉讼制度，要勇于积极破解制约这一制度发展的难题，尤其是面对数字权力这种影响公共利益的新力量，更是要加强顶层制度设计，以检察公益诉讼为主导，统筹社会组织、专家学者等各方力量，深化对相关重点、难点问题的研究，对滥用数字权力侵害用户权利的政府部门或平台企业及时提起公益诉讼，以充分发挥公益诉讼在数字时代保障公民权利的重要作用，为数字时代的全球治理贡献中国智慧。

图书在版编目 (CIP) 数据

数字时代的社会法 / 佟丽华著 . —北京：中国法制出版社，2023.4

ISBN 978-7-5216-3020-6

Ⅰ . ①数…　Ⅱ . ①佟…　Ⅲ . ①社会法—研究—中国　Ⅳ . ① D922.504

中国版本图书馆 CIP 数据核字（2022）第 195815 号

责任编辑：程　思　　　　封面设计：李　宁

数字时代的社会法

SHUZI SHIDAI DE SHEHUIFA

著者 / 佟丽华

经销 / 新华书店

印刷 / 河北华商印刷有限公司

开本 / 710 毫米 ×1000 毫米　16 开　　　　印张 / 27.5　字数 / 350 千

版次 / 2023 年 4 月第 1 版　　　　2023 年 4 月第 1 次印刷

中国法制出版社出版

书号 ISBN 978-7-5216-3020-6　　　　定价：96.00 元

北京市西城区西便门西里甲 16 号西便门办公区

邮政编码：100053　　　　传真：010-63141600

网址：http://www.zgfzs.com　　　　**编辑部电话：010-63141806**

市场营销部电话：010-63141612　　　　**印务部电话：010-63141606**

（如有印装质量问题，请与本社印务部联系。）